财新看见

中国文五年

2010-2015

主编　王烁

中国文史出版社

未来从现在开始

胡舒立　财新传媒总编辑
王烁　财新传媒主编

本书的文章，来源于财新《新世纪》周刊和财新网。每一篇都曾经掀起过海内外的舆论热潮。

财新传媒刚刚度过五周年。财新团队接手周刊后出版的第一期，是2010年1月11日号，封面文章是《争锋李庄案》，为重庆“打黑”案被告辩护的大律师，身陷囹圄。从那时至今，李庄早已获得自由，当年的主政重庆者则在秦城。政治多少兴废，经济多少起落，社会多少沉浮，中外多少风云，在已经出版的200多期杂志中，一一呈现；板块碰撞，时事沧桑，大格局，小故事，我们留下了对这个时代的一份精准记录。

从2015年第10期开始，财新《新世纪》谢幕，《财新周刊》亮相。

财新周刊、财新网、财新移动客户端已然形成的优质内容价值环，至此获得统一的名称。夫子曰，必也正名乎！名正则言顺。对我们这样一家财经新闻刊物，这何其重要又何其贴切。

五年间，新闻媒体发生了巨大的变革，社交媒体兴起，职业新闻媒体遭遇诞生以来的最大挑战。面对变革，我们的应对可称“既变亦不变”：我们全力拥抱新媒体技术，打造通达纸上、网上、手上的优质内容环路，今天这本《财新周刊》，不能再单独地而是必须在这个环路中才能充分展开自己；我们的新闻价值观则始终如一。借用不久前本刊编辑絮语栏目《致读者》的话：形式、介质、长短，什么都可以变，唯有追求原创好内容不变。我们这个团队的所长，不外乎做最重大复杂的报道，采访最难采访到的人物，并作国际化广角观察。无论是团队在 17 年前初创，还是在五年前再创，还是近来周刊改版今天改名，一切皆变，此道不变。

我们理解的新闻重要性，植根于中国现实。我们关注的中国国情，正是这个时代中国的经济发展与转轨，以及转轨过程中政府与社会的关系变迁。

改革开放以前的中国，社会与政府是两个完全重叠的同心圆。政府即社会，社会即政府。个人的工作、生活、思想，社会的经济、政治、文化，政府无所不管，政府之外无社会。其后改革开放的 30 多年，总体上是政府主动自我改革而社会在政府之外获得更多活力的过程，个人意识从集体意识脱离，社会急剧扩展而政府相对收缩。

近年来，社会外圆仍在拓展新边疆，同时，政府内圆重新加速扩张。人们一方面真实感受到经济、生活方式和观念的全球化，另一方面也同样真实感受到政府变得更加强大。

政府与社会的边界从无到有，从收缩到扩展，正是中国当前最重要的板块运动，在横断面造就新闻富矿。最重要新闻，无论是经济新闻、社会新闻和时政新闻，都在这里发生。新闻媒体本身，也不是在政府与社会之外静观的第三者，而是政府－社会关系的一部分。没有社会扩张的阶段，根本就不会有什么市场化媒体。新闻媒体既是政府－社会关系变迁的产物，又是变迁的放大器，其命运起伏又因此再次被放大。在这个正反馈的循环中，选择何处安身何以立命，最终界定新闻媒体的使命，也检验新闻工作者的成色。

人们通常会高估一件事的短期影响，而低估其长期影响。以本刊最关注的经济议题为例，中国经济近年最迫切的单个议题，在于去杠杆如何去，过高的负债率如何降，如何避免坏账潮，等等。但远比这重要得多的，则是经济与政治议题的紧迫性易位，应对方法也易位。

非常简化地看中国政经议题的关系，可以说，上一个十年，经济狂飙，而政治维稳为先；从2013年开始并将延续到可见未来的这一段，则是经济维稳，为政治突破创造条件。这个突破以反腐为先导，试图建立有效率的、清廉的、更强有力的政府，再重定义其与市场、社会的关系。现在才走到第一步。

经济要维稳，而稳定的指针已变。就业不再是紧迫问题。90年代后期亚洲金融危机期间，中国竭力“保八”以保就业。今天，经济维稳的重心转向金融稳定：有序的债务违约允许出现，大规模的债务危机不容发生。在这一前提下，经济增速是7.5%还是7%还是6.5%，本身不重要，重要的是哪一个水平下的债务挑战可以从容应对。这个过程无从预知，必然还是一连串的应激反应，波动将陆续有来，但政经角色易位的新格局不会变。这就是新常态。

敬请期待，更多更优的财新报道。

反腐篇

山西贪官录·012

从山西这个反腐风暴眼撂倒的8名副省部级以上高官的故事，可以看到在缺乏外部约束的环境下，无远弗届的权力，如何被稀缺的黑金资源将其内在的邪恶完全诱发出来，看到权力寻租的利益链条，如何自发蔓延并相互亲和，交织成错综复杂的网络

周永康的红与黑·070

如果说反腐整党是十八大后新一届中共领导层的第一把火，出人意料的是，这把火一点燃，就以燎原之势，摧毁了一个中共建政以来腐败规模、程度和政治权力史无前例的"涉黑贪腐集团"

令氏兄弟·152

令政策、令计划、令完成，从山西平陆走出的令氏兄弟，数十年的上升轨迹，与最终到来的向下转折

金融篇

黑马安邦的奇异历程·182

安邦在投资上攻城略地，创下业界奇观，被视为异军突起的黑马，但资金来自何方？安邦集团的实际控制人吴晓晖如何凭野心与勤奋杠杆“背景”到极致？安邦集团股东已由早先的8家增至39家，资本金从2014年初的120亿元猛增至619亿元，背后有何玄机？

社会篇

邵氏“弃儿”·278

为收取社会抚养费，十余名“非法”婴幼儿被计生部门强行抱走，送入邵阳福利院，统一改姓“邵”。部分后来找到下落，有些已被收养在海外——不能被尘封的悲剧

EFG 做局·297

耽误治疗时机，巧取患者钱财，被数十家医院采用的“脑神经递质检测仪”——EFG 及后续疗法，比无效更坏

环境篇

自来水真相·314

十余年来最大规模的全国自来水水质普查，为什么最终悄无声息？

产业篇

比亚迪的探险 · 405

从250万元起家的电池代工车间，到400亿元的新能源巨人，比亚迪靠的是三大生长激素：逆向开发、垂直整合、廉价劳动力

反腐篇

山西贪官录

【编者按】

在高压反腐、持续反腐的氛围中，以法治为议题的十八届四中全会行于2014年10月20日开幕。人们期盼着这次会议的成果，能够促进从治标到治本的转换，真正把权力关进制度的笼子。

发生腐败的土壤是什么，贪官究竟是如何练成的？从山西这个反腐风暴眼今年以来撂倒的8名副省部级以上高官的故事，我们完全可以看到若干共性，看到在缺乏外部约束的环境下，无远弗届的权力，如何被稀缺的黑金资源将其内在的邪恶完全诱发出来，看到权力寻租的利益链条，如何自发蔓延并相互亲和，交织成错综复杂的网络。

自2014年2月以来，财新记者多次赴山西采访，我们特将对8名落马高官的调查分别整理成文，汇集成《山西贪官录》的系列报道。

令政策往事

记者：欧阳艳琴　罗洁琪

黄河北岸的山西平陆今年遇到了春旱，县里常乐镇后村的村干部老裴又一次想起了村里没有灌溉井。他们为了打井求过令政策——1962年至1971年间，令政策随父亲在后村生活了将近10年，从读小学到读初中，直至离开村子到太原工作，再之后在省城步步高升。

和绝大多数时候一样，令政策没有给后村打井提供任何资金上的帮助，他也没有帮助村里修路、修校舍。他不仅对昔日的乡亲如此，据说即使平陆县或运城市的官员到省城找他办事，也得不到他的帮助。

不过，有村民记得，令政策的父亲令狐野，曾在自家窑洞前打了一口井，供村民们取水。这口井和窑洞一样，早已被填埋。

2014 年 6 月 19 日，中央纪委监察部网站宣布，时任山西省政协副主席令政策涉嫌严重违纪违法接受组织调查。面对一拨一拨来到村庄的记者，后村的村民还是说："这家人为人正派，出事了我们都还不敢相信。"

勤俭之家

1962 年，52 岁的令狐野带领全家妻儿老小解甲归田。他没有回自己的出生地、原配和长女生活的平陆县常乐公社洪阳村，而是在常乐公社集镇附近的后村定居下来。当年的令政策已经十岁。

青年时期的令狐野，懂草药，又学过西医。和面朝黄土背朝天的老辈山西人不一样，令狐野不爱劳作，买了面穿衣镜，经常照镜梳头。边务农边从医的父亲在乡间口碑甚好，看不惯令狐野的新派作风，砸碎了他的镜子。令狐野负气出走，在集市上开了个小药铺。抗日战争爆发后，令狐野舍妻弃女，携带药品投奔延安，走上了革命之路。据《陕西省志 · 卫生志》，1938 年 11 月，陕甘宁边区医院搬迁，28 岁的令狐野被任命为医务科长，此后一直在中共医疗卫生系统工作。

在延安，令狐野再娶，1949 年至 1959 年左右，妻子为他生下四子一女。令狐野在报纸上选择了五个当时见报率较高的词汇：方针、政策、路线、计划、完成，为五个儿女取名。网上有说法称建国后令狐野曾在公安部工作，又有说曾任陕西华清干部疗养院院长，但对于令狐野建国后确切的职位变迁，以及他为何于 52 岁时抛去官位携全家返回乡下，目前尚不得而知。目前已经 103 岁高龄的令狐野还健在，作为离休干部在山西一个干休所颐养天年，享受副省级医疗待遇。

回到后村定居后，令狐野请人修建了一个窑洞。与平陆当地的窑洞通常只有洞口不同，那是一个典型的延安窑洞，十二个门洞洞洞相通，占地一亩多，花费了一千多元钱，窑洞口挂着很多当地人从没见过的白门帘。村里的孩子都穿着自家纺织的土布，而令狐野的孩子穿着从供销社买的洋布，尽管也缝了补丁。令狐家的孩子用馍蘸蜂蜜，同龄的孩童拿着馍换令狐家孩子的蜂蜜。这些生活细节都表明了令狐野“延安干部”的身份。

令狐野返乡时，是新中国的十三级干部。根据 1956 年国务院规定的军地级别对应关系，十三级干部即副师级，属于高级干部的基线，每月工资 165 元。他的妻子原是护士，每月工资也有 60 元。在常乐，人们稀罕地称返乡的延安干部令狐野“十三级干部”。

返乡之后，令狐野在乡里免费行医，夏天农忙时给生产队送仁丹、保喉片，为全县培养了几十个赤脚医生，并且提供免费吃住。与乡里相处也很融洽，饼干、糖块、罐头，有好吃的都给农民的小孩。一位村民说，自己这辈子吃的第一个罐头，就是孩提时令狐野给的。

令狐野的几个孩子也非常友爱，除了最小的令狐完成幼时不懂事把玩伴的头打破了以外，其余几个和同龄人从不打架、吵架，甚至有的从不高声说话。

在村里上学的令政策寡言少语，但口才很好，当着班级的宣传委员；挑灯夜读，学习刻苦，但成绩从来不是第一，总在第五、第六。

和令政策同龄的乡亲杨晋（化名），时隔 40 多年，仍然清晰地记得当年他看到的一幕：在沟壑纵深的黄土高坡上，在一片绿油油的玉米地北面，令政策和兄妹们站在自家窑洞口，声情并茂地练习演讲，令狐野坐在小板凳上，逐一点评。窑洞顶上，站着好奇的乡邻鼓掌喝彩。

“我常常站在窑顶上看着他们在院子里演讲，满心的羡慕，觉得他们家的孩子很厉害，是有文化的。”这样的家庭教育让五兄妹长大后，口才颇为出众。

作为延安革命干部的儿子，令政策从小按着父亲的要求下地干活，年少时拾麦穗，年长时锄土。

村里的老支书还记得一件事。克行艰苦朴素的令狐野为了省几个碗，砍了一根木头，在上面凿出五个槽，把菜和馍盛在槽里，让令政策和兄妹五个围着木槽吃饭，“像喂牲口一样”。事实上本不必如此，令狐野夫妇每月的工资相当于全村劳动力的收入。

“红卫兵”

1966年，令政策刚刚读了一年初中，“文化大革命”来了，学校停课。和其他地方一样，在常乐公社，动辄举行万人大会，学生们也被要求列队参加，聆听斗争指示。“红二代”令政策还被选出来，代表同学们到首都北京，在天安门城楼前潮水般的“红卫兵”中接受毛泽东的检阅。

作为从延安回来的革命干部令狐野，阶级立场也十分鲜明。他在后村免费行医，但会先问病人的“出身成份”，成分不好的人很难进他家门。洪阳村村民马莹（化名）说，曾有一名病人说自己出身不好，来一趟不容易，请他多开一些药。令狐野大怒，当场撕碎处方，把病人撵走。甚至在挖建自家窑洞时，对于来帮忙的乡亲，他也按照“出身成份”分别对待。如果是贫农，他就会多给工钱，递烟倒水，如果是富农地主，他就会少给钱，并指派粗重的活。

“令狐野是个很有意思的人，性格比较偏执，爱在政治的问题上较真。”马莹说。

在集市买东西的时候，令狐野也会计较别人的出身成份。80多岁的谭家（化名）还记得令狐野买过他的葱苗，因为他是贫农，令狐野慷慨地多支付了一元钱。

紧接着就是“知识青年到农村去”。知青下乡的先进事迹，是令政策的弟弟妹妹在班级读报的主要内容。1969年，皮肤黝黑、高高瘦瘦的令政策下放到硫磺厂当工人，负责搬石头垒火炉，每月工资38.9元。硫磺厂里的味道很呛，工人们没有口罩，令政策和大家一起住在工厂平房的宿舍内，等到放年假才能坐大卡车回家。几个月后，令政策调到了常乐公社医院，在药房“拾药”，有点步父亲后尘的样子。但这种日子没有持续多久。

在同学何贵（化名）眼中，令政策极为忍耐。他出身好，不乏上门说媒者。在常乐公社医院“拾药”时，有人给他介绍了一位在棉花加工厂上班的姑娘。何贵说，有一段时间，令政策常常对他倾诉心事，说无法接受姑娘有白头发，可是既不敢违抗父命，也不敢拒绝姑娘。有一次，他服了几片安眠药，睡了整整一天。

后来，这桩婚事终究没成，令政策和当地邮政局的一个女话务员谈了恋爱。

为官生涯

1971 年是令政策的仕途起点。

出身延安干部家庭、政治条件优良的令政策时年 19 岁，被“组织”选中，从常乐公社医院直接调到山西省委办公厅机要处，开始了 43 年的为官之路。

2012 年，令政策回乡，第一次参加中学同学聚会。同学何贵回忆，那一天，身为山西省政协副主席的令政策也能来，在场的人都很意外。“政策很平等，没官架子”。在喝酒叙旧时，60 岁的令政策对着同学们感慨，一直不知道当年究竟是谁看中了他档案，“总要找到那个人，好好感谢人家”。

令政策步入仕途的最初 20 年升迁缓慢。1982 年入读山西大学中文系干部专修科之前，他一直是山西省委办公厅机要处的一个普通干事，1986 年才第一次获得擢升，成为山西省委办公厅文书信息处副处长，其后任省委机要局副局长，共有 17 年在机要部门工作。

机要处主要职能是管理要害部门核心机密文件、密码、密码机的传递，机关要件等的收发。令政策的老朋友说，密码经常更换，机要工作需要非常强的记忆力。1976 年，运城地震，令政策和一位女机要员被下派到运城支持机要工作。

1997 年，令政策进入行政部门，担任省粮食厅副厅长。这是一个运城籍官员居多的部门，令政策的上司就是他的老乡高志信。后者曾在运城违规修建“粮神殿”和粮食职工培训中心，2007 年被免职。

令政策一位在官场的多年朋友向财新记者评价，在省委工作 23 年之久，令政策得到一个副厅级官衔理所当然。

但 2000 年，48 岁的令政策鱼跃龙门，担任省发改委副主任的要职，且很快开始主持工作，四年后转正。2008 年离开省发改委“衙门”时，他成为省政协副主席。回顾他的升迁轨迹，他的朋友说，2000 年的提拔，应是为后来升上副省级做准备。

在官场上，忍耐的令政策显得才能平平，谨小慎微。在主持山西省发改委工作的 5 年时间里，令政策因为害怕提拔错或者得罪人，几乎没有提拔过下属。

上述朋友也回忆说，曾有人希望通过他向令政策送礼，他说，令政策十分谨慎，是不会收礼的。令政策落马的消息传来，令他十分惊愕。

“肥水衙门”

在这位令政策的老朋友看来，令政策如果有经济问题，那么一定是出在2003–2008年他主持“富得流油”的山西省发改委期间。

2003年以后，山西煤改启动。2005年，山西省开始煤炭资源整合和有偿使用；2007年，山西获批开征煤炭可持续发展基金，省发改委是基金使用的综合平衡和计划管理者。

山西省从煤炭交易中得到的钱，从原来的每年十五六亿元（来自于煤炭外运的能源基地建设基金），陡增到每年一百五六十亿元（煤炭可持续发展基金），其中的一半由省发改委花掉，重点投资“市场难以有效配置资源的经济和社会领域”，如公共基础设施建设、环保项目、民生事业等。

在令政策任期内，煤炭可持续发展基金投资的项目包括太原钢铁集团的150万吨不锈钢工程、吕梁肖家洼煤电一体化项目、山西中南部铁路通道项目（晋中南铁路）等。

这其中，被认为非常关键的是太原钢铁集团的150万吨不锈钢工程项目。不仅在于它是令政策发改委主任任期内负责的重大项目之一，项目上马使得太钢产能增加了一倍，成为全球具有竞争力的不锈钢生产企业，而且也成全了令政策的同乡好友、时任太钢董事长陈川平的重要政绩。工程开工典礼时，山西省四套班子“一把手”悉数到场，令政策宣读了国家发改委的批复。之后不久，陈川平当选为十七届中央候补委员，两年多后成为山西省委常委、太原市委书记。

晋中南铁路是一条大动力煤运铁路，兼顾客运，规划从山西吕梁出发，经河南、山东，在山东日照港出海。令政策是初期的重要参与者和规划者，因此与时任铁道部部长刘志军打交道甚多。事实上，在令政策任期内，因晋煤外运，他与刘志军及其“白手套”、掌握着晋煤外运车皮权的博宥集团董事长丁书苗亦常有交集。

令政策在山西能源领域的影响力，通过他一手组建的山西能源产业投资基金可见一斑。令政策为这一基金奔走了三年多，2007 年获批设立。与煤炭可持续发展基金不同，山西能源产业投资基金计划构建一个国际性专业化的融资平台，计划融资规模 100 亿元，融资对象主要为国内企业、投资机构、银行、社保基金、保险公司等机构，主要投向为煤炭工业规模化生产及资源整合项目，煤化工产业和煤层气产业开发项目，煤炭资源多联产项目及与此相关的国企改制、交通物流等项目；投资地域初期以山西为主，但不局限于山西。

但令政策 2008 年 4 月离开了山西省发改委，这一个原本极难获批的产业基金最终连管理公司都没真正成立起来。熟悉这一基金的人告诉财新记者，基金“流产”与令政策不能掌管有关。因为该基金是商业项目，官员不能经商，令政策曾辩解说，自己是省政协副主席，并不是实职，但依然无法在关系复杂的山西省获得通过。此后，这块“肥肉”就陷入了省政府持股多少、谁领衔基金管理公司等一系列扯皮之中。

2011 年，山西省再一次试图启动能源产业基金，时任山西省煤运公司董事长刘建明出任山西出资平台的董事长，令政策被聘为高级顾问。但时过境迁，煤炭形势下行，省外资金不再看好山西能源产业投资基金，没人愿意出钱，遂不了了之。

风暴眼

令政策在 2014 年夏天落马，就像一个弹弓往树林中弹去一颗石头，惊起鸟雀无数。

时任山西省委常委、副省长的运城同乡杜善学几乎在同时落马。同一天，在他们的家乡运城市任市委书记的王茂设也在机场被带走。

杜善学老家是临猗县，与平陆县分别在运城市的西东两侧，两地语言略有不同。接近杜善学的人说，任长治市委书记时，杜善学曾试图接近平陆令狐氏中最具权势的人，以升任副省长，并为此向令狐家远亲赠送一辆越野车。2012 年 12 月，杜善学和令政策曾受邀在山西省演艺中心一起观看了家乡眉户现代戏《守望》。被调查前一周，2014 年 6 月 12 日，两人还同场出席了省政协举行的水源地保护对口协商会议。

媒体报道称，听闻令政策被调查后，时任山西省委常委、太原市委书记的另一位平陆同乡陈川平脸色大变。陈川平家在平陆县坡底乡，与令政策的老家相隔 70 公里，但陈川平的姨娘与令政策同村，少年陈川平曾有一两年时间在常乐公社后村的姨娘家生活、上学。当时令政策已经参加工作，两人相差 10 岁，少年时期并无交往。直到两人同在太原为官，尤其在各自执掌省发改委、太钢集团后，交集增加。熟悉令政策的人说，因有乡谊，令陈私交很好。

两个多月后，8 月 23 日，陈川平也被宣布接受调查。隔日，他们的另一位同乡，太原市委常委、政法委书记、公安局长柳遂记也被带走。

9 月 14 日，出生于运城稷山、一直带有乡音的央企明星、2011 年曾获 CCTV 年度经济人物的孙兆学，在中国铝业集团总经理任上被调查。此前，他在位于家乡运城河津的中国铝业公司山西铝厂工作了 10 多年时间，即使是之后在央企任职，孙兆学一直与山西运城籍官员交往甚密。

自 2014 年 2 月原山西省人大副主任金道铭开始，山西省一共有七名现职副省级官员及一名调职至中央的省级干部落马，其中三位为运城籍（原山西省政协副主席令政策，原山西省委常委、副省长杜善学，原山西省委常委、太原市委书记陈川平），一位曾在运城为官（原山西省委常委、统战部长白云），如果再加上同为副部级央企高管的孙兆学，这个以贫穷著称的农业大市，已经成为十八大后“反腐风暴”中的一个暴风眼。而令政策的落马，因为其在北京的家族背景、在运城的乡党枝蔓和在太原的权钱关系，被认为是这场风暴最醒目的前兆，其影响也仍在发酵之中。

财新网 2014 年 10 月 13 日 16:23

聂春玉的选择

记者：郭清媛　田园

聂春玉给公众最直观的印象，就是他那张嘴角微扬的笑脸。

这张笑脸背后所代表的，是他一向平和稳重的性格。这个特点伴他走过工作之初的秘书、团干生涯，让他在省委的政研工作获得肯定，也助他在主政吕梁的期间，在那个整座城市的官场与商场都为黑金激发、诱惑和癫狂的岁月，保持了同僚间的和谐稳定，收获了满溢的政绩。

聂春玉主政吕梁的 8 年，是吕梁以及整个山西煤炭经济飞速增长的 8 年，这 8 年，吕梁的 GDP 和财政收入与煤老板的财富一起一路高歌，与其相伴成长的，是以黑金为媒、越滚越紧密的官商利益输送网。

面对此种生态，聂春玉选择与其裹挟共生。选择的结果，是他于 2014 年 8 月 23 日以不名誉的方式结束政治生命，以及一个如今还拥有全省最多贫困人口的城市。

危险传言

2014 年 5 月 29 日，在吕梁为政 44 年的本土干部，时任吕梁市市委常委、副市长张中生被带走调查。张中生把控吕梁市煤炭领域多年，他的落马，让吕梁当地官商心头一紧。当时即有煤老板对财新记者称，也许吕梁要迎来一次肃贪反腐高峰了。

6 月份，在山西省会太原，亦有部分官场人士开始陆续传递消息：请注意有吕梁任职经历的省内高官，比如时任山西省省委常委、秘书长的聂春玉，和时任山西省委常委、副省长的杜善学。两人分别于 2006 年 2 月 – 2011 年 1 月和 2011 年 1 月 –2012 年 1 月担任吕梁市委书记。

吕梁是山西近十年随煤炭价格高涨发展起来的资源型城市。这个原本的革命老区，因其贫瘠的土壤与干旱的气候，属于全国 18 个集中连片贫困区之一，2003 年以前，当地干部背着土豆、红枣去省里为扶贫项目奔走，成了多位吕梁老干部如今心头的记忆。但 2003 年之后，煤炭价格逐年上扬，吕梁市的财政收入也逐年增高，由 2000 年的 10 亿元增加到 2012 年的 341.7 亿元，其 GDP 更是从 1998 年的不足 90 亿元，到 2010 年突破 800 亿元大关，排名山西省第四，增速排名第一。

革命老区、连片贫困区的面孔，被煤老板拿麻袋装钱买豪宅、7000 万嫁女等暴发户形象所遮蔽。联盛能源有限公司董事局主席邢利斌、大土河焦化有限责任公司董事长贾廷亮、中阳钢铁有限公司董事长兼总经理袁玉珠，这些吕梁富商一个个步入胡润百富榜。

“哪里有资源，哪里就有争夺”，一位接近山西省政府的知情者称，吕梁地下煤炭资源丰富，尤其 4 号主焦煤，是稀缺的熊猫煤种，格外受市场欢迎，在权力主导的资源分配模式下，如果想在市场春风中分得一杯羹，就必须官商合作。在飞速起步的煤炭事业背后，一条裹挟多位吕梁政商的黑金链也在十年中发扬光大。

但是，作为一个不祥的先兆，吕梁煤老板的代表邢利斌，已在今年 3 月 12 日被有关部门从太原武宿机场带走调查。

6 月 19 日，中央纪委监察部网站发布了时任山西省委常委、副省长杜善学因涉嫌严重违纪违法接受组织调查的消息。杜善学丰富漫长的从政履历中，最光辉的阶段是在长治，他主政长治 8 年，使其成为晋东南环境治理的样本，但将其推入危险漩涡的则是在吕梁任职的 12 个月。吕梁当地盛传，在杜善学跑官晋升省委常委的资金中，有数千万元为吕梁的煤老板提供。

“杜善学在吕梁待一年就落马，聂春玉在吕梁干了 8 年市政府和市委主官，跟煤老板一荣俱荣、一损俱损的关系更密切，离落马还远吗？”在山西官场风行“聂春玉危险了”的消息时，身为山西省委常委、秘书长的聂春玉的工作从外表看并未受影响：杜善学落马前一天，聂春玉到对口联系的晋中市灵石县石膏山风景区开发项目进行调研；8 月 22 日，他自己落马的前一天，据山西卫视报道，聂春玉还出席了山西省委常委会议，试图以频频出镜化解谣言。但谣言终究还是成为遥遥领先的预言。

温水官员

2003 年 1 月，时年 48 岁的聂春玉，从山西省政府改革与发展研究中心主任的任上来到彼时还未撤地建市的吕梁，成为地委副书记、行署专员，开始了他主政地市的为官经历。

此前，21 岁就参加工作的聂春玉，在家乡侯马为官 8 年，历任共青团侯马市委副书记，公社党委委员、管委会副书记，官至副科级。1984 年一步从公社调到省里工作，在山西省省委政策研究室开始了长达 19 年的政研生涯。

曾有多位聂春玉的下属告诉财新记者，聂春玉的理论水平很高，这与聂春玉的政研工作经历有关。

这期间，聂春玉公开发表的文章并不多，根据财新记者不完全统计，在公开刊物上的文章不超过 15 篇，多涉及农业经济领域，篇幅都较长，每篇文章平均字数约 9000 字，对于经济理论的阐述十分详细。

熟悉聂春玉的官员评价道，聂春玉早年秘书出身，也有基层共青团工作经历，做事不具攻击性，很少主动展露锋芒，更有服务性，会把领导交办的任务踏实认真地完成。

聂春玉把这一性格特点与为官作风带到了吕梁。2003 年 1 月他刚刚赴任，2 月原煤平均价格就冲破了每吨 300 元的关卡，比 2002 年涨了一倍多，更远高于 2000 年国家价格控制下的 20–30 元 / 吨。面对煤价持续攀升的大好局面，吕梁市委市政府提出力推“一主三化”，开启一个吕梁新时代。所谓一主三化，就是坚持以发展民营经济为主，全力推进传统产业新型化、城乡统筹一体化、区域经济特色化。

多位受访的吕梁官员对财新记者称，他们对“一主三化”中的“坚持以发展民营经济为主”记忆尤深。吕梁由于长期贫困，面对突如其来的资源升值，交通不便、基础设施不配套、电力供应不足等问题成为发展的掣肘，所以地委、行署当时的扶持力度很大，在吕梁大张旗鼓地鼓励、支持、引导非公有制经济发展，当时曾颁发《关于进一步加快民营经济发展的决定》文件，内容涉及民营经济地位、项目审批、政府服务、政策支持、资金投入、组织领导等 25 条多方支持当地民营经济发展的政策。

这一政策，是郭海亮1999年提出的“发展特色工业是适合吕梁区情的工业化发展路子”理论的延续。吕梁岚县人郭海亮在吕梁为政多年，被人称为熟悉吕梁的贫苦与富饶，知道该从何处着力，郭海亮在2004年接受媒体采访时也称，自己与吕梁的贫困战斗了30年。

聂春玉的另一名重要同僚张中生，也在2003年从中阳县委书记一职升调到地区行署担任副专员，负责煤炭生产。初来乍到的聂春玉，面对一位熟稔吕梁的地委书记和作风凌厉的副专员，更多地表现出了谦虚与配合。

曾与聂春玉共事过的官员称，聂春玉在担任市长期间，谨慎收敛，对下属的工作，多以工作质量与勤奋程度来表示认可，涉及人事任免问题时，聂春玉的表现并不主动。很多较为重要的决策，他都喜欢开会征求大部分人的意见。吕梁市政协一位官员表示，这和聂春玉不喜欢得罪人的性格有关。

多位在当年与聂春玉共事过的官员称，行署专员以及后转为市长的聂春玉，在工作中很勤奋，对于人事调整并不过分干预。熟悉聂春玉的吕梁市某官员与煤老板称，刚到吕梁的聂春玉，并不熟悉煤矿生产作业流程，前几次去煤矿视察时，会不停地咨询学习，再下去调研时，就已经对煤炭作业流程非常熟悉了。但随着聂春玉在吕梁工作年限的加长，其格外喜欢与企业老板联系的特点，也成了吕梁当地公开的秘密，就像中阳钢铁董事长袁玉珠背后站着张中生、并长期为张提供钱袋子服务一样，聂春玉与邢利斌的密切关系尤其引人注目。

卷入漩涡

2006年，聂春玉接替郭海亮，升任吕梁市委书记。此时的吕梁，已经走在了经济飞速发展的轨道上。到2007年，吕梁全市民营企业发展到4.6万多户，民营经济对GDP的贡献率升至七成多（73.37%），对城乡劳动力就业的贡献率高达96.2%，对财政收入的贡献率也近六成（58.9%）。

事实上，吕梁当地民营经济的主要支柱，就是煤炭开采、炼焦及下游的炼钢。联盛能源、大土河焦化、中阳钢铁等企业，都借助吕梁当地扶持政策，尤其是两次煤改中趁机兼并重组、扩大规模，成长为当地甚至山西省内民营企业的龙头。

2004 年，山西省政府下发了《山西省人民政府关于继续深化煤矿安全整治的决定》，这是一次以遏制矿难、明晰产权为目的的煤改，解决了私营矿主们从经营权到矿权的政策障碍，受到广泛赞誉；然而，两年之后风向骤变，2008 年，山西省又推出以“资源整合”为旗帜的第二次煤改，意图“通过大型煤矿企业兼并重组中小煤矿，形成大型煤矿企业为主的办矿体制”，被批评为“国进民退”。

但两次煤改中，无论是关闭无证煤窑，将过去的村办煤矿确权为私人煤矿，还是第二次的兼并重组，具体到吕梁，则都是以政府为主导，整合主体以民营企业为主，因此煤老板不得不一次又一次进行利益输送，或者为避免煤矿被关，或者是希望借机扩大规模，即使被关，也希望获得足额乃至更多的赔偿金额。2008 年时，吕梁的煤矿格局已经从“村村点火”整合到了只剩 355 处煤矿，2009 年再变为 115 处。“大鱼吃小鱼”后，吕梁市的办矿主体减少到 27 家，其中大型国有煤炭企业 4 个，产能只占 24%，以联盛集团、大土河焦化等为代表的 16 个“地方骨干企业”，产能占据全市的 60%。

事实上，煤老板与官员之间，在平日里，也形成了一种默契的互动规则。每年的中秋节与春节，也是煤老板们向官员“上贡”的固定节日。吕梁文水县一位煤老板称，他在春节期间，要准备至少 100 万元的开支，输送对象主要是县里的主官和分管领导，另外煤炭、工商、电力、税务等部门也要走动到。“逢年过节的利益输送，并不是为了办事，而是为自己营造一个较为宽松的发展环境。”他说，想把煤矿开下去，当地主要领导要支持，县里国土资源、煤炭管理、安全生产监督、工商行政管理等多向交叉管理的部门也不能含糊。中秋、春节的礼金，根据每个企业的效益、规模决定，有些领导平时会关注各家企业的年产量和收入，如果企业效益好于往年，那么礼金也要随之增长。

对于越来越普遍、金额越来越大的黑金利益输送和高额礼金，聂春玉的选择是适应，并且拥抱。

吕梁市一位官员称，聂春玉平时工作中，总是依据工作成绩肯定下属，但是遇到人事选拔等问题时，多顺应潜规则。身为市委书记的他，除了不拒绝例行礼金之外，也在悉心维护各方势力的平衡。

2009年6月，吕梁市曾在下属13个区县市进行过一次公推县长的"选举"。吕梁市政协一位官员回忆，公推共分5个环节进行：各县符合参加推选条件的官员，在乡级、科级别干部中投选，然后吕梁市各部门领导再次投票推选；两次环节中的胜出者需要参加面试，吕梁市四大班子也对其进行考察；上述四个环节进行完之后的胜出者，由吕梁市委常委们票决，定出8个县长。

"看似十分公平，是一个大的进步，但在没有外部监督的情况下，实则每一个环节都存在灰色利益输送。"一位吕梁市组织部门的干部对财新记者称，前两次投票时，候选人需要输送的金额会少一些，到四大班子考察和常委投票环节，则是需要大出血见真章的时候。筹款买县长，是当时很多候选者的共识。

这次公推，因一位参选副县长在网络上发出《一顶乌纱帽 千万雪花银》帖子而进入公众视野，这位举全家之力，花费400万元却败走麦城的副县长，如此陈述自己的"落选感言"：一切程序是那么公平、公正和公开，但公平是要靠金钱来平衡的，公正是要有领导支持的，公开是伴随着私下的秘密交易的……权力作为人情社会中最具社会价值的稀缺资源，关系加金钱是成功的关键。

这位副县长也坦白了他400万元的来源：工资的积蓄，历年礼金，临时借款和企业援助。帖子中称，他的400万元只顶得上当选者所花的三分之一。

副县长感叹道，2009年的吕梁，一个县委书记或者县长的官位已达千万元，属于全国前列，足以将任何从政者逼良为娼，不腐败无出路；巨额买官钱财若想得来必须敛财，上位后，更需要通过敛财来收回数倍。

对于这位副县长落选感言中提到的买官生态，财新记者在吕梁当地找了多位官员与煤老板进行佐证。曾与聂春玉共事的官员李一（化名）称，他在多县做过考察，吕梁的县区主官，每个春节会收到各乡镇书记、乡镇长每人5–10万不等的礼金，县直局一把手等每人约5万，再加上一些待提拔官员的特别上贡，总计约500万元上下。

李一与聂曾共事多年，自觉很受聂春玉的认可。聂春玉在当市长时，一直配合市委书记郭海亮的工作，在人事方面很谨慎，擢升为市委书记之后，李一迎来了多次升职机会，但是却总被冷落，最后他才明白，这是因为自己从来不送礼的原因。

"这对于干部队伍造成的伤害很大。"李一讲道，数度升迁受阻，长期的努力得不到回报，他有时会不想上班，最严重时甚至想过跳楼。

在吕梁采访时，有多位干部认为，2009年聂春玉推行的公推县长选举目的，就是为了敛一笔大财，为自己升上省级领导准备跑官资金。但上述熟悉聂春玉的政协官员认为，聂春玉身为市委书记，他收到来自煤老板的巨额资金，就已抵得过一次春节收到的所有下级的礼金了，没有必要为了敛财去推动用人时的买官卖官。在他看来，吕梁本地长期拧结而成的官商利益链，每遇到人事调整时总会各方拉锯，有时候也不是他一个外来的市委书记能够摆平的，比如在中阳县积累深厚并一直负责煤炭领域的副市长张中生，就拥有聂春玉不能小觑的官商势力。因此他将2009年的公推选举解读成聂春玉为平衡各方势力不得已而为之。

无论是什么动因，2009年的贿选风波在尘埃落定之后，依旧无人追究。那位落败者在"落选感言"最后发出了对未来的隐忧，"我此时的收敛或许是祸，将来可能会是福，如果吕梁市成了群体性卖官者身败名裂的反腐试验田，作为县级官员，对上买官，对下卖官，是否能够全身而退？"

楼塌了

这一隐忧，很快被淹没在滚滚而来的经济利润中。

公推县长的金额之高，被当地部分官员称作是一种经济现象：煤老板的利润高了，礼金自然增高，用到贿选时就会进一步加价，这说明吕梁的经济行情很好。

事实也确实如此。从2007年开始，吕梁市的财政收入达到百亿以上，2008年为164.3亿元，2009年受累于全球金融危机，微增至165.4亿元。但"四万亿"成为一剂强心针。2010年，吕梁市GDP突破800亿，跻身山西省第四，增长速度全省第一，财政收入突破200亿元。到2012年，全市财政总收入达到341.7亿元。2012年，吕梁市将吕梁新城规划建设列入一号工程。这座雄心勃勃的新城位于吕梁市区以北，规划总面积30平方公里，计划投入300亿元，预计三年时间建成。

以联盛集团为代表的吕梁民营经济，此时如同一艘顺风前行的航母。而从2003年1月自省政府下派担任吕梁行署专员和吕梁市长、2006年2月起担任吕梁市委书记的聂春玉，则凭借满溢的政绩和充沛的“竞选经费”，于2011年1月终于高升一步，进入省委常委领导班子，担任省委统战部部长。

从长治平调过来接替聂春玉的杜善学，为人相比前任更为强势，行事目的性也更为简单明了。他在吕梁市委书记任上仅仅待了一年，吕梁当地盛传，杜善学从邢利斌手中获得了数千万元的“跑官资金”。2011年11月，杜善学也荣升山西省委常委，并于2012年1月即调往省委担任秘书长的要职。

这是他们最后的辉煌。

2014年8月23日，随着聂春玉被宣布落马，吕梁的反腐态势迅速发酵：一周之内，山西中阳钢铁有限公司董事长袁玉珠、大土河焦化董事长贾廷亮、吕梁市山西离柳焦煤集团有限公司原董事长邸存喜陆续被带走调查。吕梁市人大常委会副主任郑明珠，吕梁市委常委、离石区委书记阎刚平的政治生命，也在这个秋天画上了句号。历经十年形成的黑金政商链条全面解体。

高楼坍塌，留下了不仅是噤若寒蝉的官场和群龙无首的企业，不仅是吕梁新城比比皆是的停工建筑工地，还有整个吕梁被十年官商盛宴败坏的社会经济环境。尽管历经十年的经济黄金增长期，但吕梁并未在煤焦之外生发出新的经济增长点，产业结构调整前途迷茫。一煤独大的吕梁，因为煤炭行业的不景气，2014年前半年的各项经济指标都跌至山西省最末，更重要的是，过去十年，少数人的快速富裕掩盖了多数人的持续贫困。这个曾经的集中连片贫困区，13个县市区中目前仍有6个属于国家级贫困县。十年间全吕梁的农民人均纯收入只增加了4552元——2003年，吕梁市的农民年人均纯收入是1515元，到2013年也刚刚突破6000元。

“现在吕梁仍然是全省贫困人口最多的市。”吕梁市扶贫办一位官员对财新记者说。

财新网 2014年10月14日 15:25

陈川平的短暂仕途

记者 ：欧阳艳琴

2014年，农历甲午马年，命书上讲1962年壬寅虎年生人这一年的禄运是“截路空亡”，但陈川平的跟头栽得更大。

8月23日，中央纪委监察部网站发布消息，山西省委常委、太原市委书记陈川平涉嫌严重违纪违法，正接受组织调查。

现年52岁的陈川平一向官运亨达。1984年，时年22岁的陈川平刚刚从大专毕业两年，就在太原钢铁公司当上了副工段长，从此平步青云：33岁成为太钢集团副总经理，38岁成为总经理，39岁问鼎董事长，45岁当选十七届中央候补委员，46岁升任副省长，正式走入官场，48岁出任山西省委常委、太原市委书记。

陈川平执掌太钢集团时，被惯称为“少帅”。没有人能想到，他的政治生命会如此短暂。

钢城岁月

陈川平出生于山西省运城市平陆县，是平陆县人大原主任陈天奎的幼子。陈天奎是一位耿直正派的干部，县里的退休干部至今对他印象深刻。少年陈川平与父母聚少离多，有一两年就被寄养在同县常乐镇后村的姨娘家里——那里也正是陈川平后来的官场朋友令政策从小长大的家乡。

1979年，改革的春风吹遍中国的时候，陈川平考上了沈阳冶金机械专科学校机械系铸造专业，并在毕业以后的26年时间里一直没有改行。

太原城北，十里钢城像一个独立的经济体。初到太钢的陈川平，是机械厂铸铜工段的技术员。2005年《人物》杂志曾有一篇报道陈川平先进事迹的文章写道：20出头的陈川平很朴素，一双大头皮鞋和一双球鞋倒腾着穿。爱好广泛、精力充沛，工作之余除了学外语，就是下围棋、下象棋、打乒乓球。他的思路很广，能力也强，而且有恒心，能吃苦，只要是他想干的事，就一定要干好。

据《中国经营报》的一篇报道介绍，陈川平在基层时工作异常勤奋，为保证产品质量经常盯守在炉前，出了钢才吃饭，往后的身体状况一直不好。陈川平曾因胃癌出国治疗，切除了三分之二的胃。

太钢的老职工告诉财新记者，上世纪 90 年代初期和中期，是太钢最困难的时候。这个曾在建国初期炼出全国第一炉钢的老牌不锈钢企业，此时在技术上落后于全国冶金行业。在冶炼环节，行业普遍推广了新的注氧技术，太钢还在人工吹氧，效率之低，质量之差，可想而知。根据《人物》杂志的报道，1992 年陈川平从太钢下属的机械厂调任第一炼钢厂副厂长，开始 3 个月，陈川平每天不是看书，就是静静地围着冶炼炉一遍又一遍地转，一遍又一遍地看。有一天，在和工人们一起吃晚饭时，陈川平突然开口了："氧枪不拔出来行不行？"适当添加氮气，防止氧枪熔化，把氧气枪保留在冶炼炉内，第一炼钢厂在太钢率先实现了平炉顶吹氧炼钢。

一位接近太原官场的人士告诉财新记者，也是 1992 年，一位领导到太钢视察，询问经营情况和解困思路，一再追问下，众皆喏喏，惟年仅 30 岁的陈川平侃侃而谈，思路清晰，视野开阔，遂不断受到重用。

1995 年 12 月，陈川平升任太原钢铁（集团）公司负责销售的副总经理。他破除老牌国企对市场和民营企业的成见，大胆提出和民营企业进行战略合作，"要跟有钱人打交道"。他还在太钢建立成熟的价格管理体系、定点定量协议销售制度、推销员责任制度。

2000 年，太钢不锈钢产量不足 10 万吨，销售收入仅占全公司的 10% 左右，出口 200 多吨，还被媒体称为是"赔本赚吆喝"。当年 3 月，陈川平升任总经理，月底的时候，那位领导时隔 8 年再次来到太钢。即将离开时，首长上了车，又走下来，对太钢的新领导班子说："什么时候太钢能出口不锈钢四五十万吨，太钢就真正具备了国际市场竞争力。"

这个目标，陈川平在他的任内实现了。

2001 年，陈川平升任太钢董事长，把在太钢有传统优势的不锈钢作为主业，2003 年在实现了 100 万产能的情况下，向国家发改委申报了 150 万吨新不锈钢工程，当时，适逢国家产业调整，钢铁等产业属于过热行业，面临被减产的压力。但 2004 年 9 月，太钢 150 万吨不锈钢工程获批，使得太钢成为全球产能最大的不锈钢企业。在开工典礼上，山西省四套领导班子“一把手”悉数到场，时任山西省发改委主任令政策宣读了国家发改委的批复。

2007 年，太钢不锈钢产量 202 万吨，实现出口 50 万吨的愿望。

在陈川平任上，太钢的大集团、大公司发展战略取得成功，成长为中国特大型钢铁联合企业，和全球产能最大、工艺技术装备最先进的不锈钢企业。2007 年，太钢营业收入超过 1000 亿元，实现利润 96 亿元。

太钢的巨大成功，让陈川平成为炙手可热的明星。他被评为山西省“功勋企业家”，太钢成为全国 9 家国有企业宣传典型之一，多位国家领导人视察太钢并高度评价，新版人民币 1 角硬币全部采用太钢不锈钢。2006 年，陈川平获“中国十大杰出质量人”，太钢获“全国质量奖”，“太钢牌”获评“中国名牌产品”。陈川平身上打来了无数的聚光灯，他和太钢频繁出现在媒体上，低调、智慧，身先士卒，成为陈川平广为人知的公众形象。

反复被媒体提及的事例，比如 2002 年，陈川平效法海尔的张瑞敏，在公司所有处级以上干部注视下，对 276 吨不合格不锈钢和冷轧硅钢举行销毁回炉处理仪式；新建 150 万吨不锈钢工程时，他也要求对不合格的建筑“该拆的拆，该炸的炸”。陈川平在任时重建了太钢的技术中心和培训中心，每年拿出 3000 万元奖励科技研究，单项奖金甚至高达 150 万元，三年内，太钢在 332 家国家认定的企业技术中心排名，从第 183 名提升到第 11 名。《山西日报》2007 年的报道中提到，陈川平如厕时，发现厕所安装的自动感应冲洗器“提前工作”，有浪费现象，就立即安排相关人员进行改进。

曾经分管过销售的陈川平很会笼络客户。2004 年，他到客户燕山石化走访，和对方说：“就是你们需要一张钢板，我们也要全力以赴送来。”

陈川平喜欢向下属荐书。在这家承担了一定国防科工任务的省属大型国企，陈川平向太钢中层以上干部每人赠送了小说《决战朝鲜》和电视剧《亮剑》碟片，他在《决战朝鲜》扉页上写：“谨将此书赠予我亲爱的战友们，把太钢建设成全球最具竞争力的不锈钢企业，是多么需要志愿军的这种精神力量啊！”

他也似乎懂得使用西方企业管理经验，例如采用数据挖掘方法、六西格玛质量控制理论等等。

在太钢，陈川平是一个呼声很高的领袖人物。即使在他离开后历任山西副省长，一些员工还会以他在副省长任上的业绩为傲。

陈川平也从来没有忘记太钢。在成为副省长和太原市委书记后，他几乎每年都会到太钢视察、调研、指导、出席项目开工仪式等，尤其许多次回到太钢不锈钢工业园。2012 年除夕前两天，他曾到太钢慰问太钢老工人、“当代愚公”李双良，他在太钢的时候，也尊老人为全公司榜样。

2011 年，陈川平已是市委书记，太原市委宣传部还曾专门为太钢撰写了“关于太钢实践企业核心价值观的调查与启示”，文章过万字，毫不掩饰对太钢集团和陈川平的溢美。

据四川日报报业旗下《廉政瞭望》杂志报道，陈川平任太原市委书记时，曾处理过一次小区供暖故障。在现场办公会上，市政部门负责人表示最快三天才能修复。陈川平当场把太钢负责供暖的负责人找来，问他多久能修好，答复是一天之内就能修好。陈川平立刻拍板交给太钢来做。此事引起了一些人的不满，认为陈川平照顾太钢利益。

在陈川平落马一个半月以后，新任山西省委书记王儒林也来到太钢考察。他肯定了太钢在钢铁行业经营形势非常严峻的情况下顶住经济压力，坚持走高端路线，有非常好的战略眼光，并勉励太钢“既要扩大生产规模，更要加强技术创新，占领技术制高点”。

煤业总管

2007 年 10 月，45 岁的陈川平作为地方国企负责人，当选中共十七届中央候补委员，前途大好。

2008 年 1 月，商而优则仕，陈川平升任山西省副省长、正式走入官场。一直到 2010 年 11 月的将近三年副省长任期内，陈川平在副省长中排名第三或第四位。2008 年 9 月，襄汾溃坝事故后，省长孟学农引咎辞职，分管安全生产等方面的副省长张建民也被免职，山西省政府领导调整了分工，陈川平在原来分管煤炭工业经济运行、国有资产监管、国防科工、劳动就业和社会保障等方面的基础上，增加分管安全生产。相当于除了时任山西省纪委书记金道铭分管的煤焦领域反腐以外，陈川平总揽了煤炭工业的各个方面，甚至延伸至电力等相关领域，掌管着山西的经济命脉。

陈川平面对的第一件大事，是山西煤炭行业兼并重组。

2008 年 8 月，山西省政府通过了《关于加快推进煤矿企业兼并重组的实施意见》，2009 年 4 月，山西省政府出台《煤炭产业调整和振兴规划》，并成立以省长王君为组长的煤矿企业兼并重组整合工作组，山西开始了一场规模空前以煤炭资源整合为旗号的行业兼并重组。

这次“煤改”以培育现代大型煤炭企业和煤炭集团为主线，由俗称的“5+2”，即山西省五大煤炭集团和两个煤炭贸易集团主导，淘汰企业生产规模低于 300 万吨、单井生产规模低于 90 万吨的“小煤矿”。

这次煤改被批评为“国进民退”，特别遭到了投资山西煤矿的浙江商人的反对。作为分管煤炭工业的副省长和煤矿企业兼并重组整合工作组副组长，陈川平直接负责了对浙商的反击。

2010 年 1 月 5 日，山西省政府和国家发改委、国家能源局联合举行了新闻通气会，陈川平代表山西省政府说，大规模兼并重组之后，山西形成了股份制为主要形式，国有、民营并存的办矿格局，国有、民营、股份制企业占比为 2:3:5。山西境内的煤炭企业主体已由 2200 多家减少到 130 家，形成了四个年生产能力亿吨级的特大型煤炭集团、三个年生产能力 5000 万吨级的大型煤炭集团。

陈川平表示，在重组过程中，政府以资产为纽带，“兼顾了各方面的利益”。对被兼并重组的资产，依法进行评估，由双方协商确定转让价格或作价入股。对被兼并重组煤矿采矿权价款，在退还剩余资源量采矿权价款的同时，给予适当的经济补偿。陈川平还说，重组取得重大阶段性成果，仅剩 100 家尚未完成采矿许可证变更的企业，春节前要全部做到位，重组“胜利在握”。

浙商之后在接受媒体采访时，怒斥陈川平“睁眼说瞎话，全是假话！谎言！”他们驳斥说，山西省政府的补偿不足浙商实际投资的 50%，合同上也没有赔偿条款，没有具体补偿金额，补偿款也不是一次性付给被兼并企业。浙商资本投资促进会作为回应，把山西和迪拜提名“2010 浙商投资预警区域”。

陈川平对此十分不屑。曾经也是企业家的他私下说，哪里有企业这样要挟政府的。

一边是逼民企退场，一边是邀央企上场。一位熟悉这轮“煤改”的山西专家告诉财新记者，现在回头看，资源整合的过程中权力不受约束，贻害无穷。在煤改初期，参与方案论证的专家们曾经建议，煤矿交易要阳光化操作，实行招拍挂，“但实际情况是，从煤炭有偿使用试点，到煤炭行业大规模兼并重组，操作过程中没有一个是招拍挂的，都是协议出让”。

“在这种制度黑洞中，形成的钱权交易金额巨大。”不过该专家也认为，对那次重组要一分为二看，至少山西煤矿矿难得到了根本性的治理。

襄汾溃坝事故后接手安全生产的陈川平，在王家岭矿难抢险中俨然成为英雄，得到多家的称赞。

2010 年 3 月 28 日，山西临汾的王家岭煤矿发生透水事故，153 人被困井下。“一切为了救人，只要有一线希望就要付出百倍努力！”陈川平说。抢救发生了奇迹，救援人员六天多后才听到井下矿工的回应，历经八天八夜，居然有 115 人被救。矿难抢险总指挥的陈川平，穿着军大衣，经常蓬头垢面地出现在现场，对救援所需的营养液都亲自过问。

当年 5 月底，山西电影制片厂高调宣布，要把这次矿难大救援拍成电影《八天八夜》，着重描写山西省委、省政府不惜代价、不分昼夜的坚持和努力。电影创作者说，支撑救援奇迹的背后，“是生命对生命的眷顾，民族对个体的翼护，国家对公民的责任”。制片方计划投资 1000 万元做三维特效和搭建井下作业场面，由曾创作电影剧本《生死抉择》的著名编剧贺子壮执笔，获过电影“百合奖”的导演高峰执导，选择国内一线演员出演，计划向国庆献礼。

但这一计划遭到了质疑。批评者说，这是典型的“把丧事当喜事办”，灾难面前的“集体无意识”。影片随之搁浅。

省城书记

2010 年 9 月，推进煤改有功的陈川平再上台阶，被任命为山西省委常委、太原市委书记，接替赴任中宣部副部长的申维辰。

两任省城书记成长经历和性格迥异。申维辰是文宣系统出身的官员，陈川平则在工业经济领域浸润多年。参加工作后，除到四川攀枝花钢铁公司短暂挂职外，陈川平几乎没有离开过省城太原。

2010 年 9 月 29 日下午，在太原并州饭店，时任山西省委组织部长汤涛宣布了陈川平的任命决定，时任山西省委书记袁纯清对新老交替的两位市委书记赞誉有加：申维辰为山西宣传和太原发展做出重要贡献，陈川平熟悉经济工作尤其工业经济工作。

时隔 4 年，已是物是人非。袁纯清、汤涛移调北京，已经升任中国科协党组书记的正部级高干申维辰在机场被带走，当年也在主席台就座的太原市长张兵生早在 2011 年就落入贿选漩涡遭解职。

继任申维辰后，陈川平延续了一些发展思路，包括“华夏文明看山西的旅游中心”，建设现代宜居城市等。陈川平所处的时期，太原房地产市场逐步开放和规范，但城中村挖个坑就盖起来的小产权房，依然是这个城市居住楼房的主流。

主政太原，陈川平的不锈钢情结如故，他提出，要将太原建成一个“不锈钢之都”，打造“以不锈钢和镁合金为主的新材料产业集群”。

陈川平还有一个想法，要将太原建成北京副中心，尽管两地高铁时长三个小时，相隔有石家庄、保定、大同等城市。但他在设想建设现代物流中心的时候，希望太原能与环渤海发生联系，称之为“环渤海和黄河中游地区现代物流中心”。直到他落马，这些计划都没有落实。

虽然历任省城书记都号称要将太原建成一流、现代的省会城市，但在陈川平任期内，只能多次在报告和讲话中“对标”合肥——“十一五”期间，合肥在全国 27 个省会城市中由 18 位前移到 15 位，超过了太原、南昌和昆明。总结合肥迅速崛起的经验，陈川平说，就是要大干实干快干，狠抓工作落实，“电视剧《汉武大帝》中汉武帝有这样一句话，‘匈奴能、我亦能’。我们要说‘合肥能，太原亦能’”。

主持太钢集团时，媒体眼里的陈川平是一个低调的人。“记者朋友们不要写我，我就是这么个普普通通的人。”陈川平经常把这话挂在嘴上。但主政太原的陈川平对待媒体有了变化。《法制晚报》报道称，2012 年 8 月，陈川平主持太原市委扩大会议，学习中央文件。因画面中与会者“东倒西歪”，拍摄这张照片的摄影记者被勒令不得再参与市委书记的相关报道。陈川平为下属们推荐的书也有了变化，不再是军事题材，而是《杰克·韦尔奇自传》。

家族官商

在陈川平官场得意时，他的姐姐也在家乡运城担任市政府副秘书长，哥哥则依傍太钢从事钢贸生意。

公开资料显示，陈川平的姐姐陈省平今年 58 岁，1971 年 3 月初中毕业，在平陆农机修造厂工作，曾作为工农兵学员到太原工学院学习，后来历任永济电机厂技术员，运城行署科委工业科副科长、科长，科技局副局长等，2005 年任运城市政府副秘书长。

陈省平职衔之多，不亚于副市长，例如，市政府招商引资领导组副组长（2006 年 5 月）、市政府新闻发言人（2010 年 5 月）、市政府改革与发展研究中心主任、市人民政府决策咨询委员会副主任（2012 年 10 月）、城乡住户调查一体化改革领导组副组长（2012 年 10 月）。

熟悉当地官场的人称，陈省平才能平平，最初只是打字员，荣升至科技局副局长就令人惊讶，更不用说市政府副秘书长。她被任命为新闻发言人，却少有“发言”。2008 年 7 月，任副省长三个月后的陈川平到运城考察，陈省平和时任市长、市人大主任和一位副市长参加了现场办公会。

运城官场人士说，地方官员在本地官场上擢升高官亲属，并不一定要高官本人提出，有时是地方官员主动示好。

陈川平成为太钢董事长后，转业到河北邯郸的哥哥陈胜平，2005 年注册了太原秋冶钢贸有限公司，在太原、邯郸、石家庄等地，从事钢铁贸易、加工配送、冷弯型钢制造、冶金原料供应等，官网自称“是太钢、河北钢铁、天铁集团的战略合作企业，能够满足客户对钢板的各种要求，我们年销售钢材 65 万吨，其中品种钢 25 万吨”。

据《中国经营报》报道，太钢在废次不锈钢原料、电器设备采购两个业务单元中积弊丛生，供应商回收不锈钢废品，分类熔化后，视情况加入镍粉，卖到太钢加工厂作为冶炼不锈钢的原料之一。

陈胜平的一位朋友对财新记者说，陈胜平从事这一生意，是在陈川平的支持下开始的，借着弟弟执掌太钢，陈胜平可获得众多钢铁行业资源。

在山西官场上，陈川平与同乡交往密切。

担任太钢集团董事长时期，陈就与时任山西省发改委主任的令政策交往密切，2004 年开工的太钢 150 万吨不锈钢工程，既是陈川平的业绩，也是令政策的业绩。媒体报道称，2014 年 6 月听闻令政策被调查后，陈川平脸色大变。

太原市委书记任内，陈川平还曾因力挺同是平陆老乡的太原市公安局长柳遂记而遭到民间批评。由于连续两任太原市公安局局长被免职，2012 年 12 月，时任太原市委常委、政法委书记的柳遂记在陈川平支持下兼任公安局长。事实上，针对柳遂记的举报一直不断，包括在土地倒卖、行贿、利用个人权力充当保护伞等问题，但柳获得了陈川平的庇护。在陈川平遭调查消息公布当日，8 月 23 日，柳遂记亦遭带走，他的职务随即被免。

财新网 2014 年 10 月 15 日 17:59

申维辰的名与事

记者：郭清媛　欧阳艳琴

2014 年秋的平遥古城，在冷空气中，迎来了第 14 届平遥国际摄影节，来自世界各地的摄影发烧友涌入这座青砖石板铺筑的古城。

这个已经具有国际知名度的文化盛事 14 年前的缔造者，此时失去人身自由整整半年。

2014 年 4 月 12 日，中央纪委监察部网站发布消息称，中国科协党组书记、常务副主席申维辰涉嫌严重违纪违法接受组织调查。58 岁的申维辰，是 2014 年落马的首位正部级官员。

梳理其履历可知，落马当时，申维辰已离开山西四年，但他 39 年的仕途中，有 35 年是在山西度过。财新记者的调查显示，他涉案的主要问题，基本都发生在任职山西期间。

申维辰身高一米九，有一双浓眉大眼，说话声音洪亮，仪表堂堂，风度翩翩。申维辰在山西官场闯荡多年，誉谤相兼。最为山西人称道的，是他所打造的“华夏文明看山西”等形象，他担任该省宣传部长 6 年，通过创办平遥国际摄影节、策划《乔家大院》《立秋》《一把酸枣》影视剧话剧的制作，成功地将积淀深厚的山西形象和曾经繁荣辉煌的晋商文化推广向全国乃至世界。

所诟病者，则是申维辰主政太原期间，纵容和庇护地产商违规拿地，卷入官商利益输送的泥潭而不可自拔，直接导致太原房地产市场乱象丛生。

申维辰落马至今，又有 6 名山西副省级官员遭受调查。即使不算他这位调离者，山西省内落马高官数量就高居全国第一。他穷十数年之功打造的山西文化、晋商精神的标签，在腐败丑闻的映照下，黯然失色。

形象山西

1991 年，《大红灯笼高高挂》全球公映，影片中，青砖铺筑的古院落，在红灯笼的映照下，与故事情节相映成趣，摇曳生姿。

这是目前可查的乔家大院最早出现在世界公众面前的一幕。当时乔家大院所在的山西晋中市，甚至整个山西省，都以土地贫瘠与煤炭储量丰富而著称，无人察觉到这座院落所代表的华夏文化与曾经晋商繁盛的背影。

直到三年后，此地迎来一位主官。

1994 年，山西潞城人申维辰从省体委主任调至晋中，担任晋中地委副书记，一年后任晋中地区行署专员。1998 年后担任地委书记，直到 2000 年。

申维辰前后主政晋中六年，这六年也是申维辰发现“宝藏”的六年，为其在 2000 年升任山西省宣传部长奠定了丰富的实地考察积累。

根据晋中平遥县人民政府网站介绍，晋中地区也就是后来的晋中市所属的山西中部，在历史上很长一段时期内，都是汉族与北方少数民族交汇融合的地方，也是各种思想剧烈碰撞和社会变革的前沿地带。明清时期，享誉海内外的晋商就是从这里走向世界的。

在晋中工作期间，申维辰被这里浓厚的文化资源所吸引，这也促动了申维辰对山西文化尤其是晋商文化的研究和思考。历史资料称，申维辰当时对经济尚欠发达的山西颇为自信，他认为，山西就是一个暂时困顿的文化巨人，抓住机会就有出路。

1998 年 3 月，申维辰任晋中地委书记后，提出“一城、二寺、三山、四院”的总体规划，一城就是指平遥古城，二寺是双林寺和资寿寺，三山是绵山、乌金山和石膏山，四院是乔家大院、王家大院、曹家大院和渠家大院。

在此基础上，申维辰更明确地提出，要以平遥为晋中旅游业发展的龙头。

平遥古城始建于西周，至今已有2800年的历史，仍保持着明初建城的结构。1997 年 12 月，平遥被联合国教科文组织正式确定为“世界文化遗产”，成为惟一一座列入世界文化遗产的汉民族古县城（同时列入世界遗产名录的丽江是纳西族古镇），平遥一夜之间名扬四海。

2000 年，申维辰又经山西省文联介绍，与《人民摄影报》接触上，双方碰撞出平遥国际摄影节的想法。申维辰派人前往法国考察 VISA 摄影节，考察结束时，申维辰已经调到省委宣传部工作。考察人员将一份详细的考察报告递交申维辰。2000 年 11 月 20 日，经过反复考虑，申维辰在这份报告上作了批示：“这是一个宣传山西的好主意，请外宣办纳入工作计划进行调研。”

2001 年，首届平遥国际摄影节开展，此后的 14 年，平遥在古城标签之外，已成了很多摄影发烧友每年必去的地方。

彼时的申维辰，被称为“为山西做了大贡献的好官”。多位受访的山西官员称，山西作为能源基地，煤炭经济发展的同时，环境污染与矿难长期给山西的形象蒙上一层灰色，申维辰的“形象山西”的确是无法小视的政绩。

“当时也有晋中官员称，申维辰最大的问题就是‘定力不够’，经常签字批准调查的案子，几天后又会找纪检委，希望不再调查，地委纪检官员因此非常不满。”一位熟悉申维辰的官员告诉财新记者，到山西省委为官后，申维辰不时回晋中，接受当地商人宴请，毫无避讳。

但在当时，并没有多少人注意到申维辰身上的“瑕疵”。作为山西省委常委、宣传部长，他提出山西应做文化大省的口号，抓住山西历史和晋商文化，紧锣密鼓地策划了“华夏文明看山西”的系列活动，亲自策划、推动了热播电视连续剧《乔家大院》、舞剧《一把酸枣》、民族交响乐《华夏之根》等系列文化品牌产品。

目前在山西省图书馆，还能查阅到33部申维辰参与的文字作品。这些书中，他引经据典，将山西形容为华夏文明的主题公园。如山西大学中文系编写的八卷本《山西文学大系》，申维辰冠名主编，并且作序。“山西是华夏文明的‘主题公园’，是东方古代艺术的‘博物馆’，是中国社会变革与进步的‘思想库’”，这是申维辰在各类书籍、各种发言里都会提及的话。

为推广山西精神推出的舞台剧《一把酸枣》，申维辰也曾专门出书解读：“生计所迫，一批又一批的山西人，抛亲离家，出走口外，就像黄土高原上漫山遍野的酸枣树，在荒漠、在草原、在广袤大地上的每一个角落顽强地生长。”

在《一把酸枣》的舞剧演员看来，申维辰高大帅气又大度，对大小演员都笑嘻嘻的，没有官架子。“申维辰真的有眼光，真懂山西的这些文化。”一位《一把酸枣》的主要演员对财新记者说，一个剧在初步成型后，他就会去现场看、评价，并且大力提供资金和推广支持。

在话剧《立秋》开排之前，山西省话剧院资金短缺、人员出走，申维辰安排省委宣传部提供了300万元的资金支持。《立秋》的出品人、原山西话剧院院长贾茂盛接受媒体采访时说，申维辰在创作期间，看了四十多场，简直是“痴”。

《立秋》讲述的是一个晋商凋落的故事。民国初年的混乱时局中，传承了十三代、四五百年的山西票号到了生死存亡之间，选择和国家银行合作，还是从此衰亡，这个问题在话剧中没有解答，只是十三代祖宗留下的一地窖黄金，赔付了集资人，挽留了晋商的“诚信”精神。《立秋》在各地上演之时，正当“国进民退”的山西煤炭整合于全省推开。

2014 年山西官场地震显现出来的官商利益纠葛，让当地人扼腕叹息晋商精神与清明政治不复存在，有人甚至说，宁可让山西没有资源。而在这场反腐中，申维辰亦未能幸免。

危险交情

2006 年 1 月，在文宣系统浸泡多年的申维辰从山西省委宣传部长的位置调任太原市委书记，办公场所也从位于太原市迎泽大街的山西省委，移至新建路上的太原市委。

此时，被山西文化界人士称作“有意扶持文化产业”、“尊重文人”的申维辰，与多位商人交情渐深。其中的代表人物，是相识多年的太原文化产业商人、山西大学校友胡树嵬。

胡树嵬现年 45 岁，肄业于山西大学。在 1999 年创立山西得一文化产业集团（以下简称“得一集团”）之前，胡树嵬是一个开书店起家的生意人，随后又做图书批发，并设立得一文化广场，专门供书商租用。

得一集团内部人士回忆说，从 2003 年开始，胡树嵬口中开始提及申维辰。一位胡树嵬的前助手证实，当时胡树嵬很喜欢提申维辰，不断地找申维辰吃饭。

熟悉胡树嵬的山西文化界人士称，胡喜欢写诗，有一种豪迈的文人气质，喜好富丽堂皇的视觉冲击与社区人群同堂喜乐的人文环境。也很喜欢看书，且记忆超群，看过的内容几乎会背下来，因此和申维辰颇有共同语言，二人之间，深有惺惺相惜之感。

与二人交情一同生长的，还有胡树嵬的企业。当地多位人士透露，胡树嵬的得一集团可以顺利扩张并进军房地产界，离不开申维辰的“扶持”。

得一集团的网站简介称，目前已形成立足文化业，向房地产、金融投资等多领域拓延的大型综合集团公司，与国内多家大型集团公司展开了多层次、多角度的合作，资金实力雄厚。

“这几年可能资金雄厚，但创业初期挺困难。”一位得一集团前高管告诉财新记者，2002 年时，胡树嵬还只能借东墙补西墙的维持经营，员工工资并不高，还经常无法按时发放。

2003年年末，胡树嵬开始进军音像和文化行业。上述高管回忆，当时胡树嵬曾给公司内部透露，公司已经获得省文化厅同意，可以生产影像制品，此外，省里也同意把得一集团当重点文化企业扶持。

多位得一内部人士透露，胡树嵬很注意与政府走关系，在与政府人员接触时，总会说“我认识某位领导”。他们称，这位领导就是时任山西省委常委、宣传部长申维辰。

在认识申维辰两年后的2005年，山西省年终相关总结材料中，得一文化广场被描述为“全省最大的图书音像产品经营机构”、“年营业额达两亿”。

2006年申维辰走马上任太原市委书记。太原房地产市场在申维辰任期内开始勃兴，但土地与房产市场堪称“无序”。

2007年底，多家知名房产大鳄纷纷进驻太原市场。两年后，太原土地交易达到了最高峰。有关数据显示，2009年，太原全年发布了57次土地出让公告，供应土地77幅，占地面积达555万平方米，出让面积同比增长幅度为154.79%。

地产业内人士告诉财新记者，一方面，过去5年，山西煤老板转战地产行业，太原土地被“土豪式”地开发，几乎是挖一个坑就能挣钱；而另一方面，是楼市上60%楼盘开发不合法。太原城市建设几无规划可言。

当地房地产业内人士介绍，当地有几种“怪现象”：政府出让的所有土地使用权期限只有50年；招拍挂不透明，地价高低无序；城中村改造范围大，小产权普遍，大产权稀缺，一个楼盘有“大红本”就是热卖点，“五证”齐全时一般都已经接近清盘。

“从单块地来看，规模大的主要都是外地房企拿的，但从总量上说，还是本地企业拿的多。”在太原房地产业内人士看来，本地的部分房地产公司凭借在当地拥有的政商资源，在土地开发中多次打过“擦边球”。而由于招拍挂并不公开，一些外来的大型房地产企业拿地艰难，只能选择和本地有拿地能力的企业或个人合作。

胡树嵬的得一集团，2009–2010年，就成为了绿地、复地等大型房企进军太原的“股东”。

2009 年 9 月，山西绿地得一置业有限公司成立，注册资本 1 亿元，得一集团持股 20%。在这之前的 7 月，得一集团和上海绿地合作拿到了位于东山片区的 CG-0925 宗地，共 60.8 公顷，这是一块综合用地，包括商业、住宅、医疗卫生、小学等，土地单价 898.1 元 / 平方米，楼面单价为 655.6 元 / 平方米。

在复地集团公开宣称进入太原市场的 2010 年 2 月，得一集团也是拿地的合作者。2010 年 2 月，复地在太原东山片区所获得的 6 个地块，5 个有得一集团的参与。这 5 个地块总面积达 90.3 公顷，土地均价 846.5 元 / 平方米。山西复地得一房地产开发有限公司在当年 5 月成立，得一集团同样出资 2000 万，占股 20%。

大致半年的时间，得一集团便与两家全国排名前列的房企合资，控有 15 公顷（合约 2250 亩）土地中 20% 的股权。在太原，胡树嵬也成为坊间传言的“地主”。

得一集团负责地产开发的人员透露，这种合作开发形式，即得一集团提供土地，外地房企进行资金投资，在业内属于常见现象。不过，得一集团仍旧备受质疑。以得一集团当时的资金实力，想进入房地产界并不容易，如此大面积的地块拿下来，更要具备雄厚资金支撑才行。而要吸引绿地、复地、恒大这些地产名企，单靠得一集团并不具备引资能力。据胡树嵬早年的友人回忆，2006 年后，圈内朋友都说，胡树嵬是得到了包括申维辰在内的多位人士“扶持”，才得以入驻地产界，并迅速扩张。

但财新记者亦从得一集团内部的另一消息源获悉，得一集团帮助多家大型房企拿地，也和周永康有关，因为他们所开发的东山地块属于荒山，没有开发指标，是周永康帮助了胡树嵬完成批地。

此外，多个信源向财新记者证实，申维辰、胡树嵬二人均与周永康有来往，申胡二人喜好收藏字画，胡树嵬曾从香港某拍卖行购得一副昂贵字画送与申维辰，申维辰又转送给了周永康之子周滨。此项交易，也被消息人士称作二人同时沦陷的导火索。

2014 年 2 月，刚刚从山西省委副书记转任山西省人大副主任的金道铭落马。

据说，申维辰2010年曾与时任山西省委常委、纪委书记的金道铭竞争省委副书记一职，最后未能如愿。不过他和金同样得以“进步一阶”，到北京担任了中宣部副部长，更在去年3月升至正部级，出任中国科协党组书记。2014年春，两人几乎同时落马，申维辰比金道铭只晚了一个月。

反腐洗礼

申维辰落马之后，山西省有多位相关官员、商人被“带走”或“谈话”。

4月13日，申维辰落马后一天，忻州市委常委、组织部长吉久昌，太原市国土资源局总工杜怡以及前任局长张宝玉，均被带走。在他们之前，还有山西省太原市民营经济开发区管委会主任、党工委副书记张波亦因涉嫌严重违纪接受调查。

这些人的工作经历均与申维辰有交集。吉久昌任职山西潞城多年，2008年3月在太原市担任副市长时，分管城建、国土、规划等领域。在申维辰担任太原市委书记期间，张波曾先后任太原市园林局局长、太原市政府秘书长、党组成员、市政府办公厅主任等职务。

而张宝玉在任山西省测绘地理信息局局长前，是太原市国土资源局局长。与张宝玉熟悉的人称，张宝玉“出事”，原因可能是在担任国土资源局局长期间，迫于更高一级领导的压力，纵容地产商违规拿地所致。据称目前张宝玉已经释放回家。

在申维辰之后，山西省经历了一场反腐暴风雨的洗礼，连续三次出现两位副省级高官同时落马的消息。6月19日，中央纪委监察部网站发布消息，原山西省委常委、副省长杜善学，原山西省政协副主席令政策遭到调查；8月23日，山西省委常委、太原市委书记陈川平，山西省委常委、省委秘书长聂春玉，亦是同日出现在中央纪委网站的案件查处栏目中。8月29日傍晚5点半，中央纪委监察部网站发布消息称，山西省委常委、统战部部长白云涉嫌严重违纪违法，目前正接受组织调查。两个多小时后，该网站又更新一条简讯，山西省副省长任润厚涉嫌严重违纪违法，目前正接受组织调查。

在副省级高官频频落马的背后，数十位厅处级干部也应声落马，吕梁、运城、阳泉以及更北部的大同，如今都陷入反腐风暴中。山西政商黑金链进入整体崩塌季节。

财新网 2014 年 10 月 16 日 20:16

任润厚的坎坷省座路

记者：欧阳艳琴

在被宣布调查一个月后，2014 年 9 月 30 日，57 岁的任润厚病故，死于癌症。

2011 年 1 月，任润厚补选为山西省副省长，随之而来的不是位高权重，而是故交相逐，同行争位，旧部案发，他因喉癌请假 6 个月，并顺利度过了危机。2014 年 2 月山西省人大原副主任金道铭被抓前，任润厚又称病不出，但这一次在“养病”期间，他依然难逃落马。

2014 年 8 月 29 日晚，中央纪委监察部网站宣布了任润厚因严重违法违纪接受调查的消息。在他之前，已经有六名现任和一名原任省级官员落马。任润厚或许是其中最没有权势的一位。

任润厚曾是盘活西山矿务局三个煤矿和山西煤炭管理干部学院的“救火队长”，也在掌控潞安煤矿时恰遇煤炭“黄金十年”。但他终究不是一个幸运的副省长。

潞安掌门

窗外有一尊后羿射日的雕像——传说后羿就是在长治射日，日落潞安，化为浩瀚煤田；室内悬挂了一幅毛泽东词：“天高云淡，望断南飞雁。不到长城非好汉，屈指行程二万。六盘山上高峰，红旗漫卷西风。今日长缨在手，何时缚住苍龙？”2005 年《中国矿业报》报道任润厚时，曾经描述过这些细节。报道说，任润厚崇拜毛泽东那种战略家的恢弘。

生于1957年10月的任润厚是山西忻州市代县人，他的第一份工作就是煤矿工人。1979年11月，任润厚招工到山西西山矿务局杜儿坪矿，之后的19年一直在山西西山矿务局工作。西山矿务局是山西焦煤集团核心子公司西山煤电集团公司的前身，至今仍是全国最大的炼焦煤生产基地。

1981年9月，任润厚有机会到西山矿务局职工大学脱产学习，三年半后，他进入矿务局办公室当起了秘书。1989年12月，任润厚被下派到西山矿务局的马兰矿担任副总工程师，1994年8月提升为副矿长。

任润厚到马兰矿时，该矿还没有正式投产，他经历了从筹建与正式投产的早期阶段，表现出管理才能。1997年1月，任润厚临危受命，升调至“问题较多、困难较大”的西曲矿担任矿长，一年多后，他再次以救火队员的身份，调到上世纪八十年代全亚洲单井口年出煤最多的官地矿担任矿长，彼时的官地矿也是“问题较多、困难较大”。按照当年《中国矿业报》的报道，任润厚到之后，几个煤矿“个个神奇地焕发了生机，而且在他走后绝不反弹”。

任润厚在官地矿其实只“救”了5个月的火，这种频繁调动酝酿着后来的擢升。1998年9月，他又被时任山西省煤炭厅厅长王纪仁“钦点”为山西煤炭管理干部学院副院长并主持工作。《中国矿业报》称，当时的山西煤炭管理干部学院濒临绝境，“任润厚在在大刀阔斧地进行了‘百日革新’，使之立刻秩序井然”。

2000年6月，任润厚调任潞安矿业（集团）有限责任公司副董事长、党委副书记、总经理，翌年1月升任董事长、党委副书记、总经理，并在潞安矿业董事长的任上执掌这个有“第一个中国煤炭工业现代化矿区”之称的山西大型国企长达十年之久，期间在中国矿业大学获得工程力学博士学位。任润厚曾获得全国五一劳动奖章、全国劳动模范等荣誉。

任润厚成为山西煤业的一方诸侯可谓正当其时，他担任潞安矿业董事长后不久，中国经济发展步伐加快，能源需求量猛增，得益于2002年开始取消对电煤的国家指导价，完全由市场调节的煤炭价格一路上扬。2003年初，煤价已经上涨到大约160元/吨，远高于2000年国家价格控制下的20–30元/吨。之后的八年，山西迎来了煤炭行业热气朝天的夏天，任润厚也迎来了自己仕途如日中天的正午。

任润厚领导潞安集团的方式与众多国有煤企负责人、煤老板大同小异，主要就是聚集资源。到任不久，任润厚就立下目标，要为潞安聚集100年的煤炭资源，潞安集团的煤炭产量也要从1000多万吨跃至7000多万吨，在山西已有四个亿吨级煤炭集团的基础上，任润厚希望潞安也能产量过亿吨。

煤炭价格的持续高涨、政府主导的资源整合，都帮到了任润厚这样的大型国企掌门人。尤其是2008年后山西省的第二次煤改，力推“通过大型煤矿企业兼并重组中小煤矿，形成大型煤矿企业为主的办矿体制”，包括潞安集团在内的五大国有煤炭集团和两大国有煤销集团都有整合100家以上煤矿的任务，而潞安主要整合了长治、晋中和忻州的煤矿。

借助这些兼并整合，潞安集团的煤炭资源总储量达到400亿吨以上，实现了潞安集团的“资源再造”，为“百年潞安”打造了坚实基础。任润厚离开潞安集团登上副省长位置时，在接受媒体采访时曾公开说，潞安的资源储备量已经足够开采200年。

事业有为，任润厚也开始给自己薄弱的学历镀金。2001年9月至2005年6月，他在中国矿业大学力学与建筑学院工程力学专业攻读在职研究生，获得工学博士学位。在国家知识产权局官方网站中，从2006年至2010年，任润厚还获得了26项实用新型或发明专利，分别在采矿、冶炼和“煤化油”等领域。不过，这些专利的发明人动辄有十几个人署名，财新记者检索后发现，大部分是潞安集团高管或合作单位的负责人。

坎坷省座

早在2007年，就有传言任润厚将登副省宝座。此前一年，子公司“潞安环能”（601699.SH）上市，任润厚已经实现了“再造一个潞安”中的大部分量级目标，包括将煤炭产量从1000多万吨提升至7000万吨。配合这股晋升传言的，是媒体铺天盖地的报道。

潞安集团内部人士说，从到潞安开始，任润厚就在努力上位，一边不时地读着毛泽东的诗句“何时缚住苍龙”，一边瞄准山西省分管煤炭工业的副省长。

这个位置通常由国有大型煤矿企业董事长升任。

但任润厚的希望落空了。2008 年 1 月，出任这一职位的是原太原钢铁公司董事长陈川平。陈川平比任润厚小 5 岁，年轻有为，2007 年使太原钢铁的利润比包括潞安在内的山西五大煤炭集团总和都还要多出 10 多亿元，又获批兴建全球最大的不锈钢生产基地。

好在两年多后，陈川平调任太原市委书记，副省长的位置再次高高地悬在那些有权势的厅级官员头上。

任润厚拔得头筹，握住了副省长的权柄。但他遭遇了一位故交的“竞争”。这个人就是张兵生。

时任太原市长张兵生一直是任润厚强有力的支持者。2000 年 6 月，他和任润厚同时来到长治，任润厚是到总部位于长治的最大企业潞安集团，张兵生则出任长治市委副书记，一年后成为市长，2003 年任市委书记，一直到 2006 年 2 月调任太原市委副书记、市长。

在全省的煤炭行业整合兼并重组还没有推开前，张兵生和长治领导班子就极力支持着长治最大的企业潞安集团。当地明令全市各产煤县，所有 9 万吨以上的煤矿，全部划归潞安集团。

在长治市的支持下，2002 年以后，潞安整合了慈林、襄垣善福、屯留县郭庄等煤矿，大手笔的还有控股 400 万吨煤炭生产能力和 120 万吨焦炭生产能力的常平集团，150 万吨的武乡东庄煤矿、30 万吨的永红煤矿、30 万吨的温庄联营煤矿和 21 万吨的襄垣上庄煤矿等。2002 年到 2006 年，潞安集团主要整合的就是长治境内的煤矿，另外一处则是在任润厚的老家忻州，潞安买断了宁武煤矿。

长治市的支持，还包括将长治防爆电机厂等企业无偿划拨给潞安集团。张兵生还曾亲自参与了潞安集团煤基合成油项目的筹备和建设。这是一个国家级项目，后来任润厚藉此获得了多个国家级发明专利。

2011 年 1 月，任润厚在山西省“两会”上如愿被补选为副省长。而他同样希望竞争这个副省长职务的昔日朋友张兵生，则因违反选举纪律，违规短信拉票而被免职。

不过，任润厚面对的是一个让他如坐针毡的“省座”：煤炭行业重组的荣光已由前任陈川平拿走，留给他的是重组后的一堆麻烦事：补偿，技改，官司，以及煤价突然掉头下跌引爆的危机。

麻烦的远不止如此。刚刚就任副省长半年，任润厚的旧部、潞安集团副总经理刘仁生被调查。根据阳泉市中级人民法院判决书，刘仁生在民间有“三多”局长之称，即钱多（仅受贿一项就达4600余万元）、房多（仅北京一地就有4套房产）、受贿方式多（包括索贿、有交易型受贿、干股分红型受贿、合作投资型受贿、特定关系人收受型受贿、礼尚往来型受贿等刑法中的大部分受贿形式，其收受的财物有现金、金银、玉器、字画、房产等）。

此时，任润厚亦查出患有喉癌，无法说话，他随即称病不出。山西官场即有其将引退的传言，任润厚原来的同行、山西焦煤集团董事长白培中成了最热门的候选人。

但阴差阳错，2011年11月，白培中家中遭窃，小偷被抓获后供出从白家窃走价值数千万元的人民币、外币、金条、名表、钻戒、项链等财物，引起舆论哗然，白培中非但未能晋级，反而原职被免。

住院治疗的任润厚安然度过了2011年的双重危机。但时间转到2014年，山西反腐巨浪袭来，腐败盖子被揭开。第一个落马的，是原山西省委副书记、省人大副主任金道铭，而据熟悉山西官场的人士说，早在金道铭落马一个多月前，山西核心官员中已在流传金道铭不稳的消息，任润厚在这时再次称病请假。1月24日在太原参加了一个签约仪式后，任润厚再没有公开露面，一度被传病危，其分管工作也分摊给了其他副省长。

8月29日，任润厚未能再次涉险过关，成为今年以来山西省落马的第7位副省级干部。

记者郭清媛亦有贡献

财新网 2014年10月17日 17:47

白云失足阳泉

记者：田园

2014年9月3日，第二届晋商大会在太原召开，作为大会组委会主任的原山西省委常委、统战部部长白云“缺席”，改由山西省委副书记楼阳生主持会议。

白云的最后一次公开露面定格于2014年8月28日。当天，白云主持召开第二届晋商大会组委会第三次会议，听取大会秘书处、各工作部筹备工作进展情况汇报，要求各部门力保大会的圆满成功。随后的一天，中纪委网站公布了白云因涉嫌严重违纪违法接受组织调查的消息。白云也由此成为十八大后首个落马的省部级女官员。

现年54岁的白云原本拥有在官场令人羡慕的资历：60后，女性，有从军背景，官员子弟，团系干部，中国人民大学的工商管理硕士。事实上，她的仕途早期也非常顺利：33岁升至副局级，41岁晋身正局级。但是等她苦熬12年，终于在2013年1月进入副省级高官行列之后，白云几乎就一直在担惊受怕中度过。2014年8月，靴子终于落地。

30年仕途终结

白云是山西五台人，老家距定襄县不远。白云的父亲曾是原雁北地委领导，后来还担任过大同市副市长。白云16岁参军入伍，进入国防科工系统某基地通讯总站卫生队当卫生员，3年后调任雁北军分区后勤部卫生科。

白云的仕途起步于朔州。1984年，24岁的白云退伍复员，由一名士兵成为了朔县县委宣传部任党教科副科长。两年后调至平朔矿区，历任干事、工委团委书记。当时白云的父亲担任平朔露天矿区工委书记。

作为一名资深的共青团干部。从1986年至2003年，白云有长达17年的共青团系统工作经历。1988年，白云在朔州市委筹备组工作，一年后，进入共青团朔州市委，在朔州团市委履职5年，其中三年担任共青团朔州市委书记。1993 年，她升至团省委，历任八年团省委副书记和两年团省委书记。其中 2001 年 2 月升任共青团山西省委书记、党组书记后，成为正厅级干部。

一位曾在山西团省委与白云共事过的官员告诉财新记者，白云为人低调，不是强势的风格。另一位山西官场熟悉白云的消息人士称，白云没有官架子，经常会在太原市内商业街、菜市场遇见她，看起来就是一位普通的邻家阿姨。

在共青系统工作的 1993–1997 年，白云还先后参加了中国人民大学工商管理学院工商管理专业在职硕士班和中央党校进修二班的学习，获得工商管理硕士学位。

2003 年 6 月，已经不再年轻的白云离开共青团系统，开始了地市主官生涯。之后，白云依次在吕梁、阳泉、运城三市任职。

从 2003 年 6 月到 2006 年 2 月，白云在吕梁将近 3 年时间，历任吕梁地委副书记和撤地改市后的吕梁市委副书记，主要分管农业、科教和党建。有当地官员对财新记者称，白云在吕梁期间为人低调，工作务实，注重工作结果，但在吕梁没有多少存在感。那个时候的白云没有多少实权，虽然煤炭市场开始活跃，但白云与这个权钱交易盛行的“是非之地”还有点距离。

2006 年 2 月，在吕梁“见习”地方为官之道三年的白云，被调往阳泉担任代理市长。三年阳泉市长和三年阳泉市委书记，是她最重要的一个仕途阶段。多名官场人士均猜测，白云的落马，肯定与曾经主政 6 年的阳泉有关。因为 2012 年 1 月白云从阳泉调任运城市委书记，仅停留了 1 年零 1 个月。当地人士说，白云到运城的那一天起，就知道自己会高升省里，运城只是一个过渡。在运城白云碌碌无为，讲话时从不脱稿。运城一位处级干部委婉地称白云“低调，没有显示出应有的才干”。

还阳泉蓝天

2003 年，国家环保总局对全国 113 个城市进行“环保重点城市年度考核”，阳泉在该次“城考”中排名倒数第二。2005 年，国家环保总局再次对全国 509 个县级以上城市进行“全国城市环境综合整治定量考核”，在环境空气质量劣于国家三级标准的 43 个城市中，山西有 16 个城市位列其中，阳泉又名列前茅。

所谓劣于国家三级标准，指的是城市环境已不适宜居民生存。

面对如此严峻的污染形势，2006 年，山西省启动“蓝天碧水工程”，要求到 2010 年大幅削减大气污染物二氧化硫和水污染物 COD 排放，并将任务落实到地方政府主要领导的乌纱帽上，“谁摘不掉环境污染的‘黑帽’，就摘他头顶上的‘乌纱帽’”。

这一年 2 月被派到阳泉的白云，把自己下车伊始的施政重点，就放在甩掉“全国污染第二”“不适合人类居住城市”的帽子上，这也是彼时省委主要领导给她提出的要求。

阳泉市属于典型的资源型城市，电厂、煤矿等重污染企业相对集中。据当年的环保监测数据，在阳泉市的大气环境污染综合指数中，二氧化硫排放造成的污染占到总污染负荷的 63%，是大气污染的主要污染源。查阅当年阳泉地方媒体报道可以看出，白云上任后，一是抓住发电企业强制性脱硫治污的契机，从治理二氧化硫污染入手改善空气质量，并关掉了一些无法达标的发电厂；二是进行煤场、矸山和建筑工地等地方的扬尘污染治理。

抓住了阳泉这两个最重要的大气污染源，白云的治污战争立竿见影，当年阳泉市区二级以上天数就达到 275 天，退出全国最污染城市的“黑三甲”行列。为此，阳泉市主要负责人还受到省政府 100 万元的奖励。

白云再接再厉，出台了“阳泉三城同创方案”，即创建国家园林城市、国家卫生城市、国家环境保护模范城市的宏大目标，并对街道和社区整饰、基础设施和市场建设、城市亮化工程、园林绿化、污染治理环境保护、城中村和棚户区改造、公共卫生和行业卫生整治等十个方面做了具体要求。据《山西日报》的报道，阳泉市区环境空气质量 2008–2013 年连续六年稳定达到国家二级标准，城市建成区绿化覆盖率达到近四成，在白云刚刚调离时，阳泉终于拿到了“国家园林城市”的牌子。在拥有全国三分之一污染城市的山西来说，这确实是一个了不起的政绩。

但是在经济上的无所作为，也让白云受到不少批评。“白云在城建方面还算有一套，但在经济方面她就完全不在行了。”一位阳泉官员对财新记者表示，阳泉曾经有阳泉钢铁公司和阳泉煤炭公司两大支柱产业。自从阳钢 2004 年宣布破产后，煤炭成了阳泉唯一的产业，“阳泉下辖三区二县，其中的盂县就靠煤，这几年的平定县就靠房地产，但其实都是泡沫。”

惟领导马首是瞻

和在吕梁及之后在运城一样，即使担任市长和市委书记，白云在阳泉也不是强势的领导。相反，人们能找出许多她“循规蹈矩”的例证。比如，有熟悉白云的官员认为，她脱稿讲话的能力不错，但大部分人印象中的白云总是照本宣科，一直念别人为她写的讲稿。只是白云每次开会前，对讲话稿总是要求颇高，曾经帮其写材料的几位秘书据称深受其苦。

这种谨慎常常伴随着对上级意见的马首是瞻。早在共青团系统，白云的政治素质就深得领导赏识，主政阳泉后，白云依然知道如何获得领导认可。2010年7月，一位省领导到阳泉调研，听取白云对2009年的工作汇报。白云介绍阳泉的经济总量和全市人口分别为348亿元和100万人左右，并表示会争取把经济总量提高到600亿元。这位省领导说：“600多亿？最少来个1000亿吧！人口么，也至少把阳泉城市人口提高到100万吧！”之后不久，白云就推出了“千亿阳泉、百万新城”的奋斗目标，即“经济总量达千亿，城市人口过百万”，但上述官员认为，白云对如何实现这一目标并无太多想法，“她可能知道自己也快要走了，所以只是喊喊口号”。

直到2013年底，阳泉市的经济总量也才勉强过了600亿元，“千亿百万”还遥遥无期。

纵容“福建煤帮”私挖乱采

作为“全国最大无烟煤产地”的阳泉，储藏在地下的煤矿还有表层浅的特点，非常适合露天开采作业，也因此催生了私挖乱采等违法现象。在白云任上，这种私挖乱采获得了进一步的纵容。

自2008年开始，以一些福建福清商人为主的“福建煤帮”伙同阳泉本地煤老板，对阳泉下属的郊区、盂县和平定县的煤矿，以各种虚假名义进行了瓜分和疯狂掠夺。村庄被迫搬迁，植被、耕地被严重破坏，民怨四起，却上访无路。2010 年 9 月，央视《焦点访谈》曝光了一名福建老板在阳泉平定县张庄镇以兴建“高效农业园”为名进行煤炭盗采，2011 年 6 月，央广新闻又曝光了阳泉盂县南娄镇秀寨村以建造“工业固体废物填埋处置场”名义盗采浅层煤事件。而这些，似乎都得到了“当地政府默许”。

2008 年，盂县牛村镇曲曲城村一场莫名的大火，吸引了山西省一家建设公司的注意，他们随即打着“治理灾区 350 亩”的旗号，给村民修了小楼，在曲曲城村开始无证挖煤，之后，他们又打起了周边 7 个村子的主意，依次与各村村委会以 1 万元左右三年的价格，签订了“治理地质灾害”的合同，并表示三年后会将灾区的耕地复耕还给村民。但 6 年过去了，煤车出出进进，丝毫没有停止的意思。财新记者在现场看到，曲曲城村、牛村、东水沟村等 7 个村庄的土地被严重破坏，植被和耕地几乎消失，漫天黄土、黑沙，出行都困难。若是遇到雨雪天，出门下脚，泥水立即没过膝盖，同村的妇女失去生活来源，只能每天蒙上头巾，站在路边向煤车司机要“过路费”为生。

当地一位村民告诉财新记者，主政阳泉的白云曾经来牛村镇视察过，但看过后一言不发，随即离开，此后再无下文。

一位阳泉官员向记者透露，白云在阳泉时，私挖乱采等现象就一直都有群众反映，还有人举报当地官员与“福建煤帮”和阳泉本地无证煤老板相勾结，但时任阳泉市纪委书记王民不仅压住不办，甚至公开称，应该秉承惩前毖后、治病救人的观念保护这些犯了错误的同志，能大事化小，小事化了最好，能不移送司法，我们就给他一个严重处分。曾与白云共事四年并相交甚好的王民，在白云遭通报调查 14 天后，也被有关部门带走。

这位官员认为，阳泉的官场风气出现问题，原本应对反腐负有主体责任和监督责任的白云、王民的纵容难脱其责。今年年内，阳泉有多名官员落马，包括阳泉平定县县委书记王银旺、副县长王海平，郊区区委副书记杨艳红，城区区人大副主任兼总工会主席范秀林等。此前的 2013 年 5 月，郊区区委书记王永珍及曾任阳泉市纪委副书记、时任山西高速公路管理局党委副书记兼纪委书记的冯朝辉，也双双落马。

华通路桥陷阱

在一位当地纪委系统的干部看来，白云和王民的本质不坏。“白云来阳泉时，态度上还是很严谨的，但是到了阳泉就被煤老板盯住了，像苍蝇一样，赶都赶不走，什么事又都是一把手说了算，腐败也是情理之中。”他认为，王民本来也不想贪，甚至曾跟省里要求调离阳泉，“省里考虑到他年纪大了没同意，结果现在落马了”。

他同意坊间一种流传很盛的说法，白云败在了与山西华通路桥集团有限公司（下称华通路桥）董事长王国瑞的关系上。

王国瑞是河南滑县人，2007 年曾被评为“十大风云豫商”，当年的入选评语称：“王国瑞从安阳到山西，从一名身无分文的打工者到资产超过 20 亿元的创业英雄，他凭的是坚韧和吃苦精神；他的建筑施工公司是山西省最具实力的民营建筑施工企业和全国建筑业 500 强……”

1976 年，19 岁的王国瑞带着 10 元钱从河南滑县到山西阳泉打工，在阳泉深耕多年，1997 年成立华通路桥，涵盖道路桥梁、房建地产、煤炭资源、环保建材、农业餐饮等五个板块。主业是道路桥梁建设和煤炭开发。2006 年，王国瑞成立了一家环保公司，迎合了白云当时刚到阳泉后的施政方向，两人也自此认识。之后，华通路桥又分别拿下了阳泉新城大道立交桥、市人防工程、平定县旧城改造等当地重要的市政建设项目。

煤矿开发方面，华通路桥在阳泉平定县与阳泉的国有煤炭企业有多个合资煤矿。但据报道，华通路桥在平定县、盂县等地还多次被举报非法开采露天煤矿。上文所说 2010 年 9 月央视《焦点访谈》曝光的平定县张庄镇“高效农业园”盗采事件，幕后公司即是王国瑞的华通路桥。

阳泉官场人士称，当期节目播出后，平定县上下乱成一团，认为与王国瑞“私交甚好”的平定县长王银旺乌纱不保，“怎么也得自动辞职吧”。结果王国瑞帮他跑了省里好几次，不但把自己私挖乱采平定县无烟煤的事摆平了，王银旺也不降反升，县长变成了县委书记。多位官场人士认为，这个事件中，“在太原乃至北京都有一定官场资源”的白云出力不少。

另外，有信源也向财新记者举报，王国瑞还曾与阳泉市公安局巡警大队长关建军及关建民、许建军、王红玉等“关氏兄弟”合谋，以暴力手段强行低价承包当地的一家村属的北坪煤矿。2010 年，“关氏兄弟”应涉嫌组织赌博、欺行霸市、欺压百姓、以黑养商、以黑护商等“非黑社会组织”行为，被公安部挂牌督办，并于 2011 年移送审查起诉。王国瑞乘机独占北坪煤矿。举报人认为，时任山西省政法委书记的金道铭和白云都为王国瑞撑起了保护伞。

2014 年 7 月 9 日，第十一届山西省政协常委会第九次会议通过人事任免事项，鉴于王国瑞涉嫌违法，撤销其省政协委员资格。在王国瑞被带走之后，“白云将要落马”的消息就不胫而走。

50 天后，“谣言”再次成为遥遥领先的预言。

财新网 2014 年 10 月 21 日 20:14

杜善学的是非成败

记者：郭清媛

杜善学的关键年份，是 2011 年。这一年他 55 岁，大学毕业进入仕途马上就要满三十个年头，摩拳擦掌准备跻身山西省委常委之列。

但在 2011 年年初的第九届山西省委班子调整中，主政长治八年的杜善学不敌主政吕梁八年的聂春玉。杜善学失望之余不甘人后，从长治奔赴吕梁，希望重走终南捷径。仅仅 10 个月之后，在第十届山西省委班子调整中，杜善学终偿所愿，成为排名最后的山西省委常委。

但他的黄金时代并未持续多久。进入 2014 年，在吕梁多位煤老板和官员落马之后，昔日的“转运年”变成了一颗炸弹，于 6 月 19 日引爆。时任山西省委常委、副省长杜善学苦心经营了 32 年的仕途落幕，他的亲友亦因裹挟过深难逃劫难。

苦心升迁

1982 年春，26 岁的杜善学作为“文革”后山西财经学院的首届毕业生，被分配至山西省财政金融贸易委员会。这位来自晋南运城地区的年轻人，身带运城学子特有的好学与聪颖。“穿个白衬衣，戴着眼镜看报纸”的年轻杜善学，被那个年代的同事评价为“专业了得、做事比同龄人机灵利索得紧”。他的仕途，在同僚前辈的赞扬与认可中起步。

刚入工作单位一年，会计专业出身的杜善学即撰写了一篇名为《管理预算外资金探讨》的文章，发表在山西财经学院 1983 年度的第一期学报上，文章提出要对预算外资金进行管理，要“管而不死，活而不乱”。

当时党的十二大刚召开过，提出“全国一盘棋”的财政理念，建议根据不同地区行业的实际情况，适当调整中央、地方财政收入的分成比例和企业利润留成的比例。杜善学此文的公开发表为其获得了颇受瞩目的赞誉。“文章印成铅字，在当时挺了不起的”。杜善学当时的同事称。

文章发表三个月后，杜善学调至山西省人民政府办公厅第三办公室，负责为省政府领导起草文件。从那以后，写文章的习惯贯穿了杜善学的整个政治生涯。“好学，聪明，善于把握时机说话”这一特点，不仅被当时在省政府工作的多位干部注意到，也成为了其日后从政的一个标签。

1985 年 3 月，杜善学调到尚在筹备阶段的山西省经济开发投资公司任副总经理，之后这家公司更名为山西省信托投资公司。1987 年 1 月，31 岁的杜善学回到省政府，任财政厅商业企业财务处副处长。他用了 6 年时间，从财政厅副处长升至副厅长。

根据公开资料的不完全统计，杜善学在 1993 年 –2003 年担任山西省财政厅副厅长的 10 年里，曾在《山西财经》《金融与市场》等七本期刊上发文逾十篇，并带队研究“山西票号对现代金融风险防范的启示”课题。期间的 1998 年 9 月 –2000 年 9 月，他还在山西大学研究生课程进修班科学技术哲学专业学习，获得哲学硕士学位。

杜善学很希望给自己打造“思想水平高”的学者型官员形象。2003 年 2 月赴任长治之后，他在市长任上五年里还只发表了三篇理论作品，在长治市委书记任上三年即发表作品七篇；在吕梁市委任职一年发表作品三篇，成为山西省委常委之后，三年内他又发表了六篇文章。

杜善学32年的仕途，无论从事什么岗位，研究中央政策，结合地方实践做文章，总是他的必修课。

杜善学的“时政主题文章”也确实会时不时领先于政策。2000年，全国各地的财政部门把推行政府采购制度作为深化财政支出管理改革的重点举措时，杜善学的文章《政府采购与廉政建设》已经发表一年有余了。在“科学发展观”提出之后，杜善学也在长治市推广“绿色发展”，力图把长治市打造成煤炭大省山西少有的“眉清目秀”的城市。

频频公开发表文章，也让他随时保持了除官员例行公开露面之外的曝光度与特有的存在感。提高“存在感”也成了他的一种施政手段。

至今长治市民还记得，2008年杜善学站在军用敞篷吉普车上，从长治市八一广场前主干道徐徐驶过的情景。当年为迎接奥运，各地都在进行安保演练，但重庆、济南、沈阳等地是在相对封闭的空间内进行反恐、安保等演习，杜善学选择的方式，则是在大街上对安保队伍进行检阅。

长治市一位与杜善学熟识的官员称，杜善学始终认为，保持较高的曝光度，是凸显政绩、走稳每一步的必要方式。

为升迁计，杜善学所做的远不止于此。他在研究策论与提升曝光度之余，亦在参透人生命运玄机。

知情者称，在7位山西落马副省级官员中，杜善学格外信奉周易。在长治为官期间，杜善学对桌椅摆放、室内花草选择，对参与重大活动的行程安排、出行日期、路线等等，都颇为讲究。曾与杜善学一起下乡调研的一位长治官员透露，杜善学曾处理过一起重大车祸，奔赴事故地的途中，绕行了一个小时才抵达现场。

长治市的多位知情者称，杜善学当年很信奉一位来自河南的大师，长治市当时也有很多研究周易的团体，公交车上都有周易预测的广告。这都是杜善学追求运势的表现。

形象工程是非

如今的长治，有关周易的广告已经不在。纵横交错的街道上，树木成列，秋风一吹，落叶一地，其景致在山西当属少有。这也与杜善学分不开。

2003 年 2 月，杜善学来到长治，当时长治刚送走前市委书记吕日周。吕日周在长治的三年，开创了《长治日报》点名批评官员、政府不设门墙、骑车下乡等独具个人特色的施政方式。

长治市两位接近市政府的官员称，作风强势的杜善学，甫一上任，就把分管城建规划副市长的规划审批权和分管财政副市长的财政审批权削弱。在对长治市的社会经济情况了解一番后，杜善学的施政方针逐渐显现，即打造“眉清目秀”的长治。

2005 年，杜善学在《用实力构建“魅力城市”的和谐与发展》一文中提出，要结合循环经济的发展方向，将循环经济注入产业发展，并根据环渤海经济带、陇海经济带以及当时还未成形的中原经济发展圈等规划，为长治发展做出预测。

此后，“绿色长治”开始引人注目。2006 年，长治市出台“建设全省一流林业生态大市”文件；到 2008 年，杜善学就任长治市委书记的当年底，“十万大树”开始轰轰烈烈进城。

根据《山西晚报》当时的报道，为将 10 万株大树移植进市区，长治市投资 5000 万元。大树树种以国槐、杨柳、法桐等为主，胸径都在 10 公分以上。对于以“大树进城”为代表的长治绿化工程，杜善学 2010 年专门写文章总结称，2006 年以来，长治市委市政府为了绿化筹措资金达 18.7 亿元，主要来自政府投资和煤炭企业环境恢复治理保证金，其中市县两级财政投入 16.6 亿元。这些投入，为长治带来了“国家园林城市“”国家森林城市“等称号。

紧随“大树进城”之后的，就是长治市形象治理工程。2009 年 6 月，为迎接全国造林绿化现场会在长治召开，长治市对 13 条主干道的户外广告、门店牌匾进行集中清理整治，市政府规定了牌匾统一标准：高 1.5 米，宽与铺面等宽，牌匾两边无缝隙。

这些街区的各权属单位以及个体商铺业主被要求在 2009 年 7 月 31 日前完成“政治任务”。“那年的整个 7 月，长治市都是在一片换牌匾中度过的，随处可见拆除、安装的景象，很多市民在那时候出去买东西，都找不到相应店铺。”一位当地官员回忆道。如今长治街道上，依旧保存着当年统一规划的白框红底或黄底白字的牌匾。

长治市部分政府人员称，拆换牌匾的制作方和施工方，并没有经过公开招标。

多位接近长治市政府的官员向财新记者透露，在大树进城与牌匾更换背后，涉事商人系杜善学的亲属，与之关系密切的县区官员也曾有参与。这一消息，早在杜善学落马前，就已在各论坛以举报帖的形式传播。财新记者曾多次向帖子中提及的官员致电，一直无人回应。

与敛财传言同时进行的，是以杜氏兄弟为轴心的买官交易圈。多位长治的知情者告知财新记者，当时若想进入公务编制，需要花费5–10万元不等的金额，输送方向主要是杜善学的弟弟，以及部分与杜善学关系密切的官员。

一位曾找人进行过利益输送的长治市民称，他花了5万元为儿子谋得了一个非主要部门的工作，活动对象是杜善学的弟弟杜善堂，如果要进入主要政府部门，需要花费10万元以上。

杜善堂是山西晋能集团（前身为山西煤炭运销集团）长治公司副经理。长治官方人士向财新记者证实，杜善学落马之后，杜善堂也被带走。

另一位与杜氏兄弟走动颇近的晋能集团长治公司总经理方志有，也同时被带走。7月16日，长治市十三届人大常委会第十九次会议终止了方志有的市人大代表资格。

当地知情者称，方志有与杜善学的密切关系在长治官商圈不是秘密。长治公司作为山西煤销集团的重要组成部分，在杜善学任期内，在当地兼并重组了很多小煤矿。

致命伏笔

2011年初，已历经数度调整的第九届山西省委班子，进行了最后一次变动，吕梁主政八年的聂春玉跻身省委常委之列。

当年的山西，在全国经济总体向上的背景下，其能源基地的位置举足轻重。靠煤致富的吕梁弯道超车，其GDP从2002年的112.9亿元增至2011年的 1131 亿元，财政收入由 16.3 亿元增至 276 亿元。全省最高的 GDP 和财政收入增长率，成为聂春玉晋升的筹码。

彼时，杜善学 55 岁，入仕 29 年，亦是他晋升的关键时刻。从 26 岁大学毕业到官拜山西省财政厅副厅长，用了 11 年时间；从副厅长到长治市市长的正厅级，又耗去了他 10 年光阴；地方大员历时八年，离退休年龄已经只有一届任期了。

比聂春玉只小半岁的杜善学成为这场人事调整的失意者，2011 年 1 月，平调至吕梁担任市委书记。他知道自己还有机会，但时不我待。

初到吕梁，杜善学即沿袭了在长治的从政风格，开始着手重建吕梁的城市面貌。

“我之前的市委领导已经把经济发展得很好了，所以我的工作就是为吕梁人民改善一下生活环境。”这是杜善学到吕梁之初对媒体说的话。他上任未满月，即在吕梁市离石区调研时明确指出，“近期要在全市范围内迅速开展环境卫生、街道装饰、交通秩序‘三项整治’活动”，同时提出了明确的具体标准和要求，强调“五一”前市容市貌要有大改观，“十一”前见实效。随后，吕梁开展了声势浩大的“三项整治”运动。

当时的吕梁市容确实可以用“脏乱差”形容。有报道说，一位外地客人来吕梁，住进离石市区的国际宾馆后，仍然纳闷地问接待方：“吕梁到了吗？什么时候进城？”时任吕梁市新闻办主任高丽萍曾这样描述道：“在高低档时尚行头的装裹下，随地吐痰乱折花木乃至于随地大小便却成了家常便饭；各色商铺雨后春笋般更迭涌现，粗俗不堪的广告招贴画也随之更迭涌现，倒尽了人们的胃口；更有无孔不入的办假证、通下水、洗油烟机、修旧雨伞一类的小广告，层层叠叠地涌入我们视觉所及的每一个角落，简直让人崩溃。”

“齐整、好看，是老杜的要求。”一位吕梁市民称，当时的吕梁大街，到处都在拆门头、换门匾牌、粉刷墙壁。这位市民曾目睹一道墙的几次变色：一开始被刷成白色，之后变成灰色，再后来是粉色，后来觉得不好看又换成白色，最后还是刷成了灰色。

一位接近吕梁市政府的知情人称，杜善学抓“三项整治”力度很大，尤重问责和宣传。当年3月10日，吕梁召开全市“三项整治”工作目标任务承诺签字仪式，市区18个责任单位和12个县市主要负责人分别立下“军令状”。4月24日，吕梁市委和市政府办公厅又下发文件，再一次明确治理的时间和工作重点，提出了30条意见。要求重点对城乡结合部、城中村、小街小巷、居民区、旅游景区、国省道路两侧予以进一步整治，确保做到城乡一体，不留死角。

因“三项整治”行动不力，吕梁市处罚了多名县处级干部，杜善学被当地称为“扫城铁腕”书记。

当年7月，吕梁市召开了山西省“三项整治”现场观摩会，邀请媒体前去参观。参与报道的一位媒体人回忆，杜善学起身挨个敬酒，鼓励记者们“妙手写吕梁”。

此次“三项整治”花费不菲。据当时媒体报道，离石区政府一次性招聘了1666名环卫工人、120名环卫管理人员，组建一支100人的环卫执法队伍；汾阳市投入6000多万元，新建17处公厕，安装路灯，补栽8条街道的1.8万平方米绿化带，设置了256处道路交通标识牌及7块公益广告栏，并对全市街道名称进行重新命名；孝义市用于“三项整治”的财政资金投入额度达32.6亿元，主要包括道路工程、示范街创建、清洁设施完善、街道装饰、交通设施等重点工程；作为国家级贫困县的临县，从当年3月到6月，投入“三项整治”资金即达2.05亿元，人力103.4万人次；交城县则将“三项整治”延伸为“大拆迁、大建设、大整治、大提升”活动，全面铺开了20项大型拆迁、改造、提升工程，总投资达14.97亿元，拆迁面积31.5万平方米，是建国以来交城力度最大的一次城市拆迁。

如此集中时间的大力度城市整治，确实让吕梁市貌在短期内发生了翻天覆地的变化。但多位当地人士指出，由于时间紧、任务重，很多市区县开支巨大，多有向社会摊派现象，整治工程中的贪污浪费和权钱交易也在在多有。

在吕梁，所有施政者绕不开的地方就是煤炭领域。杜善学下车伊始，即与联盛集团董事长邢利斌等当地煤业大亨建立了联系。

2011年1月，联盛集团与北大青鸟分别出资90%和10%组成山西青鸟联盛能源投资有限公司，9 月，该公司斥资 40 亿元购得当地大型国企离柳煤焦集团 49% 的股权，原吕梁孝义副市长郭继平接替邸存喜担任离柳焦煤董事长。

离柳集团是国营煤矿企业，资源禀赋并不充分，且有数千退休老职工。据当地企业家介绍，邢利斌看重的是离柳集团的国营身份，欲依托国有身份减少获批优质矿产资源的阻力。

此次并购，得到了杜善学的全力支持，此间的利益输送传言亦不胫而走。

2011 年 11 月 1 日，山西省委十届一次全会选举产生了新一届省委常委。在吕梁疾风骤雨般做出“扫城”政绩后的杜善学，凭借多年的资历积累与在吕梁获得的资助，终于跻身山西省委常委之列。

先抑后扬的 2011 年，被数位山西官场人士称作“老杜的转运年”，但这一年，亦为他三年后的落马埋下了伏笔。

2012 年 1 月，杜善学返回太原，升任山西省委秘书长。但他在这个核心位置上只干了一年时间。消息人士称，杜善学在地方主政期间养成了说一不二的强势作风，“脾气太大”，已经不太适合秘书长这个协调、服务的职位角色。2013 年 1 月，他转任山西省副省长，秘书长一职由聂春玉接替。

2014 年 3 月 12 日，邢利斌被带走。三个月后，中央纪委监察部网站发布了杜善学涉嫌严重违纪违法接受调查的消息，和他同日落马的还有运城同乡、时任山西省政协副主席的令政策。

从资源大市走过的杜善学被指涉嫌买官，买官资金有相当一部分来自吕梁。其经营了 32 年的仕途也就此断送。

财新网 2014 年 10 月 22 日 15:42

金道铭的权鞭

记者：欧阳艳琴

金道铭于2006年8月来到山西，历任山西省纪委书记、分管党务的山西省委副书记，还兼任过近一年的政法委书记。但2014年2月27日，刚刚当选省人大副主任一个月零四天的金道铭，仕途以不光彩的方式终结，他被中央纪委宣布接受组织调查。

山西官场的“纸牌屋”，在抽掉金道铭这张“纸牌”后风雨飘摇。山西六位现任、一位原任省部级官员随后落马，甚至有中央纪委、央企和军方人士涉入，地市、厅局和省属企业中落马的厅级官员更数以十计。

煤炭反腐走过场

金道铭1953年出生，满族，北京人。1972年12月至1990年11月间，他有18年的时间在北京市共青团、组织部工作，并且在期间下放农村劳动。1990年，他在监察部办公厅开始了纪检、监察生涯，并在1993年监察部与中央纪委联合办公时，调至中央纪委，长期做外事、秘书工作。进入山西官场前，他是中纪委驻交通部纪检组长，交通部党组成员、直属机关党委书记、党校校长。

2006年8月，有16年纪检工作经验的金道铭从北京调赴山西，补缺山西省委常委、纪委书记一职。四年后，2010年9月，金道铭成为山西省委副书记、省纪委书记 兼省委党校校长。依例，金道铭分管山西省委党务，包括意识形态（如精神文明建设）、组织、纪律等。他的前任是山西本土官员金银焕。

金道铭颇能表现勤政亲民。在新闻报道中，金道铭曾经冒雨问农桑、冒雨深入兴县考察、冒雨调研西山煤电官地矿、冒雨察看柳林高红工业园，还有冒雨在太古高速公路西山特长隧道建设工地、长安重汽新厂区搬迁项目建设现场、文水县胡兰村等地慰问，顶着烈日深入麻田、粟城等地视察指导。尤其分管精神文明建设时期，师德和大学生思想政治建设、“雷锋精神”、“刘胡兰精神”、“右玉精神”，都是他谈论的主要话题。

2013 年 6 月，在山西省委党校第 54 期中青年领导干部培训班毕业座谈会上，金道铭寄望广大中青年领导干部："在工作、生活作风上严格要求自己，坚持把个人成长进步融入到实现'中国梦'的伟大历史进程中，努力创造无愧于时代和人民的业绩。"

金道铭也展现出自己强势的一面。刚到山西半年，金道铭就派出 56 个调研组，历时半年，在全省调查煤炭行业腐败问题。调查结论之一是：暴富的煤老板背后，一定有暴发的干部。调研报告形成后，金道铭不先呈送山西省委，而是同日送到中央纪委，得到领导批示。抓到了山西腐败要害，金道铭得到上级称赞。

2008 年伊始，山西省宣布查处临汾市副市长苗元礼等人，并将在煤焦领域开展一场反腐败专项斗争，与同期开始的以煤炭资源整合和煤矿企业兼并重组为旗帜的第二次煤改相匹配。当年 8 月，山西省煤焦领域反腐败专项斗争领导组成立，金道铭任领导组常务副组长，时任分管煤焦的副省长陈川平（后任山西省委常委、太原市委书记）任副组长，时任省纪委副书记、监察厅长杨森林（后任山西省监察厅厅长、山西省纪委常务副书记）任副组长兼办公室主任，省纪委监察综合室主任张秀萍（后任晋中市委副书记）担任办公室副主任兼案件管理组组长。彼时，令政策（后任山西省政协副主席）担任山西省发改委主任，聂春玉（后任山西省委常委、省委秘书长）、杜善学（后任山西省委常委、副省长）、白云（后任山西省委常委、统战部长），分别执掌吕梁、长治、阳泉三个产煤市，任润厚（后任山西省副省长）正在掌管山西五大煤炭集团之一的潞安矿业集团。以上人物，此后都落马于 2014 年。

根据 2007 年山西省纪委对煤焦领域的调研结果，煤炭可持续发展基金（亦即"能源基金"）中，采矿权价款、煤矿维检费、焦炭生产排污费等征收管理，存在随意减缓免、截留挪用、违规批拨、权钱交易等问题；资源审批、生产能力核定、证照办理、项目核准等环节，存在违规审批、设租寻租、暗箱操作等问题；国有煤焦企业在资源整合、煤矿托管、投资合作、招标投标、大宗设备采购、产品运销等事项中，存在的暗箱操作、高价回购低价出卖、侵吞国有资产、违规经营牟利等问题，也在清理目标之内。

根据公开资料，截至 2011 年 3 月金道铭卸任山西省纪委书记，山西省的煤焦反腐已查处 2000 余名干部，清缴 300 亿元资金，被查官员及国企高管包括省委原副秘书长冯其福，省粮食局原局长、党组书记高志信，省水利厅原副厅长孙廷容，阳煤集团原党委书记、董事长王亦农，大同市原副市长王雁峰，山西焦煤集团原副董事长、总经理高玉斌，蒲县煤炭工业局原局长郝鹏俊等。但山西焦煤集团内部人士认为，当时的反腐“斗争”，“不过走了过场”。

在曾经的包住包村联系点——忻州市静乐县赤泥洼乡，金道铭曾十多次“冒雨”“冒着严寒”访农户、问农桑。但在金道铭落马后，原静乐县委书记杨存虎亦传言被带走。杨存虎 2012 年初被曝出女儿“吃空饷”，被免职，但随后在忻州市环保局复出。熟悉杨存虎的人士说，因金道铭常去静乐，杨与金交好。

担任山西省纪委书记期间，金道铭还曾力推占地 280 余亩建设的“右玉党风廉政建设教育基地”，该基地位于朔州右玉县，总投资 1.5 亿元，除教学楼、纪念馆，还有高级公寓楼五栋和普通公寓楼、餐饮服务楼等，出资方为山西煤炭运销公司朔州分公司。时任朔州市委书记王茂设、山西煤销公司董事长刘建中，都于 2014 年相继被带走。

金道铭任省纪委书记期间，山西在某些时候俨然成为了全国纪检系统的典型。2010 年 3 月，山西承办了部分省（区、市）纪检监察信访举报座谈会，金道铭在会上致辞，山西纪检监察部门在会上分享经验。

金道铭落马后，有曾与他在北京共赴饭局的人士对财新记者回忆，尚未赴任山西，已知调令的金道铭就和山西官商在北京吃饭，并且邀请人们到山西后找他。

在山西为官后，金道铭依然保持了与北京部委的关联。一个例子是，2007 年 9 月，他在山西忻州出席了全国交通系统人才工作座谈会，回顾自己的经历。但事实是，在其担任交通部纪检组长期间，交通系统成为一个“前腐后继”的领域。此轮反腐中，山西交通厅亦挖出包括两任厅长在内的窝案。

多名山西当地官场人士告诉财新记者，因为金道铭曾在纪检系充工作多年，山西有多名官员出事后，曾给金道铭输送利益，央求其包庇或从中斡旋。金道铭落马后，曾受其包庇的原山西焦煤集团董事长白培中、金业集团董事长张新明等都被带走，其涉及案件被重新调查。

白培中 2011 年原本有呼声被提升为主管煤炭的副省长，但当年 11 月，有微博爆出其家中被劫数千万元，之后法院认定两名入室嫌犯入室抢劫 1078 万余万，分别被判死缓和无期徒刑，但山西省纪委仅给予白培中党纪处分，仅认定白培中 84 万余元涉及违法，且其中 70 万由妻子收受下属的礼金。从重判决抢劫犯，从轻处理白培中，引起舆论哗然。在金道铭被宣布调查后一周，白培中也被带走。

昔日山西首富张新明，则主要关涉与另一位山西煤老板吕中楼等的矿权纠纷，也曾以从不输官司、涉嫌高价卖矿给央企华润集团，引发实名举报。

红颜白手套

管理纪律的金道铭，有着一对姐妹花情人——生于 1977 年的胡昕和生于 1979 年的胡磊。财新记者调查发现，胡氏姐妹及其父胡祥俊、其母肖桂花，持有涉及房地产、煤矿、信息技术等领域的 7 家企业。2008–2009 年间，在结识了金道铭后，胡氏企业突然崛起，大举拿地倒卖开发，涉足煤炭资源整合，承揽政府电子工程，然后快速套现。

2003 年，胡祥俊成立了山西奥科新得科贸有限公司，2008 年，山西省建设厅核准了奥科新得科贸的电子工程专业承包三级资质，这是电子工程专业承包的最低资质，只能承包造价 250 万元及以下的电子工程施工。但 2008 年后，奥科新得科贸承包的政府电子工程项目至少有两个是 2500 万元以上的“大型电子工程”，且涉及公安部门等，例如，晋城市“数字化城管”项目、大同市“数字化城市管理”项目、山西省国土厅“数字国土”、太原市公安局“三警合一”管理系统、山西省工商 IC 卡红盾网络工程、山西省公安金盾工程、山西煤矿安全监控工程、山西部分地区医保工程等。其中，晋城市“数字城管”项目投资达 4067 万元，由晋城市政府 2008 年第 35 次常务会研究决定，由市城市管理行政执法局牵头建设，2009 年 6 月由市政府采购中心完成施工招标。

太原电子工程行业人士告诉财新记者，胡氏姐妹通常拿到项目后，与其他电子公司合作完成。

但胡氏触角所及，远非如此。2008–2009 年间，胡氏企业突然快速扩张，涉足房地产及煤矿领域。这一年，胡氏成立了北京新得元盛投资有限公司、山西开城房地产开发有限公司（开城地产）、山西博义房地产开发有限公司（下称博义地产）、山西奥科新得信息技术有限公司（下称奥科新得信息技术）。

不过，两个房地产公司在胡氏手中持有时间不足一年。在以 1.5 亿元的总价，拿到一幅西至大运路、北至庆云街、东至唐明路、南至物业、时力公司，编号为“2008–05”、总面积 11.6 公顷的住宅用地后，博义地产便被山西当地国有大型企业兰花煤炭实业集团有限公司（下称兰花集团）旗下兰花房地产开发公司以 2 亿元的价格收购，这幅土地也就交由兰花房地产公司开发，成为后来的海棠湾项目。博义地产只在肖桂花手中握有半年时间。

吊诡的是，太原市国土部门在公示 2008–05 宗地出让结果时，没有注明受让人。这并不符合公示规范。而兰花集团在收购博义地产时，没有公开其资产负债和评估结果。这一收购行为，只记录在大公国际资信评估公司的一份短期评级报告中。

开城地产拿地、套现，也如出一辙。2010 年 2 月，开城地产和复地（集团）股份有限公司、山西得一文化产业集团有限公司，在迎泽区马庄村附近拿到一块 18.8 公顷的住宅、商业用地，即 CG–0939 地块。开城地产以不到 1.1 亿元的总价，在其中获得了 15.63 公顷土地，单价 701 元 / 平方米。这一数据载于太原市国土局的土地置换结果公告。2011 年初，该幅地块因地下有明清遗址，太原市国土局将开城地产拿到的住宅用地置换为位于枣园规划公园以北、迎泽区马庄、枣园村的“2011003”地块。枣园是当地规划的高端别墅区范围。

拿地半年后，开城地产 100% 股权由中铁铁龙集装箱物流股份有限公司（600125.SH）旗下的房地产开发公司收购，成交价 3 亿元。

奥科新得信息技术是 2009 年胡氏为经营“数字矿山”而注册的一个公司。虽然号称与兰花集团旗下上市公司兰花科创股份有限公司（600123.SH）合作“山西数字矿山基地”，并以此为由拿地、环评，获得 2010 年度太原高新区创新基金。但“数字矿山基地”最终并没有出现，取而代之的是被称为“太原双子座”的写字楼“嘉名国际”。

奥科新得信息技术为嘉名国际，共拿到位于太原市高新区的两幅相邻工业用地 2009-10 地块、2011-9 地块，面积分别为 15641 平方米、4400.6 平方米，均价分别为 907 元 / 平方米、1147.57 元 / 平方米。合计奥科新得信息技术以 1925 万元的总价，获得了 20041.6 平方米土地。

这两幅工业用地，分别是奥科新得信息技术在 2009 年、2012 年以挂牌方式竞得的，两次挂牌的成交价都等于底价。也就是，奥科新得信息技术以“零溢价”的方式，获得了嘉名国际的用地。

在另一方面，2010 年至 2012 年，奥科新得信息科技获得了兰花科创对“数字矿山”的投资 4.98 亿元。

2010 年 1 月 4 日，兰花科创第一次决议，拟与奥科新得信息技术共同开发建设山西数字矿山基地，与奥科新得信息技术共同成立兰花嘉名科技有限公司（下称兰花嘉名），注册资本 5.533 亿元，奥科新得信息技术以货币、土地使用权出资 5530 万元，占股 10%。

2011 年 4 月，兰花科创同意，奥科新得信息技术不再向兰花嘉名缴纳第三期出资，奥科新得信息技术实际仅为兰花嘉名出资 986 万元，持股仅 1.94%。

但 2013 年 1 月 9 日，在嘉名国际基本落成之际，兰花科创却通过新的议案，注销兰花嘉名，并进行资产清算。

背后的事实是，奥科新得向兰花集团、晋城煤运公司分别借款 5 亿开发嘉名国际，建成后，则用 7.5 亿元的价格分别向兰花集团、晋城煤运公司售出了嘉名国际“双子座”，共计 15 亿元。兰花集团董事长李晋文确认“双子座”之一栋确为兰花集团所购。

在太原房地产市场，山西得一文化产业集团董事长胡树嵬与胡昕并称为“男胡”“女胡”。太原地产界人士称，“男胡”与时任太原市委书记申维辰交好，“女胡”在金道铭支持下获利，因为这种利益冲突，金道铭与申维辰在官场斗法，二胡则在商场摩擦。

在金道铭主持煤焦领域反腐时，位于晋城的兰花集团高层争相接近金道铭，胡氏姐妹正是在此间攫取了自己的利益。

胡氏绝对持股的新得元盛在 2010 年初出资 8693.5 万元，获得兰花科创玉溪煤矿 20% 的股权。兰花科创 2013 年年报显示，玉溪煤矿总资产已超过 10 亿元。巧合的是，2008 年，兰花科创曾出资 8.2 亿元收购的朔州山阴口前煤业公司，四大股东中有一人名叫肖桂花，目前尚无法证实此人和胡祥俊妻子为同一人。据兰花科创的公告称，山阴口前煤矿是 2006 年是整合当地煤矿而成。2014 年 9 月，原兰花集团董事长贺贵元失联，传言已被带走调查。

财新网 2014 年 10 月 23 日 18:55

周永康的红与黑

记者：于宁 谢海涛 黄凯茜 王端 贺信 王和岩
任重远 贾华杰 罗洁琪

青春岁月

2014 年 7 月 29 日傍晚 6 时，新华社发布消息，鉴于周永康涉嫌严重违纪，中共中央决定，依据《中国共产党章程》和《中国共产党纪律检查机关案件检查工作条例》的有关规定，由中共中央纪律检查委员会对其立案审查。

与周永康一起倒下的，是一个贪腐集团——从已经公布的调查进展来看，至少包括两名十八大中央委员、两名候补中央委员、三名副省部级以上高官，数百名公务人员、国企和私营企业负责人，以及周永康的绝大部分近亲属。

外界毫不知情，72 岁的周永康现在哪里。京郊房山、天津、河北廊坊、内蒙古包头……甚至不知道他从何日开始失去人身自由。周永康就像一只失去双脚的鸟，要么飞，要么坠落。

厚桥少年

西前头村西距无锡城 18 公里，东临宛山荡，九里河贯穿而过。村虽小，却有 500 余年历史，全村数十户人家，大多姓周。

周元根祖父周阿学，祖母王彩宝，祖母出身于西前头邻近的丁家桥王家，生女周秀金。周元根父亲本姓陆，厚桥嵩山村人，后入周家做了上门女婿。

乡邻印象中，周家父母为人和善。父亲周义生没文化，母亲周秀金曾为大队妇女主任，“蛮讲道理的”。夫妇生三子，为周元根、周元兴、周元青。

周元根少时，家贫寒。厚桥风物虽好，却是地处偏僻，交通闭塞，史上为血吸虫病区，经济上以农业、渔业为主，较为落后。西前头一带，当时人均地不足一亩，每年种一季小麦、一季水稻。旱地里，则种桑养蚕。

种地之余，周义生钓黄鳝较拿手，以此挣点钱，丁家桥王家等亲友，也时有接济，才能供孩子读书。

1950年，8岁的周元根上小学，先是西前头小学，后到厚桥小学，在从前一大户人家的祠堂里读书。小学数年，在同学朱元庆（化名）记忆中，全班三四十同学中，周元根留下的印象不深。“当时读书确实很刻苦。放学放假回家，我们还要到稻田里干活。”

1956年，周元根考取学海中学（现荡口中学）。这所东临鹅湖、西傍鸿山的学校，创建于1938年，是锡东地区最好的两所中学之一。

在学海中学，周元根所在班上，还有一个周元根，班主任朱梦周和他商量，给他改名周永康。

在朱元庆印象中，初中时的周永康，待人客客气气，笑起来老是“嘿嘿嘿”的。另一同学周根生（化名），也称周永康性格还可以，不凶，有同学周卫生过去还欺负过他，卫生家里有钱，永康家贫。

学海中学离厚桥20里，如果住校，一个月要交七八元，那在当时是一大笔钱。朱元庆和同学在镇上租房子，4毛钱一个月。他记得周永康似乎也租住在镇上。像其他同学一样，周永康也是每周六回家背米背菜，周日下午回校。后来，同学们集中住校，从父母的公分里扣钱，支付伙食费。

生于贫瘠的周永康学习刻苦，成绩也好。“那时读书，老师抓得不紧，出好成绩不容易。”周根生对财新记者说。1958年，周永康入读省立高中苏州中学。

这是一所有千年办学渊源、百年办学历史的江南名校，国学大师王国维、钱穆等皆曾执教于斯，钱伟长、李政道等曾在此求学，可谓“桃李门墙多俊彦”。

在苏州中学，周永康的学习仍是非常刻苦。55年后，他重访母校时，校方称：“这方沃土上浓厚的学习氛围激发了他的学习兴趣，对他的人生发展影响深远。”朱元庆则于1959年考上了南京的一所工业学校。在他印象中，那时每逢学校放假，回乡学生都要参加活动。周永康还当过小组长，组织宣传、扫盲活动。记忆中的小伙伴，依然是热情客气，经常笑，憨厚。

1961年，周永康考取北京石油学院。这是当时厚桥公社为数不多的大学生，更是西前头村的荣誉。

从此，他离开故乡，去宦海浮沉。

初露头角

1966年夏，周永康从北京石油学院毕业。时值“文革”爆发。北京高校在经历了三个月的混战后，9月，周永康这一届毕业生被宣布留校待分配，一等待就是一年。

1967年，周永康来到辽宁盘锦，他被分配至大庆油田六七三厂地质队。大庆油田六七三厂，是大庆油田专门为开发辽河油田组建的机构，因其成立于1967年3月而得名。

作为辽河油田的前身，六七三厂成立之际，从大庆油田下属各机构抽调人马，组成了包括地质队、钻井队、采油队、石油队的一整套作业队伍，麻雀虽小，五脏俱全。

周永康起初在六七三厂做实习员、技术员。1970年，辽河油田大会战展开，参战人员1000余人，周永康被调到辽河石油会战指挥部地质团区域室。之后三年，周永康在地质团区域室先后担任技术员、党支部书记、大队长。

在地质团，周永康给同事们留下的印象很不错。曾与周永康共事的原地质团老职工、79岁的高级工程师张国成记得有年冬天，周永康还在地质团任大队长，和同事一起外出检查工作。回来时周永康没有坐单位的车，自己坐火车回来了。周永康说，他是大队长，同事肯定让他坐驾驶室，大冬天人家坐卡车车厢，他心里觉得过意不去。

1973年，地质团更名为辽河石油勘探局地球物理勘探处（即后来的辽河油田物探公司），周永康担任处长。当了处长的周永康，同事们觉得并没什么变化，工作积极，待人接物没什么架子。

张国成记得，这年夏天，他和周永康一起去山东开全国石油断层会议。途中在天津站转车，周永康说自己年轻，跑上跑下去排队买票，让年长他五六岁的张国成拿着材料坐着等。“那时坐火车不方便，排队买票的人很多，天气又热。”他对财新记者回忆，“我当时就觉得这个小伙子人年轻，但很懂事。”

物探就是通过收集地震反射波的频率来确定地层结构，是进行地质勘探的早期工作，多数时间在没有人烟的处女地进行，工作条件艰苦，很少人愿意做这个工作。辽河油田物探处最初有六个小队，后来逐渐扩展至十个小队，约2300多人，一年中有四五个月在野外工作。

盘锦盛产大米，稻田很多，每年霜冻后，大地结冻，物探各个小队队员们开始野外工作。“我们都是大冬天跑野外，工作条件很差。11月份出去，第二年的三月份回来，很多时候春节都回不了家。”

每逢过年过节，领导们都要去各个小队的野外基地检查慰问。作为处长的周永康，时常去野外基地看望同事们。

周永康在物探处当处长时，宁广运任副处长。今年已82岁的宁广运说:“我这人开车的出身，没什么文化，说话冲，脾气暴躁，时不时跟周永康争执，他从不计较，更没有什么打击报复穿小鞋之类的举动。”

“在物探，周永康不仅跟班子成员关系不错，群众基础也很好，工作非常努力。”宁广运记得，有年下大雨，路很滑，身为处长的周永康身先士卒，跟普通职工一样往井上扛水泥袋，“大家伙儿都很佩服他”。

张国成曾经和周永康住在一排平房中。“他不抽烟，不喝酒，生活相当简朴。常常一身劳动布衣裤，膝盖前面两块补丁。”

在物探老职工的眼里，“工作能力强，人很不错”的周永康还非常关心群众生活。当时全国油田职工的家属绝大多数都是农村户口。他们来到城市后，没有供应粮，生计很成问题。大庆油田组织职工家属开荒种地，解决了家属的口粮问题。全国一声令下学大庆，让油田自己解决职工家属的生活。物探公司在油田南边开辟了一片稻田，组织家属们种植水稻。为浇水的问题，已是处长的周永康亲自跑到当地公社跟地方交涉，忙前忙后，没少操心。

1976年，周永康上调辽河石油勘探局政治部副主任，三年后升任辽河石油勘探局副局长兼钻井指挥部党委书记。

钻井队是辽河油田最大的单位，好几千职工。周永康在钻井队的工作，依然顺风顺水。“他那人脾气好，性格沉稳，不很爱说笑，但很温和，有工作能力，那边的人都服他。”宁广运说。

因为周永康大学所学专业是勘探，周永康被当时的石油部领导点将，离开钻井队，回到物探，以辽河油田副局长之职兼任物探指挥部党委书记和总指挥。

1983 年，周永康被擢升为辽河石油勘探局局长、党委副书记。一位辽河油田子弟认为，周永康升任辽河局长的契机是，当时搞干部年轻化，周那会儿刚 40 岁，是其中的佼佼者。1984 年，辽河油田所在地盘锦正式建市，周永康兼任盘锦市委副书记、市长，集油田、地方大权于一身。

在辽河油田的 15 年，周永康的口碑很不错，上升很快，差不多一两年一个台阶。对于这一点，老职工们比较普遍的说法，周永康擢升迅速，与其在北京石油学院时曾经保护过“文革”初期受冲击的校领导分不开。

据老职工们说，周永康在北京石油学院求学末期，“文革”爆发，当时学校党委书记刘长亮和副院长贾皋均遭受很大冲击。

刘长亮，1917 年 9 月生，陕西省神木县人，1931 年 8 月参加革命，曾跟习仲勋一起在陕北闹革命。1950 年代至 1960 年代初期，刘长亮曾任甘肃玉门油矿党委第一书记、玉门市委书记兼玉门石油管理局党委书记。1970 年 3 月，刘长亮调任辽河石油勘探指挥部政委，至 1980 年 2 月历任辽河油田革命委员会副主任、辽河石油勘探局党委书记、盘锦地委书记、营口市委书记等职。1980 年 8 月奉调回京，任石油部顾问，1987 年 9 月 28 日因病在北京逝世。

贾皋，“文革”前在北京石油学院任副院长，“文革”中受到冲击，后参加辽河油田会战。1973 年 3 月，刘长亮任辽河石油勘探局书记，贾皋任局长，这期间两人对周永康提携有加。

贾皋之后，是留苏出身、拥有副博士头衔的王涛出任辽河油田管理局局长。王涛属于专家型管理者，懂业务，口才出众，对周永康也很赏识。后来王涛上调至石油部，周永康接了王涛的班。

师长的赏识提携，工作能力强，群众基础好，加之当时强调年轻化、专业化，北京学院路“八大院”正牌科班出身的周永康，可谓具备了“天时地利人和”全部因素，在辽河油田的步步高升顺理成章。

周永康拥有教授级高工职称，但辽河油田的老职工并不认为他是专家型官员。原辽河油田总工程师对财新记者说，周永康虽然是石油专业出身，但他在辽河油田期间，大多数时候从事管理和政务工作。这位老总工说，周永康的才能在协调上下级关系上，他口才不错，讲话有条有理，入情入理，很少用讲稿，同事们都爱听他讲话。

物探公司的一位老职工说，他见过几次周永康讲话，很能讲，从不拿讲稿。有一年周永康来辽河油田视察工作，双手一抱，放在桌上，没有讲稿，从八九点一直讲到中午 11 点多，没人厌烦。

一生最美好的时光

在辽河油田，周永康与河北女工王淑华相识、结婚、生子。他们的媒人之一、油田老职工宋殿臣向财新记者介绍，王淑华是河北唐山滦县人，出身农村，技校毕业，最早在唐山赵各庄煤矿工作，后来到天津大港油田。辽河油田大会战时，和宋殿臣一家一同被调到盘锦，与周永康同在地质团。

在宋殿臣的印象里，王淑华很瘦，皮肤较黑，身高大约 1.67 米，人很朴实，单身一人在油田工作。宋殿臣和另一位老职工一起将王淑华介绍给了周永康。

宋殿臣的老伴说，王淑华很能干，“家里的活都是她的，带俩孩子，是个好老婆”。

周永康当辽河油田管理局一把手后，王淑华被调进局机关做收发文书工作，“言语不多，工作很踏实”。周永康奉调到石油部，王淑华也随之进京。“她还给这边的老人时不时打电话回来问候。”宋殿臣的老伴说。

老职工们说，在辽河油田时，周永康和王淑华夫妻关系还不错。对网络上一些有关王淑华车祸的传闻，他们会将信将疑地问记者是否属实。

周永康的两个儿子周滨、周涵（小时候叫“周寒”）均在盘锦出生。张国成说，周滨出生时，他家和周永康家离得很近，“王淑华生周滨是难产，周永康对我说吓死他了”。

周永康的老父去世于 1960 年代初，在盘锦成家立业后，周永康将母亲接到身边尽孝。周母后在盘锦去世，周永康把骨灰带回故乡安葬。周家乡人根据回忆，推测时间大概是 1970 年代末或 1980 年代初。

几乎所有受访的物探老职工都说，周永康在物探时挺廉洁的。那时候送礼，大多是一瓶酒一条烟。即使这样，职工给他送礼，他通常是不收的，实在推脱不过，也一定要回礼。不过上述辽河油田子弟则表示，周在辽河不可能不贪，只不过他贪的方式在油田里见怪不怪、不以为贪了，“那时候的油还是按计划分配，油田子弟倒卖条子风气盛行，找领导批下条子就是无本万利的生意”。

1985 年离开辽河油田之后的 20 多年间，周永康多次因公回过这个青年时代曾经奋斗过的地方，这里有他最美好的一段岁月。官拜政治局常委后，他也曾数次到大庆油田、辽河油田视察工作。2012 年 12 月，刚刚卸任的周永康最后一次回到辽河油田。当时见过周永康的张国成说，油田管理局组织离退休职工迎接周永康，“他还认得我们这些当年的老同事，跟我握手问好。他说，他也退下来了，这是最后一次来原先的工作单位看看”。

三基石：石油、四川、政法

无法知晓周永康为何要报考北京石油学院。很可能是受到 1959 年国庆十周年发现大庆油田的感召。在两位中国地质学家黄汲清和李四光的主持下，勘探队员在松嫩平原上打出了第一口高产油井。这个世界级的特大砂岩油田成为新中国自力更生的奋斗象征，也激发起一个江南水乡农家少年“努力向学，蔚为国用”的抱负。

石油对周永康意义非凡，他不仅在日后与黄汲清的小儿子成为儿女亲家，正是 31 年的石油生涯，给了周永康一生中最美好的时光，也奠定了他走向中国权力顶峰的坚实基础。

石油起家

1985 年，43 岁的周永康从盘锦来到北京，担任石油工业部副部长，与担任部长的老领导王涛在石油部新班子里搭档，全面主管生产工作。

“周永康从辽河走的时候，一个人没带。”一位辽河油田子弟对财新记者回忆说。

周永康到北京后，妻子王淑华被安排到中石油勘探研究院当档案处处长，后来又调到中石油北京燃气公司。一家人住在学院路 20 号的石油大院，这里正是过去周的母校北京石油学院的老校区。“周永康喜欢游泳，所以石油大院的游泳池办得特别好。”

1988 年，石油工业部撤销，成立中国石油天然气总公司，周永康任副总经理。期间，在 1989 年到 1990 年，周永康还兼任塔里木石油会战指挥部指挥、临时党委书记以及胜利石油管理局党委书记、局长和山东省东营市委书记。这两年，周永康在塔里木、东营、北京三地跑，还多次考察塔克拉玛干沙漠腹地。

周永康挂帅塔里木石油大会战，此前一两年就有伏笔。1987 年 5 月，有中央领导到塔里木盆地视察，石油部接到通知后，党组决定由周永康到塔里木进行陪同。6 月 6 日，周永康在距库尔勒约 60 公里的库南 1 井上向中央领导介绍了钻井体制、设备和工艺技术等情况，并于次日在塔里木油田南勘公司召开会议，就落实中央领导的讲话精神做出工作部署，“加快塔里木盆地油气勘探的进度，争取尽快有重大发现，工作进程要加快。”

1988 年 12 月，石油部向党中央、国务院呈送《关于加快塔里木盆地油气勘探的报告》，提出在石油部下成立塔里木石油勘探开发指挥部，由周永康兼任指挥。他在塔里木会战动员会上宣布，将调动全国油田的力量，包括新疆、四川、大庆、辽河、中原石油管理局在内的 11 家油田单位参与。

1989 年 3 月 9 日下午，周永康带领指挥部班子成员从北京飞往乌鲁木齐，转赴库尔勒，塔里木会战拉开序幕。

周永康在王涛所著《征战死亡之海——塔里木石油会战》一书中作序称，塔里木会战中创新建立了中国特色的“油公司”管理模式，实行甲乙方制度、招投标制度等现代企业制度。

在王涛的主导下，中国石油产业的发展中心从东部向西部转移。1990 年中共十三届七中全会通过的“八五”计划中提出，石油工业要采取“稳定东部，发展西部”的战略方针，在保持东部老油田稳产增产的同时，集中力量加快塔里木地区等西部新油区的勘探开发。即便在塔里木会战总指挥的位置上只坐了一年多，周永康还是多次到塔里木油田视察，部署工作、鼓舞士气。据王涛所述，当时从盆地边缘到中心沙漠腹地只有沙漠车和飞机作为交通工具，周永康有一次上井队检查工作，遇上伸手不见五指的沙暴，飞机无法起飞被困在沙漠里。

王涛在书中回忆称，1989 年 5 月，有同志向指挥部反映，个别乙方队伍存在违反财经纪律的现象。周永康对此非常重视，立即让总公司审计局派人来塔里木探区调查，对审计出的问题予以公布，并对有关单位和责任人做出处理，此事对甲乙方震动很大，及时遏制了违纪违规的苗头。

到 1993 年，塔里木盆地发现 6 个油田，探明石油储量 2.8 亿吨，建成原油年生产能力 160 万吨。

在胜利油田兼任管理局党委书记、局长期间，周永康与自己后来掌控石油系统的大将蒋洁敏第一次有了交集。当时油田出了五大“工人领袖”，出身孤岛采油厂的蒋洁敏是其中之一。

1996 年 12 月，已到退休年龄的王涛辞去中石油总公司的职务，并由当了 11 年副手的周永康接任公司总经理和党组书记。1997 年 1 月，江泽民总书记和李鹏总理在人民大会堂会见了总公司新老班子成员。同年的中共十五大上，周永康第一次被选进中共中央委员会。

“周永康做事很有魄力和决策能力，不管是在部里还是在塔里木和胜利，他能够拍板做事情。客观地说，他非常适合做一把手。”一位中石油勘探研究院人士表示。他举例说，中石油总公司开会，周永康会把所有人的意见都听完了，无论意见如何分歧，他最后一定会当场做出决定。“他就是有一种霸气，听完大家意见后能形成自己判断，不管你们说三道四，就是要按照他的决定做。”

周永康在中石油总公司期间，担纲和决策了几件大事。1993 年，中石油开始搞国内油气区块国际招标合作，并探索海外油气勘探开发，1997 年前后中标了苏丹、委内瑞拉、哈萨克斯坦等海外项目，开启了中国垄断性国企“走出去”的征程。尤其是 1996 年开始的苏丹尼罗项目，是中石油海外扩张的首次试水，并为中石油培养了大批拥有海外项目管理运营经验的后备人才，现任中石油集团董事长的周吉平和中石油股份公司总裁的汪东进，就曾担任该项目的首任和第二任总经理。

1994年4月13日，周永康与陕西副省长刘春茂共同签署“4·13协议”，从中石油长庆油田分割出1080平方公里的矿区给地方，并允许延安和榆林的各县参与开发。全球500强企业陕西延长石油（集团）有限责任公司由此产生。

也是在周永康主政中石油总公司时期，开始讨论新一轮整体重组改制、推进股份公司上市问题。

王涛在石油部和中石油总公司担任一把手长达14年，其中在中石油总公司11年，直至退休年龄卸任；而周永康在中石油一把手的位置上坐了不到两年就晋升中央部委，他的快速跳跃令人应接不暇。

1998年3月10日，第九届全国人民代表大会第一次会议通过国务院机构改革方案。其中一项是由地质矿产部、国家土地管理局、国家海洋局和国家测绘局共同组建国土资源部，周永康入阁担任第一任部长。

从1998年3月到1999年12月赴四川就任省委书记，周永康在国土资源部不到两年时间。一般看来，这是一次重要的“镀金”。正部级的石油部撤消后，中石油总公司继承衣钵，套上了正部级，但1998年的再次改制之后，三大石油公司本身都是副部级央企，虽然在经济上垄断着巨大的稀缺资源，但在政治序列中处于劣势——接替周永康的马富才在2003年11月的十六大不过是候补中央委员。因此，要想在仕途上更进一步，一个正部级的内阁成员对周永康来说，确实是个不错的过渡机会。

但要完成地质矿产部、国家土地局等部门的整合，并不是件容易的事情。周永康在国土部完成得很顺利。他不仅敢于对部门整合中的繁杂问题进行决断，而且用一件事就牢牢笼络住了手下干部的心——盖房。

“当时被部委干部谈论的有两个审计报告，一是国家体育总局把申办奥运的一部分钱拿来给运动员盖宿舍，另一个就是国土部把勘探事业费拿出来一部分给职工盖房子。”一位国土部干部向财新记者回忆，周永康到国土部后，大家反映国土部的住房比石油部的小得多，教授级高工还没能住到两室一厅。周永康听了觉得这怎么行，了解情况后，很快做出了盖房子的决定，起码要解决高级工程师以上的能住两室一厅以上的房子。

三年川督

2002 年 12 月 5 日，周永康与接任的四川省委书记张学忠举行交接仪式，已当选中央政治局委员、准备赴京担任公安部长的周永康满脸笑容，踌躇满志。

此时距他到四川省任书记正好三年。周在离任讲话中，称自己在四川的三年工作经历“深受教育，终生难忘”，并许诺，“无论走到哪里，我都将尽心尽力地关心和支持四川的工作”。

在周之前，四川政坛向以本地官员为主，周永康的空降，给四川政坛带来一缕新风：他首次把信息产业作为“一号工程”，在四川这个传统农业大省大力提倡现代农业，强势抓安全问题且颇见成效；他提出借国家西部大开发政策，实施“追赶型、跨越式”发展，2000 年至 2002 年四川的 GDP 分别为 4010 亿元、4421 亿元、4875 亿元，增幅分别为 9%、9.2%、10.6%。

30 多年石油系统的锻造磨砺、一年半国土资源部部长的经历，以及四川大省一把手的三年历练，使周永康完成了政治上的腾飞，这与其强势能干的工作作风不无关系。

“周永康很雷厉风行，一改以前四川干部管四川的状况。以前四川就是农业大省，节奏慢，他过来之后提出一些新思路。”一位长期跟踪四川政坛的人士称。

其一是将信息产业定为“一号工程”，这为成都今后的 ITC 产业（信息通信技术）集群成为全球性基地的发展奠定了基础。周永康的特点是抓产业落到实处，他提出，“一号工程”要靠一批骨干 IT 企业来支撑。

2001 年 1 月，周永康参加了西部地区第一条模拟集成电路生产线在成都高新区的奠基仪式；一个月后，他亲自接待了英特尔（中国）有限公司总裁陈伟锭，拉开成都与英特尔的艰辛谈判；2001 年底，周永康还与时任信息产业部副部长张春江视察了天府热线西部数据中心，颇具前瞻性地提出成都要搞“数字城市、电子政府”。

2003 年，也就是周永康离开四川后不久，英特尔宣布英特尔投资 3.75 亿美元在成都高新区建立一座芯片封装测试厂，这创造了当时成都外商投资的金额纪录。之后，英特尔三次增资，目前，世界各地用户所使用的笔记本电脑，每两台中就有一台配置“成都制造”的英特尔芯片，成都已成为英特尔全球最大的芯片封装测试中心之一。扎根成都10年的英特尔领头羊地位也让供应链各环节发生连锁反应。直接或间接带动了富士康、戴尔、仁宝、联想、德州仪器、纬创等布局成都。截至2012年，世界500强IT企业近50余家落户成都。前人栽树后人乘凉，周永康13年前的一号工程，为如今的成都开拓出了这个支柱产业。

其二是提出现代农业。一位知情人士称，四川是农业大省，长期以来缺少抓现代农业的思路，虽然以前也提过以工业手段管理，但是周永康提出现代农业，把南充“凤垭山模式”（土地流转为核心、“公司+基地+农户”模式）、广安市唐燕子模式（农户出地、公司出种苗管理，按照效益四六分成）树立为农业产业化的典型。三年间，四川省农林牧渔的产值增加了11%。

其三是抓旅游。“峨眉山天下第一山是他提出来的。”一位接触过周永康的人士称，当时四川与云南相比，硬件软件落后十年，景区管理混乱，宰客问题严重，“两会上有人向周永康反映这个问题，他说这一年的变化很大，你可以再去看看”。

其四是抓安全问题。他2000年刚上任之后，水上沉船等特大事故频生，半年死了3000多人。“据说周永康很生气，把省长批得够呛。”

2002年的四川省“两会”上，周永康第一次提出追赶型跨越式发展。他雄心勃勃地说：“和东部及沿海一些地区两位数以上的发展速度相比，我们还存在很大的差距，或者说，差距还在拉大。我们还必须继续努力，奋力追赶，才能实现新的跨越。”

周没能领导四川人民实现这个跨越，他很快就获知将被调往中央。最先的消息是副总理，之后是公安部长兼政法委副书记。很难知道周永康从内心更倾向于哪个职务——都将一步迈进政治局，成为国家领导人，但未来的道路迥异。

最终是后者。据说中央高层认为，“9·11”后安全形势复杂化，必须有强力人物执掌公检法司和安全、内卫等国家机器部门，周永康出身的石油战线也是半军事化管理，又与政法系统关系不大，因此被认为是最好的候选人。“中国石油多少年的成功经验就是搞大会战。独臂将军余秋里管石油的时候，完全是军事化作风，电话响三声必须接。”一位知情人士称，周永康是从辽河油田最基层一步步干起来了，手腕刚柔相济，除了没有法律背景外，确实是很合适的人选。

三个官场棋子

事实上，周永康对四川政坛的影响，延续的时间更长、程度更深。他不仅在这里实现了人生的重大飞跃，而且离任前还完成了重要的人事布局，在该省的最高权力机构——四川省委常委会，留下了三个举足轻重的棋子：李春城、李崇禧和郭永祥。

刚到四川，周永康就手腕强势，敢于从人事上开刀。一方面，他将对“现代农业”模式提出质疑的遂宁市委书记等官员换掉；另一方面，周永康力排异议，接受了有人举报的李崇禧的输诚靠拢，将其从阿坝州简拔到省委秘书长、办公厅主任的显位，并于同年12月再进一步，进入四川省委常委班子。2002年5月，周即将离开四川前，又力推李崇禧至四川省委副书记、省纪委书记的关键性岗位，在班子中的话语权大增。

同样，从哈尔滨调任成都市副市长的李春城虽然与原市委书记不和，却获得了周永康的青睐赏识。从2001年5月升任成都市长，到2011年9月调任四川省委副书记，李春城再没有让成都离开自己的手掌心，其长达十年的省委常委职务，亦使其在全川政务中也拥有相当影响力。

周永康从北京空降四川，随同的只有从国土部带去的大秘书郭永祥和小秘书冀文林。两人是周真正的心腹。1949年出生的郭永祥是山东临邑人，1972-1998年在胜利油田和中石油待了26年。1998年7月，他随周永康到新组建的国土资源部，担任办公厅主任；2000年1月，周又把他带到四川，担任省委副秘书长、秘书长、办公厅主任和常委办主任。2002年底周永康荣升政治局委员上调中央，带走冀文林，将郭永祥留在了四川，并帮助郭永祥晋身四川省委常委。

“二李一郭”三名周派干将中，职务最高的是四川地方实力派干部出身的李崇禧。李崇禧大学毕业后进入省纪委系统干了13年，1995年短暂到甘孜藏族自治州任职，1996 年 3 月到阿坝藏族羌族自治州，担任了四年州委书记。加入周永康阵营后，李崇禧从 2002 年 5 月起担任了近 10 年省委副书记，历经周永康、张学忠、杜青林、刘奇葆等四任省委书记，其中又有五年兼任省纪委书记。

李崇禧在四川官场以喜怒不形于色著称。“他城府很深，很谨慎，不苟言笑，在纪委系统一直有很深的影响力。”一位四川官方人士称。

有多年秘书经历的郭永祥则向以笑脸迎人。一位在国土部的领导秘书称，他印象中的郭永祥，“领导让干什么就干什么”。上述四川官方人士认为，郭永祥“一看就是官场老江湖，圆圆脸儿，见谁都笑嘻嘻的，八面玲珑。据说也很仗义，可以帮些小忙。喜欢京剧，记忆力很好，口才也佳，脱稿讲话时引经据典，思路清晰”。

“他知道领导怎么想，事情跟领导怎么说能成。”另一位信源透露，郭永祥在四川官场人脉很好，可以称得上是“大哥”级人物，连成都当地的高官都把他视为大哥，“他在四川被视为周永康的眼线，在一些事情上可以牵线搭桥”。

郭永祥最成功的一次牵线搭桥，可能是为周永康和蒋洁敏之间拉上关系。郭永祥与蒋洁敏 1972 年 12 月同一批招工入胜利油田，而且一起分到了孤岛采油厂。两人都是鲁西北人，郭永祥比蒋洁敏大 5 岁，比较早离开作业队，在采油厂做宣传干事，后又调到胜利油田党委办公室当秘书，对蒋洁敏多有照拂。在周永康离开中石油，需要在中石油内部找代理人，而蒋洁敏谋求上位，需要奥援震慑中石油大小山头的时刻，郭永祥在蒋与老领导之间扮演了重要的桥梁、润滑和黏合作用。

周上调中央后，郭永祥继续留任了两年多省委秘书长和办公厅主任。2006 年 1 月始担任副省长，分管农业、林业、水利、防灾、扶贫开发、民政、计生等部门。此后据说因一次高速公路上的车祸，仕途受到影响，2007 年 5 月退出省委常委之列。2009 年郭永祥年满六十，在仕途接近尾声时，古文功底深厚、喜好文艺的他选择了省文联主席一职，当时还被传为美谈。

“二李一郭”中，仕途最被看好的是李春城。1956 年出生的李春城少年得志，以工农兵学员身份在哈尔滨工业大学毕业后留校，曾担任过四年的共青团哈尔滨市委书记。1995 年，39 岁的李春城晋升哈尔滨市委常委，成为正局级干部。1998 年 12 月，李春城出人意料地由哈尔滨副市长调任成都市副市长。

2000 年 1 月周永康空降四川，李春城审时度势，靠拢站队。2000 年 8 月，李春城被调任泸州市委书记短暂过渡，5 个月后，重新杀回成都升任市长。在 2002 年 11 月的中共十六大上，李春城当选候补中央委员，翌年成为成都市委书记，仕途一片看好。

决心大干一番的李春城，2003 年即启动了闻名全国的城乡统筹改革，2007 年获得国务院改革试点批复，其内涵涉及土地流转、户籍改革、农民社保、公共服务均等化等问题。这一创新之举需要各部门的协作才能推动，不仅仅是公安部门搞户籍改革这么简单，所以很多城市来学但效仿不了，这也凸显了李春城的创新意识和很强的执行力。另有人士称，李春城在成都能做成这么大的事，也依赖周永康奠定的基础和一直以来的保驾护航，给予了宽松的政策环境。周永康离开四川之后至少有六次回川之行，其中 2010 年 1 月和 6 月的两次考察，都肯定了成都城乡统筹改革试验，要求积极推进。

2004 年，李春城还提出建设规范化服务型政府，提升机关行政效能，当地人普遍感觉成都市政府部门的办事效率比四川省里要高出很多。李春城还力推了藏区 9+3 免费教育计划，即在 9 年义务教育的基础上，对藏区孩子提供 3 年的免费中职教育，使他们回到藏区能顺利就业。

成都当地一位人士还提到，汶川大地震后，成都的灾后重建，并不是全部重建，而是借此进行了新的规划，淘汰了一些三高产业。“比如都江堰所有的医疗机构都倒了，但是重新规划了不同层级的医疗养老体系，重新布局。”他认为，这些年成都经济社会发展比较好，和当时李春城主持的产业结构和社会事业体系调整很有关系。

2005 年，因《百家讲坛》出名的厦门大学教授易中天在成都调研两个月，走访了很多区县级官员，写出一本《成都方式——破解城乡改革难题的观察与思考》，对成都的城乡统筹、基层民主建设、规范化服务型政府等予以介绍和肯定，并引用人民群众的话说，“现在城市是我们的了，书记是我们的了，政府是我们的了”。易中天和李春城见面时，李春城对成都改革经验总结道：“只要是我们想清楚了又下决心要办的事，再难都有可能把它办成。但是另一方面，我们做的这些事情，确实是一场涉及思想观念、体制机制、利益割据和方式方法的深刻变革。要真正干好，不是难，是很难。不过到目前为止，成都的实践还是初步见到了成效。”

令人惊讶的是，锋芒毕露的李春城在2007年的中共十七大上落选中央候补委员，据悉与其在黑龙江买官有关。黑龙江省绥化原市委书记马德在北京受审前，曾检举了原国土资源部部长田凤山和原黑龙江省政协主席韩桂芝，李春城被牵入韩桂芝案。李春城虽被保过关，但不得不在成都市委书记任上再蹉跎一届。

“李春城不像周永康的四个秘书，不在周的最核心圈子，但是两届市委书记，对成都的控制力极强，延续了周永康在四川的影响力。”上述熟悉四川政坛的官员说。

一个例证是成都人对中石油的四川彭州石化项目非常反对，甚至准备上街游行，但四川省领导没有表态，李春城还是力推者。周永康也对该项目有所批示，共同推动该石化项目成功建成。

十年政法

2002年11月15日，中共十六届一中全会选举产生了中央政治局及其常务委员会，时年60岁的周永康首次进入中央政治局，并当选中央书记处书记。12月，他又兼任中央政法委副书记，并在28日的九届全国人大常委会第三十一次会议上当选公安部部长。按照惯例，历届公安部部长还将兼任中国人民武装警察部队第一政委、党委书记。

至此，周永康成为政法系统仅次于时任中央政治局常委、中央政法委书记罗干的二号人物。在此之前，中央政法委已近五年未设副书记一职。

2003年3月17日，十届全国人大一次会议表决通过了国务院组成人员名单，周永康当选国务委员兼公安部长，在国务院的地位得到进一步巩固。中央政治局委员兼任公安部长的情况，也有近30年未曾出现。

周永康得以公安部部长身份进入中央政治局，更多得益于特殊的时代背景——1990 年代以来，中国社会贫富差距日益加大，诸多社会问题所引发矛盾的矛盾愈发突出，社会维稳压力积聚的背景下，执政党对于政法系统尤其公安力量自然更加倚重。

一个维稳、“综治”时代，亦由此展开。有了巨型国企领导人和封疆大吏丰富资历的周永康，在这十年如虎添翼，权柄日重。

2002 年 12 月 13 日，尚未就任公安部部长的周永康即以中央政治局委员、中央政法委副书记、公安部党委书记的身份到北京市公安局视察调研。他强调，“首都稳则全国稳，首都安则天下安”，首都的稳定对于全国具有极其重要的辐射作用，做好首都的稳定工作，事关全国稳定的大局。

2003 年 11 月 18 日发布的《中共中央关于进一步加强和改进公安工作的决定》（下称 13 号文件）则对此背景进行了更为直接的描述。

文件指出：“目前，我国正处于改革的攻坚阶段和发展的关键时期，一些深层次的矛盾不断显现，刑事犯罪和经济犯罪危害严重，群体性事件和突发事件对社会稳定的影响越来越大，互联网上影响稳定的问题日益突出。维护好重要战略机遇期的社会稳定，任务艰巨、意义重大。各级党委、政府和公安机关对此要有清醒的认识。”

13 号文件对公安机关提出的首项具体要求，就是全力做好维护稳定工作，将维护国家安全和社会稳定视为公安机关在新世纪新阶段的总任务，并将积极预防、妥善处置群体性事件当作新形势下维护社会稳定的重大课题。

它要求，各级公安机关要高度警惕，要严密防范和严厉打击境内外敌对势力的渗透颠覆活动，民族分裂势力、宗教极端势力和暴力恐怖势力的破坏活动，和“法轮功”等邪教组织的非法活动。

地方各级公安厅（局）长“进常委班子或任政府副职”的惯例，也发轫于这份文件——“各级党委可根据实际情况和干部任职条件，在领导班子职数范围内，有条件的地方逐步实行由同级党委常委或政府副职兼任省、市、县三级公安机关主要领导”。

按照《宪法》和各级组织法所设立的制度框架，公、检、法三家中，以公安部门的地位最低。因为它属于行政机关，是同级政府的组成部门，受政府领导，政府再向同级人民代表大会负责；法院、检察院则属于司法机关，依法独立行使审判权和检察权，由人大产生和并向其负责。在行政级别上，法、检部门的院长、检察长也和同级政府副职相同，较公安局长要高半级。

这一制度设计，体现了依法规范警察权的理念，公安机关采取逮捕等限制公民人身自由的措施，也必须先经司法机关的批准。西方国家亦大体如此，主要区分只在于，一些国家的检察机关也和公安机关一样属于行政而非司法系统，权力更向法院集中。

但是，由于中国司法机关的独立地位只是相对于行政机关，仍要受到同级党委的领导，且法院院长、检察院的检察长一般不进同级党委的常委班子。上述13号文件的一个直接后果便是，地方公安厅（局）长若由同级党委常委兼任，在法院、检察院面前就有了一定的优势地位。在政法委书记、副书记兼任公安局长的情况下，公安、司法间的关系便有倒置之虞。

虽然一些警界人士认为，这一模式主要针对社会治安综合治理，旨在加强公安机关在政府内部的话语权，不会直接干涉到法院、检察院，而且，公安机关作为政府的二级部门，实践中也常存在非警务因素干扰执法的情况，公安厅（局）长“进班子”，也有利于提高公安机关的抗干扰能力。但是，毫无疑问，随着周永康进入政治局，一个大公安的维稳综治时代已经到来。

截至2011年5月时任重庆市公安局局长王立军当选副市长时，全国已有26个省、市、自治区的公安厅（局）长进入各地党政班子，占84%；对27个省会（首府）城市、4个经济特区所在市、国务院批准的18个较大的市等49个城市统计则发现，有42个市的公安局长进入各地党政班子，占86%。

运动治警

周永康走马上任之时，正值中国进入1949年后的第四个犯罪高峰期。数据显示，自2000年，抢夺、抢劫犯罪案件大幅上升，占到刑事犯罪的近40%，有的地区达到了60%以上。社会治安恶化的背景下，对警察扩权和严刑峻法的呼吁在体制内外都非常强烈。

但另一方面，全国警力严重短缺，经费保障缺口巨大。据一篇题为《中国

基层警察缺衣少食 权力薪酬不相当很危险》的文章记载，到2005年，根据公安部人事训练局统计，全国1–2人的派出所有3723个，3–5人的有16533个，占派出所总数的一半。各地公安局特别是基层派出所长期难以得到有效的财政支持，经费不足是老大难问题。为维持公安部门的运行，从首都北京到边远山区，警察都在忙于罚款、收费、创收。按时任四川省公安厅厅长吕卓的话说，警察长期吃着这三种饭，财政拨款的“皇粮”太少，却要公安部门先创收再返还，创收的一个重要途径，便是各种自立的、超范围、超标准的收费和到处拉的赞助，这叫“杂粮”；此外还有罚款，警察都被分配了查处卖淫嫖娼、交通违章等的罚款指标，吕卓管这叫“尿泡饭”，“‘皇粮’吃不了，‘杂粮’吃不饱，‘尿泡饭’吃得一身骚”。

吕卓也承认，“警察腐败的一大根源，就是警察变成了一个创收、营利者，由此必然导致他们在执法时产生偏差。”2003年四川省对全省公安系统的经费状况所做调查令人触目惊心，有个百万人口的县，每年公安部门正常开支要2700万元，县财政只给了五分之一，其余的都要公安部门自己“创收”，相当于全县人均被罚20元钱。

在进行充分调研后，2003年，自39岁即成为全国最年轻公安厅长的吕卓决意从“饭碗”入手，重塑警察形象。当年6月，四川公安厅颁布第6号令《关于严禁公安民警参与经营娱乐服务场所及为其违法活动提供保护的规定》以及第7号令《关于严禁公安机关乱收费、乱罚款的规定》，两令各有4条，合称“8条严禁”。2004年1月5日，四川省委办公厅、省政府办公厅转发《省财政厅关于建立县级公安机关经费保障机制的意见》（俗称1号文件），规定县级公安机关所需经费，包括人员经费和办公经费，由县级财政负责保障，财政部门按核定标准在年初预算中足额安排公安机关的基本支出需要，不留缺口。

由于这次警察经费和治安财政改革发轫于周永康刚刚离开的四川省，坊间多认为它代表着周永康“规范治警”的一次努力。事实上，四川省的前述1号文件刚刚发布第三天，远在北京的政治局委员、公安部部长周永康就做出批示，“四川省财政不算富裕，但能认真贯彻中央要求，建立县级公安机关经费保障机制，值得其他地区学习推广。”当月底，周永康到四川视察，又赞叹道：“在经济并不发达的情况下能做到这点，四川干了一件大事。”当年9月，财政部和公安部又联合发布《关于制定县级公安机关公用经费保障标准的意见》，正式将警察“吃皇粮”运动推向全国，并确定了“收支脱钩”“全额保障”等机制保障。

不过，2005年4月，担任四川省公安厅长已11年、刚到50岁的吕卓，因违规用地问题被免职，黯然退居二线。周永康曾经试图以经费保障体制改革为突破口，将计划经济体系下“条块结合、以块为主”的公安管理体制向“以条为主”的垂直管理转型的努力，似乎也因为“勇先锋”的下课而偃旗息鼓。人们可以看到，警察的非警务活动越来越多，比如受命于地方政府，参与房屋拆迁、经济纠纷等事务，作为交换，吃上“皇粮”的地方公安部门，依然拥有在当地大吃“杂粮”和“尿泡饭”的权力。

在几项控制警权、理顺警务激励机制的规范化改革落空后，周永康似乎意识到自己不足以撼动或者没有必要去撼动系统自我扩权的冲动，将这种力量掌控在自己的节奏下，应该是更明智的选择。他开始改弦更张，用自己和旧系统都更为习惯的方式完成这种“控制性规范”。一方面，其在位期间，公安部重修了大楼，改善了办公条件，还为部里干部“解决了数百套房子”；另一方面，周永康用一系列具有鲜明中国特征的集中性活动，取代了进行体制性改革的初衷。

“周永康是搞政治的，他当公安部长期间，各项政治性的活动比较多。”一位有着二十多年工作经验的基层公安局法制科长向财新记者回忆。

2003年1月22日，公安部发布“五条禁令”，严禁违反枪支管理使用规定、携带枪支饮酒、酒后驾驶机动车、在工作时间饮酒和参与赌博，民警违反上述禁令的，予以纪律处分或予以辞退；造成严重后果的，予以开除，并要追究其所在单位直接领导和主要领导的责任。

这是周永康就任公安部长后的一项重要措施。虽然“五项禁令”的内容此前都在禁止之列，但这一朗朗上口的总结，被认为对规范民警行为起到了很好作用。

同年2月18日，公安部再次发布通知，决定于2003年3月至12月在全国公安机关和全体民警中开展“贯彻十六大，全面建小康，公安怎么办”大讨论活动，以“实践‘三个代表’，认清历史使命，加强队伍建设，公正执法为民，改革公安工作，服务小康社会”。

2004年5月，公安部召开“在全国公安机关开展大练兵活动电视电话会议”，要求的主要内容，包括基本知识学习、基本体能训练、基本技能战术训练及专业知识学习和业务技能训练等方面。各级公安机关要根据实际确定“训练日”，基层和一线实战单位保证每周不少于半天的时间专门进行训练，并形成制度；同时各级公安机关要积极创造条件，保证每个民警在大练兵活动中接受不少于两周的集中强化训练。

2005年5月，公安部再次开展“大接访”活动，要求全国公安机关从5月18日开始敞开大门，以“人人受到局长接待，件件得到依法处理”为目标，集中时间、集中力量，领导动手、全警参与，由各级公安机关的一把手面对面地亲自接待上访群众，依法处理群众信访问题。

2006年，公安部又在前述“三部曲”运动的基础上，将该年确定为“基层基础建设年”，组织全国公安机关开展“三基”工程建设，抓基层、打基础、苦练基本功，并要求以此为契机，“坚持不懈，一抓三年”。

对于上述“大讨论”“大练兵”“大接访”“三基”工程，公安系统内外看法褒贬不一。

2007年10月28日，周永康离任公安部高升之时，官方的说法是，周永康在任期间的几年，“公安工作是历史上最好的时期之一”，但在前述基层公安局法制科长看来，除了“三基”工程确实做了一些实事，在基础设施、交通工具、通讯工具、办公设备等方面按照标准落实了以外，其他基本上都是“搞政治”，没什么实际效果。

中国人民公安大学教授武伯欣更是认为，这些东西都是来自“左”的遗风，反而给公安工作带来很多负面的东西，“好大喜功掩盖了问题”。

以“大接访”为例，根据公安部发布的数据，从2005年5月到2007年8月28日，全国公安机关累计接待群众上访19.5万起，处理群众信访问题18.1万件，群众停访息诉17.6万件，停访息诉率达到90.2%。但另一方面，各地政府派出公安人员和公务人员，或者聘请社会人员，通过暴力或者非暴力的行为拦截本土上访者，甚至未经任何法律程序即非法限制公民的人身自由，将上访者投入“黑监狱”进行非法拘禁的现象，也正是在这一时期集中涌现。“大截访”与“大接访”如影随形，一批类似于北京安元鼎安全防范技术服务有限公司这样专业拦截、关押、遣返上访者的保安公司应运而生。

“在周永康担任公安部长时期，客观地讲，警察行为的规范化、警务体系的正规化上是有所进步的，但警察的权力边界不是缩小了，而是进一步扩大了，警民关系也日趋紧张化。”一位不愿透露身份的观察人士评价道，“这一方面是因为周永康推行的规范化和正规化，采取的仍是传统人治的一套陈旧的方式方法，而不是通过法治来约束权力；更重要的是，当周永康们体会到国家强力机器权力不受约束给小群体带来的巨大好处后，他们考虑的就不再是约束权力，而是利用权力，不是权为民所用，而是权为己所用。”

“他不是法治的信徒，而是权力的信徒。”他说。

司改停滞

2007 年 10 月 22 日，周永康在中共十七届中央委员会第一次全体会议上当选中共中央政治局常委，接替罗干任中央政法委书记，成为中国公检法司工作的最高领导者，站到了中国的权力峰层。

周在位的五年间，恰逢 2008 年北京奥运会、2009 年的建国 50 周年庆典和 2010 年上海世博会的召开，安全、稳定工作尤为重要，他的地位也变得更为显赫。同时兼任中央维护稳定工作领导小组组长，是历任中央政法委书记中话语权最大的一位。

不幸的是，周永康在公安部时期带有左的风格的施政理念，也借此扩展到整个司法领域，“维稳”更成为各级政府的一项重点工作。

甚至在周永康的家乡无锡厚桥镇，自 2004 年无锡掀起的大规模城市化运动、锡东新城的圈地造城，造成了大片荒地和失地的访民。遭受维稳对待的无锡访民没有想过，这位乡贤主政期间，中国形成的政法维稳机制给他们带来什么影响。

2009年，厚桥镇太芙村数千亩基本农田，“因发展需要”，被列入征用计划。村民胡琴芬称，此后在村委会的操纵下，不少村民不明不白中申请纳入“社保”，在所谓的《自愿申请放弃土地承包权》的协议上签了字，一夜之间成为“失地农民”，有的甚至是别人代签的，本人并不知情。胡家同样未签字，同样“被失地”。

此后，胡琴芬等要求为“未征收”的土地登记确权，并在大面积抛荒的土地上，联合了多位村民开荒种田，却遭村委阻拦。在多次申请行政复议未果后，她被逼走上上访路。2012 年 7 月，她在家中被警察和保安拉进汽车押走，在宾馆关押 15 天。

同村村民华惠清，则是 2010 年 3 月起，在当地启动“走马大成”项目时，多次拒绝签字拆迁，家里遭断水断电，道路被毁，一家人被迫逃离，租住在外。当年下半年起，他家将近 10 次被盗，祖坟被铲，80 岁的母亲被推倒摔成骨折，他两次遭绑架，并因上访被关 26 天，拘留 5 天。

2012 年 6 月，因再次到北京上访，华惠清和 70 多个访民被分别投入“学习班”，他被关押长达 79 天，最后不得不签字同意，千辛万苦保护了几年的房子终成废墟。

新厚桥村 60 多岁的邹惠芬，也有维权上访十多年的经历。该村街南队原有耕地 78 亩，分别于 1993 年、2003 年被村委骗租。2005 年，当地镇村政府，多次伪造文件，称街南队人均耕地不足 0.1 亩，已被批准征地撤队。村民坚决反对，从此走上了追讨耕地及土地租金的维权道路。

村民无数次上访，最终于 2006 年获江苏省国土厅等单位的答复，称失地查无办理农用地专用手续，认定地方政府非法占地，责成有关部门拆除相关建筑。

但此后土地仍被荒着，村民开荒种田，多次遭遇当地政府动用机械挖泥填地。2012 年 7 月，邹惠芬险遭绑架，幸有村民阻拦，在拼死抵抗中，其腰脊椎被拉伤。

华惠清等人的遭遇并非孤例，在厚桥附近的羊尖镇、滨湖区太湖街道、胡埭镇等地，失地访民命运同样如此，且遭受的维稳手段更残酷。

无锡访民没有想过，这些维稳机制和周永康有什么关系。但渐渐地，无锡人进京上访，有些人总要去找他。“到政法委的大门口，在360度监控的探头下，大叫几声：‘周永康，老家人来看你了，你快出来。’”锡山区羊尖镇一位访民说。

这一时期，各级政府的维稳经费达到历史新高。维稳工作的重要性，也因各项“一票否决”考核政策的存在，成为很多机关、部门超越本职工作的第一要务，除了那些被维稳的对象外，基层公务员们也是苦不堪言。

尤其在法院系统，相对于司法的独立性，政治性在这一时期被予以更多强调，遭到法学界、法律实务界的强烈批评。

一位从事刑事审判近30年的老法官曾在接受财新记者采访时表示，上述政治生态下，维稳已成了法官判决时考虑的第一要素，地位高于法律的准绳。“只要是为了当事人不上访，就算违背法律的规制，不管是采用迁就的态度，还是采用暴力维稳的手段，也不会有人说什么，因为领导都怕上访。”他认为，这些现象的实质，都是以牺牲其他当事人合法权益或法律严肃性、公平性和法院公信力为代价，来求得一时的“稳定”，即所谓“政治效果、社会效果、法律效果”的统一。

几位接近最高法院和中央政法委的人士向财新记者表示，上述局面的形成是多种因素合力的结果，很难将其归结到周永康或某个个人身上。但有一点毫无疑问，他无法完全撇清责任。

唱和重庆模式

周永康任中央政法委书记期间，正值薄熙来主政重庆，在“唱红打黑”问题上，周永康始终给予薄熙来力倡的重庆模式以有力支持。如今这两位已先后落马。

2009年6月，在薄熙来的部署和时任重庆市公安局局长王立军的主持下，重庆市展开打黑除恶专项斗争，截至当年10月25日，累计抓获涉案人员2915人，刑事拘留384人，逮捕1567人，其中重庆市各级检察院批准逮捕的涉黑涉恶犯罪嫌疑人700人。

重庆"打黑除恶"开始一个多月后，中央政法委就于7月29日发布消息，称近日已出台《关于深入推进打黑除恶专项斗争的工作意见》，要求各地区、各部门继续抓好专项斗争各项工作，始终保持对黑恶势力主动进攻的高压态势，确保专项斗争向纵深推进。

2009年10月26日，重庆市委领导向社会各级通报重庆打黑相关工作时称，这一行动是为了贯彻落实中央政法委打黑除恶的要求，推进"平安重庆"建设。

三天后，重庆市委常委、市政法委书记、市打黑除恶专项斗争领导小组组长刘光磊更在打黑除恶新闻通气会上说："深入开展打黑除恶专项斗争……是中央的'规定动作'。"

目前尚无公开资料或报道显示，中央政法委为何要求重庆开展此项行动，以及为何迅速将重庆"打黑除恶"专项斗争的"经验"向全国铺开。但从后续反映来看，周永康对此相当满意。

根据当时重庆市对外通报，2009年9月25日，周永康曾对此重庆打黑专门做出批示："打击铲除黑恶势力，是让老百姓过上安定日子的'民心工程'。近期在重庆市委、市政府领导下，政法机关加大工作力度，见到了明显效果，为人民办了一件好事、实事。"

次年3月的全国两会期间，周永康还来到重庆代表团，同代表们一起审议最高法院、最高检察院工作报告。周永康称，一年来，重庆市委、市政府按照党中央、国务院的决策部署，贯彻落实科学发展观取得了新成效，人民群众得到了更多实惠，尤其是平安重庆建设，给3200万重庆人民带来了福祉。

主持当天审议的就是薄熙来。他在开场白中说，周永康同志对重庆的工作非常熟悉，十分关心，早在武隆山体滑坡时就和专家一起研究治理方案；以后又积极推动川渝合作，留下很多佳话，"他还特别关心支持三峡库区移民，多次做出重要批示，帮助解决重大问题；对我市'打黑除恶'工作，及时做出重要批示，给予鼓励和支持"。

周永康也热情询问了重庆公租房、库区移民等情况，并多次对打黑除恶行动给予肯定。

就重庆将司法拍卖转到产权交易所的改革，周永康更是评价颇高。当时任重庆市高级法院院长称“小改革解决了大问题”时，他纠正说，“这项改革一点也不小。它解决了一个大难题，使司法拍卖更加公开公正透明，这是社会管理的一个创新。”

其后续结果则是，2012 年最高法院开通的“人民法院诉讼资产网”，即是在重庆“诉讼资产网”的基础上升格而成。

中国拍卖行业协会前副秘书长，曾经到过重庆调研的王凤海告诉财新记者，网上拍卖的技术门槛其实并不高，除重庆外，上海、江苏、黑龙江等地都已开通了自己的网上拍卖平台。从功能上看，业内普遍认为上海而非重庆模式是最好的。

一位接近最高法院的人士向财新记者透露，通过“人民法院诉讼资产网”，推广重庆模式，以深化网上司法拍卖改革，是中央政法委有关领导的支持，最高法院内部其实也有不同看法。

王凤海等也曾尝试通过私人关系，向周永康汇报调研的情况，据实陈述重庆产权交易所司法拍卖的一些问题，却未被接受。

他告诉财新记者：“关键的问题，其实不在于选择哪个平台，而是选择过程中对法律程序的遵循，防止垄断和领导个人意志的决断。”

除在“两会”期间接见重庆团外，周永康还在 2010 年 11 月到重庆调研。为期 3 天的调研时间中，他参观了重庆交巡警平台、打黑除恶成果展、公租房项目，听取了“大下访”、“大走访”情况介绍，并在重庆大剧院观看了“唱读讲传”汇报演出。

调研期间，周永康再次肯定了打黑的成绩，并称“唱读讲传”汇报演出“太令人感动了，是新形势下加强干部思想教育、做好群众工作的有效载体”，并现场要求，全国政法战线也要开展这项活动。

调研结束时，周永康对重庆模式给予了全面的积极评价，称“唱读讲传”“三进三同”“三项制度”“大下访”“大走访”等活动，都是生动活泼又切实有效的思想政治教育，并要求政法系统的同志尤其要加强理想信念教育。

肯定的范围也不止限于政法领域，就薄熙来力推的“五个重庆”建设、公租房建设、农民工户籍制度改革等，周永康称都是实实在在的改善民生之举，在全国也有很强的示范意义。

这些支持，都成为薄熙来和王立军等人重要的政治筹码。重庆打黑型社会管理方式，构成了曾经赫赫有名的“重庆模式”核心支柱之一，法学家童之伟将其概括为：公权力组织以打黑为契机，以公安等强力部门对有关打击黑社会组织犯罪的刑法第 294 条进行极端的扩大化运用为基础，将追诉黑社会性质组织罪的活动，转化成了权力者对社会政治、经济和社会文化事务进行管理控制的一种基础性抓手或策略。在这种打黑型社会管理方式下，执政党地方党委领导人及其下属机构（如政法委），将整个公权力的国家机器组织一体化，统一指挥公法检机关行使职权，将刑事司法手段转化为社会管理方式，突破法治底线，脱离监督制约，以寒蝉效应控制社会经济秩序。周永康对这种严重违背法治与人权精神的社会治理模式的赞许，有多大程度是出于政治结盟的考虑，又有多大程度是一种价值观的认同，我们不得而知。但直至“王立军夜奔”事件发生后，周永康还是在 2012 年 3 月“两会”期间到重庆代表团，专程为已经危若累卵的薄熙来站脚背书。

因父之名——周氏攫财录

从大厦林立的北京三元桥向东北方驶去，过了五元桥，与首都机场高速分道扬镳，沿着这条以马车和劳斯莱斯同道竞速著称的京顺路开出不远，拐上一条东西向的来广营东路，城乡接合部所特有的拥挤破旧迅速被大片草地中的豪宅所替代。这里是北京城历史最悠久、最靠近市区、配套最成熟的别墅区。

两分钟后，一块上书“观唐”二字的石雕映入眼帘。这个开发于 2006 年的别墅区，开盘时均价每平方米 2 万元以上，目前在 46000 元左右。

42 岁的周滨在这里拥有一套价值 2000 万元的中式庭院。对常年奔波于境内外料理生意的周滨来说，这里是不错的栖息地。交通便捷，三米高的院墙，跟左右邻居围出街巷式座落的私宅，休闲公园、游泳池、茶艺坊、咖啡厅，还有他喜欢的足球场、棒球场。几所不错的国际学校和国际医院也相隔不远。

这不是周滨一家在北京唯一的房产。从市里开过来的路上，五环以内，周滨还曾有一栋银湖别墅的豪宅，该别墅区均价在 7 万元 / 平方米。2012 年，周滨将该处房产卖给一位知名女演员，据称售价在 3500 万 -4000 万元。与银湖别墅隔着机场高速及京顺路相望的望京新城，地标式建筑方恒国际大厦里，至少有 8 套写字楼房产在周滨的岳母詹敏利名下，建筑面积约 1000 平方米，该楼盘 2007 年开盘时单价 2 万多元，目前二手房单价 6 万元左右。而在北四环奥林匹克中心旁边的华亭嘉园，也有一套詹敏利名下的公寓——那是周滨 2000 年后回国创业最先落脚的地方，他的北京中旭阳光能源科技股份有限公司等几家冠以中旭字头的公司就注册在这里。

詹敏利夫妇早于 1980 年代移民美国，她在北京持有的这些房产，都是由女儿女婿用其身份证代购的。粗略计算，周滨夫妇 2012 年时在北京拥有的房产价值应在 1.3 亿元以上。

“谁能有周滨硬呢？”

有十多年前与周滨打过交道的人士向财新记者描述，周滨身材高大，眼睛细长，他喜欢在华亭嘉园健身会所一层的咖啡厅会见朋友。咖啡桌上蓝白格的塑料桌布，味道不很纯正的速溶咖啡，显示着彼时周滨待人接物的低调。

“不算英俊，也不难看，有一双与其父相似的剑眉。”一位北京的投资界人士说，“周滨比较内敛深沉，虽然交谈下去会发现也没有什么内秀，但还是有些文绉绉的气质，没有官二代的张扬劲。”

周滨是周永康的长子。周永康腐败案发，与周滨借助父亲权势，在石油领域的生意拓展有密切关系。

按父系算，周滨籍贯无锡，不过，他 1972 年 1 月出生于会战正酣的辽河油田。或正因此缘份，1985 年，周滨随升任国家石油部副部长的父亲迁到北京，四年后参加高考，仍然把石油作为主业——他考上了座落于四川南充的西南石油大学，攻读科技英语专科。这所原本并不起眼的大学在最近一年暴得大名，2013 年 8 月落马的三名中石油副总级高管李华林、王道富和冉新权，同样曾就读于这所学校。

学生时代的周滨和同学们没什么两样，那时比较瘦，喜欢踢球，假期回京还请北京的同学去石油大学的家里玩。也有同学说，他虽然是英语专科，但英文并不好。

1993 年，从西南石油大学毕业一年后，周滨赴美读书，在美国能源重地德克萨斯州的德克萨斯大学达拉斯分校攻读石油专业研究生。曾有媒体称，正在接受调查的中石油集团原副总经理、担任过周永康秘书的李华林，自 1992 年 3 月出任中石油休斯顿办事处副主任，就是为照顾 20 岁出头的周滨。但两人实际并不在同一座城市，而且从时间上交集并不长，1993 年李华林即赴任中石油加拿大公司总经理，李华林最多为其处理过前期一些入学事务。

据周滨的大学同学称，周滨在美国留学期间就开始做些生意，比如通过关系将外资的石油设备卖给中国的石油企业，令同学们“羡慕不已”。不过，周滨还是顺利毕业，甚至获得了荣誉学生（类似国内的优秀毕业生）的奖励。

在德州，周滨遇到了后来的妻子黄婉。黄婉是著名地质学家黄汲清的孙女，高中时代随父母黄渝生、詹敏利移居美国，并加入美国国籍。周滨和黄婉曾随黄婉家人，在美国新泽西州生活过一段，婚后有两个孩子。后来，黄渝生、詹敏利夫妇移居南加州拉古娜海滩附近的一处养老胜地，在当地有两套房产（参见财新网特稿《拉古娜海滩的黄家》）。

周滨并没有留在美国，2001 年，他和妻子将事业重心转移到国内。回国后，周滨曾在斯伦贝谢神码信息技术有限公司的市场部门任职，该公司主要从事软件开发，并生产银行卡、IC 付费电话卡等。

周滨不是一个成功的企业家，他的主要生意方式是以低价获得稀缺资源和合同，然后再高价卖出——这种方式在计划经济时代被称为“投机倒把”，1980 年代后成为一种“官二代”常见的商业盈利模式。虽然周永康 1998 年就正式离开了石油领域，但老石油 30 多年的根基，加上此后步步升迁的里程，足以为周滨带来巨大的父荫。

2004 年，周滨在他居住的华亭嘉园成立了一家北京中旭阳光石油天然气科技有限公司（下称中旭阳光）。这家企业曾被认为是四川富商吴兵的中旭系旗下企业，但工商登记资料显示，中旭阳光的大股东一直是周滨及其岳母詹敏利（参见财新网特稿《吴兵“中旭系”揭秘》）。创立时以詹敏利的身份证出资400万元、占股八成，公司的法人代表叫赵明，占股20%。之后中旭阳光能源同比例增资扩股，注册资本达到2000万元。

令人有些不解的是，2009年12月30日，詹敏利将手中的1600万元公司股权转让给了周滨，2010年2月，中旭阳光改制为股份公司并进一步增资，周滨实名现身，成为新的董事长，中旭阳光也迁出华亭嘉园，搬到詹敏利在方恒国际的房产办公。一直到2012年12月，周滨不再担任董事，由妻子黄婉代替并担任董事长。

中旭阳光能源成立后不久，即拿下中石油旗下十多家省级分公司涉及8000座加油站的零售管理系统信息化大单。另外，中旭阳光能源还宣称自己参与了中石油的成品油物流配送系统、工程项目管理系统及信息系统管理等多个信息化项目建设。

工商登记的年检资料显示，2009–2011年，中旭阳光能源营业收入非常平稳，分别为1.09亿元、1.16亿元和1.3亿元，净利润分别为774万元、2116万元和2468万元。截至2011年，该公司总资产1.39亿元，员工72人。

财新记者获得了一份中旭阳光能源股份制改造的评估报告。据这份完成于2010年底的报告，中旭阳光能源不仅有信息化业务，也从事油田设备买卖业务，其应付账款中包括江苏一家石油机械公司的3106万元，而应收款涉及单位，则包括塔里木油田、吉林油田、长庆油田、辽河油田等中石油下属公司。很显然，周滨与这些国内油田有设备买卖合同。

目前财新记者确知的周滨最大一笔倒卖生意，是2007–2008年，周滨以一两千万元的低价，获得与中石油长庆油田合作开发的长印、长海区块，然后再由周滨的白手套之一米晓东，以5.5亿元价格倒手，从中获得暴利。

米晓东是周滨在西南石油大学的同学，在油藏专业88级就读，比周滨大一岁，也高一年级。米晓东是老海油子弟，毕业后在中海油深圳分公司供职，2006年前后到北京，负责打理周滨在海油和陆上油田买卖的生意，周滨则隐居幕后。据说米晓东为人低调，办事妥当，深受周滨家人喜欢，高尔夫打得极棒，堪称教练级。

2007 年 1 月，米晓东在中石油长庆油田总部所在地西安，参股设立了陕西秋海汲清石油科技有限公司（下称秋海汲清），并担任法人代表。同年 9 月，秋海汲清在北京成立办事处。办事处就设在望京新城的方恒国际办公楼，该房产是由米晓东作为委托代理人于 2007 年替詹敏利买下的。

同年底，在西安秋海汲清同一地址，又成立了另一家石油公司陕西德淦石油科技有限公司（下称德淦石油）。这一公司系独资，创始股东为北京海天永丰石油销售有限公司（下称海天永丰），而海天永丰的大股东又是周滨的岳母詹敏利。詹出资 350 万元，占股 70%。

这两家公司并无特殊资质，却以千余万资金，获得了外人垂涎的长庆油田石油合作开发项目。其中，价值较高的为德淦石油拥有的长印项目。最初，米晓东打算将德淦及其长印项目卖给一家国有企业，报价 3.8 亿元，未获接受。后经人介绍，辗转找到东北的民营石油企业家、吉林华海能源集团董事长王乐天。这一回，出价涨至 5.5 亿元。

王乐天告诉财新记者，他们最初认为长印区块丰度不够，且价格偏高，但油层还比较均匀。“考虑到身为民营企业缺乏更多的机会，公司有现成的石油开采队伍，还是决定做这一收购。”王乐天说，“反复谈判，价格也压不下来，还听说别人也想买，我们就只好要下来了。”

交定金时，双方一起吃了一顿饭。宴席上，王乐天见到了公司真正的主人周滨，时任中石油股份公司副总裁李华林也参加了会面。交易在 2008 年 5 月完成，距詹敏利的德淦成立不过半年。

王乐天进入长印项目未几，就发现交易不对头，原为 50 平方公里的长印区块，王乐天能够开采的面积只有 13 平方公里，其余已被延长油田当地的分公司抢占。此时，3.5 亿首付款已经交付，王乐天要求退款取消交易，被周滨和米晓东拒绝。经过反复谈判，周、米将手中另一家公司秋海汲清的长海项目作为添头，补给王乐天，同时补给他的还有王盘山的一个小油田——那是周滨之前拿到的项目。秋海汲清持有位于宁夏回族自治区盐池县的长海项目合作开发权，油田总面积达 50 平方公里，但品次较长印项目差。2009 年 5 月和 2010 年 4 月，王乐天分两次从米晓东等人手中买下了秋海汲清，剩余近两亿元尾款，王乐天分四次支付完毕。

一位熟悉石油圈的人士向财新记者指出，中石油高层被查的一个重要线索就是长庆油田的对外合作开发问题，“蒋洁敏 2006 年 11 月当集团总经理后，将长庆油田的两个‘相差很大’的区块‘换包’，把一个准备勘探的项目换成一个已经产油的项目，批给相关人对外合作。当时相关副总也签字了，但写的是按照蒋总的批示办”。

“倒卖油田这种事，都是拼背景，但是谁有周滨硬呢？我们最后只能甘拜下风。”一位曾经与周滨竞争同一项目的人士向财新记者说道。

“折腾”四川

周滨还在父亲的另一个大本营——四川有买卖。据说，周永康 2000–2002 年担任四川省委书记期间，曾经禁止周滨到四川“折腾”。不过，2003 年，周滨就在四川跟富商刘汉（2015 年 2 月 9 日被执行死刑）做了一笔生意。

作为全球矿业知名淘金者之一，刘汉在 2010 年接受美国媒体采访时曾自夸：“刘汉从来都是赢家，刘汉从不失手。”

刘汉的确是商业上的常胜将军，新华社称其被抓前，坐拥资产达 400 亿元。但刘汉也曾有过赔本买卖。不过他是有意为之。2004 年，他从周滨夫妇手上高价购入的四川茂县的一个旅游项目，就是一个典型的商业案例。周滨由此获利上千万。

茂县位于阿坝藏族羌族自治州，2008 年汶川大地震时，15 名军人在这里跳伞，震区方才和外界取得联系。这也说明当地交通不便，包括旅游业在内的各项产业发展受限。茂县境内的九鼎山旅游风景区，交通就更差一些。从成都自驾到茂县，需耗时逾 3 个小时，而位于县城东南方向 8 公里的景区，只有骑马才能上去。

2002 年 4 月，包括周滨妻子黄婉在内的 5 名人士，在成都成立了四川超越有限公司（下称“四川超越”）。另外 4 人，按出资比例排序，分别是万梅华、徐晓晴、詹军和顾亚鸣。万梅华是第一任法人代表，她曾在四川省农业科教仪器公司工作。徐晓晴当时供职于西南航空公司。而黄、詹、顾三人，均来自北京。财新记者无法和上述人物取得联系，亦无法得知股东之间互为何种关系。

由知情人士提供的资料看，四川超越正式成立于2002年4月30日。而早在正式成立半个多月前，这家公司就和茂县人民政府签订了九鼎山旅游景区开发协议。四川超越拥有独家开发经营权，为期50年。

接下来，四川超越完成了一些前期工作，这些工作成果后来都打入资产包付诸交易：委托美国公司 Helman Hurley Charvat Peacock/Architecets Inc 制作了规划设计图，该公司位于美国佛罗里达州奥兰多市，是世界上最大的主题旅游休闲业设计公司之一；委托一名叫吕玲珑的摄影师拍摄了九鼎山画册，吕玲珑是四川省青年摄影家协会和成都市青年摄影家协会的创始人之一，创作集中在中国西部地区；委托一名叫孟卫兵的导演拍摄了MTV风光片，孟卫兵的作品多有在中央电视台播出，网络信息显示，他曾供职于北京电影制片厂。此外，超越公司还拥有一套缆车地质勘测资料和一个九鼎山互联网域名。

然而，景区建设止步于规划阶段。2004年10月，超越公司将度假开发权和上述无形资产，全部转让给了刘汉的汉龙集团。关于转让费用，出现了阴阳两个版本。据一名知情人士介绍，超越公司和汉龙集团书面合同显示的价格，是人民币350万元。而另一名知情人士则表示：确切的付款数目，达到了2000万元。

对于这笔交易，汉龙集团内部多有疑虑。有一名公司内部人士称，当时好多人都打着领导的牌子到处骗人，公司人员实地考察后发现，景区位置偏僻，认为投资风险很大，估计该项目顶多只值五、六百万元。

刘汉向她确认了周滨的身份。刘汉还说，“只要不是太过分，就答应她。”她认为，刘汉做该笔交易，主要是为了维护和周滨的关系。

2005年9月，汉龙集团和由刘汉控制的四川汉龙高新技术开发有限公司组建了四川九鼎山景区旅游发展有限公司。蹊跷的是，该公司没有实际开展经营，并于2013年3月、刘汉被警方监视居住前夕，宣告清算撤销。

周滨与刘汉的另一次合作，涉及刘汉为在四川阿坝州开发毛尔盖河而成立的兴鼎电力公司。知情人士告诉财新记者：当时四川省发改委不同意汉龙集团拥有兴鼎电力公司全部股权，刘汉请得周滨出面，持有兴鼎电力公司20%的股份。后来，该项目得到了县、州和省三级发改委的同意，而且申请到了6亿元的银行贷款。到2009年，汉龙集团从周滨手中购回兴鼎电力公司20%的股权。据汉龙集团内部人士称，那笔股权交易没有付钱，只是履行了手续。

据汉龙集团内部人士透露：兴鼎电力成立时共有4家法人股东，其中一家叫北京旭晨投资有限公司的股东，即由周滨安排持股20%。2009年6月，北京旭晨将股份转让给范荣彰的深圳汉利宏投资发展有限公司。范荣彰和刘汉是老友，二人相识于1994年。范荣彰后来成为刘汉到澳门赌博的引路人，刘汉在收购丰谷酒业时，也是找范荣彰的深圳汉利宏帮助代持股份。

周滨在四川另外一些交易，则是借助另一个“白手套”吴兵完成。生于成都的吴兵，祖籍四川省内江市安岳县，现年51岁，身材不高，较胖。吴兵是他香港身份证的名字，对应在中国内地的户籍系统中的名字是吴永富。作为民营商人，吴兵在四川的生意一直被认为大有来头，其中又以从央企口中夺食的水电项目最引人注目。其商业合作者之一，正是周滨的岳母詹敏利。

吴兵的中旭系，主体为2001年成立的中旭投资，2006年3月注册的中旭实业则进入了水电和房地产业，下属两家水电开发公司、一家房地产开发公司以及多家水电、房产业务链延伸的产业公司，自称“以水电站开发为主营项目，目前正在开发的有两个水电项目，一是总装机70万千瓦、投资53亿元的大渡河龙头石水电站；二是总装机45万千瓦、投资32亿元的革什扎水电站”。这两家水电站的规模都不小。

大渡河龙头石水电站位于四川雅安石棉县安顺场上游10公里处，是大渡河干流规划调整推荐22级方案的第15级电站，2006年获得国家发改委批文，2008年投产发电，多年平均年发电量31.21亿千瓦时，根据四川发改委批准电价0.288元/度计，一年卖电收入在9亿元左右。

该项目由中旭投资、四川天蕴实业投资有限公司和四川天丰水利资源开发有限公司共同出资组建的大渡河龙头石水电开发有限责任公司负责建设和管理，三方共投资10.61亿元，并向中国建设银行贷款42.45亿元。中旭投资、四川天蕴为吴兵旗下企业，而四川天丰，则早在2003年12月，即由周滨的岳母詹敏利控股57%。

大渡河的水电梯度开发基本由五大电力公司之一的中国国电集团公司包揽，中旭能从央企口中夺食，颇让四川当地电力人士侧目。“项目给他们是四川省的事，地方可能觉得多家开发比较快。”国电大渡河的有关人士曾向财新记者透露，龙头石水电站抢水头比较厉害。水头就是电站大坝上游引水口和下游尾水口断面之间的水位差，水头越大，发电能力越强。

一位熟悉四川水利投资的人士说，四川的水利资源非常独特，但主要是国企介入，民企极少能参与几十万千瓦的水电站投资，这些大项目不仅是四川省批，占地要经过国土资源部。民企主要是投资小型水电站，最后找关系能卖个好价钱。“这个民企的投资圈很小，吴兵就是其中比较有名的一个，当时人家就告诉我，投资水电站得找他。”

无须耐心的生意

水电站、加油站系统信息化、倒卖油田、设备采购中间人，只是周滨生意的一部分。他也不只吴兵和米晓东这两个代理人。“倒买倒卖土地、捞人这些事，周滨也干。”一位熟悉周滨的人士说。

2009 年 9 月，一家名为北京秋海旭荣房地产开发公司（下称秋海旭荣）设立，注册资本为 3000 万，北京昫滢旭荣投资管理有限公司（下称昫滢旭荣）出资 2400 万元为大股东，北京昌平区的南口农场出资 600 万元。昫滢旭荣的两名出资人正是周滨的岳母詹敏利（出资 1800 万，占股 90%）和米晓东（出资 200 万，占股 10%）。秋海旭荣拿到了南口农场 NC-01 街区公租房项目的承建资格。该项目是北京重点保障房建设的重点项目，计划 2013 年竣工，提供公租房 2020 套，以及该公租房项目附近 350 亩区域的土地整理项目（即一级开发），其中居住用地约 204 亩，另有文化娱乐和体育场所等等。

但是和长印油田项目一样，周滨和米晓东也没有做房地产的耐心。不到一年之后，2010 年 8 月，詹敏利将“昫滢旭荣”的 1550 万股权转让给北京天恒联信置业有限公司（下称天恒联信），另 250 万股权及米晓东的 200 万股权则转让给同由詹敏利控股 90% 的北京汇盛阳光投资管理有限公司（下称汇盛阳光），汇盛阳光的另外 10% 股份在米晓东名下。天恒联信为北京西城区专责房地产开发的国企天恒置业集团下属公司，财新记者尚不清楚该笔股权转让的具体价格。

在北京地铁 13 号线以北的朝阳区来广营乡奶白路 3 号上，汇盛阳光等 5 家由詹敏利担任大股东的公司，2011 年还向朝阳区来广营乡租赁了约 200 平米的办公用房和周边 300 亩原本用于高尔夫球场的土地，租期 20 年，每亩年租金 6000 元，用途不明。

周滨、米晓东还以詹敏利的身份，与周父曾经的大秘郭永祥之子郭连星有合伙生意。2010 年 6 月，郭连星担任法人代表的北京汇润阳光能源科技有限公司（下称北京汇润阳光）同样在奶白路 3 号设立，注册资金 500 万元，业务范围包括技术推广服务，经济贸易咨询，化工产品、机械设备、电子产品和矿产品销售。郭连星作为自然人股东在北京汇润阳光出资 75 万元，并担任法人代表、执行董事和经理，詹敏利和米晓东的汇盛阳光出资 425 万元，为大股东。

另外，詹敏利与米晓东名下同样注册于奶白路 3 号的北京浩盛益佳投资管理有限公司（下称浩盛益佳，注册资金 2000 万，詹敏利 1800 万元，米晓东 200 万元，米晓东担任法人），还在河北、四川和海南投资了三家重要公司：保定中茂能源有限公司，浩盛益佳与中石油旗下昆仑能源有限公司华气清洁能源投资有限公司、保定光阳天然气利用有限公司 2011 年合资成立，浩盛益佳出资 1900 万占 19%，是保定市除省天然气公司之外的天然气第二气源；成都海利达能源投资有限公司，2011 年 3 月成立，注册资金 500 万元，浩盛益佳出资 300 万元，占股 60%，郭连星曾担任该公司董事。该公司法人万梅华，曾持有四川超越 45% 的股权；海口大众益佳燃气有限公司，浩盛益佳出资 400 万元，占股 40%，主营天然气、汽车加气站投资开发。

周滨还有个 39 岁的弟弟周涵，也曾在美国德州短暂待过，是中国石油大学（北京）硕士研究生，高级工程师，在中石油北京油气调控中心担任党委办公室主任，一名处级干部。由于生母去世，周涵与父亲关系不好，更多时间花在工作上，多次发表石油工程、通信、安全管理方面的学术文章，曾获得中国石油油气管道通信传输网优化研究二等奖。

周永康和周滨显然并不希望周涵就此疏远这个家庭，而是将其保护在一个合适的距离。2010 年 2 月春节前夕，时任中共中央政治局常委周永康到中石油、国家电网和铁道部，考察重点行业企业安全运行和维护稳定工作，首先来到的就是周涵的工作部门。而周涵的直接上司张伟，中石油最年轻的局级干部，不仅是周滨的校友师兄，张伟的爱人朱莉萍，从 2002 年发起设立四川天丰占有 60% 的股份，2003 年 12 月将 57% 股权转让给詹敏利，到 2009 年中旭阳光改制后进入公司董事会，无论是水电站业务还是能源生意，都悄然出现在周滨的生意圈子中。

贾氏姐妹

在周家祖墓的数块石碑上，周元根的名字之下，初时以黑笔写有王淑华的名字；在一块立于 2011 年的碑上，则换上了贾晓晔三字。

周永康与发妻王淑华 1972 年生下长子周滨，三年后得次子周涵。多个可靠信源告诉财新记者，2000 年前后，王淑华与周永康离婚。此后不久，王淑华遭遇了一场被外界赋予神秘意义的车祸去世。2001 年，周永康又娶中央电视台记者贾晓晔为妻。

周滨继母贾晓晔现年 45 岁左右，曾在央视二套财经频道工作过。贾晓晔老家在山西，父母都是地方戏曲工作者。大学毕业后，贾晓晔进入央视做记者，从而有机会采访周永康。周永康担任四川省委书记后，贾晓晔很低调地嫁给了周。

2002 年 10 月，周永康返回北京，在十七大上当选中央政治局委员，出任中共中央政法委员会副书记、公安部部长，贾也回到央视工作。

贾晓晔有个姐姐贾晓霞，曾就读复旦大学外语学院。受周永康的荫护，贾晓霞也进入石油系统，先后在中石油厄瓜多尔和加拿大分公司工作。公开报道显示，她曾在 2003 年担任中石油在厄瓜多尔的分公司 CNPC Amazonas 的新闻发言人，就在那一年，中石油在厄瓜多尔获得了 Oriente 盆地 11 区块（Block 11）的产品分成合同。境外媒体称，贾晓霞还参与了委内瑞拉和苏丹中石油项目。

在石油公司聚集的加拿大卡尔加里，贾晓霞颇为活跃。她以 Margaret Jia（玛格丽特·贾）的英文名字和中油国际加拿大公司（CNPC International (Canada)）

总经理的身份，与中海油加拿大有限公司首席执行官兼总裁张凤久、中石化国际石油勘探加拿大公司总经理张连华并列加拿大中国商会（Canada China Chamber of Commerce）董事会。

公开资料可以查到，贾晓霞2013年2月21日在世界妇女论坛（IWF）加拿大卡尔加里分会举办的活动中做了即兴发言，同年6月19日还在卡尔加里举办的第一届加中石油天然气研讨会上致开幕词。

不过有中油国际内部人士指出，贾晓霞担任的这个总经理只是个虚职，仿佛是为她专门设立的，中石油在加拿大真正的负责人是李智明，中国石油国际投资公司加拿大分公司（PetroChina International Investment （Canada））总裁。目前贾晓霞仍滞留在加拿大。2014年春节期间的2月3日，她还向卡尔加里的皇家山大学（Mount Royal University）捐赠了两个乒乓球桌，并与学校校长戴维·多切蒂（David Docherty）打了一场乒乓球赛。

根据厚桥镇的村民介绍，贾晓晔去过周家祖屋。贾晓晔第一次到周家祖坟扫墓，家乡人还不认识她。扫完墓，贾晓晔不走，她听不懂无锡话，陪同过来的上海公安人士称这是周夫人，周家人才明白过来。

卖五粮液的二叔

目前周家的祖宅在西前头村中部，是周家发迹后重建的。周滨的祖父于1960年代初因癌病逝于西前头村东的数间平房里。周滨的二叔周元兴、三叔周元青都是初中毕业在家务农。

周元兴则一直留在西前头村看护祖庐。在兄弟相继发迹之后，周元兴家也迅速脱胎换骨。

“周元兴家发得太快了。他大哥在中石油时，他们家已有钱了；周家大哥到四川以后，二房就更有钱了。”附近乡人还记得，周元兴从前抽的是两块五的烟，打5毛钱的麻将，两圈牌打下来，就输得拿不出钱来，“现在不得了，他抽的是软中华，吃的老酒是五粮液，要吃多少有多少”。

周元兴父子俩经常去厚桥镇上的老K水暖店，在那里吃茶，抽香烟。他认识的，都敬上一根软中华，排场很大。他常去吃喝的地方，是镇上最好的花园酒店，别人送来的甲鱼、黑鱼，他吃不完，也寄存于此。

有人曾经去他家，看到五粮液很多，茅台很多，香烟很多。还有三块翡翠，都是五公斤一块，其中一块雕佛，一块雕鹰。

厚桥的人一开始还搞不清楚，周元兴的钱从哪里来？慢慢地，关于周元兴父子做五粮液代理的事在镇上流传。

故事的一个版本称，当时周元兴的儿子周晓华去四川，想做五粮液的外包装，五粮液酒厂的盒子有专业防伪标识，有自己的彩印厂，就发了一车五粮液，让他去销售。周晓华联系无锡市糖烟酒公司，后者担心五粮液是假的，还请了江南大学的品酒师去鉴定，而且要正规发票。周晓华又去宜宾拿发票，糖烟酒公司这下相信了，吃下半车五粮液，还有半车转至上海销售。之后，周家父子就做了五粮液代理。此举给周元兴带来滚滚财源，“不出门就可以赚钞票”。

周家发家的另一路径，是替人摆平事情，拿人钱财，替人消灾。“比如有人要安排工作，企业有事情搞不定了，他去说合。”村民称。

再往后，随着周永康权势日长，周家的“公关”生意，还包括了替人在打官司时说情和捞人。该项收费的价格不菲。知情者透露，无锡某镇党委书记出事，面临判刑，亲戚到周家去求，周家开价 15 万，还不打包票。

周元兴家的能量并不仅限于此。另有知情人称，求周家办事者，不乏千里迢迢而来，不乏标的上亿元的案子，而只有初中文化的周元兴，应对起来是举重若轻。无锡一位人士曾在饭局上目睹周元兴的风采：很健谈，很能喝酒，和官场很熟，好像出于炫耀似的，顺手就能拨打某省领导的电话。

周家的业务还包括向江苏某警校输送学生。学生的成绩达不到录取线，周家父子去讲讲情，就送进去了。

此外，知情人称，周元兴家另一业务，是做油田的钢管生意。无锡的钢管企业很多，周家并无工厂，一样能拿到单子。

周家的财源滚滚，让厚桥人印象深刻。村民称，周元兴曾经吹牛：我只要出去走一次，回来 40 万稳拿。也有人反映，周家“职业”口碑不算好，有的事情没办好，拿了人家钞票也不退。

发达之后的周元兴，见了人还是很客气，一人一根软中华。但曾经一起喝酒的村民称，“我们高攀不上了。”

其子周晓华经常开一辆车牌尾号为001的车子，出现在厚桥镇上，大伯父步步高升，周晓华在当地也被戏称为“部长”。

“部长”文化不高，但是胆大。厚桥人传说，他去四川找大伯时，传达室说没有这个人，他回到宾馆里砸了电视机，警察出动了，后来他被车子接走。

与四川寻亲传闻相比，“部长”打警察更为乡人所知。村民称，周晓华有一次开车，遇警察拦车检查，发生争执，周晓华顺手打了警察两个耳光，“叫你们局长来。”结果警察向周晓华赔礼道歉，赔偿周被拉坏的衣服。

三叔家的生意经

对于周滨三叔周元青一家，厚桥人更觉深不可测。周元青生于1948年，当过大队支书，后来也走上仕途，任厚桥镇副镇长。1995年6月，无锡县撤销，设锡山市，周元青曾任锡山市经济技术协作办公室主任。2000年12月，锡山市拆分为锡山区和惠山区，周元青为惠山区国土局副局长。

一位曾与周元青在锡山市有过接触的人士称，周元青长得有些黑，一看就是从土地上打拼出来的，为人低调，工作、人缘还不错。另外，他跟周永康长得很像，一眼就能看出来。知情者称，身在官场的周元青，成为无锡一些官员攀龙附凤的桥梁。厚桥乡间流传，地方官员进京拜见周永康，多是周元青陪同。

周元青的妻子周玲英生于1951年，西前头村北安乐桥人，个矮，人称“矮玲英”，其父做过无锡县坊前镇党委书记、无锡县商业局长。从1969年起，周玲英先后在无锡县厚桥农机厂当过车间主任，在厚桥手工业联社当过车工、仓库保管员兼会计，在厚桥供销社任百货部负责人，厚桥食品站做会计、站长。1989年8月，周玲英任无锡县食品公司副经理。1992年，无锡县商业局为发展三产，成立无锡县商业物资公司，周玲英被任命为经理。

那时，周玲英住在无锡市崇宁路87号，无锡老城的核心繁华路段，马路对面就是秦邦宪故居、秦淮海祠等，后来此地成为无锡CBD核心区域，周元青家所在位置崛起了东方巴黎商厦。无锡人称，买得起那里房子的都是早年就发家的。

至2000年，全民所有制的无锡县商业物资公司改制，成立自然人控股的锡山市昌隆物贸有限公司，周玲英为三位股东之一，并任公司法人。这时，大哥周永康已贵为封疆大吏，周玲英也正式下海，近水楼台，长袖善舞。

“周玲英很厉害，很能干，生意做得很大”。尽管很少能看到他们回乡，但关于周玲英等人开矿、卖消防器材、替油田采购设备、在全国有3000加油站等传闻，混杂着村民对周家财富的想象，在厚桥漫天飞，真假难辨。

乡亲们的猜想并非全无凭据。还在周玲英任国企无锡县商业物资公司法人时，1992年9月1日，这家成立5个月的公司经营范围就增加了石油及石油制品的销售。其时，周永康已任中石油副总多年。无锡县商业物资公司的油品由无锡县经济技术协作办公室代销，该办公室隶属燃化公司，主要经营煤炭、石油化工物资。周元青曾任该办公室主任。

工商资料显示，当时无锡县商业物资公司在无锡各地拥有多家加油站，业务单位中胜利油田赫然在列，双方最后一单业务发生在1999年4月，该公司改制前夕。这是目前所见周玲英第一次涉足石油产业。

2000年代初，周家的财富在逐步积累中，从其屡迁新居可见一斑。2002年，周家迁至五爱北路的李巷小区；2006年左右，再迁至东河花园。

东河花园位于崇宁路41号，其所在的崇宁路东段，位于无锡市核心地带，更为无锡市政法重地。东河花园对面就是无锡市中级人民法院的巍峨大楼，中院西邻为无锡市公安局；东河花园向东，则分布着无锡市法援中心、司法干部培训中心、无锡市人民检察院。

1999年底开盘的东河花园，因上述优越的地理位置，成为无锡独一无二的小区，住户非官即富。周家以儿子周峰的名义，买下东河花园92号301、302，两套房子面积194余平方米，打通居住。在居民印象中，周家有好几辆车，其中一辆宝马，一辆挂99999“九五至尊”牌照的奥迪。其家客人多，经常有警车、军车停在92号楼下面的路上，直到两年前周家搬至山语银城小区。

物业人员介绍，上述两套房子仍在周峰名下，但自2008年起，物业费就没有交过。该小区物业费并不高，301室每月12元，302室每月10元，多年未变。有保安称，他向周家催要过，对方也不交，“这家人素质不好。”也有物业人员称，可能他们家比较忙，不大在家。

周元青家确实很忙。2004 年 11 月 8 日，下海后的周玲英出资 60 万元，周欣出资 40 万元，成立无锡骏峰农资发展有限公司（下称无锡骏峰）。这家公司由销售化肥、农药、金属材料等起步，在 2006 年 6 月，经营范围增加了消防设施、设备及器材的销售，这是一项需要和武警有相当关系才能做好的生意。无锡骏峰成立两周后，法人由周玲英变更为其子周峰，2007 年再变更为退休后的周元青。该公司于 2011 年停业，2013 年撤销。

周峰财技

2004 年，时年 30 岁的周家三房独子周峰从日本学成回国。周峰是周家下一代的"麒麟儿"，他不仅拿到了日本知名私立大学中央大学的经济学硕士学位，还在日本最大的综合商社三菱商事有三年从商经验。2004 年 2 月，周峰以身份证名周锋，与母亲周玲英出资 1000 万元设立北京宏元达投资发展有限公司（下称北京宏元达）；2005 年 3 月，周峰又以北京宏元达出资 1000 万元，与东莞市东骏集团有限公司（下称东莞东骏）等三家注册在东莞的企业一起合资成立北京鸿丰投资股份有限公司（下称北京鸿丰），周峰为法人代表。东莞东骏是一家以地产起家的民营企业，后涉足金融、矿产和高科技，董事长何剑雄曾任职于东莞市对外贸易总公司，2013 年 1 月当选为东莞市政协常委。2011 年 9 月，中国证监会创业板发审委曾经驳回了东莞东骏下属成都东骏激光股份有限公司 IPO 申请，据称原因是突击入股的多名自然人"信息披露不完整"。

2006 年 2 月，北京宏元达再次全资设立北京瑞丰勘查有限责任公司（下称瑞丰勘查），业务范围包括矿产地质调查、勘查和矿产信息咨询服务。

有了儿子襄助，经过多年商海磨练后的周玲英决定大干一场。2007 年 12 月，母子二人出资 5000 万元，成立北京宏汉投资有限公司（下称北京宏汉），周峰担任董事长，开始以其为投资主体施展大手笔财技。这家设于北京市东城区朝阳门北大街 1 号新保利大厦的公司，经营范围包括能源投资、投资管理、能源技术开发、技术咨询、技术服务等。数年内，该公司先后增资北京宏元达、北京鸿丰、瑞丰勘查，并全资或以北京鸿丰名义先后成立了内蒙古赤峰瑞银矿业有限责任公司和青海省油田水循环利用有限公司，控股成立了北京信远宏大投资有限公司（下称信远宏大）及北京宏泰中汇创业投资有限公司（下称宏泰中汇）。

乡人们所说的开矿，指的应当是周玲英母子在四川的一笔生意。中石油案爆发后，四川邛崃市鸿丰钾矿肥有限责任公司（下称鸿丰钾肥）与中石油及周家三房的特殊关系被暴露出来。四川邛崃市鸿丰钾矿肥有限公司于 2007 年由北京鸿丰和中石油四川石油管理局旗下的四川华油共同出资设立，注册资本为 3 亿元，其中四川华油出资 3000 万元，占 10% 股份，北京鸿丰占股 90%。

2011 年 9 月，成都高投集团控股的上市公司高新发展（000628.SZ）发布资产置入公告，被置入的资产即鸿丰钾肥。截至 2011 年 6 月 30 日，鸿丰钾肥的资产预估中，无形资产一项的账目价值为 5071.25 万元，预估的价值却到了 7.6 亿元，最为核心的增值资产是平落坝的采矿权，从账目价值仅有 300.41 万元增值到 7.15 亿元，预估增值率达到 236 倍。值得注意的是，鸿丰钾肥最初的探矿权由持股 10% 的四川华油作价出资投入，经四川省国土资源厅批准将该探矿权变更到鸿丰钾肥，并颁发了探矿权许可证，该探矿权的有效存续时间为截至 2012 年 4 月 18 日。2010 年 11 月 19 日，鸿丰钾肥又获得四川省国土厅核发的《采矿许可证》，许可开采的矿种为钾盐、硼、石盐、锂、溴、碘，矿区面积 13.7603 平方公里，有效期限为五年，截至 2015 年 11 月 19 日。

不过，四川华油的一位人士对记者称，这个探矿权证和华油没什么关系，也是从别人手里转过来的。四川当地的一位人士称，不排除周峰利用华油的名义来进行投资。华油主营天然气销售，是四川石油管理局下属企业，但前身是员工持股的小公司合并而成，重组过程比较复杂。四川石油管理局与中石油旗下昆仑能源（00135.HK）合资的川港燃气与华油在一个楼内办公。

拥有强大政府资源的高新发展业绩不佳，但是鸿丰钾肥的借壳最终失败，媒体报道称，邛崃的钾肥项目在 2012 年春节就陷入半停产状态，2013 年 5 月已经全面停产。

鸿丰钾肥的总经理胡永宏，还出现在 2007 年 2 月设立于成都的四川宏润轻烃化工有限公司法定代表人一栏里，该公司经营范围为石油、天然气化工产品研究及开发，周峰北京宏汉系的瑞丰勘查持有 55% 股份。瑞丰勘查全资持有的德阳宏瑞天然气有限公司曾在四川德阳兴建液化天然气（LNG）项目，不过生产装置搁置几年都未投产。

周家三房在四川的生意还包括地产开发和旧城改造这个惹人眼红的蛋糕。不过与大房堂兄周滨类似，周峰做生意也是低买高卖、快进快出，少有实业致富的耐心。2010年6月，北京宏汉系的另一成员信远宏大及其全资子公司四川蓉腾置业有限公司出资1000万元设立成都宏聚投资有限责任公司（下称成都宏聚），一个月后，成都宏聚与成都市青白江区政府签约，在青白江区集装箱物流园区兴建宏聚建材城，项目总投资7亿元，总用地面积714亩。仅两个月后，成都宏聚95%的股权就被转让给起家自贡的地产商四川英祥集团，宏聚建材城变身英祥国际建材城，英祥集团更在此基础上兴建总建筑面积超过70万平方米的集顶级购物、休闲、娱乐、商务、商住一应俱全的成都北部最大城市综合体。英祥集团方面拒绝透露该项目转让金额。周峰在项目中还有5%的股份。

2010年8月，信远宏大又发起设立成都正恒置业有限公司（下称成都正恒），占股60%。5个月后，成都正恒股权变更，成都建筑工程集团总公司下属成都建工地产开发有限责任公司占股50%，北京信远宏大的股份稀释至30%。2011年9月，成都正恒拿下成都市双流县兴隆镇的城镇改造项目。该项目包括了改造后国有建设用地的使用权出让，中标后仅预出让土地保证金就不低于6亿元。

这一时期，周峰母子宏汉系的这几家投资公司也四处撒钱，分别控股成立了天津华新日铁国际贸易有限公司、新疆安华瑞丰矿业投资发展有限公司，参股北京华博安石降解材料有限公司，重庆市伟岸测器制造股份有限公司、湖北威尔曼制药有限公司、北京高威科电器技术股份有限公司、成都宏泰银科创业投资合伙企业等。如果以上公司的入股金都满额实缴，周峰母子的宏汉系，独资、控股、参股公司高达20多家，累计投资总额超过4个亿（已刨除售出股权，仅计算周玲英、周峰两人名下资产）。

这其中，成都宏泰银科创业投资合伙企业（宏泰银科创投）、重庆市伟岸测器制造股份有限公司（重庆伟岸）和新疆安华瑞丰矿业投资发展有限公司（新疆安华瑞丰）值得注意。宏泰银科创投是一家投资中国企业的风险投资基金，主要针对消费、科技、传统行业和能源 / 清洁能源领域。银科创投是成都高新区成立的母基金，与多家创投公司有合资基金，宏汉系的宏泰中汇投资 2000 万元，在宏泰银科创投占股 20%。

重庆伟岸主要为工业过程控制和能源计量提供专业的测量与传感器仪表，产品应用于能源、电力、石油、化工等领域，用户包括中石油兰州炼化总厂、大庆油田、四川省石油管理局、长庆油田采油厂等，宏汉系信远宏大投资 6240 万元，占股 13.21%。

新疆安华瑞丰则是周氏母子旗下瑞丰勘查与中国安华集团有限公司（下称安华集团）2012 年 1 月在乌鲁木齐成立的合资公司，注册资金 1200 万元，瑞丰勘查占股 70%。安华集团原为武警部队直属企业，后改属中信集团，安华集团副总经理韩焕宣担任新疆安华瑞丰执行董事，主要投资于新疆的钾盐湖矿产资源。

卖奥迪的三婶

厚桥乡亲所知不多的是，周家三房在无锡当地就有更挣钱的生意：开奥迪 4S 店、与中石油合伙做液化气生意。

2010 年 2 月，周玲英出资 1900 万元，在临近的无锡江阴市设立江阴奔跃汽车有限公司（下称江阴奔跃），占股 95%，法人代表和总经理为周军。2010 年 10 月，江阴奔跃的工商资料上，经营范围从汽车、汽车配件变更为“一汽大众奥迪品牌汽车”。在 2010 年 10 月 9 日国家工商总局下发的《关于公布品牌汽车销售企业名单的通知》中，一汽 – 大众授权品牌汽车销售企业名单上，全国仅有 5 家，江阴奔跃为其一。周玲英从此成为有“中国第一官车”之称的奥迪品牌 4S 店老板娘。

奥迪好卖、苏南富庶人所共知，这家江阴市唯一的奥迪 4S 经销商发展异常迅速。2011 年 1 月，该公司经营范围中增加了汽车维修、机动车保险代理等汽车售后服务内容；同年 12 月，在江阴市高技术园区附近的东外环路上，江阴奔跃奥迪 4S 店分出第二家店；2012 年 7 月，经营范围又增加了汽车租赁。

根据在工商机关备案的年检报告，2011 年和 2012 年江阴奔跃的销售收入分别为 5.82 亿元和 6.59 亿元，但 2011 年利润只有 101.91 万元，2012 年更亏损 1594.02 万元，两年合计纳税总额不过 31.06 万元。

事实上，周玲英早在 2005 年就已经在江苏常州经销过奥迪轿车。2004 年 1 月，周玲英与常州外事旅游汽车集团公司及自然人顾赞荣合资 500 万元成立常州市凯歌汽车销售公司（下称常州凯歌），周玲英占股 30%，担任董事长、总经理和法人代表。半个月后，江苏省工商局公布了第三批小轿车试营业企业名单，常州凯歌即榜上有名。

2004 年 4 月，常州凯歌增值扩股至 1000 万元并股权转让，常州外事旅游汽车集团公司退出，周玲英占股增至 60%。2005 年 2 月，常州凯歌进入一汽－大众奥迪汽车销售服务企业名单。之后又经过数轮公司变更，2011 年 9 月，周玲英从常州凯歌退出。

从获得奥迪经销权后的 2006 年到 2011 年周玲英退出，常州凯歌的年销售收入从 2.99 亿元持续增长至 11.51 亿元，六年合计 37.55 亿元。和江阴奔跃一样，常州凯歌巨额营收，却只显示微利和少量纳税，工商年检报告登记的六年合计利润总额仅为 2942.63 万元，纳税总额也只有 1643.79 万元。

“汽车经销行业里都知道，奥迪 4S 店是含金量最高的。2010 年之前基本上是当年盈利，即使这两年竞争很激烈，开店两年以上的肯定都盈利。”北京一位汽车经销商说，“不是有钱就能开的，你的关系得足够有撼动力，甚至据说大众中国和奥迪中国的高层都插不上手。”

工商资料还显示，周玲英控股的江阴奔跃，与中国石油天然气集团公司旗下的昆仑能源（00135.HK）有液化天然气的合作。2012 年，由昆仑能源控股 97.26% 的新疆新捷股份公司在江苏成立江苏中油昆仑能源投资有限公司（下称江苏中油）；2012 年 11 月，江阴奔跃与江苏中油合资成立无锡中油昆仑能源有限公司，江阴奔跃占 49% 的股份。昆仑能源是中石油旗下负责开拓天然气综合利用终端市场的红筹股公司，2013 年 8 月 27 日，其董事局主席、中石油集团副总经理李华林落马。

不过，当地一位能源界人士认为，无锡中油公司基本没有开展业务，“可能是还没来得及吧”。

2013 年 3 月 18 日，周玲英将自己在江阴奔跃的 60% 股权转让给周军等 8 名自然人，自己仅保留了 35% 的股权，不过仍然是第一大股东。

祖庐前的攀龙术

周家门庭炙手可热之余，祖墓也热闹了起来，成为一些官员施展攀龙术的秀场。

周家祖墓位于西前头以北数百米外，陆家湾河边。和葬在这里的其他乡亲一样，周家祖墓原为土坟，默默湮没于一片桑树林中。

早年，苦出身的周家并没有风水概念。厚桥人传说，1990 年代周永康在北京时，曾请一老和尚看相，老和尚称其面相是好的，但做干部之后，到目前都是副职，是祖坟有问题。周永康为此数次打电话，叮嘱弟弟修坟。

当地乡人称，1995 年左右，厚桥镇派人为周家扩坟，砍掉周围一些桑树，种上了四棵无锡市树樟树。同年 6 月，周家为先祖、先祖父母，立了三块碑。此外，周家还填了祖墓旁一个水塘，后为水塘主人家里装了自来水，作为补偿。

周家祖墓的热闹，是在周永康的官越做越大之后。每至清明，扫墓者络绎不绝。来者多是干部，不仅有无锡本地、江苏其他地市，甚至还有来自上海、武警的车辆。扫墓时，周家人多半陪着，扫墓者临走时，一般叫他们“跟周首长讲一声”。

当地多名乡人告诉财新记者，十多年前，曾看到周滨生母王淑华在周家祖坟哭了一场，周家人请她回家吃饭，被她拒绝，她说离婚了，不是你们家人了。之后不久，王淑华不幸死于车祸。

2009 年，因为扫墓者太多了，政府在西前头村以北的公路边修了一个小型停车场。在周家祖坟所在的树林里，以青砖铺地，修了一条小路。周家祖坟也得以整修，外砌半米高石墙，围成近圆形，占地约 120 余平方米，园内以青砖铺地，四座大坟之后，种有十余棵松柏，顿显肃穆。

2009 年秋天的一个雨夜，周家祖墓突然发现被人挖了洞。时值新疆“7·5”事件之后，乡人称，挖坟事件疑为新疆分裂势力搞破坏，不仅惊动了无锡警方，而且江苏省公安厅、上海市公安局，乃至公安部如临大敌，动用警力侦破。

知情者称，为消灾免祸，周家人和一名部队上的领导出面，特地请了无锡当地一位老和尚做了法事。

对于侦查结果，附近居民多不知详。一说该案并未侦破，一说是经济纠纷引发。此后，警方在周家祖墓四周和通往周家祖墓的两个路口，都安了探头。周家的 4 个土坟也用石头砌起，在厚桥附近村民祖坟多被搬到公墓的情况下，仍继续享受着膜拜。

仅仅翻修祖墓还不够。2009 年 6 月，厚桥村民听说，要翻修并东延厚桥街上的厚嵩路，直通周永康故居附近。

厚嵩路东端，原来是条小路，两边住着居民，路尽头是湖。修路需要填湖占田，更需要拆迁房子。而该路向北不到 60 米，就是平行的双向四车道的中心路；向南不到 100 米，就是平行的厚荡路。为什么在相距不到 200 米的地方，又要修一条高规格的新马路呢？村民们难免议论纷纷。

2009 年 6 月 18 日，新厚桥村大巷上等地村民接到《告知书》，称根据无锡市城市总体规划概况及锡东新城建设总体部署，对厚嵩路进行翻修并延长。道路延伸段涉及部分居民需要拆迁，计划 2009 年 6 月 19 日和 20 日进行评估。落款为厚桥街道拆迁办和新厚桥村委。

村民称，这条延伸路段既未立项，也未有公告公示，村民没有见到相关工程的批准文件，没有看到任何土地征用手续，且开始只字不提拆迁户的安置问题，但 6 月 20 日，评估就在高压下开始了：党员干部带头，开厂开店的查税查账。评估价更让人难以接受，明明是市镇的城乡结合部，旁边 100 米处商品房隆达苑房价已达 3800 元 / 平方米，拆迁户的评估房价是 350 元 / 平方米。

村民遂联名上告，央视记者赶来调查，街道办害怕了，拆迁陷入僵持中。“但这时周玲英从无锡下来了。”多名村民指称，周玲英到厚桥街道办发了火，“托你们这样一点小事，你们都办不到，是不是我叫小杨来？”小杨者，时任无锡市委书记杨卫泽也。

知情人称，被强拆者还有一位当年周永康的同学，在其全家外出之际，一间房子被扒掉。年近七旬的老夫妇，一连两个月住在幸存的房子里看着。夜里多次遭人踹门、放鞭炮、醉酒闹事等，最终也没保住房子。

最终，厚嵩路在拆掉 29 户人家后，开工东拓，其中 900 米通过耕田。在厚嵩路拆迁之际，一条六车道的厚东路，早已在西前头村南的稻田里开工了，向厚嵩路东延段伸展。

2010 年 6 月，厚嵩路东延段、厚东路合龙通车。两条路上，种上了数百棵玉兰树。直通西前头的高规格厚东路，被村民称为“永康大道”。

2010 年下半年，又一条东西走向、八车道的锡山大道，东延至西前头村口。地处偏僻，并非交通要道的西前头一带，交通空前便利。

在“永康大道”修建之际，西前头的“永康故居”也在建造中。

周家原住村东平房，后西移至河边。修建时，周家推倒旧房，一年内新建两个院子。东面一院子，南面临水，白墙黑瓦，黑色雕花铁门，门楼檐角翘起，院内则是一白墙黑色细瓦覆顶的二层白楼，带有江南民风，后院绿树婆娑。西院略小，内有二层红顶楼房。“故居”落成后，周元兴住西院，东院白楼则长期空着。

有未经证实的消息称，重建“永康故居”，周家出一部分钱，无锡有关部门也有出资。彼时，西前头村有人去村委，正好碰上村委开会，听到了相关消息。

“永康大道”、“永康故居”之后，西前头村的环境整治也得近水楼台之便。

该村历来受重视。自 2005 年起，西前头所在的新联行政村就获评江苏省卫生村、江苏省生态村等称号。西前头在 2007 年进行过环境整治，2012 年初在江苏省村庄环境整治和“康居乡村”工程建设中，该村再借东风。

西前头的环境整治项目，由无锡市规划设计研究院设计，区建设局、厚桥街道和村委组成了协调指挥组。据吴萍等发表在 2012 年 11 月号《江苏城市规划》的《“康居乡村”目标导向下村庄特色塑造探讨》一文介绍，对西前头的整治，包括挖掘村庄滨水特色，塑造滨水生态空间；挖掘村庄宗族文化特色，打造“颐公园”特色空间；挖掘村庄农耕文化特色，打造“耕读园”特色空间等内容。

西前头周边水绕林环，滨水地区以生态驳岸为主，沿岸多乔木杂灌。在近一年时间内，工程队对村里的生态驳岸进行木桩固岸，补种柳树、榉树等，对河道沟塘清淤，保留河上的菱角、莲藕等；设置鱼菱形路灯、晨读廊、石桥等。

这项不算小的工程还包括，新建道路 300 平方米，修复道路 1080 平方米，新铺步行景观道 400 平方米，敷设污水管道 1.1 公里等。

整治后的西前头面目一新。进村迎面是一巨石，上写红色“西前头”，黑瓦白底景墙上，书写着西前头村史及“仁、礼、勤、学、信、忠”村文化。村中河流如带，河上有九曲桥，桥下白鹅浮水，虽隆冬雪飘，树木苍翠，处处粉墙黛瓦，有如公园。西前头由此成为 2012 年无锡市环境整治的先进典型。

西前头让人称道的亮点还有，新开建一条水系连接宛山荡。该村原有九里河支流，自陆家湾周家祖坟处流至村西，但到村南已为死水；工程队从“永康故居”旁向北挖开一条河，蜿蜒向东，与孙家坝河流相连，接通了宛山荡，由此河流成为活水。

有村民称，这条河是为周家的风水而挖，“我们这里，讲风水好，要有活水，有进有出。”

多年来，周永康在公众视野里，似乎很少还乡。附近村民称，有时，他在上海开会，或去张家港，会回来一两个小时，悄悄地来，悄悄地走。他最后一次出现在故乡厚桥，是在 2013 年 4 月。4 月 17 日，他回来待了 45 分钟，“一路上警察多得不得了，还有三支瞭望队。”

4 月 29 日，周永康以“著名校友”身份访问母校苏州中学。该校的网站上称，那一天，春和景明，周永康校友饶有兴趣地参观了母校图书馆、碑廊、尊经阁和智德之门等，边走边介绍早年读书求学的经历。之后，周又短暂返回过无锡。

“红顶”“灰顶”和“黑顶”

“鸡犬升天”的不只周永康的亲属家人。随着他步步高升，围绕其四周的权力同盟也越来越强大。对任何基于权势而结成的组织来讲，在缺乏约束的条件下，滥用权力的欲望不可阻挡，更多希望依仗权势攫取暴利的商业投机者也闻腥而至。

蒋洁敏上位

1998 年 3 月，朱镕基启动的国务院机构改革，决定撤销 7 个主要工业部，改设国家局。当年 3–7 月，国务院对原中国石油天然气总公司和中国石油化工总公司实施战略性改组，改纵拆为横拆，并进行公司化改造。7 月 27 日，中国石油天然气集团公司和中国石油化工集团公司挂牌成立。

在这一届政府中，周永康离开奋斗三十余载的石油行业，转任新组建的国土资源部部长，接替位置的是比他小 4 岁的校友马富才。

低调的马富才面临的第一个重任就是上市。1999 年 2 月，马富才将自己在胜利油田时的助手蒋洁敏，从青海石油管理局调任集团总经理助理。蒋洁敏以上市筹备组组长的身份，参与领导了中石油的公司化改革和海外 IPO 上市。据知情人士透露，当时的中石油连符合上市要求的账本都没有，没有资本回报率的概念，只关注生产了多少油，不关心成本和利润，上市重组几乎是这个超大型国企的一次再造重生。

在北京六铺炕的中石油老办公楼里，外来户蒋洁敏承受了严峻考验。“有一次他自己去小餐馆喝了两箱啤酒。想明白了这是国务院要推动的事情，就做了。”一位熟悉他的人士对财新记者说，“他每周六早上开例会，什么事情怎么处理，非常有决断，顶住了很大压力。”

1999 年 11 月 5 日，中石油股份有限公司组建完成，蒋洁敏出任董事兼副总裁。2000 年 4 月 7 日，中石油股票在香港证交所和纽约证券交易所挂牌交易，跻身世界石油大公司十强行列。“中石油重组，蒋洁敏协调有功，但也因重组裁员得罪了不少人。继续呆下去恐怕呆不长，所以上市两个月之后就被调任青海省副省长，直到 2004 年才重返中石油。”在一位接近中石油的人士看来，这一安排在当时有回护之意。

2003 年 12 月 23 日，重庆开县井喷事故发生，尽管彼时中石油已经成为中国产值最大的企业，仅股份公司当年就实现纯利 696.14 亿元，但造成 243 人死亡的惨剧让马富才一夜白发，不得不引咎辞职。2004 年 4 月，已近退休之龄的陈耕暂时执掌，蒋洁敏则再进一步，担任集团副总经理和党组副书记。2006 年年底，蒋洁敏全面接手中石油。

长期的封闭、巨大的利益链及复杂的人际关系，让中石油内部大小山头林立，既有因共同工作履历结成的“大庆帮”“胜利帮”“新疆帮”，又有因上下级提拔穿成的“海外线”“国内线”。蒋洁敏不是没有挑战者，但这个天资甚高的山东人抓住了当时执掌强力部门且仕途看好的老领导周永康，以周在石油系统的接班人自居，获得了对中石油的牢固掌控权，连昔日的挑战者也不得不让自己的山头干将拱手臣服，成为蒋洁敏平衡集团内部权势的棋子。

中石油腐败症

蒋洁敏执掌中石油时，正逢国务院国资委以做大做强作为国企战略目标和考核标准。蒋洁敏紧紧抓住产量和储量两项指标，一方面督促各油田上产，强调储量勘探，另一方面，加快了“走出去”步伐，并推进“气化中国”战略。

在国内，中石油的明星是长庆油田。作为中石油重点打造的“西部大庆”，长庆油田的油气储量快速增长，等于每年给国家新增一个中型油田，是中国陆上最大产气区和天然气管网枢纽中心，原油产量占全国的十分之一，天然气产量占全国的四分之一。从 2003 年到 2007 年四年时间，长庆油田就实现了年产量从 1000 万吨到 2000 万吨的大跨越；而跃上 3000 万吨 / 年和 4000 万吨 / 年的台阶，更分别只用了两年。2012 年，长庆生产的原油和天然气折合油当量再次创造 4504.99 万吨的历史新高，一举超越大庆油田的 4330 万吨，成为国内产量最大的油气田，为蒋洁敏的“政绩”薄添上了浓重一笔。

为此，分别于 2003 年和 2008 年先后担任中石油长庆油田分公司总经理的王道富和冉新权，都获得了蒋洁敏的重用。现年 59 岁的王道富，1982 年在长庆油田参加工作，曾任长庆石油勘探局开发处处长等职，1999 年 9 月起任长庆油田分公司副总经理，2003 年 1 月任长庆油田分公司总经理，2005 年获全国劳动模范称号，2008 年当选全国人大代表，2008 年 5 月起被聘任为中石油股份公司的总地质师。现年 48 岁的冉新权更是年轻有为，2002 年 4 月任中石油股份公司勘探与生产分公司副总经理，2005 年 2 月调到长庆油田分公司，2008 年 2 月起任总经理，2011 年起兼任中国石油董事、副总裁，拥有博士和教授级高级工程师头衔。

王道富、冉新权两人执掌长庆油田十年期间，油气储量和产量增长迅速，不过，两人在长庆油田内部批评甚多。一名长庆油田的员工曾写道："使劲地上产，可以说达到了竭泽而渔的地步，表面上看加速了长庆的发展，实际上加速了长庆油田的衰落，对几万长庆人及其后代来说，这绝不是什么好事。"

中石油另一个历史更为辉煌的明星大庆油田，虽已开发 50 多年，在蒋洁敏治下也大干快上，保持了 4000 万吨原油的年产量，2012 年净利润超过 600 亿元，约占中石油净利润的一半。于 2008 年起执掌大庆油田的中石油集团副总经理王永春，不仅在 2012 年十八大上晋身中央候补委员，2013 年 3 月蒋洁敏调任国务院国资委主任后，他也曾被视为总经理接班人之一。但王永春还在吉林油田担任总经理时，口碑就不甚佳。一位民营石油企业家向财新记者透露，王曾邀请他合作开发吉林油田的区块，"但他话里话外让我送钱，我只好敬而远之。"

在大庆油田、长庆油田和吉林油田产量增加、蓬勃发展的背后，暗藏着若干盘踞在各大油田的诸侯，通过名义上和程序上的合作协议或者非公开手段获得油田区块开采权。上世纪 90 年代油价低迷时期，中石油各油田低品位油井的对外转包已成为普遍现象，但2007年国际石油价格上涨到100美元每桶以上，一些私人企业仍能通过各种手段获得中石油油井甚至区块的开采资格，滋生出巨大的腐败和寻租空间。这其中的典型案例，即是周永康之子周滨 2007 年前后以一两千万元低价获得长庆油田高产区块，转手倒卖获得 5.5 亿元暴利。

除了低品位油田承包，物资采购、工程招标、项目收购等环节也都是中石油腐败高发地带，并随着中石油"走出去"步伐的加快，从国内蔓延到内控更为困难的海外项目。

自蒋洁敏 2006 年掌舵中石油，海外业务获得了空前重视。2009 年开始的一系列伊拉克油气服务合同大招标，中石油以低价连续中标，一跃成为在伊拉克运营的最大外国石油公司。蒋洁敏在几次招标中都担任了最后拍板的"关键先生"。目前中石油建成中亚 – 俄罗斯、中东、非洲、南美及亚太五大油气合作区，运营海外项目达到 82 个，2011 年海外投资项目油气作业总产量突破 1 亿吨大关，权益产量达 5170 万吨，相当于在海外建成一个大庆油田。根据

2012年提出的2020年企业发展目标，中石油希望2020年海外油气作业产量当量占到集团公司总产量的60%。

于海外高歌猛进的同时，知情人士告诉财新记者，由于国内监管部门鞭长莫及，中石油海外子公司可能存在更大的贪腐漏洞。

不管是国内的大庆、长庆，还是海外项目，中石油的腐败窝案像一个封闭环境下不断自我催化发酵的沼气池。“我和中石油交往过很多次，也给他们做过很多反腐败的报告，他们自己的业内人士跟我说，我们领域是最腐败的。”中央党校反腐问题专家林喆教授在对财新视频解读“中石油腐败症”时指出，“在高额利润面前，当然围满了寻租者，大家都想捞一桶，得到好处。加上我们整个国有企业长期以来都是一种金字塔形的领导结构。底层的就是一般的工人、技术人员，他们和高管距离非常的远，发现了问题也发不出声音来。所以高层的（腐败分子）只要把中层的安排好，就是一个很牢固的层层包庇、层层贪腐的铁箍式的贪腐集团。一旦发现问题，下面的声音传不到上层，上层的声音发不到外面去，这就使得腐败层层加重，而且源远流长，源源不断，很难被攻破。”

官商勾结的地方样本

自1985年从辽河油田上调北京担任石油部副部长之后，进入副部级的周永康开始名正言顺地拥有自己的专任秘书。最初的秘书并不可考，1988年，原石油部改组为中国石油天然气总公司，直属国务院领导，周永康任副总经理兼党组副书记。当年12月，西南石油大学物探系毕业的25岁干部李华林，从中石油开发生产局调到办公厅秘书处，担任周的专职秘书。一直到1992年3月，李华林被派往中石油休斯顿办事处任副主任，接替李秘书位置的，是同年级校友沈定成。

1998年，周永康告别31年的石油生涯，受命组建国土资源部并任部长，他将沈定成留在中石油，安排到专责油品进出口贸易的中国联合石油公司担任副总经理。周永康不是孤身一人从中石油来到国土资源部。1998年7月，他将中石油研究室副主任、自己的“大秘书”郭永祥调到国土资源部任办公厅主任。

在中国的官场上，一般省部级以上官员会配备两名秘书。一位局级秘书协助领导处理分管各厅局工作，挂副秘书长或办公厅副主任的职务，俗称大秘书；另一位处级秘书，专责领导日常工作安排和文件材料整理等工作，挂办公厅处级秘书职务，俗称小秘书或专职秘书。1998 年 8 月，周永康选择原地矿部部长办公室副主任、和周同为物探专业的冀文林为新的专职秘书，并且从此将冀带在身边，2000 年到四川，2003 年到公安部，一直到周永康升任政治局常委兼中央政法委书记，才在 2008 年安排冀文林返回国土资源部任办公厅主任。2010 年，中组部从各部委及中央直属机构选派 66 名司局级干部到地方任实职，当年 10 月，冀文林来到海南，任海口市委副书记、副市长，翌年 2 月当选海口市市长。2013 年 1 月，冀文林升任海南省副省长，成为 66 名梯队精英中第 5 个晋升副部级的。

郭永祥同样被周永康带到四川，直到 2002 年 5 月，周永康即将高升政治局委员调回北京前夕，将郭永祥提升为四川省委秘书长，并于该年底进入省委常委班子，接替首先投靠过来的四川本地官员李崇禧升任省委副书记后留下的空缺。

在石油领域浸淫 26 年的郭永祥自然在四川石油圈内不会寂寞。媒体报道称，明星电缆（603333.SH）董事长李广元的岳父与郭永祥相识。正是在郭的帮助下，2004 年，还未正式建成投产的明星电缆即被四川省科技厅认定为高新技术企业，并很快获得当地水利、石油系统的多个订单，成为中石油和几家水电、能源央企的主要供应商。明星电缆 2012 年上市的招股说明书里，自称为中石油 2010 年度网络采购最大供应商；2013 年半年度财报显示，来自中石油的收入为 1.84 亿元，占其全部收入的三分之一。

在 2000 年后四川的水电大开发时期，汉龙集团的刘汉、中旭系的吴兵以及隐在他们身后的周滨，也纷纷加入跑马圈水的浪潮，拿走多条河流的水电开发权，郭永祥在其中亦助力甚多。尤其是 2006 年 –2008 年郭永祥担任分管水利的副省长期间，吴兵和周滨投资的两个水电站大渡河龙头石水电站和革什扎水电站都是在此期间上马。

尽管郭永祥以八面玲珑、擅交朋友著称，不过在周氏川帮“二李一郭”三人组中，主镇一方的李春城身边，环绕着最多的官商关系网。

和其他城市一样，李春城主政的成都，也成立了大大小小几十家政府投融资平台公司，包括不同类型的城市建设投资公司、城建开发公司、城建资产经营公司等，以国有资产存量、财政性资金投入、土地储备收益和专营权等方式注入资本，涉足旧城改造、新城建设、工业、交通、文化旅游等领域。然而，这类平台公司不仅为政府借此直接参与具体的经济活动大开其门，更为权力寻租、官商勾结的利益交换提供了丰沃土壤。

为李春城所重的多家成都政府平台公司，在改善市貌、修建公路、控制房价、公共设施均等化等方面，替李春城赢得了成都市民的普遍好评，但这些“红顶商人”在城市土地转让和开发领域拥有的极大能量，也催生了更多“灰顶商人”乃至“黑顶商人”暴富的神话。

何燕和邓鸿

在成都，成都投资控股集团（下称成投集团）董事长吴忠耘、成都工投集团董事长戴晓明、成都高新投资集团（下称高投集团）董事长平兴、兴蓉集团董事长谭建明，都是举足轻重的红顶商人。吴忠耘担任过成都市体改委主任、市金融工作办公室主任，戴晓明担任过青白江区区委书记、成都市经委主任，平兴一直在成都高新区任职，担任过成都高新区管委会主任助理，谭建明则早在10多年前就是成都市发改委副主任。

这些政府的厅局级官员，被“派入商海”后，行政级别和组织关系没变，顶头上司和权力关系没变，获得及调动稀缺资源的能力没变，权力的能量经由这些“红顶商人”的二转、粉饰、催化与加速，无远弗届。与其交接棒的座上宾，则是那些可以通过权钱交易，可以给他们带来个人经济利益或政治利益的“灰顶商人”“黑顶商人”。

国腾集团董事长何燕就是这样一位“灰顶商人”。事实上，何燕伸向权力场的触角早已超越了成都市。2000年周永康就参观过何燕的国腾集团，并将国腾集团看作其发展信息产业“一号工程”的重点支撑企业。数年后国腾IC卡销售陷入瓶颈时期，省里有关领导曾安排国腾去做九寨沟、峨眉山的信息化改造，据悉国腾困难时还从成都工投借过 4000 万元而未归还。

2001 年成都高新区西部园区建设启动，国腾成为入住高新西区最早的企业之一。当年，国腾与电子科技大学联合创办独立学院——电子科技大学成都学院，在西部园区征了 2000 余亩教育用地。此前有媒体报道称，地价只有每亩 2 万元，除了建学院和国腾科技园，还有大量空地被闲置，直到 2008 年由国腾出地，成都高投集团旗下高新置业出资，共同开发了“创智联邦”——5 栋 6 层的写字楼，建筑面积约 82000 平方米，投资规模约 2.05 亿元，2008 年 12 月 30 日奠基，建成后按照每平米 6000 元对外销售。记者在成都市规划局查到，国腾园 117933 平方米的用地在 2007 年 3 月已经变更为一类工业用地，不再是教育用地，但一类工业用地也是不能建写字楼对外出售的。

另外，国腾电子在石油、公安系统也有业务。今年 2 月 14 日，公安部通报称，公安部居民身份证密钥管理中心原主任佟建鸣，自 2001 年任公安部治安管理局违警行为查处工作指导处处长以来，特别是在担任公安部居民身份证密钥管理中心主任期间，利用职务便利，为相关企业谋取利益，涉嫌索贿、受贿 223 万元。公开信息显示，在担任公安部居民身份证密钥管理中心主任期间，佟建鸣与企业有密切往来。2011 年 3 月 16 日，佟建鸣就曾到成都国腾实业集团进行视察。

邓鸿是另一位在成都声名显赫的“灰顶商人”。这位成都会展旅游集团董事长比一般土豪多了一些想象力：1990 年代就想到发展成都的会展经济，操办一年一度的春季全国糖酒商品交易会，在成都建亚洲最大的单体商业中心，花百亿到太平洋上买岛……从老会展、新会展中心，再到建设环球中心，邓鸿操作的一系列项目无不是成都市的门面工程，区域内除展馆外，还有多个五星级酒店，时常举办重大商务、政务活动，也都离不开政府在土地、信贷方面的支持。但是邓鸿在商业上也确实靠谱，至今没有失手的时候——这依赖于邓鸿在资金运作上的精明能干，以及他对官场资源的娴熟利用。

邓鸿生于 1963 年，14 岁即参军入伍。1985 年，22 岁的邓鸿以成都空军干部身份转业。1994 年，邓鸿以美籍华人妻子闽佳琳的名义在美国注册了加州国际投资贸易有限公司。1995 年，也已经变身美籍华人的邓鸿在成都沙湾拿到150亩地，准备做钢材批发交易中心，不久有专业人士建议做会展中心前景更好，他立即改换方案，投资数亿建了老会展中心，1997年建成。

2002年，邓鸿的美国加州集团成都会议展览中心股份公司，与阿坝州九寨沟县签订《合作开发九寨沟国家森林公园协议》，当年7月动工，占地面积400亩，建筑面积15万平方米，投资近20亿元，是“四川省有史以来投资最大的一个综合性旅游项目”。2003年9月，“九寨天堂”度假旅游项目开业，被称为中国西部最大会展、休闲和度假中心之一。

2003年10月，《经济日报》发表了一篇记者来信，标题是《“九寨天堂旅游度假区”该不该建》，文章称：“据四川省林业部门介绍，九寨沟既属国家森林公园，也属长江上游天然林重点保护区。有关专家认为，这种建筑看似人与自然的亲密交融，实则是对自然生态的一大破坏，为了把建筑物置于山水之间，不仅使原生的9棵大树被玻璃房‘囚禁’，而且已砍掉了200多立方米宝贵的天然林。在这样的地方大兴土木，实属不该。”

该文作者称，当时咨询过林业、国土等部门，“九寨天堂”没有任何批文。但该文发表后，一位四川省领导找到《经济日报》，希望不要再继续发表这样的文章，此事不了了之。根据财新记者查证，该领导的一位亲属刘杨，正是2003年12月成立的成都世纪城新国际会展中心有限公司的四个自然人股东之一，持有5%的股份。

在九寨天堂项目后续项目没有完工的情况下，邓鸿又开始投建新会展中心。成都市的总体规划是向东向南发展，市政府有意将行政中心南迁，希望新会展和行政中心能带动成都南部发展。2003年12月，成都新国际会展中心“世纪城”正式动工，2008年初，工程主体全部完工，时任市委书记李春城出席开业典礼并宣布新项目开业。

由于会展中心属于政府工程，投标企业可按照建设会展的低价拿地，可配套建设住宅用地和商业用地。拿地过程中，政府会设置一些量身订做的条件帮助关系企业入围，例如资质准入就是其一，邓鸿企业中标几率大幅增加。

新会展中心占地1500亩，邓鸿方面对外称每亩地价是70万元，但成都一名不愿透露姓名的官员对媒体称仅有28.83万元/亩。但即使按照此低价格计算，1500 亩新会展中心的土地出让金也要 4.3 亿元，同时操作九寨天堂和新会展两个巨型项目的邓鸿一时捉襟见肘。

一位成都地产界资深人士称："邓鸿的新会展可以说是空手套白狼。一是中信银行给了 20 亿元贷款，二是成都的央企中国成达工程公司定制了写字楼和几栋高层职工住房，预付了定金。这两笔钱成为他们的启动资金。"

新会展确实为成都的会展经济以及南城开发起到很大带动作用，拿地时还是一片荒凉，建成后南城陆续有开发商跟进。2007 年，邓鸿又在会展中心附近开发了天鹅湖花园，在会展中心与住宅之间挖了一个 400 亩的人工湖，之后还建成了假日与洲际酒店。

邓鸿在新会展中心附近的地块上，还建起了四川电视台新址和审计署驻成都特派员办事处办公楼。

2008 年前后，邓鸿把天鹅湖另一侧的土地卖给龙湖地产，几乎同时，还把部分土地卖给了棕榈泉开发写字楼和公寓，回笼大笔资金。邓鸿开始启动环球中心项目。环球中心在新会展北边约一公里，位于成都高新区天府大道与绕城高速交汇处，公司官方网站显示，环球中心占地 1300 亩，约合两个天安门广场大小，总建筑面积约 176 万平方米，号称全球最大单体建筑，2013 年 9 月 1 日开业。这个庞然大物坐落于成都市的环城生态带上。成都市允许建筑物呈锯齿状嵌入环城生态带，但环球中心体量过于巨大，以至切断了环城生态带，引发了不小争议。

知情人士告诉财新记者，成都市一位主要官员曾在内部会议上表示："（环球中心）建都建了就算了，类似的项目以后不能再建。"业内人士普遍认为，环球中心拿地肯定有问题。以前成都规定，外环高速（三环之外）两侧 500 米是不能有商业开发的，即所谓 198 绿地——198 区域是指环绕中心城区的 198 平方公里非建设用地。这一片区分布于成都市中心城区的四周，主要位于三环路之外、外环路以内（包括外环路外侧的 500 米生态保护带），意在外环打造一个绿色成都。但是后来政府调整了规划，从 198 平方公里中拿出约 5% 作为建设用地。在绕城高速 500 米以内只有这样一个四四方方的庞然大物，显得非常突出。在环球中心前面还预留了大片的空地，占据了整个马路，往来车辆都得下穿通过。

2008 年 9 月，成都市国土局曾有记录将此地块拿出来招拍挂，但这么大的项目招标，当地地产界人士都没什么印象，最终邓鸿的公司摘牌——成都世纪城新国际会展中心有限公司和成都国际会展中心以 4.8 亿元拍下成都市天府新城文化艺术中心、海洋乐园及配套项目国有建设用地的使用权。该项目内含三块用地，分别为约 700 亩的商业金融和文化娱乐用地（包括中心广场）、约 236 亩的文化娱乐用地和 200 亩的配套住宅用地。项目要求在前两个地块投资强度超过 32 亿元，并在三年内完成。

消息称，邓鸿拿下这个庞然大物，又是以兴建带公益性质的艺术中心（即 236 亩的文化娱乐用地）为名义和政府谈的，但他先建的是商业中心，艺术中心至今不见踪影。即使不包括这部分文化娱乐用地，其他两块合计 900 亩的商业用地以 4.8 亿元拍下，每亩 53 万元的价格也非常之低。一位成都地产界人士分析，环球中心区块以写字楼为主，商业综合体也很多，比如奥克斯广场、保利中心、中海等，是成都写字楼竞争非常激烈的区块，当时在附近地区同期拿地的和黄、九龙仓，拿地价格都得每亩一二百万元。

记者在成都市规划馆查到，环球中心的用地至今都还是公共设施用地——公共设施用地不得用于商业开发，这几乎是常识，成都市规划局今年出版的《成都市规划管理技术规定》也有明确规定，“公共管理与公共服务用地”只包括行政办公用地、文化设施用地、教育科研用地，与居住用地、商业服务业设施用地有明确区分。

成都币规划局人士给出的解释令人瞠目：成都今年之前执行的是 2008 年的规定，国家也是 2010 年 12 月才出台了新规定《城市用地分类与规划建设用地标准》，且于 2012 年 1 月开始执行。按以前的老规定，“公共设施用地”是一个广义的概念，为 C 类，其中包括 C2 商业用地和金融类用地，今年的新规定才把商业用地从公共用地中拿出来。

五颜六色的网

在四川，说到“黑商”，首先被想到的就是四川汉龙集团董事长刘汉。

早在 1994 年，他就受时任绵阳市市长邀请，投资当地的河堤修复工程。市长承诺，河堤修好后，围出来的约 300 亩土地给刘汉开发。在那块地上，刘汉开发了益多园小区。这笔交易，可能是以往炒期货发家的刘汉和地方政府官员的首次交好。

1995 年，刘汉斥资 1.2 亿元，投资于绵阳城边涪江江心的小岛村开发房地产。新华社的报道指称，1998 年，刘汉的公司因拆迁补偿问题与小岛村民发生激烈冲突，为此，公司保安唐先兵等人将带头的村民熊伟乱刀捅死。“此案一出，村民噤若寒蝉，房地产开发顺利推进”，唐先兵毫发无损，未被追究。

1997 年，刘汉在绵阳市注册成立汉龙集团公司，旗下有四川平原实业有限公司、益多园房地产开发有限公司和小岛开发建设有限公司，此后又陆续投资成立了汉龙高新技术有限公司、汉龙实业有限公司、绵阳市丰谷酒厂等公司。刘汉和政府的关系也日渐密切，其生意范围扩展至太阳能、高速公路、天然气、水电站、城乡建设和矿业等，先后控制约 70 个公司，包括多家上市公司。2001 年，汉龙集团与阿坝州政府签署协议共同开发四姑娘山，汉龙集团出资占 70% 股份，获得四姑娘山风景区的 50 年合作开发经营权。汉龙集团沿用此种模式，又相继开发了九鼎山旅游风景区、王朗白马旅游风景区等。据新华社报道，2013 年时，刘汉等人的资产共计约 400 亿元。

最近十年，刘汉更集中于在水电和矿产的投资。这些同样是需要强大政府公关能力的领域，获得了强大保护伞的刘汉，在专营权和贷款方面屡屡得手（参见财新网报道《刘汉兴衰调查》）。

在这个权力与利益深深交织的场域中，仅仅是身兼官员和商人双重角色的“红顶商人”一种颜色已经不够精彩。何燕、邓鸿的灰，刘汉的黑，再加上一些特定关系人的“白手套”，共同结成了千丝万缕的网，网里输送着权力、金钱，以及政治利益。

四川郎酒集团董事长汪俊林是另一类人。成功带领泸州制药厂转制的汪俊林在李春城短暂任泸州市委书记时与之相识。四川官场人士称，2011 年，干满两届成都市委书记的李春城担任四川省委副书记，其目标直指省长一职，但 2012 年 3 月重庆市委书记薄熙来被免职接受调查，坊间随即也传出周永康不稳消息，原本是周系干将的李春城对十八大人事格局也判断不准，开始到北京四处活动。“汪俊林跟李春城私交很好，当时也帮着他在北京跑关系，还给了他大约 100 万元，但并没有查出经济利益交换。”一位四川人士称。

“大师”的敛金术

在这群腐食者中，还有世外高人的身影闪现。早年以特异功能大师闻名的新疆年代能源开发有限公司（下称年代能源）实际控制人曹永正，亦凭借其与周家的特殊关系，在长庆油田获得王台作业区块。这个藏匿在陕北荒郊野外的合作区块，自从 2006 年开始在长庆油田内部的账本中“有名有姓”地存在着。该合作区 88% 的产油收益被纳入年代能源囊中。

王台作业区为长庆油田公司第三采油厂所属，位于陕西省延安市吴起县境内。财新记者在承担王台作业区原油处理和外输任务的第三采油厂吴一联合站看到，年代能源安排了四名女临时工在这里轮班，她们唯一的工作内容就是每隔两小时抄一次王台合作区流量计的读数，每天填报一张名为“长庆油田分公司原油计量交接凭证”的单据，写明王台合作区的全天流量交给采油厂。

在吴一联合站附近“旗 12–30”井组干活的工人向财新记者表示，王台作业区井场里的工人都是长庆油田的员工，合作方年代能源仅安排一两个人负责“交油”（即填报产量），长庆油田及采油厂进行核算之后，钱就打到年代能源的账上。

就他们所知，王台合作区的项目属于托管形式，作业区经理曾由新寨作业区的一名副经理兼任，每年的产量有十几万吨。财新记者获取的长庆油田第三采油厂生产数据显示，王台合作区中共有 310 余口井，日产量 380–450 吨不等，若按照每日 415 吨的中间值计算，该作业区的年产量达 14 万 –15 万吨。按照近三年的国际原油价格水平，王台合作区的年采油收入达到 7 亿元人民币左右。

中石油区块的对外合作通常采取的是产品分成合同形式，由合作方进行勘探开发前期的投资，打出油之后再按照权益比例进行分配。财新记者获悉，中石油与合作方年代能源的分成比例为 12 ∶ 88，即采出的原油按国际油价由中石油收购，合作方分得 88% 的收入。

知情人士指出，年代能源的合作油井在王台作业区成立之前，就是已经产出油且产量较好的地方，仅需扣除各种税费和生产操作费用，以及为弥补油井自然递减的措施费用。

“他们甚至都没有投资，而是把合作期提前一年，多出来那一年虚假的分成收入就算作投资了。年代能源只需要定期结算把钱拿走，主要是采油三厂来管理和作业。”该知情人对财新记者说。

王台值班室的员工称，在这里负责抄表交油的四名员工都是年代能源开发公司聘用，由一个名为刘海斌的人管理，但连劳务合同都没签。除了刘海斌和她们四人之外，从未见过任何来自年代能源的人。据财新记者了解，2013 年 7 月到 11 月期间，四个人的工资一度都发不出来，后在 12 月由长庆油田接管之后，才发放被拖欠的工资。

拿不到工资的员工们并不知道，聘用她们的年代能源正是在去年夏天掀起的中石油反腐风暴中遭到查封。

工商资料显示，年代能源注册地在新疆乌鲁木齐，于 2006 年 10 月成立，注册资本 5000 万元，法人股东为北京年代投资有限公司（出资 3500 万元）和四川年代投资有限公司（出资 1500 万元）。年代能源的实际控制人为曹永正，2012 年 1 月，公司的法人代表由曹永正变更为曹永平，曹永平为曹永正之弟。

公司年检信息显示，年代能源 2012 年年末的长期投资额为 7.49 亿元，资产总计 13.6 亿元，负债 1.82 亿元，未分配利润 11 亿元；2012 年累积的投资收益为 2.7 亿元。

曹永正 1959 年生于山东青岛，原名曹增玉，后来随父亲所在的新疆建设兵团到准葛尔盆地南缘的鞑子庙，小时候靠父亲在 125 团的微薄收入过日子，一家九口，十分艰难。

1982 年从新疆大学政治系毕业后，曹先后当过党校老师、出版社编辑，后来凭“特异功能”出名，成为新疆超越医学研究所副所长。1998 年下海后，他担任过中国西部卫视董事局主席、中食产业集团鲁梅克斯有限公司董事长等。

曹永正的特异感知能力和预测功能自打小学三年级就成为了“传说”，“面对一个人、一张成年人的照片、一张名片，或者是一个人经常使用的东西，便可在几秒、几十秒之内，感知此人的过去、现在和未来”。曹永正定居北京后，找他看病的、预测的、心理咨询的人“最多时从一楼排到七楼”。他最为人所知的事迹，是所谓在1993年北京第一次申办奥运会失败的一年之前，即向中央电视台人士准确预测了悉尼将胜出的结果。他在北京此次申办奥运会期间，告知一位准备投巨资在北京搞房产的商人，劝其舍弃买地皮定金，因为北京申奥不成功，投资将难以收回。商人之后视曹为“救命恩人”。

除了长庆油田的王台区块外，2005年，曹永正与原胜利油田电视台台长王国巨在香港成立了中国年代能源投资有限公司（下称香港年代），香港年代与中石油分别在2007年8月和2008年12月签署《松辽盆地两井区块石油开发和生产合同》和《塔里木盆地西南喀什北区块天然气勘探开发和生产合同》，在吉林油田和塔里木油田获得合作区块。

曹永正不仅与前四川省委副书记李春城、前四川省常委副省长郭永祥关系密切，一位和他有生意交集的投资界人士称，曹曾告诉他，周永康拍着他对别人介绍：“这是我最信任的人。”

曹永正获得如此信任，最初原因也很简单。2000年前后，周永康与妻子王淑华离异，不久王出车祸身亡。周永康的次子周涵自此与父疏远。周涵虽在中石油集团内任职，但性格有些孤僻，不太合群，曹永正对其非常关心，照顾备至，令周永康十分感动。

曹永正2005年曾斥资1亿多元，买下了北京二环以内前马厂胡同的四合院作为北京年代的总部。根据《南方周末》之前的报道，这个藏在后海深处的典雅院子，从外观上看只是两栋普通的四层小楼，但其中1号楼的三、四层藏有数十间客房，装修奢华程度超过五星级酒店。曹永正在这里接待各类来宾：有找上门来的有求医问药者，也有形形色色的官员，以及希望接触官员的人。

“曹曾经说过，福布斯排行榜上的那些富豪，不抵我一个小指头。”上述知情人告诉财新记者，曹永正亦夸口，自己见过600个部长。

根据财新记者获取的一份资料，长庆油田与年代能源针对王台作业区项目，成立了“长庆油田公司王台石油合作开发项目联合管理委员会”。在2010年召开的一次联合管理委员会会议中，出席会议的人员包括曹永平、长庆油田公司副总经理李安琪、长庆油田对外合作部部长唐家青、长庆油田规划计划处副处长张兴安、长庆油田财务资产处副处长曹玺、长庆油田第三采油厂厂长郑明科、第三采油厂总会计师王清洪、第三采油厂财务资产科副科长伍志萍等。

据知情人士透露，审计人员早在 2013 年 6 月就已进驻长庆油田，针对油田合作区块的问题进行调查。6 月 29 日，伍志萍在位于银川的第三采油厂厂部被带走，送至湖北宜昌关押，或与其深度参与的王台作业区合作项目有关。第三采油厂厂部的多名员工目睹了带走过程。

“长庆油田与年代能源所签署的合作协议由伍志萍经手，案发之后在她家中搜出巨额现金和账户资产。”知情人士称。

同样出席上述会议的长庆油田规划计划处副处长张兴安，也于 2014 年 2 月中旬跳渭河自杀，原因不明。该案件已得到咸阳市公安机关人员的证实。案发当日张兴安刚从外地乘飞机回到西安，在接驳机场高速的渭河大桥上坠下。

不仅是日进斗金的石油买卖，曹永正在自己官场密友的另一个大本营成都，也涉足暴利的房地产生意。2002 年，曹永正与时任成都商报社社长、《成都日报》总编辑、成都博瑞房地产开发有限公司（下称博瑞地产）董事长的何华章达成一笔土地交易，曹担任董事长的四川西部影视基地有限公司（下称西部影视）受委托，作为中间人将成都金沙鹭岛小区转让给博瑞地产，并由西部影视与博瑞地产按 3 ： 7 的权益分成合作开发。金沙鹭岛小区是一个高档纯居住楼盘，面积超过了 300 亩，位于成都市城西上风上水的金沙片区。

此笔项目转让交易最终未成。但在未取得土地证的时候，西部影视就从博瑞地产手中拿走了项目预期收益 6000 万元，当时的博瑞地产尚属于国资形式。

现年 50 岁的何华章是四川传媒界的领军人物，曾同时身兼成都日报报业集团党委书记、编委会总编辑等要职。知情人士透露，何华章运作这笔桌下交易，背后原因是他当时主持的《成都商报》因缺乏政治敏感性，多次受到批评，并有省里打算砍掉《成都商报》的传言。“而曹永正曾通过多种方式让何确信，自己与‘上头’关系密切。”何华章通过此项白赔 6000 万元的“桌下交易”，捡到了官场的敲门砖。2002 年年底，何即转身进入政界，出任成都市委宣传部部长。五年后，何华章跻身成都市委常委。当时李春城任成都市委书记，成都官场从此视何华章为李春城班底的重要人物之一。

此外，2003 年，曹永正旗下的西部影视取得了某领导的批示，拿下了成都三环路外侧外金沙约 700 亩，代价为每亩约 27 万元，用地性质为西部影视基地“教学用地”。

知情人士对财新记者回忆说，当时曹永正的主要合伙人王国巨拿着批文，“兴高采烈地告诉大家，这个地是教学用地吗？它就是住宅用地！”

随后，曹永正将此地块分割为两块，按照市场价格转卖给了四川两家知名地产公司蓝光地产和龙湖地产，龙湖地产在这里开发建成了成都的著名小区“龙湖·翠微清波”。曹永正在此项交易中获利颇丰，但具体金额不详。

而在成都绕城高速南侧、天府一街以北，曹永正还介入开发了天府国际社区。此项目和成都会展旅游集团董事长邓鸿的“亚洲最大单体建筑”新世纪环球中心一样，紧邻绕城高速，位于成都 198 区域。天府国际社区是成都主要政府投资平台成都高新投资集团有限公司旗下成都高新置业有限公司（下称高新置业）与曹永正的四川年代投资有限公司（下称年代投资）的合资项目。高新置业与年代投资各出资 1 亿元成立成都高投年代房地产开发有限公司（下称高投年代），股份各占 50%，高投年代的法定代表人董事长为曹永正，总经理是成都高新投资集团有限公司副总经理兼高新置业总经理徐亮。

天府国际社区项目总投资约 8 亿元，占地面积为 154 亩。社区的物业管理公司对财新记者表示，社区内共有 36 栋别墅，2011 年一期开盘 16 栋左右，全部出租，二期 2013 年开始对外出租。600 平方米的大户型月租金在 8 万元左右，还有部分 400 平方米的别墅。由于该项目租金门槛高，主要面向跨国公司高管在蓉居住。

四面埋伏打老虎

2012 年 7 月，中国石油天然气集团公司将 2012 年的领导干部会议选择在成都举行。时任中石油总经理、党组书记的蒋洁敏在会上指出，要努力把川渝地区建设成中国天然气工业基地。时任四川省委副书记李春城也出席了大会，他在会上表态：四川将一如既往地支持中石油在四川发展。

这是周永康旗下两大支柱——四川系和石油帮一次群贤毕至的聚会。除蒋洁敏和李春城这两位股肱之臣，来自中石油系统的还有王永春、李华林、冉新权、王道富、温青山等人；四川本地官员则包括郭永祥。他们的命运都在之后的一年多时间里逆转。

2012 年 11 月 8 日 –14 日，中国共产党第十八次代表大会在北京召开。根据“七上八下”的政治局委员遴选惯例，时年已经 70 岁的周永康正式退休，不再担任政治局常委这一中国最高领导层职务，其中央政法委员会书记和中央社会治安综合治理委员会主任两个要职，也被新进入政治局的原国务委员兼公安部长孟建柱接手。

但作为十八大出牌手之一，周的一些爱将还是获得了提拔，蒋洁敏和李东生晋身十八大中央委员，李春城和王永春当选中央候补委员。

历史证明，这是周氏王朝最后的辉煌。

在十八大一系列人事变动中，受到广泛关注的七常委中，除了总书记习近平和总理李克强，还有从国务院副总理转任中央纪委书记的王岐山。王岐山素有“救火队长”之称和“铁面”形象，能力超群，更兼特立独行，在金融系统与地方工作经验丰富，熟谙政府运作与财金关窍，因此，外界对其新职起初惊诧，继而体得其中深意，对新一届中共领导层反腐肃贪期望尤殷。

2012 年可谓中国的多事之年。“薄熙来事件”带来巨大震动，必须以空前力度反腐整风，成为党内共识。习近平在中央党校 2012 年开学典礼上，发表题为《扎实做好保持党的纯洁性各项工作》的讲话，被外界称为对官场腐蠹痼疾宣战。

“坚决把背离党纲党章、危害党的事业、已经丧失共产党员资格的蜕化变质分子和腐败分子清除出党。”习近平说。

如果说反腐整党是十八大后新一届中共领导层的第一把火，出人意料的是，这把火一点燃，就以燎原之势，摧毁了一个中共建政以来腐败规模、程度和政治权力史无前例的“涉黑贪腐集团”。

先挑四川系

2012年12月2日，56岁的四川省委副书记李春城被中央纪委带离，成为十八大后第一个落马的副省级官员（参见财新《新世纪》周刊文章《李春城的“圈内人”》）。

有消息人士称，李春城当天是从北京首都机场被带走的，亦有人说出事时他在成都家中——那是一栋豪宅别墅，座落于浣花溪畔，一个因杜甫诗和古龙武侠小说闻名的风景名胜。多人提及了纪检人员出现后李春城的第一反应，“他要求上厕所，并试图抠出一张手机卡扔掉”。

第一时间试图毁掉“关系网”的李春城，其最初被举报的违法违纪行为，据称与成都郊区五龙山房地产项目有关，其背后是成都党政系统内官员向北京提供的线索：来自李春城老家的商人史振华，安排亲属注册了一家名叫同泰置业的房地产公司，2010年在成都新都区五龙山低价拿下一块2000多亩的商业用地，之后与知名地产公司万科成立项目公司进行开发。史振华还在2007年中标了成都市政府新办公大楼（即行政中心）里会议中心和党委楼的装修工程，中标金额数千万元。成都地产界将这些商人称作“哈尔滨帮”。李春城自大学到1998年调任成都市副市长之前，一直在哈尔滨工作。

这个看似狭小的突破口，迅即引发四川政商两界大幅震荡。2012年福布斯中国富豪榜单排名第67位的郎酒集团董事长汪俊林，在李春城出事后不到两周即最先被查。会展大王邓鸿第一次被约谈也是在李春城落马后不久，原因是李春城将家里老人坟墓迁往成都都江堰，曾聘请风水先生做道场等花费千万，其中邓鸿出资约300万元。但邓鸿进去两天就出来了，一度又能够公开活动，并且通过北京的朋友替自己斡旋。2012年12月28日，云南昆明滇池国际会展中心项目举行开工仪式时，他还和当地主要官员同在主席台就座。但到2013年2月下旬，邓鸿登上了赴南太平洋雅浦岛的私人飞机，却在候飞区被警察带走。这一次，他未能恢复自由。据悉，邓鸿涉嫌三项罪名：倒卖土地、偷税漏税、骗贷，所谓倒卖土地或与新会展中心的卖地项目有关。

2013年1月14日，成都建筑工程集团总公司董事长张俊被调查。成都建工集团是成都市国资委下属的全民所有制企业，分别在2007年、2010年和

2011 年，成为成都市首个产值突破一百亿、两百亿和三百亿的市属企业，几乎参与了所有成都市重点建设项目。据悉，成都市给省市领导建的浣花溪别墅就是建工集团负责的内部装修，“标准非常高”。张俊 2002 年 38 岁时即开始担任成都建工集团董事长、党委书记，他曾经指令集团下属成都建工地产开发公司从周永康三弟之子周锋手中买下成都正恒置业有限公司 50% 股份，并帮助成都正恒夺得双流县兴隆镇城市改造项目。

2013 年 3 月 20 日，曾经在中国富豪榜排名第 32 名、并于“富人慈善榜”上名列前茅的汉龙集团董事长刘汉，因涉嫌窝藏、包庇等严重刑事犯罪，在北京被警方控制。2014 年 2 月 20 日，刘汉和弟弟刘维等 36 人涉嫌组织、领导、参加黑社会性质组织、故意杀人、包庇、纵容黑社会性质组织等罪名，由湖北省咸宁市人民检察院提起公诉。

2013 年 4 月，原成都兴蓉投资董事长谭建明和董事王文全被有关部门调查。5 月 23 日前后，原锦江公安分局局长吴涛被纪检部门带走接受调查，因其涉嫌给李春城妻子等办理假护照，开庭审理中被诉伪造国家机关证件。2013 年 11 月 21 日，成都市中级法院开庭审理，吴涛被控受贿、非法持有枪支弹药、伪造国家机关证件等三宗罪，2014 年 1 月 22 日一审判决其有期徒刑 12 年 6 个月。

2013 年 6 月 23 日，中央纪委宣布，原四川省副省长郭永祥涉嫌严重违纪，正接受组织调查。在郭永祥被带走前不久的 2013 年 6 月 8 日，北京汇润阳光被郭连星、米晓东等人注销。但郭连星和米晓东之后亦被调查。

2013 年 6 月 30 日，国腾集团董事长何燕被报因涉嫌非法经营罪被湖北宜昌市公安局采取了刑事强制措施。2013 年底，国腾电子（300101.SZ）再发“重大事项公告”，何燕因涉嫌挪用资金罪，被检察院机关批准执行逮捕，最终是否涉及土地问题还不得而知。

2013 年 7 月 25 日，明星电缆（603333.SH）开市前发布停牌公告，称正在就媒体所报道的“实际控制人和董事长李广元被调查”一事进行紧急核实，申请停牌一天。后该公司总经理、财务总监也失去联系；9 月，负责营销的副总经理何玉英坠楼身亡。

2013 年 8 月初，成都高新投资集团董事长兼高新发展（000628.SZ）董事长平兴被带走，大约1个月前，高投集团旗下的成都高新置业总经理徐亮被调查。何燕、邓鸿、曹永正等与李春城交往密切的商人，都涉及在成都高新区的土地和房产开发问题。尽管2013年成都高新区GDP达到1039.7亿元，公共财政预算收入101.3亿元，在科技部国家高新区综合排名中稳居全国第四，但这个曾经的“成都骄傲”蒙上了一层厚厚的阴影。

2013年9月，成都银行股份有限公司刚刚卸任的董事长毛志刚被“双规”。

11月17日，四川省委宣布，免去徐孟加雅安市委书记职务，徐涉嫌严重违纪问题遭立案检查，常务副市长蒲忠亦因涉嫌严重违纪接受组织调查。

12月初，成都市质监局局长孙建成被带走。孙建成现年57岁，2005年10月至2011年11月曾担任成都市青白江区委书记，周永康三弟之子周峰2010年拿下青白江区集装箱物流园区建材城项目，即发生在孙建成该任期。

12月25日，成都市纪委宣布，成都投资控股集团有限公司董事长、党委书记吴忠耘涉嫌严重违纪，正在接受组织调查。

同月，在成都市对外形象塑造中颇受官方器重的营销界人士樊剑修也被警方拘捕，樊剑修是阿佩克思奥美品牌营销咨询有限公司董事长，成都市政府是阿佩克思奥美的重要客户。

2014年3月24日，中央纪委监察部网站发布消息，四川省遂宁市市长何华章涉嫌严重违纪违法，正在接受组织调查。何华章在担任成都市委常委、宣传部部长期间，亦是成都城市形象提升协调小组组长，为李春城强力推行的成都城乡统筹改革模式进行舆论宣传和城市营销，立有汗马功劳。

“四川官商两界仿佛经历了一场大清洗。”这是很多受访人一致的感慨。“官商勾结哪里都有，但像四川这样一扯一大串，确实罕见。”一位纪检反贪部门干部对财新记者解释说，“四川是周永康在中石油之后的又一个大本营，人脉很深，周永康的几员干将在这里经营十多年，涉及的枝蔓太繁杂，被攫取分肥的利益也太多。”

一直到2014年春节前后，四川坊间传言还会有些人要“遭了”（四川话，倒霉的意思）、谁谁又被叫去谈话了，打不通电话了，草木皆兵持续的时间已经长达一年有余。

“2013 年 12 月初，成都市质监局局长孙建成好几天失去联系，手机打不通，单位领导、家人都不知道去哪儿了。后来查到他乘飞机，周围坐的是湖北人，就知道被带走了。”成都当地一位公职人员对财新记者称。这次周永康系列案主要以北京、湖北的公安检察机关为主，其中李春城、何燕被关押在湖北宜昌，刘汉、邓鸿则在湖北咸宁。

“特别可笑的是，邓鸿进去之后，他公司里的搭档刘杨（即前文提到的原四川省一位主要领导的亲戚）说要去北京救他，我们说你不要自己也进去了，后来真是没回来。”四川一位官场人士称，坊间被“嘲笑”的还有李春城，“他请了风水先生还是进去了，白算了。”

成都百姓也如梦方醒，媒体曝光后才知道，上风上水的浣花溪公园旁边那 3 米高白色围墙里面是 150 栋中式别墅，别墅里住的都是省市大领导。这一领导别墅区，与莲花瓣形的成都政府行政中心大楼，被视为李春城任上的两大败笔。

“三个坐在台上的都从浣花溪别墅带走了。”一名当地公职人员感叹说。

2013 年 12 月 29 日，四川官场又响起一颗炸弹。中央纪委监察部网站发布消息，四川省政协主席李崇禧涉嫌严重违纪违法，正接受组织调查。现年 63 岁的李崇禧是土生土长的四川人，在四川上学，毕业后到四川省纪委摸爬滚打，外放到甘孜、阿坝，2000 年回到蓉城，被周永康提拔为省委秘书长，又从排名倒数的四川省委常委升任四川省委副书记。李春城被抓后，李崇禧还荣升省政协主席，晋身正部级干部。只是在这个位置上，他最终没有干满一年。

到此时，调查的最终指向已昭然若揭。

再破石油帮

事后复盘，人们真正意识到要动大老虎，是从 2013 年 8 月开始的。

2013 年 8 月 4 日晚，星期日，财新记者突然接到短信，“吴兵 8 月 1 日晚在北京西客站被抓”。

这条短信如果属实，至少说明两个问题：其一，吴兵被抓，意味着调查矛头已经指向周永康的儿子周滨，根据 2009 年通过的《中华人民共和国刑法修正案》规定，国家工作人员的近亲属以及其他与其关系密切的人，利用国家工作人员职权或者地位形成的便利条件受贿的，将构成“利用影响力受贿罪”，而根据 2007 年最高人民法院、最高人民检察院《关于办理受贿刑事案件适用法律若干问题的意见》，周滨作为周永康的特定关系人，两人如有通谋行为，周滨受贿也直接构成周永康贪腐；其二，一般犯罪嫌疑人获知败露后会选择乘飞机外逃，吴兵在北京西客站被抓，既说明他意识到机场已经危险重重，幻想通过人多且安检较松的火车站潜逃，也说明有关方面对其行踪已经严密监视，案情严重性可见一斑。

到 8 月末，从郭永祥、吴兵延伸下来的调查矛头终于抵达中石油。8 月 26 日，先是中纪委通过新华社发布消息，中石油副总经理、党组成员兼大庆油田有限责任公司总经理王永春涉嫌严重违纪，目前正接受组织调查；27 日，国务院国资委纪委再宣布，中石油副总经理李华林、上市公司中国石油天然气股份有限公司（601857.SH/00857.HK/NY：PTR，下称中国石油）副总裁兼长庆油田分公司总经理冉新权、中国石油总地质师兼勘探开发研究院院长王道富等 3 人涉嫌严重违纪，正接受组织调查。

两天之内，中石油两名集团副总经理和两名股份公司副总经理级别的高管落马，实为罕见。自 2013 年 3 月原中石油总经理兼中国石油董事长、中央委员蒋洁敏升任国务院国资委主任后，王永春是中石油高管中唯一一名中央候补委员；同时还担任昆仑能源董事会主席的李华林，2013 年 7 月 29 日刚刚被公布获任中石油副总经理、党组成员。另外，冉新权所执掌的长庆油田是中国第二大油田，仅次于王永春执掌的大庆油田。王道富此前亦于 2003 年 1 月 –2008 年 5 月担任过长庆油田分公司总经理一职。

“大家都懵了。”一位中石油中层干部告诉财新记者，纷纷联想这四位各掌一方的高管之间有何交集，究竟是哪一条线把这四个人都牵扯进去，但一时都莫衷一是。中石油集团曾在 8 月 24 日组织党组成员去西柏坡参观学习，王永春、李华林都有参加，“丝毫看不出犯事的迹象”。

“有人说是卖油田和勘探开发，但李华林早就不管海外勘探业务了；有人说是招标采购，可大笔金额的采购权都上收集团，几百万的小采购对中石油来说哪里算个事。”这位中石油干部说，“不是没联想到四川的事情，但大家都相信一点，‘老大’（指周永康）不会有问题，‘老大’没问题蒋洁敏就不会有问题，蒋是防火墙。”

当时的蒋洁敏也在强做镇定。8 月 27 日国资委公布中石油集团李华林等高管被查时，主持会议的是国资委党委书记兼副主任张毅，而非蒋洁敏。接近国资委的消息人士称，蒋洁敏当时看过文件，但被请回避。他当日赴中国航空工业集团公司进行调研，落实中央企业、地方国资委负责人研讨班会议精神及党的群众路线教育实践活动有关部署。8 月 28 日的国资委网站上，还发布了蒋洁敏赴中航工业调研的消息。

9 月 1 日，星期日，上午 11 时，新华网发布消息，中央纪委宣布，国务院国资委主任、党委副书记蒋洁敏涉嫌严重违纪，目前正接受组织调查。蒋洁敏成为十八大后第一个落马的中央委员。

消息人士称，蒋洁敏是头一天（8 月 31 日）傍晚时分被带走的。有说他当时正与秘书打乒乓球，亦有说法他是从北京奥林匹克森林公园附近的塔里木油田宾馆被带走。

这条爆炸性消息迅速把人们的思绪引向一年前。2012 年 8 月 2 日，蒋洁敏在成都主持召开川渝地区石油石化企业工作汇报会后，曾有近一个月时间未公开露面，包括 8 月底的中石油董事会也未到会。当时即有微博网友称蒋洁敏“神秘失踪”。9 月 4 日，中石油相关人士澄清说，蒋洁敏是因病住院。

2012 年 11 月召开的中共十八大上，蒋洁敏顺利当选中央委员；此后有传言，蒋洁敏将出任新一届政府的国家发改委副主任兼党委书记，这显然不是在中石油一言九鼎的蒋洁敏理想的去处。2013 年 3 月，蒋洁敏就任新一届政府国资委主任这一重要职务。3 月 18 日蒋洁敏辞去中石油职务后，3 月 25 日国资委网站才挂出他上任的消息，其间亦有各种传言。此次落马因此并不令人意外，只是夯实了一个猜想，并催生更多的猜想。

“身为中石油‘一把手’，蒋洁敏的权力很大，能够调用的资金、资源甚多，但位置也颇为微妙，一些关系上找来的事情就需要他打招呼、批示，这其中可能就有不该做的事情。”一位接近中石油的人士称。

但是，位置的微妙并不是滥用职权为腐败打开方便之门的理由。有中石油人士对财新记者称，马富才接替周永康执掌中石油期间，周滨就曾上门要求照顾生意，“马富才明确对他说，周滨，别给你爸找麻烦了”。他认为，蒋洁敏之所以不能坚持原则，一是因为蒋已经完全靠向了周永康，“脑门上打着周系臣子的符号”，更重要的还是太想向上爬，“不但不愿意得罪衙内”，还把替周滨揽财当成表忠心的砝码。

亦有消息源向财新记者透露，蒋洁敏等人不仅涉嫌滥用职权，为周滨等牟取利益，自身也被发现有严重的贪腐问题。

蒋洁敏自中石油一把手履新国资委后，依照惯例需要进行离任审计，相关时间范围为2006–2013年，即他担任中石油总经理的七年时间。但据接近中石油的消息人士向财新网透露，对于蒋洁敏的离任审计时间延长至十年，“审计时间的延长与蒋洁敏本人也沟通过，但审计涉及的范围很广”，还涉及如中石油临时资金拆借方面的情况、石化项目建设中总承包商的利益关系等问题。

据财新记者所知，2013年6月，派至中石油的审计人员被召回审计署开会，随即审计力度和范围加大。在审计中亦发现了王永春及李华林、冉新权、王道富等四名中石油集团和股份公司副总级高管的违纪问题。

不过直至目前，蒋洁敏与这些高管所涉的具体问题尚未披露。

7月1日，曹永正年代系的总部——北京后海北边前马厂胡同60号院被查封，在现场的北京年代投资有限公司董事长助理被带走，银行账号也遭冻结。

此时，作为周永康“最信任的人”，曹永正正在台湾逃亡。消息人士告诉财新记者，年代能源的获利也已被全部收缴，“不只是油田，曹永正所有项目的收益都收缴了。”

12月16日，财新网率先报道了中石油总会计师温青山遭调查的消息。55岁的温青山是2013年8月以来遭调查的第三名中石油集团最高领导班子——党组成员。事实证明，这位中石油的财务大账房落马，吹响的绝不是收兵的集结号，而是发起冲锋的总攻号角。

三震政法

这场从冬天延续到冬天的围猎，步步为营，环环相扣，高潮迭起。如果说2012年底由李春城落马开始的四川官场地震是第一波高潮的话，2013年8月底9月初中石油四高管和蒋洁敏落马，掀起了这次打老虎行动的第二波，对周永康来说，可以看作防火墙的倒塌；2013年底原公安部副部长李东生的落马，则是拔光了老虎最后的牙齿。从2002年11月担任中央政法委副书记，到2012年11月卸任中央政法委书记，周永康执掌政法系统权柄、经营十年的小集团被打破。

2013年12月20日晚19时40分，中央纪委监察部网站突然发布一份简要消息，中央防范和处理邪教问题领导小组副组长、办公室主任，公安部党委副书记、副部长李东生涉嫌严重违纪违法，目前正接受组织调查。

现年59岁的李东生是山东诸城人，青年时从军，进入中央警卫局，1975-1978年作为工农兵学员保送就读于复旦大学新闻系，毕业后到中央电视台工作。之后的22年，他从摄影记者干起，历任中央电视台新闻部时政组副组长、政文部副主任、新闻采访部副主任、主任、新闻中心主任和副台长。在央视期间，李东生长期从事中共和国家重大政治活动的采访任务，参加过中国共产党十二大、十四大、十五大、邓小平逝世、香港回归等一系列重大新闻事件的报道工作。1993年担任新闻中心主任后，他领导创办并长期主管过“东方时空”“焦点访谈”等当时颇具探索性的新闻评论栏目，一时领国内舆论监督之先。

在央视，李东生有着截然相反的口碑。他当年在央视新闻中心的属下们普遍非常怀念1995—2000年“焦点访谈”和“东方时空”的辉煌岁月。“李东生是主管领导，但对待我们这些小编导像哥们一样。”一位如今已经成长为地方卫视新闻总监的前央视员工对财新记者回忆说，李东生当时为一些具有尖锐批评性的央视调查报道提供了庇护。

“李东生没有太多新闻理论知识，但有很敏锐的新闻直觉，能直指核心，三言两语点出节目的问题。”他评价道，“虽然有时候他也会毙节目，经常骂人，但还是比较让人服气的。”

但在一位退休的央视司局级干部印象中，李东生没有什么业务能力，在拉关系方面却能力非凡，善于钻营。“因为他是从‘海子’里出来的，从到台里一开始他就瞄着跑领导人的时政新闻。”他认为，李东生为人四海，口才很好，善于张口承诺，很会博取央视基层员工的好感。

“李东生张口带脏字，他经常喝大酒，无酒不欢，酒驾很经常。”他认为，李东生不仅交际广泛，他身上还有普通新闻从业人员没有的特点：胆大，做事够狠。

2000 年，李东生出任国家广电总局副局长，2002 年 5 月升任中共中央宣传部副部长。在此期间，李东生分管举足轻重的宣传工作，并负责中宣部新闻阅评组。李东生的表现让原本以为他会对舆论监督网开一面的媒体负责人普遍感到失望，过去的崇拜者以“屁股决定脑袋”和“守土有责”替他辩护，但另一些权力者则对其工作感到满意。李东生很快获得了一个重要的擢升机会。

“2007 年的十七大，本来李东生很有希望进入中央委员会，成为正部级官员。”李东生的两位前同事都证实了这一说法，这两个信源分别是李的一位朋友兼前下属，和一位前上司兼批评者。但是当时有人举报了李东生，涉及他的女儿到英国留学获得非法资助，弟弟李福生开广告公司，利用李的影响力获得利益输送，以及一桩更为严重的酒驾案。

“据说是周永康帮着李东生摆平了此事。”知情人说，他无法确定周永康和李东生在此前的交情如何，包括传说甚盛的李东生将曾在央视工作的贾晓晔介绍给周永康为续弦，“李东生当时主管央视新闻频道，贾晓晔只是央视二套财经频道的一个普通记者，两人应该少有交集。”

尽管有周永康的帮助，李东生还是没能成为中共十七届中央委员。但两年后，2009 年 10 月，从未有过政法工作经历的李东生出人意料地调任公安部党委成员、副部长，副总警监警衔。在周永康掌管的政法系统，李东生担任有一定独立性的中央防范和处理邪教问题领导小组副组长、办公室主任，国务院防范和处理邪教问题办公室主任，正式晋升正部级高干，并成为周永康手中的一枚利器。

2011 年 2 月起，李东生担任公安部副部长兼党委副书记，2012 年 11 月，当选中共十八届中央委员。公安部网站显示，李东生在公安部九名副部长中排名第二，仅次于有“反恐英雄”之称的常务副部长杨焕宁。李东生最后一次公开露面，是 2013 年 12 月 16 日公安部召开党委扩大会议，杨焕宁、李东生传达中央经济工作会议和中央城镇化工作会议精神。四天后，李东生成为第二位落马的十八届中央委员。

天涯海角也落网

2014 年 2 月 18 日傍晚，中央纪委监察部网站又发布消息称，海南省副省长冀文林涉嫌严重违纪违法，目前正接受组织调查。今年 48 岁的冀文林不仅是十八大后落马的第 19 名副部级以上官员，也是继郭永祥、李华林、沈定成之后第四位落马的周永康前任秘书。周永康的最后一任专职秘书余刚，亦已在 2013 年被带走。

冀文林在海南的政绩还是不错的，这在很大程度上来源于他在周永康身边积累的人脉，以及石油系的协助。2011 年春节前，他带着海口市的班子到北京“跑部”，争取资金用于海口南渡江流域的土地整理。2011 年 11 月，国土资源部、财政部正式批准该重大工程实施，首笔建设资金也已到位。投资 32 亿、总面积 42 万亩、整治规模约为 33 万亩土地的重大工程仅用了一年时间就完成了立项审批，创下了海南省重大工程立项审批的纪录。

海口申办 2017 年世界石油大会也是冀文林亲自抓的。2011 年 1 月启动申报，2012 年 3 月获得国务院批复。“他当时带队来京找外交部、中石油、国家能源局，最后获得了国务院批复。他也和蒋洁敏谈过，蒋洁敏表示愿意给海南贷款予以支持。”海口当地一位官员称。

2011 年 4 月，海口市政府还和中石油旗下的昆仑能源签订战略合作协议，昆仑能源斥资 2.5 亿元与海口市共同组建公司，购买和运营 LNG 公交车辆及相关公交基础设施。海口将支持中石油规划的 55 个加气（油）站建设，并由昆仑能源保障加气站天然气的稳定供应。双方以公交领域的合作为先行，促进海南省与中石油在更多领域和更高层次的合作。时任海口市市长冀文林和时任中石油股份公司副总裁、昆仑能源董事局主席李华林一起出席了签约仪式。

值得注意的是，2013 年 12 月上中旬和 2014 年 1 月上中旬，冀文林都有一段 20 天左右的时间未公开露面，曾引起协助调查的猜测。消息人士告诉财新记者，2013 年 12 月初，也就是周永康失去人身自由后，冀文林确实曾被召回北京，几天后回到海南，之后又有几次被问询谈话。但 2014 年 1 月 21 日出席海南省政府的一次全体会议后，冀文林的公务活动似乎恢复正常，春节前后还慰问了海口市环卫工人，全程参加了 2 月 8 日 –13 日召开的海南省“两会”。

这在一定程度上，曾被看作“反腐打虎已经降温”的风向标之一。然而自 2 月 14 日出席海南省纪委六届三次全会后仅 4 天，这名远在天涯海角的周派“党羽”也告落网。

“你懂的”

周永康身份的敏感性，尤其是在国家机器部门拥有深厚掌控力，其横跨四川、石油、政法积累的三大山头更是层峦叠嶂，树大根深。针对这一涉黑贪腐集团的调查，极端考验决策者和执行层的决心、勇气、战略、智慧和行动能力。回顾看，抽丝剥茧、逐个击破是为时一年多的打虎行动总体原则，“先外围，后核心；先地方，后中央；先石油，后政法”，步步为营，不求速战速决，但求稳扎稳打。

而对于每一个山头具体的行动方案中，与以往有所不同的是，无论川帮、石油帮还是政法系，则又是“擒贼先擒王”，在获得初步证据、足以认定构成违纪违法后，先以迅雷不及掩耳之势，将核心人物拿下，打乱贪腐集团的关系网，然后携雷霆之威，震慑失去幻想的被协助调查和约谈对象，进一步扩大证据链，深挖利益关节。李春城和李东生，都是各个小集团里最先被拿下的，只有蒋洁敏，稍晚于几名中石油副总，但也仅晚一个星期不到。

另外，可能是出于缓解周永康贪腐案对执政党声望带来的负面影响，虽然早在 2013 年 12 月周永康已经失去自由，且外媒已有报道，民间猜测四起，决策者并未急于公布消息。而是一方面继续按计划加紧推动调查、做实证据，毫不掩饰自己调查的指向性；另一方面，对外媒报道无论对错都不做反应，亦有限度甚至饶有兴趣地旁观国内一些媒体由四川官商窝案和中石油腐败窝案展开自己的独立调查。

“以剥洋葱的方式，不断释放周永康一案的刺激气味”。当所有人已经消化这个信息的爆炸性冲击，转而为第二只靴子何时落下而展开娱乐性猜想时，胸有成竹的决策者已经按照自己的节奏控制了整个棋盘。2014 年 3 月 2 日，全国政协新闻发言人吕新华以一句“你懂的”，引得全场记者会心大笑。

了解中国政治话语的人早已获得暗示。2 月 20 日，三大官方媒体新华社、中央电视台、《人民日报》都“高规格”报道了刘汉涉黑的官方初查结论。在新华社一篇 7000 字长文中，称刘汉一案是“在中共高层坚强领导下，由公安部直接指挥北京、湖北、四川多地警方联手，历经 10 个月艰苦侦办”，并透露“刘汉的关系网随着经济实力的扩张水涨船高，从最先起家的广汉、德阳，辐射到绵阳、成都，乃至北京”，最后报道更留白道：“随着案件的进一步办理，刘汉黑恶组织昔日与政商两界逾越党纪国法、进行种种勾连的内幕，或将一一揭开。”

2 月 21 日，《人民日报》配发署名“清唱”的评论文章《反腐打黑除恶务尽》，称“刘汉集团之所以能坐大成势，除了涉黑犯罪集团自身的穷凶极恶外，一个很重要的原因，就是当地一些党政和司法机关人员充当‘保护伞’。刘汉犯罪集团能让有的政法机关工作人员有案不查、压案不办、毁灭证据、重罪轻判，能让不按自己意思办事的县长‘下课’。透过这些让人难以置信的事实，可见刘汉犯罪集团的‘保护伞’之大、‘关系网’之宽、淫威之高。”“这也再次提醒，要彻底铲除黑恶势力，就必须严打‘保护伞’……无论什么人，无论有什么样的身份，只要触犯了法律，都会受到法律的制裁。”

周氏王朝，由此已经不再是一个贪腐集团的身影，而成为一个西西里化的黑客帝国的化形。在朝的官员，游刃的商人，江湖的打手，三种身份的角色各据其位，以周永康为核心，既有周滨、周玲英等特定关系人直接仗势敛财、化公为私，又有蒋洁敏、李东生、李春城等心腹首领把持山头，以中石油、地方平台公司等掌握稀缺资源的国企红顶商人为二传手和坐市商，以何燕、邓鸿为代表的灰顶商人为权力租金的直接买手，以刘汉为代表的黑顶商人为“马仔”“力工”，从省部级中管干部到最底层的黑社会打手，从高层权力运作到基层社会盘剥，官、商、黑社会织成了一张巨大的网，在缺乏监督和竞争的权力体制下，“小国之君”和盘根错节的窝案油然而生。

尾声

2013 年 9 月中下旬，作为某种交换，已经出境的周滨返回中国，住进首都机场附近的别墅。此前的 8 月初，他的主要白手套之一，四川商人吴兵在北京西客站出逃时被抓。此后不久，他的另一只白手套，原中国海洋石油总公司干部米晓东也失去了人身自由。

2013 年 12 月 1 日，寒风凛冽的北京深冬，周滨从困居的别墅里，看到窗外出现了三四十名警察。对这一天，周滨早有预兆。11 月 25 日，他已经聘请了两名代理律师。两名律师目前均拒绝向财新记者透露更多细节。有消息称，周滨的妻子黄婉、岳父黄渝生亦在国内，并遭带走。

“黄家以周家开路，他们的生意可能比女婿还大。”一位知情人士称。

在万里之外的美国西海岸拉古娜小城，惟有 72 岁的詹敏利在经受煎熬，她联系不上自己的丈夫、女儿和女婿。“她应该不知道自己在国内是一二十家公司的法人代表和大股东。”一位试图与詹接触的美国记者说，詹敏利拒绝相信媒体，“她似乎也不太懂英文。”

接近中石油的权威消息人士称，周永康的次子、中石油北京油气调控中心党委办公室主任周涵，2013 年底也已“失去联系”。有消息称，周涵目前在美国旧金山。

在老家无锡厚桥镇，周滨的两个叔父家也不安宁。二叔周元兴 2013 年秋天查出了癌症，女儿陪他到北京治病，但治疗并不理想。知情者称，医生跟家属讲，最多能活 10–11 个月。他的故乡，已是山雨欲来风满楼。

2013 年 12 月 7 日上午，周元兴家前夜被“抄家”的消息，震动了西前头周边村落。村民称，抄家者的说法是“非国家工作人员巨额财产来历不明”，当晚周家被查封的财物，包括保险箱等，以及大量的茅台、五粮液。

12 月 18 日，周家再遭抄家。消息称，这次“抄家”，周元兴的三弟周元青、弟媳周玲英也被带回西前头村，在其指认下，抄走金条等物。

无锡多个信源均证实，2013 年 12 月，周元青全家被带往北京。

“抄家”给周元兴带来沉重打击。2014 年 2 月 10 日下午，大年十一，夕阳欲坠，冷雪飘零，太阳雪的奇观下，财新记者在厚桥街头看到，一辆电动三轮拉着花圈，向西前头村驶去。周元兴在这天清晨 5 点离开了尘世。

2 月 12 日，元宵节前两日，江南已有雪。

无锡锡山区厚桥街道的西前头村，雪花东一片西一片的，不时落在村民周元兴院里的花圈上。

虚岁七十的周元兴，患骨癌于 2 月 10 日晨 5 时，病故于一幢四墙装有探头的二层小楼里。

摄像探头之下，吊唁者挤满院子。似乎历经劫波，亲情犹在，年前的两次“抄家”未显凄凉。只是，与以往贵客盈门的盛况相比，送殡者从长相和穿着上大多就能看出农民身份。

周家兄弟三个，周元兴行二。驾鹤西游之时，160 多名亲友赶来送殡，唯大房长兄周元根，嫂贾晓晔，侄周滨、周涵，三房弟周元青，弟媳周玲英，侄周峰，无一露面。

他们大都已经失去了人身自由。

上午 11 点，一辆乡村礼炮车鸣炮开道，一辆满载花圈的卡车紧随其后，十几个村民抬着花圈出村。周元兴的儿子周晓华捧着火盆，面无表情，走在前头，一名少年沿路撒下黄色纸钱，一名少女捧着周元兴的遗像跟随其后。8 个村民抬着红色棺木，100 多亲友乡邻护送，缓缓走上村南的厚东路。

这是一场规模不大的出殡仪式，人群中除了周元兴的老妻泣不成声，其他人面色严峻，只是在走着。那条曾经象征着周家影响力，被当地百姓称为“永康大道”的厚东路，曾经不时驶来探望“周首长”祖庐的黑色轿车，如今仿佛也成为一个家族谢幕的舞台。

村民称，周元兴病危之时曾留悔言：“金山银山有什么用，我现在最伤心的，是见不到哥哥，见不到弟弟，打个电话都打不通，拿那么多钞票有什么用？”

2月12日下午三时许，周元兴的骨灰盒，落葬周家祖坟。

“陋室空堂，当年笏满床；衰草枯杨，曾为歌舞场。”知我罪我，其惟春秋。下民易虐，上天难欺。

财新网 2014年7月29日 19:35

令氏兄弟

记者：周卫　欧阳艳琴　郭清媛　罗洁琪　于宁
实习记者：罗国平

2014 年 12 月 22 日晚 8 点，如同一个多小时前突然出现的传言，新华社发布了令计划落马的消息：中国人民政治协商会议第十二届全国委员会副主席、中共中央统战部部长令计划涉嫌严重违纪，目前正接受组织调查。

一只两年多前在京城某个凌晨甩到空中的靴子，终于落地。

在令计划冬至落马之前，他的二哥令政策，2014 年 6 月从山西省政协副主席任上遭遇组织调查；他的幼弟令完成，2014 年 10 月失去自由；他的养子、也是早逝大哥令方针的独子令狐剑，出走海外……只有令氏五兄妹中惟一的女性、老三令狐路线，坚持着自己的本名，在家乡运城守护着老迈的父亲——已经 104 岁高寿的令狐野。

平陆岁月

1962 年，52 岁的令狐野带领全家妻儿老小解甲归田。他没有回自己的出生地、原配和长女生活的平陆县常乐公社洪阳村，而是在常乐公社集镇附近的后村定居下来。

青年时期的令狐野，懂草药，又学过西医。和面朝黄土背朝天的老辈山西人不一样，令狐野不爱农作，还买了面穿衣镜，经常照镜梳头。边务农边从医的父亲在乡间口碑甚好，看不惯令狐野的新派作风，砸碎了他的镜子。令狐野负气出走，在集市上开了个小药铺。抗日战争爆发后，令狐野舍妻弃女，携带药品投奔延安，走上了革命之路。据《陕西省志・卫生志》，1938 年 11 月，陕甘宁边区医院搬迁，28 岁的令狐野被任命为医务科长，此后一直在中共医疗卫生系统工作。

在延安，令狐野再娶，1949年至1959年左右，妻子为他生下四子一女。令狐野在报纸上选择了五个当时见报率较高的词汇：方针、政策、路线、计划、完成，为五个儿女取名。网络上有说法称，建国后令狐野曾在公安部工作，又有说曾任陕西华清干部疗养院院长，但对于令狐野建国后确切的职位变迁，以及他为何于52岁时抛去官位携全家返回乡下，目前尚不得而知。现在，已经104岁高龄的令狐野还健在，作为离休干部在运城干休所颐养天年，享受副省级医疗待遇。

回到后村定居后，令狐野请人修建了一个窑洞。与平陆当地的窑洞通常只有洞口不同，那是一个典型的延安窑洞，12个门洞洞洞相通，占地1亩多，花费了1000多元钱，窑洞口挂着很多当地人没见过的白门帘。村里的孩子都穿着自家纺织的土布，令狐野的孩子穿着从供销社买的洋布，尽管也缝了补丁。令狐家的孩子用馍蘸蜂蜜，同龄的孩童拿着馍换令狐家孩子的蜂蜜。这些生活细节，都表明令狐野"延安干部"的身份。

令狐野返乡时，是新中国的十三级干部。根据1956年国务院规定的军地级别对应关系，十三级干部即副师级，属于高级干部的基线，每月工资165元。他的妻子原是护士，每月工资也有60元。在常乐，人们稀罕地称返乡的延安干部令狐野为"十三级干部"。

返乡之后，令狐野在乡里免费行医，夏天农忙时给生产队送仁丹、保喉片，为全县培养了几十个赤脚医生，并且提供免费吃住。与乡里相处也很融洽，饼干、糖块、罐头，有好吃的都给农民的小孩。一位村民说，自己这辈子吃的第一个罐头，就是孩提时令狐野给的。

令狐野的几个孩子也非常友爱。后村的村民们向财新记者介绍，除了最小的令狐完成幼时不懂事把玩伴的头打破，其余几个和同龄人从不打架、吵架，甚至有的从不高声说话。

和令政策同龄的乡亲杨晋（化名），时隔40多年，仍然清晰地记得当年他看到的一幕：在沟壑纵深的黄土高坡上，在一片绿油油的玉米地北面，令家兄妹站在自家窑洞口，声情并茂地练习演讲，令狐野坐在小板凳上，逐一点评。窑洞顶上，站着好奇的乡邻，鼓掌喝彩。

“我常常站在窑顶上看着他们在院子里演讲，满心的羡慕，觉得他们家的孩子很厉害，是有文化的。”这样的家庭教育让五兄妹长大后，口才颇为出众。

作为延安革命干部的儿子，令家兄妹从小按着父亲的要求下地干活，年少时拾麦穗，年长时锄土。

村里的老支书还记得一件事。克行艰苦朴素的令狐野为了省几个碗，砍了一根木头，在上面凿出五个槽，把菜和馍盛在槽里，让令政策和兄妹五个围着木槽吃饭，“像喂牲口一样”。事实上本不必如此，令狐野夫妇每月的工资相当于全村劳动力的收入。

作为从延安回来的革命干部令狐野，阶级立场十分鲜明。他在后村免费行医，但会先问病人的“出身成份”，成份不好的人很难进他家门。洪阳村村民马莹（化名）说，曾有一名病人说自己出身不好，来一趟不容易，请他多开一些药。令狐野大怒，当场撕碎处方，把病人撵走。甚至在挖建自家窑洞时，对于来帮忙的乡亲，他也按照“出身成份”区别对待。如果是贫农，他就会多给工钱，递烟倒水；如果是富农地主，他就会少给钱，并指派粗重的活。

“令狐野是个很有意思的人，性格比较偏执，爱在政治的问题上较真。”马莹说。

在集市买东西的时候，令狐野也会计较别人的出身成份。80多岁的谭家（化名）还记得令狐野买过他的葱苗，因为他是贫农，令狐野多付了钱。

1966年，“文化大革命”开始。和其他地方一样，在常乐公社，动辄举行万人大会，学生们也被要求列队参加，聆听斗争指示。初中一年级就无学可上的令政策还被选出来，代表同学们到首都北京，在天安门城楼前潮水般的“红卫兵”中接受毛泽东的检阅。

紧接着就是“知识青年到农村去”。知青下乡的先进事迹，是令家兄妹读报的主要内容。1968年初，五兄妹的大哥令方针应征入伍，成为北海舰队的一名海军战士。1969年，皮肤黝黑、高高瘦瘦的老二令政策作为知青下放到硫磺厂当工人，负责搬石头垒火炉，每月工资38.9元。

硫磺厂里的味道很呛，工人们没有口罩，令政策和大家一起住在工厂平房的宿舍内，等到放年假才能坐大卡车回家。几个月后，令政策调到了常乐公社医院，在药房“拾药”，有点步父亲后尘的样子。

但这种日子没有持续多久。1971 年 7 月，令政策被组织选中，从常乐公社医院直接调到山西省委办公厅机要处，开始了 43 年的为官之路。2012 年时令政策曾经回乡，第一次参加中学同学聚会。喝酒叙旧，60 岁的令政策对着同学们感慨，一直不知道当年究竟是谁看中了他的档案，“总要找到那个人，好好感谢人家。”

1972 年，18 岁的三姐令狐路线高中毕业，以知青身份在本村下乡后，有机会招工到平陆县化肥厂，1976 年被推荐进入山西医科大学，成为一名工农兵大学生。

1973 年，17 岁的令计划作为知青，被招工到山西省平陆县印刷厂，当了两年工人。1975 年，他被调至团县委，从干部做到副书记，正式从一名工人转为副科级干部。1978 年时，22 岁的令计划获得了赴北京的中央团校进修学习的机会。

1977 年，从部队复员的大哥令方针劳动时因事故身亡，留下了妻子孙淑敏和两个年幼的孩子令狐剑与令狐燕。令氏兄妹遭受了人生第一次重大打击。

好在此时的他们大多已经走出家乡，开始了各自充满希望的未来之路。最后一个走出平陆的是最小的弟弟令完成，1978 年夏天考入吉林大学，离开生活 16 年的山西。

从团委干部到中办主任

在平陆团县委工作期间的令计划颇受好评。令计划年轻时的旧友杨晋对财新记者说，令计划在平陆县团委工作的时候，给他留下非常深刻的印象：待人热情主动、礼仪周到、口才很好。后村的村干部也回忆，当年令计划还会在团县委的办公室接待村民，端茶倒水。

时任平陆团县委书记的梁增华后来曾在一本名为《增华岁月》的书中披露了自己当年的部分日记，其中记录：在团县委工作一年后，1976 年 11 月 22 日，令计划成为团县委副书记。梁在书中将令计划名字隐去，但从前后文看，应为令计划无疑。

在 1976 年 11 月 22 日的日记中，梁增华写道，“我打心眼里高兴”，令计划“是一位很好的同志，在团委一年来，虽然我是书记他是干事，但他搞团的工作大大超过了我，他有很多的优点值得我很好地学习。我要像他那样认真刻苦地读马列和毛主席的书，坚持学习笔记；要像他那样努力搞好革命化，时刻严格要求自己；像他那样对工作热情积极，认真负责，大胆泼辣，总有一股用不完的劲；像他那样关心同志、团结同志，满腔热情地那样劳动积极肯干，生活艰苦朴素……”

1978 年 9 月 8 日的日记中，梁增华提到，令计划已经在团县委工作了四年，是她介绍了令计划入党并推荐他成为团县委副书记。她在日记中写道，自己虽然比他（令计划）大九岁，但思想境界、认识水平、工作能力比令计划都差很远，“可能他天生聪明、家庭教养好，但最根本的是他努力、善于学习、谦虚、认真、孜孜不倦、持之以恒、富有进取精神……”

公开履历显示，1978 年，令计划调到山西省运城地委，1979 年又被选拔到北京，在团中央宣传部工作，开始了对其后来仕途至关重要的 16 年团中央生涯。不过梁增华的日记显示，令计划是在平陆团县委一直工作了约四年时间，1978 年去中央团校学习后，直接留在团中央工作。

比如，1978 年 3 月 12 日的日记显示，令计划此时已经去中央团校学习了。梁增华感慨，如果有他这个助手在家，就觉得“很轻松”。1978 年 9 月 6 日，梁增华在日记中又写道，令计划从中央团校学习回来了，“没有出乎我的预料，他被留在团中央工作了。他这次回来是向我们告别来了。”她说自己心情很矛盾，团县委的工作离不开他（令计划），她自己也需要他搭班，但是，令计划在团中央工作，对全国团的工作会贡献更大，而且更有利于他的前途。因此，梁增华帮令计划办理了一切手续。

公开履历显示，令计划进入团中央下属培养团干部的中央团校（现中国青年政治学院）政教专业学习，是在 1983 年 –1985 年，他也因此获得大专文凭。也就在那个时期前后，令计划结识了自己后来的妻子谷丽萍。谷丽萍是山东人，父亲是一名军乐团乐手。谷丽萍毕业于北京大学分校（现北京联合大学）法律系，与令计划结婚后，她从政法系统调到中央团校工作。

1985 年，令计划担任团中央宣传部理论处副处长，三年后升至团中央书记处办公室主任，之后先后任团中央办公厅副主任、团中央宣传部部长。

令计划在团中央期间，除给一位时任团中央书记短暂当过秘书外，大部分时间从事宣传工作。令计划的发小裴东（化名）向财新记者佐证了令计划在宣传工作中的特长。他说，令计划虽然寡言少语，但从小学起就在班上读报，初中时负责采写和出版班上的黑板报，时常拿一等奖；在知青上山下乡的年代，他也经常代表班级参加学校演讲。裴东清楚地记得，当年板报、读报、演讲的主题主要有三个，班级好人好事或积极劳动典型，知青下乡故事，社会上的英勇救人事迹。

裴东记得，令计划到团县委工作后，他每次到运城市开会，都会经过平陆县城，在令计划的办公室和令计划挤着住上一晚。那时令计划的办公室里堆着厚厚的报纸，令计划就在上面练字。他和其他同学、村民都认为，令计划之所以能顺利留在团中央，和他的演讲、书法水平有关。一位已经近 80 岁的运城当地书法家对财新记者说，当年令计划的硬笔书法甚至可能超过他。

不过，裴东说，当他上世纪 80 年代前往内蒙古学习途经北京时，曾去团中央找令计划，但没有找到。机关的工作人员安排他在一间澡堂的长椅上住了一晚。后来他就走了，再也没有见过令计划。

令计划的一位初中同学回忆，去团中央后，令计划曾经回乡，在常乐公社书记主持下，用半普半土的话演讲了两三个小时，告诉年轻人如何学习上进，并且说：“就是太忙了，要不忙可以教你们跳舞。”

高中同学潘中（化名）则告诉财新记者，一次高中同学聚会，给班主任老师送了一块牌匾，牌匾落款也写上了“令狐计划”，但实际上从毕业以后，老师同学都没有见过他。聚会时，曾经的班长打通过令计划的电话，说了一两分钟就挂了。

杨晋也记得，令计划到团中央工作后，有老乡去北京探访令计划，令计划曾托老乡向杨晋问好。收到问候，杨晋很激动，马上写了一封信，并为令计划写了一首诗：“忆得当年唱大风，同志朋友更弟兄，执手送君付并去，自信古虞出贤圣。”但杨晋没有再收到回信。

1995 年，令计划的办公室从前门东大街搬进中南海，他在这里的第一份工作是中央办公厅调研室三组负责人，之后是调研室副主任、主任，中央办公厅副主任，期间他成为中央机构编制委员会办公室副主任。2002 年的十六大上，令计划当选中央候补委员，在党内奠定了一席之地。翌年，他成为主持常务工作的正部级中央办公厅副主任，仍兼中央机构编制委员会办公室副主任。

2007 年的十七大上，51 岁的中央办公厅主任令计划当选中央委员、中央书记处书记，进入国家领导人行列，仕途一片光明。在他之前，历史上大多数的中办主任都进入了中央政治局这个党的高级领导机构。

此时的令计划已经经常出现在电视新闻中。初中同学贺智对财新记者说，村民们在电视上看到令计划，总是兴奋地喊叫："你看，计划！计划！"

令计划和自己留在山西当官的二哥令政策，都没有帮村里办过什么事。有一次，令计划的发小上京，只找到了令计划的小弟弟令完成，令完成给了他几千块钱，就打发他走了。对此，村民们有些忿忿不平，但又表示理解地说，可能他们兄弟为人正道，没有私心。

然而，令家兄弟或许只是与乡里保持一个安全的距离。财新记者的调查显示，正是自令计划担任中办副主任，尤其是进入国家领导人行列之后，他的直系亲属或者仕途平顺，或者生财有道。他的二哥令政策，2003 年 1 月晋升为正厅级的山西省发展计划委员会常务副主任，2004 年 4 月正位山西省发改委主任，四年后再升为副省级的山西省政协副主席，与多名运城籍省级领导关系密切；他的三姐夫王健康，2009 年从运城市交通局长被提拔为副市长，并分管交通、住建等重要领域；他的小弟弟令完成记者出身，在新华社官至局级，2003 年下海，以"王诚"之名担任中国网通旗下公司天天在线的总经理；2008 年令完成带领一众山西商人，组建主要投资于 Pre-IPO 阶段的私募股权基金汇金立方，之后两年多时间投资的十数家公司，有乐视网、神州泰岳、东方日升等 7 家公司成功上市，保守估计其获利在 12 亿元左右，而令完成在部分公司上市过程中曾借助四哥令计划的权势提供帮助；令计划的养子、也是其早逝大哥令方针之子令狐剑，早在 2001 年就开始自己的攫财之路。十多年来，令狐剑与令计划大嫂孙淑敏母子二人的公关广告生意范围越来越广、合作伙伴层级越来越高，包括多家政府机构、央企、跨国公司及知名民企。

令政策的龙门

令政策步入仕途的最初20年升迁缓慢。1982年入读山西大学中文系干部专修科之前，他一直是山西省委办公厅机要处的一个普通干事，1986年才第一次获得擢升，成为山西省委办公厅文书信息处副处长，其后任省委机要局副局长，共有17年在机要部门工作。

机要处主要职能是管理要害部门核心机密文件、密码、密码机的传递，机关要件等的收发。令政策的一位老朋友说，密码经常更换，机要工作需要非常强的记忆力。1976年，运城地震，令政策和一位女机要员被下派到运城支持机要工作。

1997年，令政策进入行政部门，担任省粮食厅副厅长。这是一个运城籍官员居多的部门，令政策的上司就是他的老乡高志信。后者曾在运城违规修建“粮神殿”和粮食职工培训中心，2007年被免职。

令政策一位在官场的多年朋友向财新记者评价，在省委工作23年之久，令政策得到一个副厅级官衔理所当然。

但2000年，48岁的令政策鱼跃龙门，担任省发改委副主任的要职，且很快开始主持工作，四年后“转正”。2008年离开省发改委“衙门”时，他成为省政协副主席。回顾他的升迁轨迹，他的朋友说，2000年的提拔，应是为后来升上副省级做准备。

在官场上，忍耐的令政策显得谨小慎微。在主持山西省发改委工作的五年时间里，令政策因为害怕提拔错或者得罪人，几乎没有提拔过下属。

上述朋友也回忆说，曾有人希望通过他向令政策送礼。他说，令政策十分谨慎，是不会收礼的。今年6月令政策落马的消息传来，令他十分惊愕。

在这位令政策的老朋友看来，令政策如果有经济问题，那么一定是出在2003年--2008年他主持“富得流油”的山西省发改委期间。

2003年以后，山西煤改启动。2005年，山西省开始煤炭资源整合和有偿使用；2007年，山西获批开征煤炭可持续发展基金，省发改委是基金使用的综合平衡和计划管理者。

山西省从煤炭交易中得到的钱，从原来的每年十五六亿元（来自于煤炭外运的能源基地建设基金），陡增到每年一百五六十亿元（煤炭可持续发展基金），其中的一半由省发改委花掉，重点投资“市场难以有效配置资源的经济和社会领域”，如公共基础设施建设、环保项目、民生事业等。

在令政策任期内，煤炭可持续发展基金投资的项目包括太原钢铁集团的150万吨不锈钢工程、吕梁肖家洼煤电一体化项目、山西中南部铁路通道项目（晋中南铁路）等。

这其中被认为非常关键的是太原钢铁集团的150万吨不锈钢工程项目。这不仅在于它是令政策发改委主任任期内负责的重大项目之一，项目上马使得太钢产能增加了一倍，成为全球具有竞争力的不锈钢生产企业，而且也成全了令政策的同乡好友、时任太钢董事长陈川平的重要政绩。工程开工典礼时，山西省四套班子“一把手”悉数到场，令政策宣读了国家发改委的批复。之后不久，陈川平当选十七届中央候补委员，两年多后成为山西省委常委、太原市委书记。

晋中南铁路是一条大动力煤运铁路，兼顾客运，规划从山西吕梁出发，经河南、山东，在山东日照港出海。令政策是初期的重要参与和规划者，因此与时任铁道部部长刘志军交道甚多。事实上，在令政策任期内，因晋煤外运，他与刘志军及其白手套、掌握着晋煤外运车皮权的博宥集团董事长丁书苗亦常有交集。

令政策在山西能源领域的影响力，通过他一手组建的山西能源产业投资基金可见一斑。令政策为这一基金奔走了三年多，2007年获批设立。与煤炭可持续发展基金不同，山西能源产业投资基金计划构建一个国际性专业化的融资平台，计划融资规模100亿元，融资对象主要为国内企业、投资机构、银行、社保基金、保险公司等机构，主要投向为煤炭工业规模化生产及资源整合项目、煤化工产业和煤层气产业开发项目、煤炭资源多联产项目及与此相关的国企改制、交通物流等项目；投资地域初期以山西为主，但不局限于山西。

但令政策2008年4月离开了山西省发改委，这一个原本极难获批的产业基金最终连管理公司都没真正成立起来。熟悉该基金的人士告诉财新记者，基金“流产”与令政策不能掌管有关。因为该基金是商业项目，官员不能经商，令政策曾辩解说，自己是省政协副主席，并不是实职，但依然无法在关系复杂的山西省获得通过。此后，这块“肥肉”就陷入了省政府持股多少、谁领衔基金管理公司等一系列扯皮之中。

2011 年，山西省再一次试图启动能源产业基金，时任山西省煤运公司董事长刘建明出任山西出资平台的董事长，令政策被聘为高级顾问。但时过境迁，煤炭形势下行，省外资金不再看好山西能源产业投资基金，没人愿意出钱，遂不了了之。

“记者小令”的实业梦

与兄长们不同，作为令氏兄弟最小的令完成，走的是另一条路，但这条路的终点，仍然是借助兄长们的权势攫财的不归路。

1982 年，令完成从吉林大学经济学系毕业后，进入新华社北京总部，在《瞭望》周刊经济报道编辑室工作。一位新华社老同事对财新记者说，令完成的性格与其兄长不同，性格活泼，善交际，擅长与人沟通，“是个做记者的料。”

在最初的同事眼中，令完成就是一个开朗好动的“记者小令”。一位同事回忆，“新华社组织的文娱汇演或者篮球、乒乓球比赛，令完成都是《瞭望》编辑部的积极组织者。”

除了经济报道，令完成有时也会去采写时政或社会类稿件。在百度上，现在仍可以检索到他与另一位记者合写的《围剿“飞虎队”纪实》，刊载于 1989 年 3 月底的一期《瞭望》周刊上，署名令完成，这篇文章被他的同事认为是其记者生涯的代表作。

在中国知网（CNKI）上检索发现，以“令完成”署名收录进库的第一篇文章是 1984 年 7 月发表在《瞭望》周刊上的《今年夏粮丰收以后怎么办？——商业部副部长季铭答本刊记者问》，最后一篇是 1992 年发表在新华社办期刊《中国记者》上的一篇文章《深化改革 舆论先行——山西省委书记王茂林抓党报实录》，采访的正是其老家山西的时任省委书记。事实上，令完成很注意维护与山西官方的关系，他在《瞭望》周刊期间发表了多篇关于山西的报道。

兄长高升之后，令完成也开始得到重用，并有一段走上仕途的安排。1995年-1997年，他曾作为新华社扶贫工作队队长，响应“八七扶贫攻坚计划”号角，在贵州省息烽县挂职县委副书记。贵州基层党建网的一篇文章中曾写道，“1995年，新华社（社长）郭超人带领同事们捐资3.8万元，帮助我大林村大林口组贫困少数民族同胞（马氏六兄弟）分别修建了66平方米的砖木结构的新住房，历史性地拉开了青山苗族乡扶贫攻坚的序幕。之后，在新华社派驻息烽县扶贫并挂职县委副书记的令狐完成的促成下，先后修建了息烽县第一所希望小学——青山新华希望小学。建成了青山民族中学，这是当时息烽县教学器材配置最齐备的中学之一。”

另一位当年同在息烽的“挂友”在回忆文章中写道：“来自新华通讯社的几位‘京官’，令完成……他们不愧为是京城来的，站得高，看得远，在息烽县的前后几年间，着实做了几件较为轰动的事。他们一到息烽，就深入到乡镇村寨，搞调查，摸情况，掌握第一手资料。新华社党组考虑到息烽县的困难，为他们专门配备了吉普车，有了这个条件，他们经常穿梭于省城与息烽之间，为息烽的发展引信息、引资金、引技术、引人才，搞信息的交流、人力资源的交流。他们在调查中看到，息烽农村的女青年较多，而北京的很多家庭需要大量的家政服务员，于是他们就将女青年们组织起来进行培训，然后送到北京，送到需要家政服务员的家中。在先培训、后上岗、集中进行劳务输出尚不盛行的年代，这应该是一个创新，并为今天的发展奠定了坚实的基础。他们将曾经获得《半月谈》杂志社评选的全国十大扶贫状元的养猪能手、全国养牛大王等引到县里，搞讲座，搞培训，教农民养殖的技术，同时根据养殖的需要，还引进技术办起了饲料加工厂。为了开发息烽的红色旅游资源，他们利用媒体优势，在全国广泛收集与息烽集中营有关的历史资料，与县里领导一起上重庆，收集了大量的历史照片和资料，为息烽集中营的恢复开馆做了很大的贡献……”

从贵州返京后，令完成先后任新华社团委副书记、办公厅副主任——这是副局级的职位，“记者小令”也由此脱离了新闻工作的第一线。没多久，他又被提拔为正局级，担任新华社下属的中国广告联合总公司（下称中广联）总经理，并当选中国广告协会广告公司委员会主任委员。中广联是新华社直属企业，成立于1981年，目前主要经营新华社社办报刊《新华每日电讯》《经济参考报》《中国记者》等的广告业务。

令完成在新华社“大进步”之时，主管人事工作的新华社人事局长是崔济哲。崔济哲1982年从南开大学中文系毕业后，到了令完成的老家山西，在新华社山西分社工作，曾任新华社山西分社社长，1998年9月调回新华社总部任人事局局长，之后逐步升到新华社副社长，但2010年2月被免职。

在主持完中国广告协会广告公司委员会第五届会员代表大会之后，令完成于2003年辞职离开新华社，下海创业。这位已经拥有广泛人脉和权力靠山的前记者，不再做体制内的乙方拿“死工资”，他的面前是更为广阔的财富舞台，也有更为危险的诱惑。

在一份2003年度外资法人企业年检报表中，令完成以一个全新的名字“王诚”，出现在九洲在线有限公司（下称九洲在线）的总经理一栏里。

九洲在线成立于2003年7月，注册资金4.9亿元，彼时刚刚完成中国电信北方十省、“小网通”和吉通合并重组的中国网络通讯集团公司（下称中国网通）占股40%，两家外资VC软银亚洲基础设施基金网络公司（下称软银）、IDG网络投资公司（下称IDG）各占股30%，时任中国网通副总经理的冷荣泉担任法人代表，冷荣泉、中国网通互联网事业部总经理左风、IDG合伙人熊晓鸽、周全、软银亚洲信息基础投资基金总裁阎焱、GC科技有限公司董事长王翎等9人担任董事。之后不久九洲在线更名为天天在线。

天天在线被赋予了中国网通打造宽带网络和视频信息平台的重任，拥有深厚的官方背景和包括“网上传播视听节目许可证”在内的25项资质，是中国互联网类企业中资质最为齐全的公司之一。令完成也希望在网络视频领域大干一场，他说服几位新华社同事一起创业。2004年，令完成策划推出网络新闻联播，将CCTV新闻联播在网上展播，并且跟上海文广集团举办签约仪式，正式达成战略合作伙伴关系，同年天天在线网站入选“中国互联网百强网站”。2006年，天天在线还承办了“国内首届宽带春节联欢节”。

然而，天天在线的国有企业色彩与在资本推动下的互联网视频产业发展轨迹不断产生冲突，优酷、乐视等市场化视频网站通过大手笔购买版权吸引流量，先后超越并将天天在线落于身后。事实上，天天在线成立不久，两大外资股东之一的软银就萌生退意，只是“为了不影响公司运转”，才继续以“不参与投资决策，也不变更工商资料”的形式继续存在。而原定第二笔注册资本，各方也未能在第一笔 1.5 亿元到位一年后如期缴付。

2006 年 11 月，天天在线召开股东会，通过两项重要决议：中国网通退出，将其 40% 股份分别原价转给 IDG 和软银，后两者各占 50%，天天在线成为纯外资公司；董事会由 9 人变更为 4 人，冷荣泉、左凤、阎焱等离职，令完成、熊晓鸽、周全、王翎组成新的董事会，令完成以“王诚”之名取代冷荣泉出任董事长，冷荣泉则取代 IDG 的周全担任总经理和法人代表。很显然，这是一个各方妥协以继续保持平衡的结果。

2008 年 3 月，“起个大早，赶了晚集”的天天在线有过一次小规模增资，投资总额从 1.5 亿元增至 2 亿元（其中注册资本增至 1.75 亿元），熊晓鸽和周全的董事席位由他们的 IDG 同事林栋梁接替。

没有雄厚的资金投入，国有和外资股东各有心思，令完成的实业创业热情也逐渐耗尽。到 2011 年 4 月，天天在线在工商局注销。此时，视频网站购买热门电视剧集的费用已经涨至每集 30 万 –80 万元。

6 年卷 12 亿汇金立方

事后看，2008 年 3 月天天在线从股东手里获得 5000 万元增资的时候，董事长令完成的心思已经不在天天在线了。

这一年 4 月，北京汇金立方投资管理中心（有限合伙）（下称汇金立方）成立，北京杰威森科技有限公司（下称北京杰威森）、令完成、张海流、赵晓红、池万明、李广元、施书利、董明树为有限合伙人（LP），唐富文为具体执行合伙企业事务的普通合伙人（GP）。根据 2008 年 4 月签署的合伙协议，北京杰威森科技有限公司、施书利、赵晓红、池万明、李广元、董明树六方各出资 166 万元，令完成、张海流出资 2 万元。三个月后，赵晓红、李广元、施书利的财产份额分别转让给邓百成、曹迎萍和池万明，增加梁家冲为新的有限

汇金立方投资七家公司上市获利12亿元

乐视网（300104.SZ）
2010年8月创业板上市

成本：3145万元
2008年7月 2000万元入股
2012年上半年 增持 1145万元

获利：2.84亿元
2011年套现 9000万元
2013年套现 5308万元
剩余持股市值约 1.72亿元

东富龙（300171.SZ）
2011年2月创业板上市

成本：900万元
2009年入股 900万元

获利：1.11亿元
2014年套现 8061万元
剩余持股最高市值 3969万元

东方日升（300118.SZ）
2010年9月创业板上市

成本：2152万元
2008年2000万元入股
2009年151.71万元入股

获利：8872万元
2012年套现 12万元
2013年套现 603万元
2014年二季度套现 2649万元
三季度套现 6312万元
剩余持股最高市值 1448万元

光一科技（300356.SZ）
2012年10月创业板上市

成本：506万元
2009年入股

获利：4630万元
2013年套现 5万元
剩余持股最高市值 5131万元

汇金立方资本管理有限公司

令完成 55岁
山西籍商人，令政策之弟
目前接受调查中

李量
中国证监会投资者保护局局长

2014年12月1日，因涉嫌违法违纪接受组织调查。2009年创业板推出后，李量出任创业板部副主任，是创业板IPO审核的实权人物

2008年与他人合伙成立
北京汇金立方投资管理中心

投资持股主体

海南瑞泽（002596.SZ）
2011年7月中小板上市

成本：2000万元
2009年12月入股

获利：7724万元
2013年套现至少 9270万元
剩余持股最高市值 454万元

总计获利 约12亿元

套现获利至少3.94亿元
\+
持有的股票最高浮盈7.88亿元

以上股票浮盈根据2014年11月27日收盘价计算，上述数字为去除投资成本后的保守估计，财新记者无法获知这些浮盈是否已经套现或已经套现多少

神州泰岳（300002.SZ）
2009年10月创业板上市

成本：3564万元
2009年入股

获利：1.9亿元
2012年套现 686万元
2013年套现 9209万元
剩余持股最高市值 1.27亿元

腾信股份（300392.SZ）
2014年9月创业板上市

成本：2500万元
2010年11月入股

获利：3.84亿元
2010年11月入股
持股300万股，以股价136元计

资料来源：财新记者根据采访和公开资料整理

合伙人，北京杰威森、邓百成、曹迎萍、池万明、董明树、梁家冲六人的出资各增至 832.68 万元，令完成和张海流的出资额 2 万元保持不变。张海流是汇金立方投资管理有限公司副董事长，曾任天天在线营销部经理。

尽管令完成出资最少，并且于 2010 年 2 月退伙，但他始终是这家 PE 真正的灵魂人物。令完成担任汇金立方的投资持股主体汇金立方资本管理有限公司董事长一直至今；根据汇金立方 2008 年 7 月 17 日修订的合伙协议，企业的净收益在去除普通合伙人分润后，由 8 名有限合伙人分享，每名合伙人分享八分之一，亏损也由 8 名有限合伙人平均分摊，即令完成出资的 2 万元与其他合伙人的 832.68 万元享有“等值”的权益；而更重要的是，汇金立方的其他合伙人以及之后新增的合伙人，都是因为令完成的关系聚集到了一起。

工商信息显示，北京杰威森成立于 2007 年 11 月，注册资本 10 万元。2008 年 4 月汇金立方成立之时，山西临汾人贾云龙成为北京杰威森的全部股权持有者。

贾云龙现年 43 岁。根据其工商资料登记的家庭住址，11 月 16 日，财新记者在临汾襄汾县找到了他的家，并于 11 月 17 日晚上在贾云龙的单位找到了他——他是襄汾中学的高三数学老师，正给毕业班的同学上晚自习。

贾云龙告诉财新记者，他从山西师范大学毕业后，一直在襄汾县教书，北京杰威森是替自己的故交、乐视网信息技术（北京）股份公司（300104.SZ，下称乐视网）董事长贾跃亭代持。

据财新记者所知，贾跃亭与令完成早在 2004 年 -2005 年就已相识，贾跃亭 2004 年创办的乐视网是令完成担任董事长的天天在线的视频网站同行。财新记者的调查显示：贾跃亭不仅由贾云龙代持在 2008 年 4 月参与合伙了汇金立方，很快，汇金立方的第一笔投资就是 2008 年 7 月入股贾跃亭的乐视网；同年 12 月，贾跃亭又将自己在乐视网的 200 万元知识产权股份转让给李军，并任命李军为乐视网副总经理——乐视网内部人士告诉财新记者，李军为令完成妻子李萍的弟弟。

邓百成是山西百成实业有限公司董事长，与汇金立方的原始合伙人赵晓红是夫妻。山西百成实业有限公司位于临汾市环保局的办公大楼内。11 月 15 日

财新记者实地探访时，公司内部员工称“老板不知去向”，

邓百成和赵晓红在临汾还创立和经营一家名为博思凯的矿业公司。临汾当地煤炭部门官员称，邓百成已经很久不在山西，“现在似乎在加拿大。”他的另一家玉生煤业公司位于临汾市古县北平镇，现已更名为山西古县兰花宝欣煤业有限公司，但玉生煤矿一直没有正式投产。工作人员称，他们这一年内都没有见过邓百成，也很少联系到他。

邓百成和令完成的关系更为久远。根据乐视网年报中的高管介绍，令完成的妻弟李军 1990 年 –2008 年历任北京博思凯实业有限责任公司营销主管、副总经理和大同博思凯实业有限责任公司总经理。2002 年 3 月，邓百成与令完成妻子李萍还在北京合股成立了一家北京博思凯科贸有限公司。

池万明是浙江瑞安人，曾以 22 亿元净资产登上中国胡润财富榜，后因非法吸收公众存款罪被判刑九年。根据 2011 年南京市中级人民法院的一份通知书，池万明因一起民间借贷纠纷达成和解协议，其在汇金立方的合伙份额过户至孙玉芝名下。

董明树是北京市劳服物资有限责任公司董事长，这是一家私营企业，2002 年成立，注册地在北京市顺义区李桥镇沿河村委会西侧 2000 米，三个股东是董明树（出资 2230.8 万元）董文樵（787.2 万元）和董爱红（1000 万元），董明树作为董事长当选在人民大会堂举办的 2012 中国经济发展论坛所评“2012 中国经济优秀人物”，他还是中国青年企业家协会第十届常务理事。财新记者 11 月 20 日电话联系该公司，一位王姓经理称，“董总不在北京，他有事，到时候再说。”

李广元是四川明星电缆股份公司（603333.SH）的大股东和董事长，曾任第十二届全国人大代表、全国工商联执委。李广元在汇金立方的出资 2008 年 7 月转让给了曹迎萍，根据明星电缆 2012 年上市招股书中的表述，曹迎萍为李广元的“关联方”。李广元已经于 2013 年 7 月因涉及原四川省副省长郭永祥等的四川腐败窝案被中纪委调查。

2010 年 3 月，令完成从汇金立方退出，其合伙份额转给自己的侄女、令狐路线现年 29 岁的女儿王玲。

同年 7 月，汇金立方新增有限合伙人孙二明。同年年底，北京杰威森退出，新增股东张昆仑、林丽娜、夏华江、谌慧宇。2014 年 6 月，孙二明退出，合伙份额转给孙润明。工商信息显示，孙润明和孙二明家庭住址一致。

孙二明是山西太原人，系山西苑军实业集团有限公司董事长，该公司于 1998 年 7 月在山西太原注册成立，主要经营通信器材、建材、生铁、普通机械设备等物资，法人代表从孙二明换为孙润明后又换成孙二明，财新记者根据工商资料上登记的联系方式，一直无法联系上孙二明本人。

新增的股东中，夏华江是大同左云县的民营企业家，担任大同市江鸿房地产开发有限责任公司董事长和重庆市江鸿建设集团董事长，他以拥有一辆车牌“晋 B88888”的丰田陆地巡洋舰在山西著称。

另一位汇金立方后期合伙人谌慧宇，跟令完成的公开交集始见于 2004 年。当年 3 月，谌慧宇与丈夫李思渊及吴科、胡宁合股成立北京海芘红家居用品有限公司，主营卡通产品，一个月后，后两人退股。当年 11 月，令完成出资 30 万元加入，占 30% 股份。2006 年，谌慧宇、李思渊和令完成三人以同样股比合资成立了北京海芘红网络科技有限公司，该公司又投资并运营了 UU 定制网，提供个性化文化产品服务。

据财新记者不完全统计，仅在北京各中高档商场，包括崇光百货、大悦城、君太、汉光（原中友）等，海芘红就有过 20 家直营店。财新记者联系了这 20 家商场，得到的回复均是：海芘红专柜已经撤走。此间，海芘红还发展连锁加盟，单店投资 15 万 –20 万元。在海芘红公司的一篇宣传稿中，曾提及战略合作单位中国网通天天在线总裁令完成出席海芘红的庆祝活动。

2012 年，谌慧宇还以上海福方文化投资发展有限公司董事总经理的身份，在北京大学举行的一个文化产业论坛发表演讲，称自己是一名“专注消费品和文化创意产业的投资人”，投资过“媒体、动漫、文化”等产业，并称自己在 2010–2012 年间共投资了“大概 10 个企业，其中 6 个已经上市”。

财新记者 11 月中旬多次致电及短信联系谌慧宇和李思渊，询问参与汇金立方及令完成投资海芘红的情况，两人均不愿透露任何信息。

北京市企业信用信息公示系统显示，汇金立方投资管理中心（有限合伙）

的注册地址位于北京市朝阳区广渠门外大街。财新记者走访发现，该地址是一栋老旧的四层小楼，产权人为北京市光华木材厂。一层是超市，三层和四层是办公区，尽管早已搬走，二楼的保安室仍能看到汇金立方未取走的广告函。

注册地址为北京市海淀区中关村南大街 12 号天作国际中心的汇金立方资本管理有限公司，目前仍有工作人员在办公。这是汇金立方投资管理中心（有限合伙）的全资子公司和投资持股主体。

汇金立方成立后，很快开始了一系列的"神算子式"投资。2008 年 -2010 年，汇金立方的投资领域涉及 IT、科技、建材、互联网，先后入股乐视网、神州泰岳、东方日升、东富龙、海南瑞泽、光一科技以及腾信股份，这 7 家公司全部于 2009 年 -2014 年间上市。多家公司上市后，汇金立方即果断套现，加上乐视网和处于禁售期的腾信，保守估计，汇金立方变现和浮盈获利在 12 亿元左右。

除前述已经上市的 7 家公司，汇金立方还投资有广东九联科技股份有限公司、南京时代传媒股份有限公司、永兴特种不锈钢股份有限公司、北京中科美伦科技有限公司、浙江中南集团卡通影视公司、深圳市通银金融控股有限公司、江苏凯力克钴业股份有限公司、东莞市小猪班纳服饰有限公司等公司，其中大多处于 Pre-IPO 状态。

在这一系列投资中，最引人关注的是入股乐视网。有市场人士质疑，乐视网 2010 年成功上市疑点重重，其收入及利润数据有造假嫌疑。而贾跃亭自令政策落马后出走海外，也令外界多有猜测。

2008 年 7 月，乐视网的前身乐视移动传媒科技（北京）有限公司成为汇金立方成立后的首个投资项目。出资 360.71 万元后，汇金立方持股 6.06%，仅次于贾跃亭位列乐视网第二大股东。

2008 年 12 月，持有乐视网 84% 股份的贾跃亭，将其部分以知识产权出资的股权转给公司高管层，除了 500 万元转给亲属贾跃芳、227 万元转给副董事长刘弘外，获得 200 万元股权的李军是拿到股份最多的高管。如前所述，李军是令完成的妻弟。

到 2009 年 1 月乐视网完成股份化改制，汇金立方占股 6.06%，为仅次于贾跃亭、贾跃芳的第三大股东；李军持股 3.36%，位居刘弘和深创投之后，为第六大股东，排名甚至在贾跃民之前。公司另一位副总经理杨永强、财务总监杨丽杰及董事会秘书邓伟，所持股份都远不足1%。

2010年8月，乐视网成功在创业板上市。有消息人士告诉财新记者，乐视网上市确实曾得到令完成的帮助。

乐视网内部人士称，李军甚少在公司出现，已经于2013年1月离开。其股份在2013年8月打开限购后迅速减持，乐视网2013年年报显示，当年年底，李军减持1755多万股，按35元的平均股价计算，价值6亿多元。

而汇金立方更是早在2011年即大规模卖出乐视网股票，2013年半年报中已经看不到它的踪迹，保守计算其收益超过3亿元。

令狐剑母子的生意拼图

在令完成还没有做好从新华社下海经商准备之前，2001年，令计划的养子，也是令计划早逝大哥令方针的儿子令狐剑，已经决心开启自己的财富之路。

2002年-2005年间，令狐剑及其母亲孙淑敏成立了一系列广告、公关、会展公司，它们一起被称作“强势纵横集团”。尽管此间伴有旧公司的注销、新公司的设立，外资的引入，以及2009年之后更名“趋势中国传播机构”，但这些公司一直以一个紧密的集团形式对外存在，并公开宣称“有着良好的政府关系背景以及雄厚的媒体资源”。据财新记者不完全统计，仅孙淑敏先后入股的公司，就至少有10个。

2001年10月，北京强势纵横文化传播有限公司（下称强势纵横文化）成立，注册资本金200万元。工商信息显示，公司的原始股东为持山西身份证的洪波、张军、李军，以及辽宁籍的张园。这其中的李军，即是上文中令完成的妻弟，乐视网副总经理，他当时的身份是大同博思凯实业有限责任公司总经理。

强势纵横文化成立之初，还准备了四个同样野心勃勃的备用名：强势纵横伟业文化传播有限公司、强势伟业文化传播有限公司、纵横伟业，以及启灵文化传播有限公司。

一个月后，强势纵横文化注资，与李军、张军、张园及洪涛一起成立了北京强势纵横广告有限公司（下称强势纵横广告），法人代表仍为洪波。根据工商信息推断，洪涛比洪波小两岁，二人身份属同一派出所管辖，洪涛很可能与洪波有亲属关系。公开资料显示，洪波在山西也有两个公司：山西誉美装饰工程有限公司和山西誉美科技发展有限公司，分别主营室内外装潢设计及计算机软件开发。

2004 年 11 月，洪波、洪涛、张军、张园、李军全部从强势纵横文化、强势纵横广告退出，将股权转给了孙淑敏、令狐剑、郭磊。孙淑敏成为这两家公司的最大股东，持股比均为 95%。郭磊和令狐剑则分别在强势纵横文化和强势纵横广告各持 5%。

孙淑敏是令完成长兄令方针的遗孀，是北京赴山西的插队知青。令方针早逝后，孙淑敏搬回北京居住。令狐家族在山西运城老家的村民称，令狐剑在北京生活期间，山西人想见令计划，都得通过令狐剑。

公开资料显示，郭磊 1997 年大学毕业后进入新华社旗下的中国环球公共关系网（下称环球公关），在那里他与令狐剑最早成为同事。几乎在同期，令狐剑的小叔令完成进入新华社旗下的中国广告联合总公司担任总经理。

环球公关之后，郭磊进入凯旋先驱公关公司，此后，他还在一家管理咨询公司工作过，期间做了辉瑞和史克的关系营销业务。

多年后的 2012 年，郭磊在接受媒体采访时称，他在 2002 年“跟几个投缘的朋友一起创办了强势纵横文化”，“很艰苦，年底大家也就分个几千块钱”，公司在“05/06 年间吸收了许多规模类似的公关小分队，资源共享，声势也由此高涨”。

郭磊所说的“投缘的朋友”，应该就包括他在环球公关的同事令狐剑。尽管强势纵横文化的股东名单从始至终没有出现令狐剑的名字,但工商信息显示，2003 年，强势纵横文化年检的报送人是令狐剑，企业法定代表人一栏的名字是洪波，但身份证号码却是孙淑敏的。

令狐剑母子在广告业务上也不断进取。2002 年 3 月，孙淑敏与时年 63 岁的吉林人李淑玲投资设立了北京品尚广告有限公司（下称品尚广告）。尽管没有再次出现在股东名单上，但工商资料显示，彼时令狐剑作为指定方之一，指定孙淑敏代办了企业登记事项。2005 年 5 月，李淑玲将全部股份转给时年 44

岁的北京籍女子袁小薇，同时公司地址迁往北京门头沟区月季园 39 号楼某单元房。2013 年，袁小薇又将全部股权转给了刘巳原。此时，公司的注册资本为 50 万元，孙淑敏和刘巳原各占 50%。

在一则招聘广告中，品尚广告称自己是北京强势纵横文化的姊妹公司，“已经与中央各部委建立了广泛的合作关系”，并且有全国 800 余家上市公司项目在《中国证券报》旅游休闲版的独家代理权。

同样注册在月季园 39 号楼该单元房的，还有北京品尚兴业财经投资顾问有限公司（下称品尚兴业）。该公司成立于 2003 年，投资人为孙淑敏和袁小薇。

财新记者走访发现，月季园为住宅区，39 号楼该单元房大门紧闭，门外投放的小广告静静地躺在那里无人清理。邻居称，这家平时很少有人，主人一个月最多回来一两次，每次回来，“最多十分钟车就开走了”。小区居委会工作人员则告诉财新记者，该单元房确实注册有公司，但“多年来一直没人办公，现在就跟库房一样”。

跟品尚广告一样，品尚兴业也以深厚的政府关系示人。“与各政府机构的关系紧密，具有协调政府关系方面的丰富经验。”在一则招聘广告中，品尚兴业如此写道。

2004 年 8 月，令狐剑与迟安隸、郭磊及徐棣，共同投资 50 万元成立了北京环盟公共关系咨询有限公司。该公司在 2008 年 9 月注销。同样是 2004 年，孙淑敏与郭淑敏、李丽珍共同投资成立北京环广广告有限公司（下称环广广告）。其中，郭淑敏为北京籍，李丽珍为山西籍。财新记者根据孙淑敏、李丽珍登记在工商资料的电话打过去，发现手机号已易主。2010 年，孙、郭、李将全部股权转给了关皓、罗茵，并退出股东会。

财新记者走访发现，环广广告的注册地址为北京密云县十里堡司法所所长办公室。工作人员称，因为返税政策，有几十家公司注册在该办公室。“我对这个公司有印象，大概十年前就注册了，但这个公司在成立后的几年里一直没有实体经营。”工作人员说。

财新记者多次致电及发短信给罗茵，询问环广广告的具体业务以及其与孙淑敏的关系，但未获置评。

2005年，令狐剑母子设立了多家以“强势”开头的公司：北京强势互动广告有限公司（下称强势互动广告）、北京强势联合科技有限公司（下称强势联合科技）、北京强势联合公关咨询有限公司（下称强势联合公关）。强势纵横旗下还包括北京强势合力国际会展有限公司（下称强势合力会展）、北京强势众信国际信用管理公司（2011年更名科瓦希亚管理咨询有限公司，下称科瓦希亚）、北京强势领航国际咨询有限公司（下称强势领航咨询）、北京强势领域广告有限公司（下称强势领域广告）等。

郭磊、石磊、关皓，这三个普通的名字在上述公司中均有交叉出现。工商信息显示，强势互动广告成立时，名称预先核准申请书上的投资人是孙淑敏和令狐剑，此后，郭磊取代令狐剑成为投资人之一。关皓则代办过该公司的名称申请，但不符合登记机关规定的被委托人身份要求，最后改为股东郭磊代办。

公开资料显示，石磊1995年大学毕业后进入北京达人文化传播广告有限公司任项目经理。2004年，石磊加入了令狐剑的环盟公关，期间分别与郭磊、关皓成立了强势合力会展、强势领航咨询，前者在2009年为中国联通在日内瓦世界电信展设计展台。

2008年，石磊创办信诺达有限公司，并在全国中小企业股权交易中心（新三板）上市。2014年信诺达半年报显示，公司的主要债权人为强势合力会展（借款291万元）及石磊。

2008年，孙淑敏还卷入关于北京中青联迪科技发展有限公司（下称中青联迪）的一场诉讼。工商信息显示，中青联迪公司成立于2001年，2010年被吊销营业执照。该公司最初由中青实业发展中心（下称中青实业）和南海市联迪网络技术有限公司（下称南海联迪）共同投资800万元成立。2003年，公司的股东变为北京网格新通科技有限公司（下称北京网格）和南海迪联。2008年，北京网格退出，新增股东陈霞、孙淑敏，两人分别投资300万元和800万元。

但一份被告中青联迪总经理余建潮的辩护词却显示了故事的另一面。律师称，余建潮系中青联迪的“董事长和实际控制人”，但北京网格在2007年11月14日与孙淑敏签订《股权转让协议书》，以一元的价格向孙淑敏转让其30%的股份，同时，中青联迪还签署了一份协议，将公司15%的股权转让给于庆林。一年后，中青联迪修改了公司章程，修改为陈霞（于庆林妻子）出资300万元，孙淑敏出资800万元，南海联迪出资900万元。辩护词称“这一股份转让过程明显违法”，系“空手套白狼”。

2010年7月，余建潮被以职务侵占罪判刑12年，后改为6年。余建潮入狱后，一位自称余建潮是其胞弟的人发帖称，“2008年，孙淑敏和陈霞，在令狐剑背后的策划部署下没有任何的投资加入，成为公司股东，刚进公司不久，居然就捏造事实举报余建潮侵占公司资产。”目前，该帖子已无法回复。

令狐家族的另一名成员在强势联合公关有过短暂的出现。2005年6月，孙淑敏、郭磊等出资50万元成立强势联合公关，该公司初期名称申请人为令狐慧佳，但工商信息显示，令狐慧佳不符合被委托人身份要求。

郭磊和关皓还是中海建经贸有限公司（下称中海建）的董事。该公司成立于2006年。2012年7月，环广广告的罗茵加入中海建，成为董事之一。2014年4月，郭磊、罗茵、关皓退出了股东名单。目前法人代表为卢生。

中海建官网介绍，该公司以经营各类建筑钢材及原材料贸易为主，同时经营礼品定制，跟山西海鑫钢铁集团、山西苑军实业集团等“建立了长期的战略合作伙伴关系”。而苑军实业的前董事长为孙二明，孙二明则是令完成控制的汇金立方的合伙人之一。

在2009年8月的一则招聘广告中，中海建自称为强势纵横集团旗下公司，其官网也是由强势纵横更名而来的趋势中国传播机构的网址。趋势中国官网显示，2008年，旗下的中海建曾为中国移动设计开发了一系列礼品，处理了来自“全国31省的上百万张订单”。

2007年之后，郭磊、石磊、关皓的这个拥有普通姓名的“三人组合”，开始逐渐取代令狐剑、孙淑敏，成为这一系列公司以及新设公司的大股东。令狐剑母子2005年设立的三家“强势”公司——强势互动广告、强势联合科技、强势联合公关，也都在2006年–2008年间注销。

有接近郭磊的人士透露，郭磊曾解释称，因为令计划在2007年的十七大上升任书记处书记，未来有进步可能，令狐剑作为令家亲属，开始逐步退出经商。

同样，此一时期令计划的妻子谷丽萍也逐渐从一系列“中青系”公司退出，或将公司停业吊销，如谷丽萍担任法人代表的北京中青红舰文化发展有限公司、北京中青红舰科技发展有限公司、北京中青红舰网络技术有限公司，以及谷丽萍担任董事的北京中青白马文化发展有限公司。这其中，北京中青红舰网络技术有限公司的部分股权转让给了谷丽萍养子旗下的强势合力会展。

2009 年 11 月，强势纵横集团更名为“趋势中国传播机构”（下称趋势中国），并与一家名为新洲公司的英国公司组成新洲国际传播集团。孙淑敏、令狐剑母子的名字从新公司股东名单中彻底消失。令狐剑与老同事郭磊等的合伙关系似乎到此结束。但有消息称，彼时令狐剑正在英国居留。

趋势中国比强势纵横获得了范围更广、层级更高的商业合同。据趋势中国官网介绍，自“2002 年公司成立以来”，其服务对象涵盖中国电信、中国移动、中国网通、中国石化、招商银行、可口可乐、联合利华、奔驰、沃尔沃、三星、蒙牛、雅芳、中兴、大新华航空、双鹤药业等品牌，服务的政府对象包括团中央、国家汉语对外推广领导小组办公室、中国人民对外友好协会、中国红十字会、全国归国华侨联合会、首都精神文明办、北京市旅游局等。这些服务由“集团”旗下的不同子公司交叉提供。

跟追溯自己的历史一样，趋势中国在官网列出的典型案例也追溯至强势纵横时代：从 2005 年起，旗下的“领航公关”（可能是石磊、关皓等在 2007 年成立的北京强势领航国际咨询有限公司）就负责承接沃尔沃的两项年度高尔夫赛事，并在五年的运作时间内，使得参与者的数量增加了 84%。

2006 年，天津一汽威志轿车下线后，趋势中国又替其策划并执行了一个全年度的公关方案，并通过与央视经济频道《绝对挑战》栏目合作展开。最终，该车型还获得“CCTV 年度经济型轿车”。

彼时，掌管央视经济频道和广告部的央视广告经济信息中心主任为郭振玺，有消息人士向财新记者透露，郭振玺与令家有较深往来。

2008 年北京奥运期间，尚未更名的强势纵横集团就承接了一系列大单。公开资料显示，强势纵横集团承担了北京奥组委志愿者合作、奥运火炬整合营销传播、“为奥运加油”主题策划三大奥运营销核心工作，并在英国策划了“传统中医药英国推广周”，后者还获得了第九届中国最佳公共关系案例大赛的最高奖“国际公关金奖”；旗下“领航公关”则为可口可乐在北京 26 个公共区域设立了奥林匹克主题文化广场。

除了 2008 年北京奥运会，2010 年的上海世博会也同样出现了趋势中国的身影。公开资料显示，趋势中国为上海世博会“天津周”活动的策划方。

强势纵横正式宣布改名前两个月，关皓、玉红在天津投资 100 万元设立天津铭远文化传播公司（下称天津铭远）。很快，该公司对外宣称是“趋势中国下属独立运营的子公司”，并且办公地点显示在北京广渠门内大街。

天津铭远在 2011 年跟玉红一起投资成立了尚思伟业文化传媒（北京）有限公司，玉红同时还是尚思鸿泰文化传媒（北京）有限公司的股东。公开资料显示，玉红在 2011 年成为中国青年企业家协会会员，该社团为团中央直属单位。

2009 年 3 月，强势合力会展与张宁合资成立中宁建科技有限公司（下称中宁建）。2011 年 12 月，强势合力会展将全部股权转给了环广广告。此时，孙淑敏已经将在环广广告的股权转给了关皓。2012 年，公司变为环广广告 100% 持股，董事为石磊。

检索公开资料不难发现，北京各大重要地段的建设中，不少都出现了中宁建的身影。其承接的项目包括天安门、国家博物馆、国家大剧院、毛主席纪念堂、国家体育场（鸟巢）、首都机场 T2 及 T3 航站楼等周边的防盗装置安装。

即使是 2009 以后成立的趋势系公司，也会将公司历史追溯至令狐剑母子设立公司之初的年代。2010 年，郭磊出资 950 万元、石磊出资 50 万元注册成立趋势纵横（北京）文化传播有限公司（下称趋势纵横文化）。趋势纵横文化先后以 100% 的占股比例投资过包括强势合力会展在内的多个子公司，以及北京蓝沃公关顾问有限公司、北京新华派锐公关顾问、上海领时公关顾问有限公司，深圳维奇睿科贸有限公司，新洲联合（天津）公关咨询有限公司，强势领域（天津）广告有限公司等。趋势纵横文化在招聘广告中继续暗示自己有深厚的政府关系。

逆转

黄河腹地的山西运城，人口全省第一，人均 GDP 倒数第二，出产山西全省六成的小麦、七成的苹果和九成的棉花。这个以贫穷著称的农业大市，也为山西贡献了最多的大学高材生，和穷苦出身、靠发奋读书走出去的官员。

2014 年的运城，上半年，小麦和玉米旱死在地里，下半年，棉花和冬枣泡烂在雨中。从上半年到下半年，一批运城籍的官员在反腐风暴中密集落马。

自 2014 年 2 月原山西省人大副主任金道铭开始，山西省一共有七名现职副省级官员及一名调职至中央的省级干部落马，其中三位为运城籍（原山西省政协副主席令政策，原山西省委常委、副省长杜善学，原山西省委常委、太原市委书记陈川平），一位曾在运城为官（原山西省委常委、统战部长白云）。

令政策在这个夏天的落马，就像一个弹弓往树林中弹去一颗石头，惊起鸟雀无数。时任山西省委常委、副省长的运城同乡杜善学几乎在同时落马；同一天，在他们的家乡运城市任市委书记的王茂设也在机场被带走。

杜善学老家是临猗县，与平陆县分处运城市的西东两侧，两地语言略有不同。接近杜善学的人说，任长治市委书记时，杜善学曾试图接近令计划，以升任副省长，为此向令狐家远亲赠送一辆越野车。被调查前一周，2014 年 6 月 12 日，两人还同场出席了山西省政协举行的水源地保护对口协商会议。

媒体报道称，听闻令政策被调查后，时任山西省委常委、太原市委书记的另一位平陆同乡陈川平脸色大变。

陈川平家在平陆县坡底乡，与令政策的老家相隔 70 公里，但陈川平的姨娘与令政策同村，少年陈川平曾有一两年时间在常乐公社后村的姨娘家生活、上学。当时令政策已经参加工作，两人相差 10 岁，少年时期并无交往。直到两人同在太原为官，尤其在各自执掌省发改委、太钢集团后，交集增加。熟悉令政策的人说，因有乡谊，令陈私交很好。有接近陈川平的人士称，陈个人并不算贪财，但往上送礼手面很大。

两个多月后，8 月 23 日，陈川平也被宣布接受调查。隔日，他们的另一位同乡，太原市委常委、政法委书记、公安局长柳遂记也被带走。

9 月 14 日，出生于运城稷山、一直带有乡音的央企明星、2011 年曾获 CCTV 年度经济人物的孙兆学，在中国铝业集团总经理任上被调查。此前，他在位于家乡运城河津的中国铝业公司山西铝厂工作了 10 多年时间，即使是之后在央企任职，孙兆学一直与山西运城籍官员交往甚密。

这个以贫穷著称的农业大市，已经成为十八大后“反腐风暴”中的一个暴风眼。而令政策的落马，因为其在北京的家族背景、在运城的乡党枝蔓和在太原的权钱关系，被认为是这场风暴最醒目的前兆，其影响一直发酵至这个多事之年的冬至。

在这一天落马的令计划，是半年来被正式宣布遭受组织调查的第四位国家领导人，在他之前是全国政协原副主席苏荣、中央军委前副主席徐才厚、前中共中央政治局常委周永康。从权势上看，曾经担任中央书记处书记、中共中央办公厅主任的令计划排在他的政协同事苏荣之前，与执掌军队政治大权的徐才厚差可比拟。

事实上，令计划落马早在 2012 年 8 月他突然由中央办公厅主任转任中共中央统战部部长之时就有端倪。

彼时正值十八大召开前夕，此间消息人士透露，令计划本有希望进入政治局，突然转至相对不那么重要的统战部，说明其政治生命出现重大转折。在当年 11 月十八大产生的新一届中央领导班子中，令计划果然没有进入政治局，甚至连代表副国级身份的书记处书记职务也已失去，只是在第二年的全国“两会”上当选中国人民政治协商会议第十二届全国委员会副主席，勉强保住其国家领导人身份。

这次重大转折原因不详。但据《北京青年报》2012 年 3 月 18 日的一则都市新闻报道称：当天凌晨 4 点左右，北京市海淀区保福寺桥北四环西向东辅路，一辆法拉利轿车失去控制，先撞到了路边南墙后，又撞到了路中隔离带。整车化为两截，车上三人飞出车身 5 米开外，一死（男）两伤（女）。多名消息人士向财新记者证实，死者即为令计划年仅 24 岁的儿子令谷，当时正在北京大学攻读研究生，“为掩盖儿子死因，令计划与当时的政法系统负责人达成了某种政治约定”。但这个约定随即败露，令计划的政治道路由此逆转。

2014 年 6 月 19 日，中央纪委监察部网站宣布，时任山西省政协副主席令政策涉嫌严重违纪违法接受组织调查。10 月，令计划的幼弟、北京商人令完成也被有关部门带走；令计划的养子、已故大哥令方针的儿子令狐剑出走海外。

至此，令计划的四位兄弟姐妹，除了英年早逝的大哥令方针，只有惟一的女性令狐路线，一位口碑甚好的医生，运城市中心医院副院长，仍然在继续工作。

四面楚歌之下，令计划继续出席各种场合，但是有认识令计划的人士告诉财新记者，令计划明显寡言少语，强作镇定。

12月15日，2014年第24期《求是》杂志刊载署名全国政协副主席、中央统战部部长令计划的文章《坚持中国特色解决民族问题正确道路 为实现中华民族伟大复兴中国梦团结奋斗》。这篇关于民族问题的4000字文章，是令计划的名字在公开媒体上最后的正面亮相。

实习记者崔先康对此文亦有贡献

财新《新世纪》2014年第50期 出版日期2014年12月29日

金融篇

黑马安邦的奇异历程

记者：丁锋　王申璐　贾华杰

在寸土寸金的北京 CBD 区域，东三环由北往南，北京的新地标央视新大楼南边，有黑黢黢的一大片在建工程，很多刚刚开始挖地基，其中就有两大重要地块，是安邦保险（集团）有限公司（下称安邦）的囊中物。在 2011 年北京 CBD 土地招标的硝烟中，在各方财团与有力人士的虎视之下，安邦夺下代号为 Z9 和 Z10 的两大地块，成为最大赢家，但至今尚未动工。

同样是 2011 年，安邦以 56 亿元收购成都农商行，并通过金融市场运作，把成都农商行的资产规模连年做大，使得 2014 年底安邦并表后的总资产已逾万亿元。

而今，安邦已将触角伸向更主流的银行业。2013 年 12 月，安邦连续出手，136 亿元举牌招商银行； 2014 年底，安邦连续举牌，成为民生银行（600016.SH/01988.HK）近 20% 的控股股东，登堂入室。民生银行原本股权分散。安邦目前持股远超第二大股东，以“财务投资者”自居并不能教市场放心。

“不像保险公司，更像个大基金。”有业内人士这样形容安邦给外界的印象。一位曾就职于安邦的人士告诉财新记者，“一般的保险公司，往往会比较强调提高保费收入、业绩等，但在安邦，这些不是主题词。公司上下，感觉‘钱不是问题，只管放手去做’。”

同年，一手布局多项海内外资产，一手安排近 500 亿元增资， 安邦的突飞猛进，让业界目瞪口呆。这一年，安邦接连在海外收购华尔道夫酒店并终获批准，购买比利时百年险企 FIDEA、比利时德尔塔・劳埃德银行、韩国友邦银行等项目，还在等待被收购国监管批准，但据公开信息保守估计，安邦一年内在海外的投资额已近 160 亿元。以目前浮出水面的国内二级市场的收购来算，安邦持有 9 只股票，分别为民生银行、招商银行、工商银行、金地集团、金融街、华业地产、吉林敖东、中国电建、万科 A，持仓股票的总市值超 1000 亿元。

从中国保监会公布的资料来看，安邦的保险业务收入增速强劲，但规模在业内还未跻身第一梯队。2014 年，安邦全年人身保险保费收入排名为同行业第 8 位，原保险保费收入 528.885 亿元；财产保险保费收入在中资保险公司中名列第 17 位，原保险保费收入 51.35 亿元。值得关注的是，安邦 2014 年保户投资款新增交费为 90.16 亿元。

1 月 26 日，保监会披露的信息显示，安邦人寿出资 5 亿元设立安邦基金管理公司的事项已获批。至此，安邦已形成全牌照经营的综合性保险集团，拥有财险、寿险、银行、保险、资管、金融租赁、券商和基金等金融牌照。

在一系列海内外收购的大动作背后，安邦进行了频繁的大手笔增资，目的是应付对保险公司偿付能力等监管要求。据保监会披露的信息，安邦 2014 年 4 月和 9 月两次增资，目前注册资本已高达 619 亿元，为业界最高，超过第二名人保集团的 424 亿元，而中国人寿仅 282.65 亿元。在两番增资后，安邦的股东数量从 8 家猛增至 39 家。不过，据财新记者调查，这份股东名单上，存在大量的隐秘的关联股东关系，很多与安邦的掌门人吴小晖有千丝万缕的联系。

综合从各个渠道的信息看，吴小晖善于杠杆各类“背景”，但本人也相当勤奋刻苦，“足够配得上他的野心”。

增资从 120 亿至 619 亿

在海内外凶猛收购背后，是安邦的持续增资，目的是为了符合监管要求，但资金来源则叫人疑虑。

2014 年 5 月，安邦人寿获批增资至 117.9 亿元，安邦财险则增资至 190 亿元。2014 年一年间，安邦两番增资，资本金从年初的 120 亿元猛增至 619 亿元，股东由 8 家猛增至 39 家。

安邦前身为安邦财险，成立于 2004 年，起初注册资本仅为 5 亿元。最初的七个股东为上汽集团、上海标准基础设施集团、联通租赁集团有限公司、旅行者汽车集团有限公司、嘉兴公路建设集团有限公司、浙江标基投资有限公司、浙江中路基础设施投资公司，出资比例分别为 20%、18%、18%、18%、15%、6%、

5%。2005 年，中石化集团斥资 3.4 亿元参与安邦增资扩股，持有 20% 股份，与上汽集团成为并列第一大股东。

安邦财险的首任董事长由上汽集团董事长胡茂元担任。当时吴小晖任职安邦财险的常务副董事长。此后，安邦财险几番增资，民营股东的持股比例逐渐上升，国资股东的持股比例则逐渐降低，吴小晖的职位逐渐显著。

2005 年 8 月，安邦财险资本金由 5 亿元增至 16.9 亿元；2006 年，再次增资至 37.9 亿元；2008 年，第三次增资至 46 亿元，前六大股东持股比例一致，均为 16.48%，中石化为第七大股东。2009 年时注册资本 51 亿元。

2010 年 6 月，安邦财险出资成立安邦人寿，注册资本为 37.9 亿元。同年，和谐健康险公司成立。2011 年，安邦资产管理公司、保险销售公司和保险经纪公司先后成立。

到 2011 年 6 月 28 日安邦集团成立之时，增资至 120 亿元，上汽集团已降为安邦集团第六大股东，持股比例 6.32%，单一第一大股东为联通租赁集团。集团成立后，安邦集团董事长一直为胡茂元，总经理为吴小晖，直至 2013 年 11 月，保监会核准吴小晖担任安邦集团董事长兼总经理，胡茂元出任董事。

联通租赁集团有限公司成立于 1996 年，主营业务包括汽车连锁经营、融资租赁业务等。注册资金 7.6 亿元，法人代表为何新民，其同时担任多家与吴小晖相关公司的法人代表，包括安邦集团旗下房地产公司、中亚华金矿业公司等。

安邦财险增资的最大手笔发生在 2014 年。工商资料显示，2014 年 1 月和 9 月，安邦保险两次召开临时股东大会，决议分别将注册资本金增加至 300 亿元和 619 亿元。保监会分别于 4 月与 12 月批准并公布其增资决定。

这两次增资后，安邦的股东由近十年未变的 8 家猛增到 39 家。从财新记者获得的股东名册来看，39 家股东呈现了近乎平均的一种结构，持股比例大多在 2%、3% 左右。上汽、中石化集团的股份继续被稀释为 1.2246% 和 0.5460%。

在新增的 31 家股东中，北京涛力投资、北京阳光房地产开发有限公司、江苏名德投资集团公司、华金能源集团公司等公司早前出现在与安邦有关的投资中，但其余 20 多家此前很少出现在公众视野，且并未有太多相关公开信息，但此番均以每家 20 亿 -30 亿元的出资规模一齐出现在股东名册上。这些股东的注册地址主要分布在北京、上海、浙江、成都、新疆、广州等六个地区。从行业来看，主要包括汽车销售、矿业公司及为数众多、名不见经传的“某某投资公司”，与安邦掌门人吴小晖有高度疑似的关联关系。

安邦的股东结构，某种程度上反映着吴小晖的这种人生轨迹。比如，安邦的股东中有多家汽车销售公司、基建公司，且多以上海、浙江为大本营。

经过多年运作以后，吴小晖无疑已经确立了他在安邦集团绝对的控制权，而做到“监管合规”也是内部安排的必要内容。

关联股东关系

财新记者调查发现， 安邦新增的 31 家股东中有一个共同点，那就是它们几无一例外地在 2014 年发生过股权变更及增资，且多集中在 5 月、6 月及 9 月、10 月，也即安邦的两次大比例增资前后。安邦 8 家老股东中，除上汽与中石化两家国有企业集团外，其余 6 家也集中在 2014 年年中发生股权变更，另外 2 家当年的工商资料未显示变更，但据其股东的成立时间看，也于近一两年发生过股权变更。若将这 30 多家公司的股东层层剥开，会发现各种千丝万缕的关联关系。

以持股 1.7932% 的股东金堂通明投资有限公司为例。这家公司成立于 2013 年，注册地位于成都，现股东是浙江互通广告有限公司（下称浙江互通）。在 2014 年 3 月股权变更前，这家公司的股东是浙江瑞通环境治理有限公司，后者曾被安邦的股东标基投资有限公司、浙江中路基础设施投资有限公司控股。

但股东变更后，金堂通明可能并未与安邦脱离干系。工商资料显示，浙江互通于 2014 年 10 月变更为成都栋栋企业管理咨询公司（下称成都栋栋），注册资本 100 万元，法定代表人为黄东东，注册地址位于成都高新区天府大道北段 966 号 2 栋 1 层 1 号 20105 室，该处物业由安邦持有。这个地址恰与安邦原 8 大股东之一美君股资集团有限公司（原浙江标基投资有限公司）的注册地址一致。

在安邦增资引入的31家“新股东”里，这样的股权变更比比皆是，如同成都栋栋这样似乎专为承接股权而设立的公司多达十几家，分布于成都、上海、深圳、杭州等地。这些公司成立时间接近，相同地区公司的注册地点均为同一栋楼的不同房间。

在安邦新增股东中，有9家公司的注册地址均位于四川成都，发起成立的时间均为2012年12月10日，首次股东会的地点均为成都锦江宾馆会议室。这9家公司分别为金堂通明投资有限公司、成都新津瑞凯投资有限公司、都江堰市文博投资有限公司、双流国逸投资有限公司、大邑兰新投资有限公司、成都蒲江兴越投资有限公司、崇州天宁投资有限公司、彭州市盛大投资有限公司、邛崃广祥投资有限公司。它们的验资报告均由四川天仁会计事务所出具，会计师均为会计师李文平、王维操，均在成都农商银行设立验资专户，新增注册资本金的划转也通过成都农商银行。

到了2014年，这几家公司的开会地点又齐刷刷地统一到成都天府国际金融中心。

成都天府国际金融中心位于成都南城，一共由7栋楼组成，整体形似花瓣。此处原规划为成都市政府新行政中心，2008年汶川大地震发生后，成都市承诺调整市级机关南迁计划，对已建成的新行政中心处置变现，处置变现所得收入全部用于受灾群众安置和灾后重建。2010年，安邦财险以4.92亿元的价格购入了其中1号楼和2号楼。

财新记者查询的工商资料显示，其中多家企业的登记证照的领取人均为黄正。身份证信息显示，黄正为浙江温州人，恰为吴小晖的同乡。黄正也是新增股东之一上海文俊投资的法定代表人。

不少“新股东”实际与安邦紧密相连。如双流国逸投资有限公司，成立于2012年12月10日，由浙江创新计算机网络有限公司（后更名为浙江智达投资）出资1亿元设立。2014年5月9日，浙江智达投资将1亿元股权转让给南京蓝盾汽车销售服务公司（下称南京蓝盾）并增资。南京蓝盾法人代表为陈德肋，最初股东为旅行者汽车集团有限公司，也即安邦的老股东之一。

在31家新增股东的法定代表人及董事或监事姓名中，可以看到吴家齐、吴家威、吴晓霞、陈德肋等多个自然人反复出现在不同公司中。公开资料显示，吴家齐为北京温州商会会长。陈德肋为天津市汽车流通行业协会副会长、中亚华金矿业（集团）有限公司副总裁，另担任多家汽车经销类公司的总经理。据《南方周末》记者调查，吴家齐、吴晓霞等人均为吴小晖的兄弟姐妹。

有投行人士分析，安邦股东层面这些频繁的股权变更，只是为了规避行业政策。《保险公司股权管理办法》第四条规定，保险公司单个股东（包括关联方）出资或者持股比例不得超过保险公司注册资本的 20%。第八条则规定，任何单位或者个人不得委托他人或者接受他人委托持有保险公司的股权，中国保监会另有规定的除外。

2014 年 4 月，保监会曾发布的关于《保险公司股权管理办法》第四条有关问题的通知显示，经中国保监会批准，对符合一定条件的保险公司单个股东（包括关联方）出资或者持股比例可以超过 20%，但不得超过 51%。

强势并购

接近安邦资管公司的人士表示："老板比较厉害，安邦在投资上放得开。"

"吴小晖喜欢收购。他的主张基本是，想做什么，就收购一家行业内的好公司。"有安邦集团的人表示。

安邦对银行业兴趣由来已久。2011 年 9 月，安邦保险斥资 50 亿元收购成都农商行 35% 股权，取得控股地位。2011 年 5 月中旬，成都农商行征集战略投资者，市场上竞争者颇多。"听说安邦集团找了领导。"一位知情人士说。两个月后，安邦即将旗下和谐健康险总部迁往成都，12 月，安邦任命和谐健康险董事长李军担任成都农商行行长。2010 年 7 月，安邦保险出资 4.92 亿元购置原成都市行政办公中心 1 号楼和 2 号楼房产，此举一度被视援助当地政府之举——汶川大地震后，成都市政府承诺出售新行政中心，用于灾区恢复重建。挂牌期间，只有安邦财险一家递交了保证金和相关材料。事后市场评论认为，受让条件较为苛刻，包括受让方必须具有良好信誉和现金支付能力的国内知名的大型金融机构；机构注册资本金不低于 50 亿元、省级分支机构不少于 30 家、进入四川市场的时间不低于 5 年等，安邦恰好一一符合。

数据显示，安邦入主成都农商银行以来，该行资产规模迅速膨胀。截至2013年末，成都农商银行的全行资产总额4200多亿元，各项存款余额2500多亿元，各项贷款余额1300多亿元，成为成都地区网点最多、覆盖范围最广的银行业机构。

在收购成都农商行之后，安邦表现出控制更大银行的强烈意愿。2013年，安邦选择大举加仓银行股，选择了招行（600036. SH）、民生、工行这些银行股中的佼佼者。

“3倍–4倍PE，0.8PB，现金分红率6%–7%，这样的资产最适合保险公司。不理解为什么那时大家都不看银行股。”有接近安邦的资管人士这样看。

“其他保险公司很少是工行、招行、民生等多家银行的大股东，中小型保险公司中只有安邦和生命人寿持有大量银行股。”一位保险业资深人士指出。

2013年底，再度传出安邦集团有意收购香港永亨银行（00302.HK）45%的股权，而这一交易的竞争者之一是农业银行（601288.SH /01288.HK）。

此外，安邦集团持有工商银行（601398.SH）0.2%的股份。2008年四季度到2009年一季度，安邦财产保险股份有限公司–传统保险产品为南京银行第十大股东，持股数为1099.9946万股。

“安邦想要跻身保险机构的第一梯队，希望通过加强对银行等其他金融机构的控制，一方面可以利用和银行的关系发展银保业务，另一方面可以扩大整个集团公司的影响力，安邦只有这么做才有可能赶上其他大型保险公司，逐渐形成自己的竞争力。”一位大型保险公司管理层人士分析。

“安邦采取集中投资策略，是在赌2014年银行股、地产股的行情能起来。”上述大型保险公司管理层人士表示，“但我个人认为其中风险很大。集中投资要么就是大赢，否则就是大输。”

一位保险资管公司的投资人士认为，安邦采取集中投资的策略，取决于其管理层对风险管理的看法，和其所处发展阶段也有关系，“如果正处于加速前进的阶段，投资就会比较激进一些，你看几个比较大型的保险公司，在投资上相对比较稳健审慎一些。”

近几年，安邦的投资业绩受到一些业内人士的认可。多位业内人士表示，安邦资产管理公司目前管理的资产已接近 3000 亿元，“其中投资收益就占了很大一块，估计 2013 年超过了 30%。”

布局招行受挫

2013 年 12 月 10 日，安邦财险继续在二级市场上买入 100 股招商银行，并公告持股比例达到 5.00000002%。

按照《证券法》，对上市公司持股比例超过 5% 需要对外披露，称为“举牌”。然而，投资者为了减少对今后买进、卖出交易的披露，通常会选择避免举牌。安邦财险此举，只是为了展示举牌意图。

事后，安邦财险官方表示，“增持招商银行，是为了坚守长期财务价值投资者的身份。”

中金公司在报告中指出，安邦意指招行董事会席位，因为在 2013 年 5 月底招商银行董事会改选中，安邦提名的董事候选人最终落选。中金公司认为，举牌是因为安邦财险仍可能进一步增持。

2013 年 5 月 31 日，招商银行召开 2012 年度股东大会，选举形成第九届董事会成员。按照招商银行最新修订的公司章程，持有或合并持有招商银行发行在外有表决权股份总数的 3% 以上的股东，可以提出董事、监事候选人。

当时安邦集团持有招商银行 2.76%，安邦财险持有 1.09 亿股，持股比例为 0.43%，累计持股比例在 3% 以上，因此安邦推选了一位董事候选人——安邦集团副董事长、副总裁兼安邦人寿保险股份有限公司（下称安邦人寿）董事长朱艺。股东会需要在 19 名董事候选人中选举 18 名董事，其中在 10 名股东董事候选人中进行差额选举，选出 9 名股东董事。

此次股东大会否决了朱艺担任招商银行非执行董事的议案，也是此次股东大会惟一未获通过的议案。表决结果是，20.91% 赞成，58.95% 反对，20.14% 弃权，赞成票位列 10 位候选人之末且未过半。

“从朱艺的履历看，安邦集团推选她当董事候选人本来是信心十足，结果还是未能如愿。”接近招商银行的一位人士说。

朱艺现年 51 岁，在安邦集团任职之前，曾任职于中国人民银行、华泰财产保险公司、保监会北京监管局、保监会财产保险监管部副主任。2012 年 10 月，朱艺出任安邦人寿董事长一职。

2013 年 5 月之后，安邦集团及安邦财险对招商银行几番增持。2013 年 9 月，安邦财险传统保险账户买入 1893 万股招商银行股票，持股数达到 1.28 亿股。至 12 月 10 日，安邦财险持有的招商银行股数达到 12.6 亿股，持股比例刚刚越过 5%。

按照招商银行的公司章程，安邦若再想入主招商银行董事会，需要等三年之后下一届董事会换届，或者倡议召开临时股东大会进行选举，但是必须满足几个条件，包括当现有董事辞职，且董事人数不足《公司法》规定的法定最低人数，或者少于其章程所定人数的三分之二时；以及单独或者合并持有招行有表决权股份总数 10% 以上的股东书面请求等。这意味着，目前尚不满足条件的安邦或许只能被动等待，或是说服其他董事出让，抑或主动继续增持。

趁乱入主民生

第二年，安邦的目标对准了民生银行。“来得太急太猛。”一位民生银行内部人士如此形容。在“对安邦并不感冒”的原董事长董文标 2014 年 8 月去职民生银行后，安邦不断增持民生银行，获得了梦寐以求的一个董事会席位。

2013 年 12 月，民生银行（600016. SH）大宗交易平台逆势出现两笔累计 49 亿元的交易，买卖双方为机构专用席位，当时并未未披露买卖双方的真实身份。财新记者了解到，第一笔 35 亿元交易背后是安邦。民生银行的公开资料显示，安邦财险 2013 年开始出现在该行的前十大股东之列，中报之后开始超越原单一第一大股东新希望投资公司。不过，“新希望系”若将南方希望集团持有的 5.58 亿股包括在内，在民生银行持股总共 18.9 亿股，仍然保有第一大股东地位。

从 2014 年 11 月底至今，安邦以迅雷不及掩耳之势，在不到两个月的时间里 10 次增持民生银行。A 股最近一轮的暴涨正式从 2014 年 12 月份开始。安邦对民生银行 A 股的持股比例由不足 3% 增持至如今的 20%，斥资逾 400 亿元。目前，安邦持有民生银行 A 股总数已达到 54.45 亿股，占该行总股本的比例达到15.94%，已晋升为民生银行第一大股东。安邦在民生银行的持股比例之高，在民生银行史上从未有过。目前，民生银行原第一大股东新希望持股比例不到7%，其他股东持股不及5%。

2013年底，安邦财险曾举牌招商银行，以集团监事长朱艺颇为资深的金融业身份谋求董事席位，居然未果。2013年12月9日，安邦财产保险股份有限公司（下称安邦财险）增持并举牌行，相关大宗交易成交金额高达136.78亿元，创下A股大宗交易新记录，成交量为11.33亿股，买卖双方均为机构专用席位，成交价为12.07元，较当天收盘价溢价10.73%。

2014年12月23日，安邦副总裁姚大锋却顺利获得民生银行董事会19席董事席位中的一席，颇令业界意外。多年来，民生银行股权结构保持相对分散的局面，第一大股东新希望从未成为控股股东，其他几大股东持股比例亦不足5%。董文标任董事长时，在诉求各异的股东中精心耕耘，几经风浪后，基本稳定住了民生银行较为分散的民营企业股东，达到微妙平衡。安邦的强势进入，无疑打破了这一平衡。不过，这次民生银行的股东们却并不反对。刘永好在股东大会上主动发言，他称对安邦大比例增持民生银行是好是坏思考良久，但最终认为应“顺势而为”。（参见财新《新世纪》周刊2015年第1期“民生银行微妙转向”）

52岁的姚大锋从安邦筹备之初即加入。他1981年在中国银行浙江分行工作，由信贷员做到处长，2002年担任万向财务公司副总经理，2002年11月担任安邦财险筹备组副组长，后任安邦财险总经理，现任安邦保险集团股份有限公司董事、副总裁，安邦人寿保险股份有限公司董事、董事长。2014年4月，安邦耗资50亿元举牌金地集团（600383.SH）后，与生命人寿一起入驻董事会，也是姚大锋出任董事。

安邦未来在民生银行的角色，成为市场关注重点。国泰君安分析师邱冠华认为，安邦举牌民生银行，看上去剑指控股权，“民生银行是目前惟一没有真正控股股东的上市银行”。中信证券非银研究员邵子钦称，安邦若控制民生银行，在管理上将带来何种变化，影响是好是坏，还很难看清。

一位国有保险公司投资部人士告诉财新记者，险资投资的配置首要求稳，重仓权重股、蓝筹股，收益情况跟大盘的波动情况相关度非常高；但安邦的投资策略显然含有更强的战略意图。

不过，中国保险业的投资效率一直过低，保险业的投资回报率长期低于5%。过去的盈利模式过于依赖保费的快速增长，投资能力建设却大打折扣，外部原因大都归结为监管部门限制太死。安邦的运作打破了这个僵局。

推挤监管红线

“安邦有那种能力，可以推着监管往前走，包括修订法规。”在一两年前，业内即有这样的说法，并称吴小晖和保监会很熟，对各司局长的办公室属于推门就进的关系。但说监管政策为安邦量身定制并不恰当，近年来保险业投资大松绑的进程加快，像安邦这样市场化程度较高的机构确实起到了有效的推动作用。

在保险业内看来，安邦成立分公司、通过审批的速度要较同行快很多。从保监会的批复信息来看，在过去一年多，安邦获批设立安邦基金管理公司、安邦养老保险公司开业，安邦人寿在山西、安徽、上海、深圳的分公司也获批筹建，业务扩张速度领先行业。

保监会人士告诉财新记者，审批快是因为吴小晖亲力亲为。他常常出现在保监会，亲自督促审批过程，而且往往是这边递交着审批，那边同步准备着筹备工作。

安邦是否存在超比例投资的问题，一直为业界所关心。

据公开信息保守估计，安邦近一年内在海外的投资额已近160亿元。二级市场上，公开信息显示，安邦通过多个保险产品的账户持至少9只股票，分别为民生银行、招商银行、工商银行、金地集团、金融街、华业地产、吉林敖东、中国电建、万科A，持仓股票的总市值超1000亿元。以持有时的大致成本估算，安邦通过安邦人寿在二级市场的投资逾100亿元，通过安邦财险的投资额逾600亿元。

业界注意到，保监会对《保险资产管理公司暂行规定》进行首次调整的时间点有些微妙。

《保险资产管理公司暂行规定》于 2004 年 4 月 21 日出台，6 月 1 日起开始实施，其中规定，发起设立保险资产管理公司的保险公司或者保险集团公司，需经营保险业务 8 年以上，净资产不低于 10 亿元人民币，总资产不低于 50 亿元。

2011 年 4 月 7 日，保监会发布“关于调整《保险资产管理公司管理暂行规定》有关规定的通知”。一共做出六项调整，除了调整个别表述，其余几项均提高了设立门槛。比如，要求设立方偿付能力不低于 150%，总资产不低于 100 亿元。仅有一项是放松了设立条件，即设立方需经营保险业务 8 年以上的规定变为经营保险业务 5 年以上，且相关调整即时生效。

随即，2011 年 4 月 18 日，保监会批复安邦财险筹建安邦资产管理有限责任公司；2011 年 5 月，批复安邦资管公司开业，一个月就完成筹建，公司注册资本为 3 亿元。

彼时安邦财险成立七年，尚不满足原规定，但保监会调整相关规定后，安邦资产管理公司成为新规定下第一家批复成立的资产管理公司。

2012 年以来，险资投资渠道及投资比例限制不断放宽，保险资金监管政策频繁出台，包括十三项投资新政的密集发布、险资放开投资创业板等、并在监管层面上逐步推行风险监管和大类资产上限监管。2013 年 9 月，保监会向保险公司和保险资管公司下发了《关于加强和改进保险资金运用比例监管的通知（征求意见稿）》，并于 2014 年 2 月下发正式《通知》，对比例监管政策进行了调整。调整前，保险公司投资证券投资基金和股票的余额，合计不超过该保险公司上季末总资产的 25%。调整后，股票和股票型基金与未上市股权和股权基金合并为权益类资产，且投资比例不超过 30%。此外，投资不动产的比例也由 20% 上升到 30%。

保监会的人士告诉财新记者，“不高于本公司上季末总资产的 30%”里的“公司”是指机构法人，也就是说，子公司投资权益类资产的账面余额需要满足不超过子公司总资产 30% 这一条件。此外，除了 30% 这条线，一旦某公司的投资权益类资产的比例超过 20%，将会被列入重点监测名单。不过，存在例外的情况，即因“非主观原因”造成超出比例的情况下，只需报告保监会即可，但不可继续买入。这里的“非主观原因”包括股价上涨等因素。

钱从何来

一位保监会高层人士曾对财新记者表示，保监会按照安邦最新的总资产进行过核算，有关增持并未超限。“目前看来，安邦的投资符合每项监管指标。不过每次是买完后才报备。”接近安邦的知情人士也表示，保监会对安邦的投资一直是有实时监测的。

业内的疑问是，这个“总资产”究竟应该是保险总资产还是保险公司的总资产？从相关文件的定义看，看来可以是后者。

安邦人寿与安邦财险成立较晚，近两年的发展异常迅速，但规模在保险业内仍排名较后。安邦人寿 2014 年全年人身保险保费收入排名为同行业第 8 位，原保险保费收入 528.885 亿元，保户投资款新增交费为 90.16 亿元；财产保险保费收入在中资保险公司中名列第 16 位，原保险保费收入仅为 51.35 亿元。

目前，2014 年的财务报告尚未披露，若参照上一年的投资量和监管规定保守估算，安邦人寿 2014 年的资产规模需要达到 350 亿元左右，安邦财险的资产规模需要超过 1800 亿元，才符合监管要求。

2013 年末，安邦人寿的总资产为 169.72 亿元，较上一年增长 108%。安邦财险的总资产为 1250.49 亿元，较上一年增长 37.8%。

虽然保费规模有限，但“安邦系”的资产规模膨胀很快。奥妙何在？安邦财险在成都农商行里持股 35%，截至 2013 年末，成都农商行资产总额 4200 多亿元。安邦财险的总资产，显然计入了按股权比例计算的成都农商行的资产。2010 年底、2011 年底，成都农商行的总资产分别为 1584.72 亿元、1876.98 亿元。2012 年 6 月底，其总资产规模首次突破 2000 亿元，达到 2052.88 亿元。到 2012 年底，短短半年其资产规模就增长了 989.12 亿元，增长率为 48.18%。中小银行通过同业业务等途径，以较小的成本做大资产规模的做法，近年来并不鲜见，而成都农商行可能是这类小银行里做的最为极致的。

根据保监会的规定，保险公司投资于证券基金和股票的账面余额，合计不高于公司上季末总资产的 25%。“若是某项投资超过了比例限制，属于严重违规，保监会应做出监管措施。”一位保险资管公司人士说，“原则上，保险公司做出每项投资都会向保监会报批备案，至少是一个月要报一次，如果超出了比例限制，除非满足可以豁免的条件，否则要受到行政处罚。”

通过银行渠道售卖投资性保险产品，是安邦一大资金来源。除了成都农商行，安邦此前主要合作对象是招行，在举牌招行后，招行基本停掉了和安邦的此类合作。现在与安邦合作规模最大的的是资金规模更大的工商银行。

保监会的一位人士告诉财新记者，目前市场上能够销售投资型财产险产品的保险公司非常少。2000 年底，华泰财险推出居安理财型综合保险，成为中国财险业的第一个投资型非寿险产品。2007 年，保监会通过收紧审批严控投资型财产险产品上市，此类产品几乎全部下线，华安、阳光、渤海、永安等财产保险公司的相关产品相继停售。

“但安邦财险一直在做，它们是做得最早的一批。目前市场上 80% –90% 的投资型财产险产品都是安邦的。”上述人士说。

2013 年 10 月，保监会才放开了太平洋财险、天安保险销售投资型财险产品的两个新试点。

根据银监会 2010 年下发的文件，规定银行每个网点只能代理不超过 3 家保险公司的产品，“安邦和生命都靠着银保渠道销售了大量的理财型保险产品，保费规模上升迅速。”

截至 2013 年 11 月，安邦人寿实现原保险保费收入仅为 3.73 亿元，但保

安邦系投资甚广

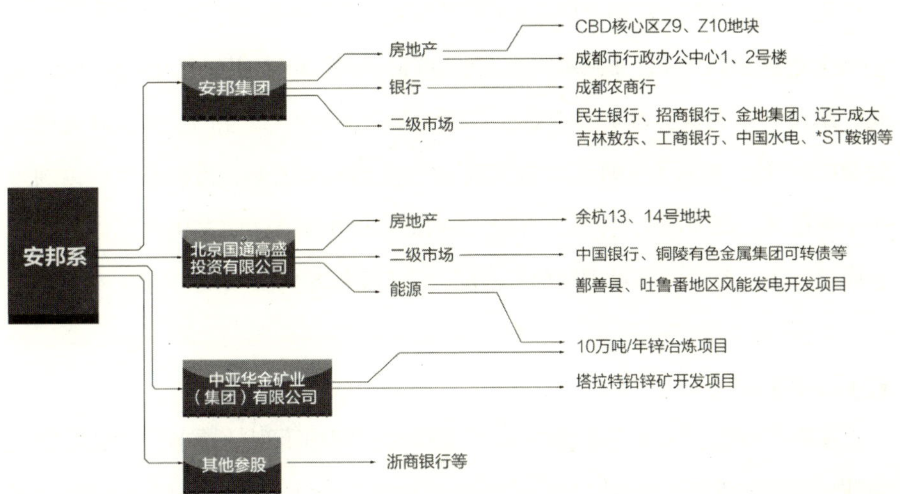

资料来源：财新记者采访整理

户投资款新增交费（通过银保渠道、网销渠道销售的理财型产品）为 74.53 亿元，为 2012 年全年保费收入的 6 倍多。

“投资型财产险产品卖得也挺好，据说 2013 年保费收入上百亿元。”接近安邦财险的一位人士说。2013 年 5 月，保监会为了引导保险公司少做投资型保险产品，将投资型产品所贡献的保费计入新的统计口径，不再计入“原保险保费收入”。

保监会未披露安邦财险所做的投资型产品的保费收入。安邦财险 2013 年前 11 个月实现原保险保费收入 60.50 亿元，比 2012 年同期减少 7.73%。“因为市场上做投资型财产险的公司太少,因此没有单列。但这个应该是要披露的。”上述接近保监会的人士说。

“安邦卖的一些产品需要公司承担比较大的风险。”上述保险业人士指出，以在工行网点热销的共赢 2 号家财险为例，本质为 5 年期的家庭财产险，但是提供浮动利率，在 5 年期定期利率的基础上加了 0.6% 的利率，因此年化收益率能达到 5.35%。在银行网点，销售人员承诺该产品“保本保息”，也就是 0.6% 的利率由安邦承诺保障。

另一位大型保险公司的管理层人士说，安邦销售比较好的产品收益率都在 5% 以上，“至少其投资端的收益率能在 10%。”

根据保险资管公司的业内人士估算，由于近两年安邦集团的投资较为成功，保险资金实现的收益较高，因此保险管理的资产或许能达到 2000 亿元。

据财新记者统计，安邦集团发家的安邦财险从 2004 年 9 月开业至 2013 年底，累计保费规模仅为 471.01 亿元，加上 2010 年 6 月成立的安邦人寿实现的保费共计 554.77 亿元。截至 2012 年底，安邦财险和安邦人寿的总资产分别为 897.16 亿元、81.43 亿元。旗下和谐健康保险公司资产总计 110.83 亿元。与保险业务相关的总资产累计 1089.42 亿元，仅占集团总资产的 21.36%。

杠杆到极致

安邦集团在近三年风起云涌，很大程度上归功于现任董事长、总经理吴小晖。

不只一位浙江基建圈里的知情人告诉财新记者，吴小晖控制的基建公司在浙江名声不是很好，在浙江的几个公路项目路况很差，“只赚钱，不舍得投入。但因为有背景，浙江也拿他们没办法。”

吴小晖确实深谙此道，从其行事风格和经历看，他的勤奋在圈内尽知，投资风格“志在必得，拿不到手誓不罢休”。2011 年 7 月，安邦人寿联合体以 22.92 亿元，夺得北京 CBD 核心区 Z9 地块。“当时安邦在竞标北京 CBD 地块时表现非常积极，手法之进取，一般人难以想象。”接近该地块交易的人士说。2011 年 7 月，安邦和北京涛力投资管理公司（下称涛力投资）组成联合体联合入标，以 22.92 亿元夺得 Z9 地块，亦是该地块惟一入标者，仅比 Z9 地块的底价 22.56 亿元高了 3600 万元。

工商资料显示，涛力投资成立于 2008 年 3 月，注册资本 4.08 亿元，股东为北京国通高盛投资有限公司，出资比例占 50.95%，实际控制人为吴小晖。此前涛力投资的法人代表为辛颖。2012 年 5 月，安邦财险新增独立董事也为辛颖。

随后，安邦又拿下了 Z10 地块。虽然是联合投资团夺标，但实际这个项目的控制权已经转到了安邦的手中。

以目前北京商业地产的价值看，CBD 这两个项目的预计盈利至少将在四五十亿元左右。谁也没想到，原本名不见经传的安邦成为这场群雄逐鹿战的最大的受益者之一。

1966 年出生的吴小晖为浙江温州平阳县人，相貌清秀、勤奋刻苦，风格强悍，是个“工作狂”，同事形容他“从早上 7 点开始约客户吃早餐，常常在办公室加班开会到凌晨两三点”，公司周末开会“请假者直接开除”。

“保险业处于投资运作上的最好年代，安邦看到了巨大的机会，所以吴小晖才会如此废寝忘食地工作，一分钟都不愿意浪费。”接近安邦的知情人士说。安邦集团的投资均由吴小晖直接负责，几笔大型投资比如对民生银行等银行股和地块投标都是由其主导完成。

业内人言，创业初期，吴小晖善于借位高权重之人的名气来提升自己及其公司、达成交易，善于将所谓“背景”杠杆到极致。

吴小晖的事业线被形容为“三部曲”：首先在浙江做汽车租赁销售起家，之后在上海做基建项目，与开国元帅陈毅之子陈小鲁逐渐达成合伙人关系；而后创设安邦集团，上海标基投资公司的实际控制人陈小鲁一直在董事名单里。安邦财险目前的八大股东中，上海标基投资集团、标基投资集团有限公司、嘉兴公路建设投资有限公司都和陈小鲁有关。2015 年 2 月，陈小鲁则在电话里向财新记者表明：这些年来均是为吴小晖“站台”，他在安邦并无股份。

1 月 29 日，《南方周末》刊文报道，陈小鲁因掌控着上海标基、浙江标基、嘉兴公路等 3 家公司，合计持有安邦保险集团 51.36% 的股权，因此市场有意见认为陈小鲁才是安邦的“实际控制人”。傍晚时分，微信朋友圈里传播着一条“来自陈小鲁”的微信回应：“我希望是实际控制人，可以给诸友发大红包！我与小晖合作快 15 年，就是顾问，一咨询，二站台。无股份，无工资，不介入公司的具体经营管理，只做战略咨询，如 2013 年建议安邦收购国外资产，特别是美元资产。如此而已。感谢诸友关心。”

当晚，陈小鲁在回复财新记者电话问询时，确认前述微信回复内容是他发出的，也把事情说清楚了。“我和小晖的合作就是站台。什么是站台？就是很多老干部受邀参加一些活动，往那一坐就完了。现在很多红二代也是这样的，钱都不（用）给的。”陈小鲁说。

工商资料显示，目前陈小鲁仍为安邦的 9 名董事之一。

朱云来系前国务院总理朱镕基之子，在担任中金公司总裁多年后，于 2014 年 10 月告别中金（参见财新《新世纪》周刊 2014 年第 41 期“中金：告别与开始”）。当时有媒体爆出朱云来多年担任安邦集团的董事，甚至猜测朱云来要加盟安邦。但其时财新记者从接近朱云来的可靠渠道确认，朱云来早期曾受邀出任安邦的董事，但不久后就告知安邦，不打算出任董事，也从未签署任何相关法律文件。公开资料显示，自安邦保险成立之初朱云来便“被挂名”安邦保险的董事职务，至今已超过 10 年。但安邦一直没有更新董事名单，后又称工商登记出错，没有及时更新。在朱云来的强烈要求下，2014 年 9 月 25 日，安邦终于更新了工商资料，不再将朱云来列为公司董事。

再如原外经贸部副部长、中国加入世贸组织首席谈判代表龙永图，在安邦成立初也在董事名单中。2013 年 11 月，安邦集团人事调整，龙永图等 3 人退出董事会。

不过，吴小晖最为引入瞩目的还是他的“婚姻关系”。今年将 49 岁的吴小晖有过三次事实婚姻，他曾与浙江省一位卢姓副省长之女高调订婚；后在陈小鲁的标准国际投资管理公司工作时邂逅卓苒——前国家领导人邓小平的外孙女、原中国科协党组书记邓楠之女，小名“棉棉”后。结婚后两人名下有一子一女，但关系已经陷入冰点。2014 年，因海外媒体特别关注安邦与邓家的关系，邓家曾小范围开会讨论，表示安邦所为与邓家背景无关。

安邦集团 31 家股东中本有两家公司间接有卓苒的持股，但在 2014 年 12 月，显示卓苒已经从这两家的股东名单上退出。一是彭州盛大投资，在安邦持股 10.5 亿股（股权比例 1.6963%），该公司 10% 的股份由北京集德创新互动传媒广告有限公司持有，后者的股东为北京标准成功投资有限公司和卓苒。公开资料显示，到 2014 年 12 月 9 日，卓苒已经不在该公司的股东名单中。二是

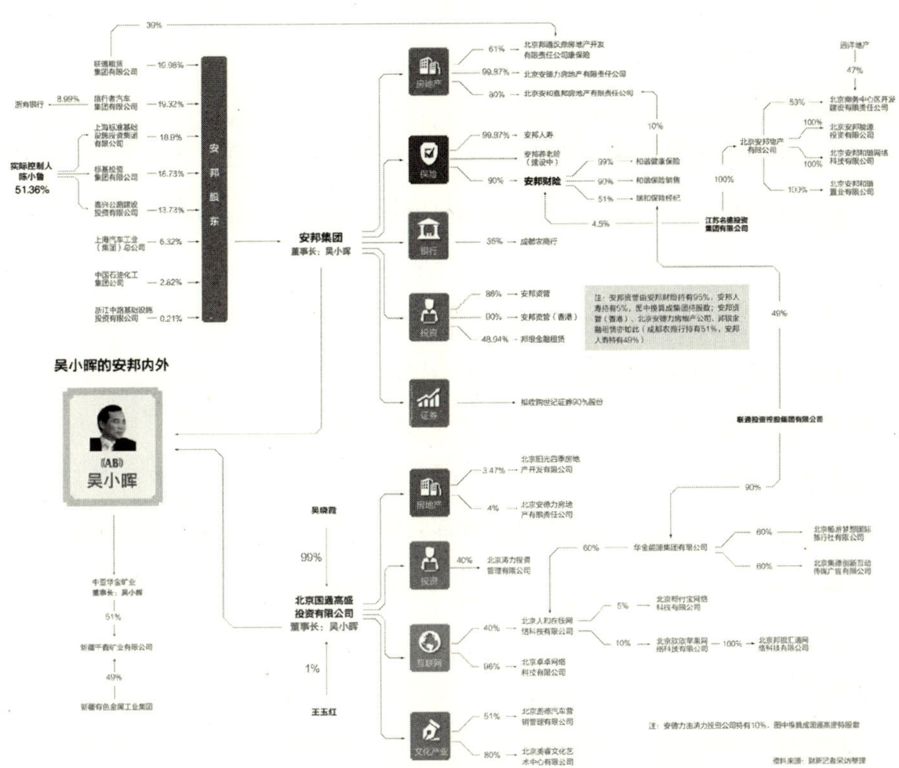

在安邦持股 3.6511% 的北京众志合诚投资有限公司，股东为北京斯隆利和投资有限公司，也于 2014 年 12 月 5 日发生股权变更，变更后，股东由北京标准成功投资有限公司、卓苒变更为北京振都管理咨询有限公司、李道秀。

安邦早期对媒体控制较严，刻意维持自己较为神秘的形象和特殊的“背景感”。但近年来随着企业规模的顺利布局与膨胀，已显得不像初期那么紧张。安邦内部宏扬的企业文化显得相对绵柔，墙上挂着的是“水”文化、“家”文化与“互联网”文化的标语。据称，在安邦内部会议上，吴小晖还给员工吹风，鼓励员工创业，可以从公司申请资金，“自己去开辟一块天地”。

在安邦供职过的人士也告诉财新记者，安邦人员流动性颇大，部门架构也频繁调整，“一年可以调整好几次，整个工作风格就是随时变、随时动。倒也不是说不好，这种变化快也不是什么公司都能做得到，得有资源。”

与安邦集团有过业务合作的律所、公关公司则透露，安邦集团对外投资很大手笔，但内部管理“手很紧”，常有做完项目中介机构拿不到佣金闹上法庭的情况。

另一块资产

同处于吴小晖的实际控制下，还有另一块资产北京国通高盛投资有限公司（下称国通高盛）。吴小晖任国通高盛董事长，其投资风格与安邦集团颇为相似，但在投资不动产、银行之外，更布局能源投资。

2009 年 7 月，在浙商银行北京分行的开业仪式上，吴小晖作为浙商银行的股东代表参与揭牌。浙商银行的股东名单里，第二大股东为旅行者汽车集团有限公司，持股比例为 8.99%，后者同为安邦集团的第二大股东。

2010 年余杭两块地产之争，将国通高盛拉入公众视野。2010 年 11 月 15 日、16 日，余杭 13 号、14 号姊妹地块（紧邻大华西溪风情）连续出让，溢价率分别高达 165.5% 和 167.5%，创当年杭州土地出让溢价率新高。胜出者为国恒地产，击败华润、新鸿基、复地、保利、朗诗、信达等地产豪强，以 26.74 亿元天价购得这两块地。

国恒地产是由国恒实业出资建成，而国恒实业注册资金 3.5 亿元，两大股东为国通高盛和上海众臣创业投资有限公司，持股比例分别为90%和10%。

国通高盛注册资本为3亿元，成立于2005年6月，之前其法人代表为陈萍，即安邦集团现任董事之一，此后变更为张燕霞。

标准基础设施投资集团有限公司、首创集团、国通高盛曾共同持股北京阳光四季房地产开发有限公司，三家分别持股92.95%、3.58%、3.47%。首创集团曾于2011年挂牌出让其持有的3.58%股份。根据2013年7月最新的工商信息记录，除了国通高盛3.47%的股份没变，剩余96.53%的股份由彭州市盛大投资有限公司持有，后者于2013年5月刚刚成立。

国通高盛还通过旗下的其他投资公司与安邦集团及其旗下公司共同成立房地产公司、参与地皮投标等。比如，旗下的北京涛力投资，曾与安邦人寿一起参与了CBD地块招标。涛力投资还与安邦人寿一同出资成立了安德力房地产公司。

此外，国通高盛在新疆对能源投资布局已久。早在2006年12月，鄯善县网站上新闻显示，国通高盛与鄯善县签订风能发电开发项目。根据投资协议，国通高盛需要在一年之内投资5亿元。

吴小晖还成立了中亚华金矿业（集团）有限公司，出任董事长。2007年国通高盛、中亚华金、吐鲁番金源矿业有限责任公司共同注资组建公司，计划开展10万吨/年锌冶炼项目。

2007年3月，新疆有色集团和中亚华金矿业有限公司共同组建新疆千鑫矿业有限公司，中亚华金对其控股，持股比例为51%。

安邦集团自身则通过另一管道从事能源投资。2009年7月，北京安邦能源投资有限公司成立，注册资本2亿元，单一出资人为北京安邦物产有限公司，两者在同一地点办公。法人代表何新民，即上述安邦集团第一大股东联通租赁集团的法人代表。

北京安邦物产公司则由江苏名德投资集团公司出资设立，后者为集团化后安邦财险的第二大股东。

国通高盛还参与了PE投资。2008年11月17日，新天域发展（天津）股权投资管理企业（有限合伙）与国通高盛签订《参加协议》，同意国通高盛以普通合伙人身份加入新天域（天津），认缴出资 1 亿元，出资比例为 9.01%。2012 月 10 月 30 日，国通高盛出资比例变为 7.07%。

国通高盛作为投资主体，工商信息显示其投资公司有六家，除了阳光四季、涛力投资，还有两家互联网企业，以及两家文化产业公司。其中北京人和在线网络科技有限公司成立于 2010 年，注册资本仅 100 万元，股东包括华金能源集团公司和国通高盛，华金能源集团亦为吴小晖实际控制的公司。国通高盛投资的两家互联网企业中，包括 980 万元投资于北京卓卓网络科技有限公司。

2010 年，国通高盛还曾获配中国银行、铜陵有色金属集团股份有限公司发行的可转债。

谈到吴小晖长袖善舞的超强能力，业界颇多艳羡。

首创集团董事长刘晓光与吴小晖有合作关系，在被财新记者问及时脱口而出："吴小晖，他就是有钱啊……"

从创建安邦财险起不到十年，吴小晖治下的金融实业版图已然成型，并仍在快速扩张之中。这位中国金融业的新枭雄身上，还会有更多的新闻。

财新《新世纪》2015 年第 5 期出版日期 2015 年 02 月 02 日

2014 年第 1 期出版日期 2014 年 01 月 06 日

谁买平安

记者：凌华薇　杨璐
特派记者：王端

天下无不散的宴席。中国平安（601318.SH/02318.HK，下称平安）与第一大股东汇丰控股有限公司（00005.HK，下称汇丰）十年连理，一朝曲终人散。

平安创造了很多纪录。24年前在深圳蛇口成立，平安起步于一家注册资本仅4200万元的地区性保险公司，现坐拥2.28万亿元总资产；从保险业兼具竞争力和规模优势的佼佼者，到收购深圳市商业银行、深圳发展银行进而成立平安银行，其金融控股架构之全、综合经营推进之深，属中国金融业之翘楚。平安也是国内第一家引入外资的大型金融企业，汇丰占据第一大股东的位置已长达十年；多年来平安亦大胆引入职业经理人，公司治理被公认比较规范。创始人、董事长，现年57岁的马明哲，始终掌舵平安，对其成功居功至伟。

12月5日，汇丰签订协议，出售所持全部15.57%中国平安的H股股权。市场对汇丰挥别平安早有预期，一旦公布还是颇为震动：交易规模高达93.85亿美元，折合727.36亿港元。此举将使正大取代汇丰，成为平安第一大股东。

交易分两步。12月7日，交易第一步完成，约3.5%股权易手，152亿港元现金交割已然完成。

旧人退去，新人登场。谁是接盘者？

公开的答案是泰国正大集团（即泰国卜蜂集团，下称正大集团）。因多年冠名中国中央电视台的正大综艺节目，正大为国人熟知，其掌门人谢国民为福布斯杂志2011年评出的泰国首富。

即使如此，当正大收购汇丰所持全部平安股权的消息传出，市场人士还是觉得不易理解。正大规模不小，2011年净资产90亿美元，但要一次过吃下这笔作价93.85亿美元的平安股权，还是令人难以想象。资金哪里来？

市场原猜测资金来自正大在国内银行所获千亿元授信。正大有关人士告诉财新记者，正大曾获巨额授信，但用于新农村建设方向，与此交易无关。2012年12月下旬，数位国开行官员明确否认首期152亿港元资金来自该行贷款。

按照正大公告，国开行将在交易的第二步提供融资。这一步，余下9.76亿股待取得中国保监会批准后转让，计价575.36亿港元，部分以现金支付，其余向国开行贷款。

过去十年，汇丰虽为单一第一大股东，但通过员工持股等安排，创始人及管理层对中国平安的实际控制权从未旁落。如果汇丰退场，新大股东进入，本有可能打破这一平衡。历史上与平安颇有渊源、关系良好的正大集团携身后资金介入，化解了这种风险——以727亿港元获得第一大股东地位的正大，宣布放弃参与经营管理和派遣董事的权利。

来自保监会高层的消息确认，已完成的交易中，支付给汇丰的资金确从正大的账户上转出，监管当局亦不会对上市金融机构的股东资格再作特别限定。

此交易看似进展风平浪静，但数个不愿透露姓名的消息源告诉财新记者，有关部门已然高度关注。

有调查发现，收购者正大背后，还另有机构，这些机构已参与第一步交易出资。至于第二步交易，尚待审批，具体出资还未发生。

来自不同大型机构投资者的数个消息源告诉财新记者，在第一笔152亿港元资金中，有三分之一左右来自泰国他信家族，其余部分来自由肖建华领衔的中国内地投资者。

他信家族是泰国政商界的头号豪门。他信曾为泰国首富，1998年创立泰爱泰党，2001年2月，当选为泰国总理。2006年，泰国政争激化，军队发动政变，他信流亡海外，但仍通过其亲属在泰国国内政治中保持强大影响力。2011年7月，泰国大选，他信的妹妹英拉胜选，成为泰国第一位女总理。

今年41岁的肖建华是“明天系”的实际控制人，旗下有信托、银行等多个金融机构牌照，控制资产据称超过万亿元，近年来在多个跨境金融交易中表现活跃，曾与平安集团董事长马明哲过从甚密，在前段发生的其他平安股权转让案中亦有其角色。

涉及平安的股权转让案，近年来一而再再而三，既引人关注，又始终有一层神秘之纱。

而国家开发银行（下称国开行）则叫停对正大集团收购中国平安股份交易的440亿港元贷款。

在国开行撤出这一交易后，保监会最终批准了交易。正大方以及隐藏在其后的真正买家，通过外资银行贷款等方式融得资金，最终完成交易。

平安的香港股价

国开行叫停440亿贷款

2012年12月19日前后，国开行以风险提示的方式，叫停了对正大集团收购平安案的440亿港元贷款。财新记者从国开行有关人士处确认了此事。

“肖建华是谁？”在平安12月7日公告后，国开行高层提出了这个问题。

据2010年6月开始实行的保监会《保险公司股权管理办法》第八条明文规定，任何单位或者个人不得委托他人或者接受他人委托持有保险公司的股权。财新记者获知，国开行发现正大集团背后的其他资金另有其人，便果断叫停了贷款。随后按照内部程序，国开行就贷款发出风险提示，并将情况告知保监会。

国开行此项贷款由该行香港分行操作，涉及资金440亿港元，约为交易总额的60%。国开行有关人士透露，正大集团为获得这笔贷款，其最高层曾于去年9月专程到北京拜访。

2009年至2011年正大集团主要财务指标一览

单位：亿美元

项目	2009年	2010年	2011年
总资产	2810	4877	6243
营业收入	3.35	4.22	5.46
净利润	0.64	1.38	1.45

注：数据已经KPMG Phoomchai会计师事务所设计

资料来源：正大集团

2009 年 7 月，国开行将香港代表处升格成立香港分行。目前，该分行有贷款余额近 3000 亿港元，约占国开行外币贷款余额的六分之一。由此可见，此次对正大集团巨额贷款在该分行举足轻重。

在决定中止此次贷款后，力主此交易的香港分行行长刘浩曾被召回北京说明情况，并在内部做了检查。1 月 7 日后，刘浩已回香港复职。40 多岁的刘浩原任国开行总行国际局副局长，2011 年初调任香港分行行长。

国开行内部调查认为，香港分行此项贷款的程序合规性上存在问题，但暂时未发现其中存在违法寻租行为。国开行有关人士表示，虽然这项贷款金额巨大，经过了总行有关部门，但香港分行的有关信贷系统未和总行联网，可能存在漏洞，是造成不合规的原因。据悉，国开行一向对分行行长管理严厉，一旦出现风险事件，会有记录在案，体现在未来职位调整等激励机制上。

国开行此前与正大集团曾有商业往来。2007 年 4 月，国开行曾与正大集团签下 1000 亿元人民币和 100 亿美元的授信协议，以支持正大集团参与国开行极为看重的“中国新农村建设”事业。

正大集团以生产销售饲料起家，曾被看作是农业背景的跨国公司。正大集团现在中国内地的主要资产是 75 家连锁超市和位于上海浦东的大型购物中心正大广场。按当时与国开行的授信协议，正大集团也可将部分资金用以国际并购。这正是正大集团收购平安股份交易宣布之初，外界屡屡提及国开行千亿授信的由来。不过，这项授信已于 2012 年 4 月到期。

正大集团副董事长谢炳向财新记者证实，该公司五年间基本未动用该授信。

肖建华入平安

正大收购平安股权，目前已经完成第一步交易，作价 152 亿港元。出资有三分之一左右来自泰国他信家族，其余三分之二主要来自中国内地的投资者。据数位不愿透露姓名的消息人士向财新记者表示，领衔者是“明天系”掌门人肖建华。

肖建华，1971 年出生于山东肥城，15 岁考入北大法律系，曾任北大学生会主席。1993 年在北京创立公司，1999 年成立明天控股有限公司，以购买法人股或发起设立方式参股了多家上市公司，以“明天系”在资本市场风声水起。“德隆系”崩盘后，“明天系”一度低调，但在2006年后再度活跃，旗下有多家上市公司及银行、证券、信托金融机构。

肖建华一向神龙见首不见尾，从不接受任何媒体采访，很少公开曝光，但近年活跃在多起跨国金融机构收购案中，有时为中介，有时为投资。

2006年鲁能集团私有化未果，“明天系”旗下的新时代信托等参与其中；2006年深发展股改，“明天系”旗下三家证券公司入股并投反对票；2007年末，太平洋证券（601099.SH）借股改捷径上市，“明天系”是其主要股东；2009年AIG出售台湾南山人寿保险股份，“明天系”参与收购战。

2012年6月，内蒙古的ST明科（600091.SH）与西水股份（600291.SH）发布公告，明天控股收购第一大股东股权，成为实际控制人。

肖建华此次参与出资，资金腾挪自肖具备影响力的三家城市商业银行，分别为哈尔滨商行、山东潍坊商业银行、内蒙古包头商业银行。

截至2011年末，哈尔滨银行资产总额2024.99亿元，存款余额1416.38亿元，不良率0.67%，净利润17.08亿元；小额信贷余额360.88亿元，占全行信贷资产总额的61%。

潍坊银行总资产458亿元，存款余额为378亿元，各项贷款余额268亿元，不良贷款率为0.88%。

包头商业银行总资产1819.4亿元，存款余额1170.67亿元，不良贷款率0.43%，净利润20.93亿元。

这三家银行均与肖建华有着错综复杂的关系。

哈尔滨银行的股东之一黑龙江天地源远网络科技，早在2003年就与肖建华控股的华资实业有过股权交易。潍坊银行第一大股东融信达，其控股的远东证券和新产业投资股份有限公司，也均是肖建华“明天系”旗下的公司。业内人士告诉财新记者，这三家城市商业银行都在肖建华的影响所及。

值得注意的是，20天后，这笔出去的资金又回到了这三家银行账上。

按照交易完成的进展，在股权完成转移后，即可以股权抵押向商业银行贷款，抵押率一般为50%左右。目前上海交易所和港交所均未显示平安有超过5%

的股权在质押中。

谁提供了接下来的资金腾挪？虽然有人怀疑资金来源于平安集团的管理层。但截至本刊发稿，尚无证据支持这一怀疑。

“未来肖建华和马明哲之间还会有很多故事。”一位市场人士这样说。

在财新《新世纪》“谁买平安”报道摘要于2012年12月22日见诸财新网后，平安集团曾于当晚发表书面声明，称管理层未出资参加正大购股案。平安集团在声明中提到两点。

第一，“我们收到来自汇丰和正大下属四家公司申请转让股权的文件，文件显示，此次交易涉及的所有资金和投资都是来自由正大集团控股的四家公司。”

第二，“按上市公司法规、金融监管法规要求，任何公司无论直接、间接回购公司股权，任何公司管理层无论是直接、间接购买公司股权，都必须经过监管批准或遵守上市公司法规进行及时披露，平安公司及管理层绝对没有出资参与此次的交易。”

次日，即12月23日，在正大发出声明后不久，肖建华委托律师发表声明，表示他未参加平安股权交易。财新《谁买平安》一文中提及，肖曾经通过其具备影响力的三家城市商业银行——内蒙古包商银行、哈尔滨银行和潍坊商业银行腾挪资金。迄今为止，三家银行未发布官方公告进行回应。

105亿美元注册资本虚实

年度之交，平安发布的一份文件，透露了这一大股东股权交易资金安排方面的一个重大变化。

早在股权交易宣布之时，2012年12月7日，平安发布了《简式权益变动报告书》（下称《简式权益变动书》），信息披露义务人为正大集团及其相关子公司。该文件称，交易分两步走。第一步152亿港元（约合18.77亿美元）的现金交易已完成，涉及股权约3.5%。第二步交易总额为575.36亿港元，将由现金加国开行的贷款完成，但交易需要得到中国保监会的认可。

2012年12月24日，财新《新世纪》刊出封面报道“谁买平安”，揭示在平安交易中，正大集团身后另有其人，其中主要是国内投资者肖建华。此报道内容摘要提前于2012年12月22日下午见诸财新网（www.caixin.com），随即传开。隔日晚正大集团即发表中英文声明回应。中文声明否认了报道内容，英文声明则重申这笔“总计93.9亿美元，折合2880亿泰铢的交易，得到了国家开发银行香港分行的部分融资支持”。

12月25日，正大集团副董事长谢炳在北京向财新记者表示，仍希望获得国开行贷款。

然而，仅仅一周后，2012年12月31日，平安发布跟此宗交易有关的《详式权益变动报告书》（下称《详式权益变动书》）显示：“正大集团四家附属子公司将以自有资本金购买汇丰持有的平安股份。”文件不再提及国开行贷款一事。

这是个意味深长的“新安排”。令人难解的是，《详式权益变动书》涉及的两份重要文件的信息披露人虽系外资公司，且其内容关乎H股市场，却并未提供英文文本。或因此原因，加之第二份文件发表时正逢元旦假日来临，未引起市场充分关注。

意识到国开行中止贷款已无可挽回，在2012年最后一天公布的《详式权益变动书》中，正大集团宣布了一项“新安排”：四家附属子公司“以自有资本金购买汇丰持有的15.57%中国平安12.328亿H股股份”。

为此，该四公司注册资本大幅提升。据该文件称，总额达到105亿美元。这个数字甚至超过了收购平安股权所需的93.85亿美元。

这四家公司为正大集团于2012年9月为收购平安股权专门在英属维京群岛（BVI）注册，分别为同盈贸易、隆福集团、商发控股以及易盛发展。2012年12月7日的《简式权益变动书》显示，四公司的各自资本金均为5万美元，总额20万美元。

不足一月后公布的《详式权益变动书》显示，这四家子公司的注册资本从各自5万美元，跃升至20亿–35亿美元不等。正是这些账面数字，构成了购买中国平安12.328亿H股股份的“自有资金”。

进一步的分析使人疑惑。正大集团近三年的财务报表显示，其2011年总资产为 1895.63 亿泰铢（折合 62.32 亿美元），净资产为 1299.89 亿泰铢（折合美元 42.73 亿美元），营业收入为 165.89 亿泰铢（折合 5.46 亿美元），净利润为 44.21 亿泰铢（折合 1.45 亿美元）。

这样的财务状况显然无法直接支持平安股权收购。正大集团在 BVI 四家子公司 105 亿美元注册资本是否到位？从何而来？正大集团未在《详式权益变动书》中予以解释。

其实，这笔巨额资金是否真正到位难以确证。这是因为四公司的注册资本，并非经专业机构审计过后的实收资本。熟悉 BVI 业务的法律专家指出，英美法系国家和地区实行授权资本制，不同于中国大陆实行的法定资本制。

所谓授权资本制（authoried capital），指公司设立时，虽然在公司章程中确定注册资本总额，但发起人只需认购部分股份公司就可正式成立。换言之，中国概念的注册资本需要验资，至少验资日，需要资金趴在公司账上。而英美法系下成立的公司并无验资之说。此外 BVI 管理更宽松，在当地注册的公司无需披露实收资本（issued capital）并接受监管。

因此，有关公告并不说明正大集团的这四家公司已经具备了完成交易所需的“自有资金”。

市场分析人士也普遍认为，正大集团仍需通过外部融资完成收购。里昂证券 2013 年 1 月 8 日发布报告虽提及《详式权益变动书》，仍认为“若正大集团的融资安排中止，导致交易不能顺利进行，汇丰势必需要另觅买家”。同日发布的德银报告也指出，鉴于每股 59 港元的收购价明显低于目前 68 港元左右的市场价，预计正大集团会积极寻求融资，同时证明自己是平安的真正买家。

正大集团以自有资金无法完成平安股权交易，这是市场的普遍看法。但在财新《新世纪》报道揭示肖建华参加此一交易后，正大集团副董事长谢炳于 2012 年 12 月 26 日专门约见了财新记者，坚称正大集团完全具备资金实力，可从“全球 15 个国家调集资金”。在谈及交易所需贷款时，谢炳称希望为此交易安排贷款的银行很多，正大集团因看重国开行的背景，才选择了国开行。

谢炳还称，他认识肖建华，肖氏也曾有意加入此次收购，但正大最终未接受其要求。

据正大公告称，第二笔交易因所涉股份超过5%（约12%），还需等待保监会的合规性审批，期限是2013年2月1日晚11点59分。

1月10日，保监会向财新记者确认，保监会已经收到平安集团有关股权转让的申请，并按规定进行了初步审核，已通知公司补充提交有关材料。

平安股权变迁

平安保险于1988年4月成立于深圳蛇口，最初仅有两家股东，一家是深圳招商局社会保险公司（后由招商局蛇口工业区持有，下称招商局），还有一家是中国工商银行深圳分行信托投资公司（下称工行），分别持股51%和49%。

其后四年间平安又引入三个新股东，中国远洋运输（集团）总公司（下称中远集团）、深圳市财政局和平安职工合股基金(后来的新豪时投资发展公司)，截至1992年12月31日，分别持有平安25%、14.91%和10%的股权。

1992年，平安获得全国保险牌照。第二年，平安增资扩股，股东数由原来的5家迅速增加到114家。当年底，摩根士丹利和高盛分别以1.2亿元购得平安8.01%的股权，平安成为第一家引入外资的国内保险企业和金融企业。

随后基于国内金融机构的大幅整顿，在从1992年至1995年的三年间，平安清退了过半数股东，最后保留54家。截至1995年12月，公司股本增加到15亿元。

此时，前七大主要股东分别是工行持有26.4%、招商局17.79%、中远集团11.55%、新豪时9.22%、深圳市财政局8.09%和两家外资（摩根士丹利和高盛）分别持有8.01%。

1997年初，平安开始了新一轮的股份制改造，注册资本从1997年的15亿元增至22.2亿元，引入新股东深圳市江南实业（下称江南实业，认购12.14%股权），其他除持股比例略有变动外，主要股东均未发生变化。

1999年，平安身陷财务困境，但化险为夷，也安全渡过可能遭拆分的危机。就在平安稳步壮大之时，2000年至2002年两年间，前三大股东招商局、工行和中远集团陆续退席。2000年，工行最先将手中持有的18%（3.96亿股）的平安股份转让给了深圳市投资管理公司（下称深圳投资）。招商局和中远集团则在 2002 年尾随其后，都将股份转让给了三家新的投资方。

2002 年，招商局把所持 17.09%（3.75 亿股）的平安股份转让给了宝华投资、源信行投资和上海银峰投资。这三家公司背后的控制人郑建源浮出水面。据媒体早前的报道，宝华投资和源信行同属没有任何经营活动的壳公司，上海银峰投资是郑建源在 2001 年成立并控制的公司。

中远集团也于 2002 年 12 月将手中持有 11.1%（2.44 亿股）的平安股份出

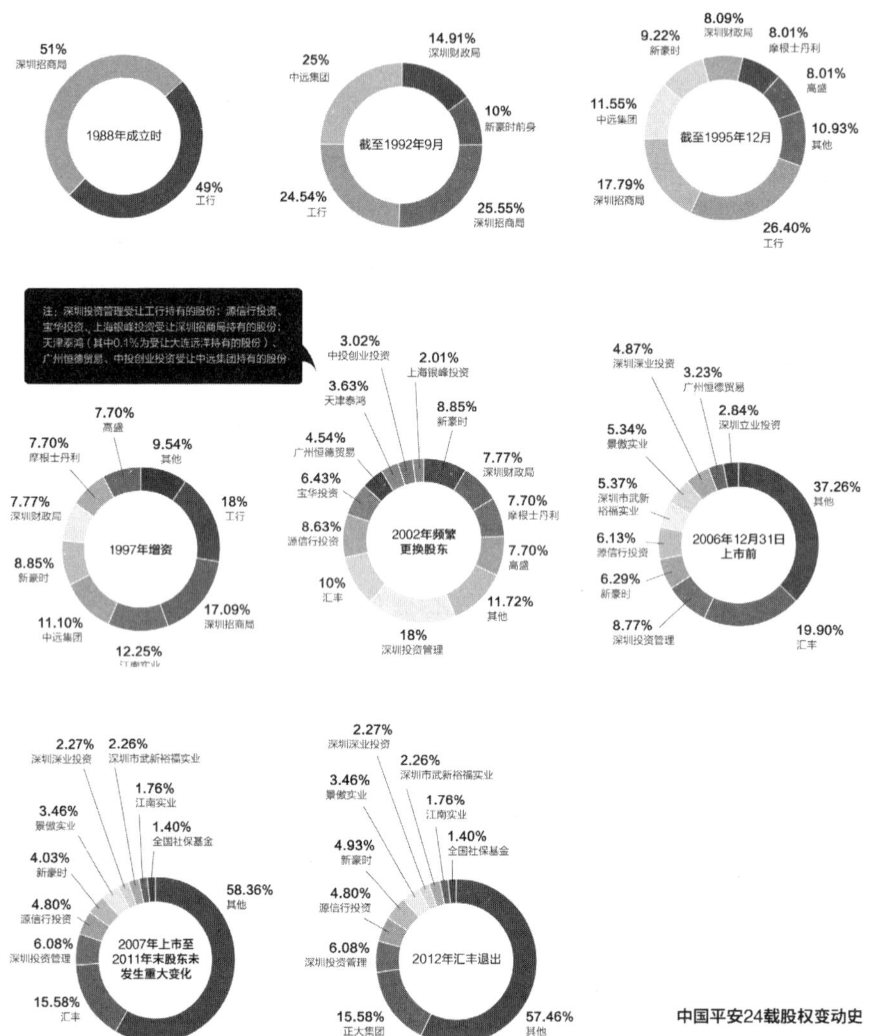

中国平安24载股权变动史

让给了三家公司：广州市恒德贸易、中投创业投资和天津泰鸿，分别持股4.54%、3.02%和3.63%（其中，天津泰鸿的持股份额数还包含从大连远洋运输公司手上购入的221万股）。

同期，平安引进了最为重要的战略股东。2002年9月，汇丰以6亿美元买下了平安10%（2.46亿股）的股权。

于是，平安的未上市股权一年三价。照当时外汇牌价计算，汇丰是以每股20元人民币买入平安股份。而据媒体报道，汇丰入股一个月前，郑建源从招商局手中拿到的价格是每股约6.4元；同年12月，中远集团转让给包括天津泰鸿等三家投资方的价格约为每股6.5元左右，均比当时平安的账面净资产略高。

汇丰成为第一大股东，收购股权有溢价在情理中。

但另外几家内资股东入股价只有汇丰入股价的四分之一强，招致外界议论纷纷。招商局有关人士则称自己是汇丰最早的原始股东，净资产积累丰厚，当时出让亦有利润，程序公开合法。"出让股份的老股东都是有利润入袋的。"一位市场人士如此评价。

2004年6月，平安于香港证券交易所上市。2007年3月1日，平安登陆上海证券交易所。

平安A股历来年报显示，平安上市至今，股权结构相对稳定，五年间前十大股东及持股情况均没有发生重大变化，惟有2008年报中出现了一家名为深圳登峰投资集团的股东，持有4398万平安A股。

员工持股历史

从股权变迁可见，平安从成立之初就是一家员工持股公司，持股合计比例一直位于主要股东之列。自2002年起，平安的单一第一大股东为汇丰，几家员工持股公司合计持股一直紧随其后，其他股份则相对分散。

平安公开确认，员工持股有三家实体，分别是新豪时投资、景傲实业和江南实业。员工投资集合的权益持有人以平安工会、平安证券工会、平安信托工会的名义，分别拥有新豪时投资和景傲实业100%股权。

享有员工投资集合的参与者，包括平安的董事、监事、高级顾问、专职员工和若干保险销售代理人。参与者购买的集合单位数额取决于其资历、工作年限以及对平安的贡献等多种因素。员工的购买价格为新豪时投资资产净值与景傲实业资产净值之和。根据持有的员工投资集合中的比例获得红利。如发生回购，价格为上年度单位账目净资产。

新豪时投资前身是平安职工合股基金，1992 年成立之初出资 2236 万元认购平安 10% 的股权，1993 年和 1996 年分别二度增资认购平安股份，1996 年 12 月新豪时投资以 1.76 元 / 股认购平安 5654 万股，加之 2004 年平安 H 股上市前夕的 10 转 10 转增股本，截至 2006 年 12 月 31 日，新豪时投资共持有平安 3.89 亿股，持股比例为 6.29%。

景傲实业 1996 年 12 月 31 日注册成立，平安证券工会及平安信托工会分别持有 80% 及 20% 股权。2004 年 12 月，景傲实业受让江南实业所持平安 3.31 亿股份，截至 2006 年 12 月 31 日，景傲实业持有平安 3.31 亿股，占 A 股上市前总股本的 5.34%。

平安副总经理王利平代理平安全体委托人托持江南实业。其中，王利平和北京金裕兴电子技术有限公司（下称金裕兴）分别持有 63.34% 及 36.66% 的股权。1997 年，江南实业认购平安 2.69 亿股，占平安增资后总股本 2.22 亿股的 12.14%。从 2001 年至平安 A 股上市前夕，江南实业减持平安股权至 2.25%，持有 1.39 亿股平安股权。

2004 年平安 H 股上市前夕，汇丰为避免上市后股权比例被相应摊薄，斥资 12 亿港元以招股价认购平安股份，维持持股比例在 9.99%，进而稳坐平安上市后第一大股东的交椅。平安 H 股上市第二年，汇丰又花 10.39 亿美元从摩根士丹利和高盛手中买下平安 9.91% 的股权，持股量跃升至 19.9%，更加稳固了单一大股东的地位。

2007 年平安 A 股上市后，新豪时投资、景傲实业与江南实业合计持有平安 13.88% 的股份。单一大股东汇丰的股权则从 19.9% 被摊薄到此次交易前的状态，15.57%。

员工持股最终需要变现。上市满三年后，新豪时投资和景傲实业持有的 8.59

亿股限售股上市流通前夕，平安公布了员工所持解禁股减持方案，两家公司将在未来五年内减持，每年减持总数不超过总份额的 30%。此举将产生高达逾 40% 的税赋，因新豪时投资需缴纳 22%–25% 的企业所得税；新豪时投资向员工支付收益时还要代扣代缴 20% 的个人所得税。

受此刺激，有员工不惜提起诉讼，要求将新豪时投资代持的股权过户到自己名下。

为此，新豪时投资和景傲实业于 2010 年 7 月将注册地由深圳迁至了西藏，更改后的公司名为林芝新豪时投资和林芝景傲实业，以享受西藏自治区新设相关行业企业免征企业所得税两年的优惠政策。

截至 2011 年底，新豪时投资和景傲实业已累计减持平安 1.27 亿股 A 股。

税负问题虽然暂时缓解，但员工的套现压力带来的另一个后果，是员工所持股份稀释后，如何保证管理层对公司的控制权？

今年 5 月 15 日平安公告称，四家投资者正式接手平安员工持股机构，平安的员工持股问题暂告一段落。新豪时投资 60%、景傲实业 60% 和江南实业 38% 的股权将转让给四家投资公司，涉及约 4.08 亿平安股权（A 股），交易金额约在 170 亿元左右。其余 3 亿多股员工股也与这四家投资方达成转让意向。

这四家投资方分别是北京丰瑞股权投资基金（下称北京丰瑞）、天津信德融盛商贸有限公司（下称天津信德融盛）、中国对外经济贸易信托（下称对外经贸信托）以及林芝正大环球投资有限公司（下称林芝正大）。

中国平安工会将持有的新豪时 55% 股权转让给北京丰瑞；景傲实业持有的新豪时 5% 股权转让给天津信德融盛；平安证券工会持有的景傲实业 60% 股权转给对外经贸信托；中国平安执行董事王利平持有的江南实业 38.004% 的股权转让给林芝正大。

至此，新豪时由平安工会、北京丰瑞以及天津信德融盛三家持有，持股比例分别是 40%、55% 和 5%。

景傲实业的股权比例则是，对外经贸信托持有 60% 股权，剩余 40% 股权仍由平安证券工会和平安信托工会分别持有 20%；最后一家员工持股公司江南实业的股东背景则相对复杂，此前控制人王利平现持 25.33%，38% 交由林芝正大持有，其余部分由裕兴科技通过全资子公司金裕兴持有（36.66% 股权）。

北京丰瑞和林芝正大的工商资料显示，两家公司均在此次交易转让前两个月刚刚成立。

正大、肖建华的身影此时已出现。林芝正大是正大的全资子公司，通过控股江南实业，间接持有平安已发行股份的 1.11%。肖建华是对外经贸信托等的实际控制人。正大和肖建华，被认为倾向于鼓励管理层控股，为平安管理层的盟友。

正大与平安

财新记者了解到，汇丰有意退出，也曾找过国内的大型机构投资者如中信集团等，探询其接盘意向。如果成事，于汇丰于平安都不失为一个“体面的结局”。中信集团向上打了报告，最终无果。

“有关部门没有同意国有背景的机构去接盘。”接近交易的知情者透露。

近年来，中国投资有限责任公司（CIC）和全国社保基金等常常联袂出现在国有金融机构的改制入股过程中。不过，CIC 旗下的汇金公司在所投金融机构中表现强势，与平安管理层风格不易兼容，且一旦国有控股，就要遵守财政部的限薪规定等。若非不得已，中投入股不是平安的最佳选择。

还有分析认为，汇丰卖股份需要合理避税，设立 BVI 公司接盘就有此考虑，但国有背景公司不很方便做此安排。

“汇丰要卖股份，首先需要与管理层商议，得到其支持。”一位接近汇丰的法律人士表示。

大股东易主，这是平安治理结构的头等大事。正大集团最终站到了前台。

正大集团是世界最大的农牧业公司之一，由华人谢易初创立于泰国，现任董事长为谢国民，2011 年福布斯所评泰国首富。正大年收入 311 亿美元，净资产 90 亿美元，在华投资超过 50 亿美元，旗下有多家上市公司，如在泰国上市的卜蜂食品企业有限公司、True Corporation Public Company Limited、CP ALL Public Company Limited、Siam Makro Public Company Limited；在香港上市的卜蜂国际、卜蜂莲花、中国生物制药。正大旗下的易初莲花超市（2008

年更名为卜蜂莲花超市），在中国大陆现有 75 家门店。

“谢国民和马明哲的关系很好。正大在中国内地的很多融资都是平安帮忙做的，平安为正大介绍了不少生意。”一位律师背景的业内人士说。

有海外市场人士透露，之前谢国民找过海外的机构投资者，希望通过 QFII 渠道，拿出几亿美元购买平安的 A 股，认为平安 A 股价格太低，有利可图。“没想到谢最终吃下这么大口。”他说。

平安此次公告称，此次接盘汇丰股份的是四家公司：同盈贸易、隆福集团、商发控股以及易盛发展。这四家公司均成立不久，尚未从事任何经营活动，注册地是在英属维京群岛，均是正大集团的附属子公司。

正大集团人士曾表态称，此次交易后，正大集团对中国平安的持股仅在投资层面，不会参与经营。平安则表示，可借助正大集团开展农村金融业务，通过农业金融保险品扩大范围。

一名美资基金的机构投资者这样理解正大接盘，“就是帮忙”。正大过去在中国发展得好，建立了良好关系。“这次大股东从汇丰换到正大，平安相当于换了个婆婆，日子还是要照样过。但是之前是一个有 discipline（纪律）的婆婆，新婆婆就是‘甩手掌柜’了。”

汇丰撤出

迄今，关于这笔股权交易的具体疑问，汇丰方面对财新记者的正式回复是“不作评论。”

1 月 10 日晚，汇丰称应香港联交所要求发出公告称，注意到近日有多家媒体报道其向正大集团出售所持平安股权于正大集团的交易事宜。经合理查询后，确认并不知悉任何须公布的内幕消息。汇丰称，2012 年 12 月 5 日就此交易所发的公告“内容仍然准确”。

汇丰从 2002 年入股平安，持有其 10% 股份。此后，通过陆续增持，成为持平安 15.57% 的第一大股东。在股权分散的平安，汇丰的持股量相当突出。平安第二大股东为深圳国资委旗下的深圳市投资控股有限公司，持中国平安 A 股 481359551 股，占公司目前总股本的 6.08%。

至于汇丰此次出售平安股权的原因，外界有种种分析。汇丰给出的公开理由是“落实其策略”，显得颇为抽象。汇丰对平安股权的总投入约为 18 亿美元，售股获利极丰。

一位平安内部高层人士告诉财新记者，此次平安交易，汇丰曾面对其他潜在买家，包括新加坡淡马锡公司牵头的几家主权财富投资基金等。淡马锡报价时提出，要在现有股价基础上打五折；正大集团则给出略高于 H 股市价的溢价。很长一段时间来，平安 H 股股价一直较 A 股高出 15% 到 20%。

一位大型跨国 PE 高管说，这个交易需要大幅打折是此类投资基金比较一致的看法，不光是 PE 有内部回报率的要求，也有对当下各种风险的折价因素，包括新股东对经营管理权能否具有话事权等。

汇丰选择了出高价者正大集团。但此交易进行颇为匆忙，汇丰内部并未进行尽职调查。“汇丰方面的律师看过了正大提供的国开行贷款协议，这是同意正大为买家的主要原因。”一位汇丰内部人士透露说。

汇丰称以 727.36 亿港元将平安 15.57% 股权转让给正大注册于维京群岛的四家全资子公司，作价为每股 59 港元，较之前停牌价 57.65 港元略有溢价。交易完成，正大将成为平安第一大股东。

汇丰公告称，所持平安股权的账面价值约 65 亿美元，此番溢价所得约为 26 亿美元。但若累计汇丰十年来在平安共 140 亿港元股权投入，汇丰实际盈利可超过 70 亿美元。

汇丰给出的售股理由是，“为实现向股东提供持续长远价值的目标，汇丰会根据其制定的策略架构，定期检讨各项业务和投资项目。出售平安保险股权反映汇丰落实其策略的另一进展。”

“平安并非汇丰的核心业务，汇丰 CEO 欧智华一直在出售非核心资产，平安只是其中的一例。”瑞信香港亚洲部保险研究总监 Arjian van Veen 对财新记者分析。

2011 年初欧智华上任后，汇丰就宣布将在 2013 年底前节省最多达 35 亿美元成本，以达到股东权益回报率在 12%–15% 之间的目标。

2011 年以来，汇丰频频出售其在全球各地的非核心资产业务。截至 2011

年末，已出售累计 12.28 亿美元的财险业务给法国安盛保险集团（AXA）和澳大利亚昆士兰保险集团（QBE）。2012 年汇丰又陆续将香港、新加坡、墨西哥及阿根廷的一般保险业务出售给了安盛保险（AXA）及昆士兰保险（QBE），资产总计 9.14 亿美元。有报道称，汇丰正洽售上海银行 8% 股权，交易接近达成，可能出售给建银投资参与的投资团。

市场上也有观点认为，汇丰选择在此时出售平安，乃因受困于今年以来各国监管机构对其的巨额罚款。巴黎 Alpha Value 的分析师 David Grinsztajn 告诉财新记者，“汇丰出售平安股权所得，正好缓解近来汇丰在美国被罚带来的现金压力。”

2012 年 7 月 16 日，美国参议院调查报告指控汇丰涉嫌在墨西哥、伊朗、开曼群岛、沙特阿拉伯及叙利亚等中东国家为恐怖分子和毒枭转移资金。报告中除指控汇丰涉嫌转移资金和隐瞒巨额交易外，还细数了汇丰在防控洗黑钱体系方面存在的七项重大漏洞。12 月 11 日，汇丰同意支付 19.2 亿美元，与美国反洗钱调查达成和解，创下美国历来洗钱案和解金额的“新高”。汇丰首席合规官（CCO）巴格利已经引咎辞职。

汇丰控股（美国）纽约商业银行副总裁 Earl Carr Jr. 告诉财新记者，汇丰出售平安还因为在中国内地已经有了自己的保险牌照，与平安存在同业竞争之嫌。汇丰在 2009 年 6 月得到保监会批准，与国民信托成立合资保险公司汇丰人寿，各占 50% 股权。据财新记者了解，去年汇丰人寿在国内保费收入 2.97 亿元，业绩增长主要来源于银行保险业务，占到公司总业绩的 89%。

不过，汇丰人寿规模太小。平安 2012 年三季度报财务数据显示，平安寿险业务累计实现规模保费 1575.68 亿元，信托资管规模达 2315.15 亿元，银行业务为集团增利 52.46 亿元，证券业务前三季度完成 16 个 IPO 项目和 31 个债券主承销项目。

也有观点认为，中资保险股的增长瓶颈已经来临，外资股东撤出为数不少。中信建投研究报告持此看法。2011 年以来中国寿险业保费增长陷入低迷，预计 2013 年亦不会好转。2011 年开始，外资投行已陆续撤出中资保险股。UBS、BlackRock、凯雷、金骏投资在港股先后减持了新华保险、中国人寿、中国太保和中国平安。

对于汇丰在内地持有股权的另一重量级金融机构交行，汇丰 CEO 欧智华近日重申，“汇丰将继续与交行构建长远的银行业务策略关系。”今年 8 月，汇丰斥资 133 亿港元增持交行股份，目前持有交行 18.7% 股权，保住第二大股东的地位。

汇丰退出平安，也有解读为规避不确定因素——12 月中旬，纽约、伦敦等地的汇丰员工都对财新记者表示内部对此确实存在顾虑。外资银行对此类风险尤为敏感。

平安何处去

交易公布当日，平安 A 股和 H 股分别暴涨逾 4%（A 股报收 38.92 元，H 股报收 60.50 港元）。早在半个月前，汇丰减持平安的猜测声就已在市场上流传开来，平安股价一度出现暴跌，后渐回升。

纷乱之中，外部投资者十分关心平安的去向和价值重估。H 股和 A 股投资者的看法出现了明显的分歧，平安 A 股和 H 股价格倒挂加剧。

不少内地投资者仍认为平安还在风口浪尖。在这一问题没有水落石出之前，他们认为平安的估值还有风险。

一位美资基金的分析师告诉财新记者，内地投资者对于中国的政治敏感度要优于海外的投资者，他们切实知道中国的问题；另一方面，最近因量化宽松政策，海外热钱涌入香港，流动性泛滥，较易流入平安这种大蓝筹。

不过，几乎所有海外投行都认为对平安影响较小，既因为汇丰没有介入平安的日常管理，也因为普遍预期汇丰要退出，对股价造成压力，现在不过是靴子落地。

“平安本身是有价值的，过去这段时间的风波不会影响到公司大的发展方向。”私募基金上善若水有限合伙公司的投资总监兼合伙人侯安扬持此态度，他倾向于在 A 股和 H 股之间套利。

平安在国内综合金融走得最远。收购深发展，与平安银行合并，与高层良好的关系有助于走过各艰难审批环节，客观上推动了一个有价值的重大交易产生，对公司发展、行业进步均有益。

平安的员工持股和管理层控制机制取向比较明确，由此建立了一个有效的激励机制和高效的决策机制，很多保险业内的高管自叹弗如。机构投资者均表示，认同平安的员工持股，股权激励对公司的影响是正面的。

也有人担心，平安创建的金融控股综合经营之路会遭遇挫折。就综合金融的发展战略，一位欧资基金经理表示，放眼全球，亦难找出普适性的成功模式。术业有专攻，不同的业务和文化间，整合未必容易。金融危机后，全球都有回到向精细化、独特化发展的趋势。

不过，“从目前平安公开资料看，平安发展良好。”东方证券一位保险分析师对财新记者说。

前述欧资基金经理称，大家担心的是平安未来可能会失去政策的优先性，也担心马明哲对平安的控制力经历此次股权变动后会不会受损，因为资本市场还是认可马明哲对平安的正面作用。

财新记者于宁、张宇哲、原财新记者倪伟峰、符燕艳对此文亦有贡献

财新《新世纪》2012 年第 50 期 出版日期 2012 年 12 月 24 日

财新《新世纪》2013 年第 1 期 出版日期 2013 年 1 月 7 日

怎样监管支付宝

记者：张宇哲　杨璐

过去一周，央行支持金融创新的开明形象突然变成了保守的负面形象。

缘起于3月13日，央行发文暂停以阿里巴巴支付宝、腾讯财付通为代表的第三方支付公司二维码交易、虚拟信用卡业务，引发第三方支付机构的强烈反弹。此前几天，支付宝和微信几乎在同一时间宣布与中信银行（601998.SH）开展网络信用卡业务，即虚拟信用卡。用户可以通过微信或者支付宝钱包在线办理信用卡，即时申请、即时获准。

此后，有关互联网企业干脆对外散发了还在征求意见中的《支付机构网络支付业务管理办法》（下称《管理办法》）、《手机支付业务发展指导意见》草案，以求强行增加政策制定中的透明度，获得社会声援。

草案内容被认为将对第三方机构产生巨大杀伤力，在“阻碍创新”和“维护银联的垄断利益”的讨伐声中，一时间，央行备受指责。

银行卡组织中国银联目前是央行主管的国有金融企业，第三方支付日益增长的市场份额确实动了原来基本由银联独享的奶酪。但市场上这样的指责颇为流行，确实令观察者感叹：央行在金融主管部门中对第三方支付最为开明，若没有央行的支持，哪里会有第三方支付市场现在的繁荣？

第三方支付自2011年被央行纳入牌照管理，发展之迅速、业务范围扩展和市场份额扩张之快，令人惊叹。财新记者辗转获得来自官方渠道的内部数据。目前，获得许可的第三方支付机构共250家，提供网络支付服务的共有100多家。截至2013年底，支付机构共处理互联网支付业务193.46亿笔，金额总计达10.4万亿元。其中，仅支付宝一家网络支付业务笔数达120多亿，支付金额达3.5万亿元。排名第二的财付通支付笔数20亿，金额达1.5万亿元。

中国银联2013年底跨行交易量刚刚超过30万亿元。虽然两者的数据不完全可比，有重合之处，且第三方市场里的重要参与者银联商务为中国银联下属子公司，但参照之下，仍可看到第三方支付市场的蓬勃之势。

与过去相比，央行的态度确实发生了变化。此间变化，非常微妙。财新记者从权威渠道了解到，央行的态度改变，不排除是出现了来自高层的压力，与前段时间市场对余额宝的辩论也有关系。

余额宝是与阿里巴巴支付宝完全打通的货币市场基金，由阿里巴巴收购的天弘基金管理公司负责管理，创立不到九个月，截至 2014 年 3 月 19 日，基金总额已达 5477.3 亿元，用户超过 8100 万。

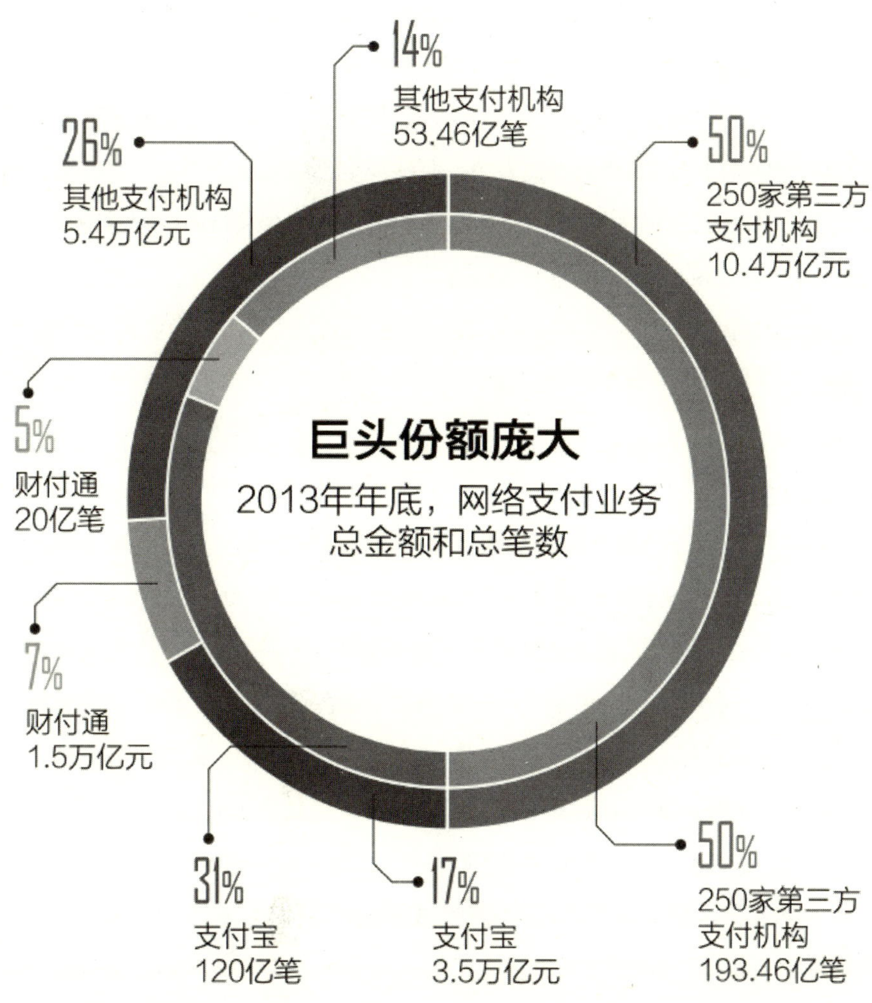

“金融行为达到一定规模，监管一定要介入。这是对全体消费者和投资者的安全负责。”2014 年 3 月，一位美国高级监管官员告诉财新记者。他很惊叹和欣赏阿里巴巴们的创新能力，但也认为监管应适时介入，建立必要的风险检查和防控机制。国际货币基金组织中国部门一位高级官员，也对财新记者表达了对余额宝类产品打擦边球的担忧：“承诺收益本质上就是银行。”

一位银监会人士向财新记者指出，支付宝和余额宝都已经“大而不倒”，具有一定的系统重要性，“除了余额宝，支付宝有几百亿元沉淀资金，3 亿多活跃客户；一旦发生危机，就是灾难。谁来收拾？央行？那就要动用再贷款，那是国家资源，全民买单。”

余额宝之所以能在较短时间内迅速长大，与支付宝之间的血缘关系和支付宝作为第三方支付机构的效率直接挂钩。虽然余额宝接受证监会对货币基金的严格监管,但央行对支付宝为首的第三方支付机构的管理办法则还在修订当中，互联网金融横扫一切的势头太猛太快，有些规定已经落后于现实，有些条款则因为争议颇大而推进缓慢。此次征求意见稿流出，则令央行的监管意图在尚未与市场充分沟通的情形下暴露，有些被动。

无论如何，中国的互联网金融，在野蛮生长后，已经走到了重新梳理风险、确定监管框架和监管责任的路口。

支付宝造神

在 3 月 15 日举办的第二届诺贝尔奖经济学家中国峰会“互联网金融”分论坛上，长江商学院教授陈龙和阿里巴巴集团参谋长曾鸣正在发言。陈龙表示，由于货币基金只能投最高级别的债券、国债和银行间存款，因此十分安全，不需要准备金。曾鸣则称，余额宝比一般的货币基金还要保守，绝大部分都是存在银行的大额存款，基本和存银行一样安全。在 8 个月后，陈龙加盟余额宝的母公司蚂蚁金服，成为首席战略官。

当时，来自美国的经济学家罗伯特·席勒（RobertShiller）拿起话筒插问，类似2008 年美国货币基金市场出现的大规模赎回的风险，在中国难道不存在？席勒是 2013 年诺贝尔经济学家得主，他认为市场并不总是有效，总是受到人类情绪的各种影响，因此金融投资可以有超额收益。

陈龙称，当时确实出现了恐慌，但后来美联储一担保，就没事了。谁知道雷曼兄弟 AAA 的债券会违约呢？

席勒回应称，人们对于货币基金下跌之后的反应，与银行挤兑一样，会是一件非常恐慌的事。

目前余额宝仍在快速增长中。在最近一周，受货币市场资金利率回落影响，余额宝收益率开始跌破 6%，开始出现了上百亿元的单日赎回，这令管理者十分紧张。不过，截至目前，余额宝仍处于净申购，即申购量大于赎回量，流动性风险只是略有苗头。

目前余额宝对自己的规模数据讳莫如深。上一次余额宝官方发布数据是 1 月 15 日，约 2500 亿元。

据财新记者了解，截至 3 月 19 日，余额宝的规模是 5477.3 亿元，预计 2014 年上半年可达到 1 万亿元。换言之，按照现在的发展速度，到 2014 年 6 月底，150 个余额宝就可以达到中国银行业的总体规模（截至 2013 年底的中国银行业总资产为 148.98 万亿元）。

根据余额宝的管理者天弘基金管理公司发布的数据，截至 2 月 26 日，余额宝用户数量 8100 万，还在不断增长中，已经超过 A 股 6000 多万的股民总数。余额宝充分体现了互联网聚拢资金的效率，更是互联网金融产品以人为本的胜利。

但是，如此规模如此速度，必须要问：风险怎样？监管又怎样？

余额宝不是普通的货币基金，它脱胎于支付宝，后者在中国第三方支付行业占有压倒多数的市场份额。余额宝和支付宝虽然各属阿里旗下不同的机构，前者是天弘基金，后者是阿里小微金融公司，但始终存在资金来往，搭着桥梁。支付宝于 2003 年诞生，嫁接于阿里巴巴的电子商务平台淘宝，在当时薄弱的信用环境下，支付宝解决了商户之间的结算问题，同时提供了七天支付担保，两者相得益彰，飞速发展。

与之相比，另一互联网巨头腾讯旗下虽然也有第三方支付机构财付通，但缺少电商的平台，市场份额与支付宝不在一个等级。依托财付通，腾讯和华夏基金合作推出的货币基金华夏财富宝，2013 年 12 月推出至今，来自财付通带来的认购金额不过 300 亿 –400 亿元。

“支付宝的沉淀资金，你们如何管理？”2013 年，一位海外的金融监管者参观阿里巴巴和支付宝后表示惊叹，并问马云。口才极好的马云眨了眨眼，没有回答。

2013 年 6 月，余额宝诞生。这就是马云的答案。

完全连通的支付宝与余额宝

支付宝的沉淀资金运用及其获利，一直是个“敏感话题”。支付宝的资金进出分散在全国各家各级银行，工行的存管行身份名存实亡，实际上很难掌控其总体规模以及去向。市场一直质疑支付宝沉淀资金运营的合规性问题，也认为央行对支付宝的资金缺乏实时监控的手段和现场检查的安排。

如果没有余额宝，支付宝在 2013 年下半年的日沉淀资金峰值就会突破 1000 亿元。支付宝本可以独享沉淀资金的收益。若按 5% 协议存款的利率水平计算，年收益可达 50 亿元。支付宝为什么不自已拿走这个收益，却要推出余额宝，不但放弃收益，还背上流动性管理的沉重包袱？

压力正来自支付宝沉淀资金带来的应对监管的成本，包括风险准备金和注册资本金要求。

根据央行《非金融机构支付服务管理办法》规定，支付机构的实缴货币资本与客户备付金日均余额的比例，不得低于 10%。客户备付金即为沉淀资金。假设以 1000 亿元沉淀资金计，注册资本金就要相应补足至 100 亿元。支付宝目前的注册资本没有公开披露，据财新记者了解，经几次增资后，支付宝目前注册资本金 10 亿元。

一直到 2013 年 7 月央行发布《支付机构备付金管理办法》，才明确了备付金利息归属第三方支付公司，只是需要计提 10% 的备付金利息所得为风险准备金。但支付宝备付金利息总体规模太大，风险准备金也得以 10 亿元计。

2013 年马云成立阿里小微金融服务集团（下称小微金服），支付宝成为其主要子公司。这块资产完全不在已宣布将赴美上市的阿里巴巴集团架构内。

份额增长 收益下降

成立以来，余额宝七日折算年化收益率和总份额

■ 总份额（亿份，右轴） — 七日折算年化收益率（%）

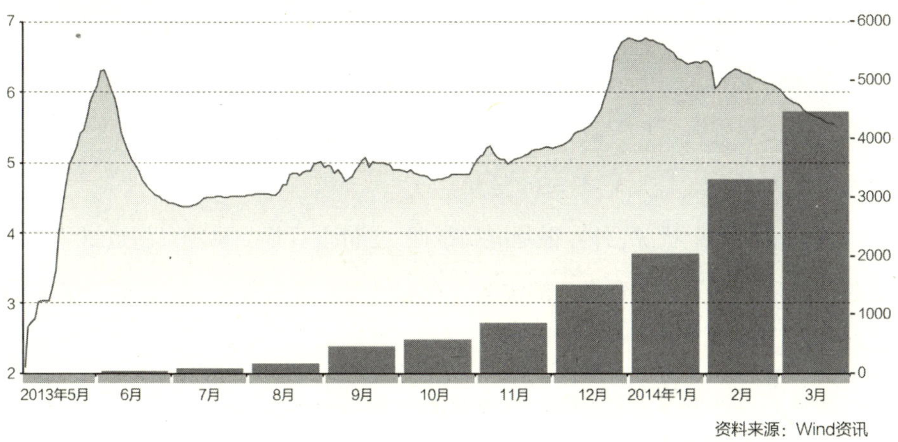

资料来源：Wind资讯

2013 年 3 月 7 日，小微金服以支付宝的母公司浙江阿里巴巴作为主体来筹建。其中，40% 的股份是管理股和员工股，60% 的股份将用于引入战略投资者。在这种情况下，因为交易量和沉淀资金一再创下天量，管理层和员工不可能拿得出几十亿元的资金来增资，引资的代价只能是权益迅速被摊薄。

因此，阿里巴巴在 2013 年 6 月推出了余额宝，一箭双雕：吸引支付宝的客户将资金转移出去，减少了自己的增资压力，保证了对支付宝的控制权，代价是支付宝沉淀资金的利息所得，相当于转移给了余额宝客户；同时阿里也收获了将资金收益回馈投资者的好名声，聚拢了人气。

余额宝目前由天弘基金管理。2013 年 10 月，阿里巴巴以 11.3 亿元收购了天弘基金 51% 的控股权，将其变为旗下子公司。支付宝是阿里小微金服旗下的独立子公司，看起来两者之间相互独立。但是，支付宝和余额宝之间天然有密切的资金往来。

在设计之初，余额宝就与支付宝之间完全打通，以 T+0（当天完成赎回申购）之便利，允许资金在购物账户支付宝和理财账户余额宝之间自由转入转出。这一设计方便了消费者，但也造成了新的监管难题。

T+0 交易，资金当天到账。这对于实行 T+1 清算制度的货币市场基金来说，每天交易时间以及 15 时收市后赎回的基金份额到第二日甚至第三日资金清算

到账，中间存在至少一个工作日的时差。一只两三百亿元的货币基金，垫资额度需要 10 多亿元。但为了维持数千亿元规模的余额宝，垫资规模可能将超过百亿元，这远非天弘基金所能承担。

余额宝有关人士承认，垫资问题是由余额宝和支付宝共同承担。“天弘哪有那么多钱垫资呢？！”截至 2013 年底，天弘基金 2013 年营业收入 3.1 亿元，净亏 243.93 万元，注册资本 5.14 亿元。

支付宝的资金状况，外界很难准确掌握。支付宝日均交易额已超过 20 亿元。支付宝管理淘宝的在途资金（淘宝买方在支付宝的贸易资金），掌握的资金量实际非常巨大。

支付宝对接余额宝的做法，相当于支付宝创造了一个投资账户余额宝；当余额宝把资金转回支付宝账户时，余额宝对外承诺即时实现资金划转，后台结算其实需要一天。所以，央行要求其开设备付金账户，严格监管其备付金是否足够应对流动性需求，“这些都属于政策的擦边球。目前因为余额宝池子的规模够大且处于净申购中，流动性风险还不明显。央行对支付宝监管的核心，就是备付金的安全和整个支付交易规则。”央行人士表示。

由于余额宝推出之际正好遇到中国货币市场流动性紧张，资金价格一路飙涨，因此余额宝的收益率也水涨船高，很长一段时间保持在 6% 之上，远远高于活期存款利率的 0.7%、一年期存款利率的 2.2%。因此，余额宝吸引了巨量资金涌入，规模开始以令人瞠目结舌的速度膨胀。初期，余额宝被称为是“屌丝的逆袭”，意指服务那些收入在几千元、迷恋网购，过去没有获得理财服务的低端、年轻的人群；后期，一些煤老板们等资金大户们，也开始把资金往余额宝里转。

“非实名账户、大额转账，这是去年央行检查支付宝时发现的问题。”接近央行的一位知情人士告诉财新记者。

强调账户实名制

今年 2 月，央行曾请马云到行里讲讲互联网金融的形势。马云自信、激情、桀骜不驯：“你们央行老觉得我们有问题，结果来查了半天，什么问题也没有吧？！”一位央行人士后来告诉财新记者，听到这话，央行杭州中心支行的行长张健华脸色有变。

张健华原是央行研究局局长，后调任央行杭州中心支行行长。这里是阿里巴巴的注册地，也是阿里小微金融和支付宝的腹地。事实上，杭州中心支行确实对支付宝及外界关心的账户和资金问题作了检查，发现了未做到实名账户等问题，要求支付宝整改，并处以罚款。只是，按照目前执行的第三方支付管理办法，这样的罚金只能几万元而已。

第三方支付的征战不止于线上。阿里和腾讯此前在央行不知情的情况下，纷纷推出应用于移动支付的二维码支付，借此实现从线上走到线下的转型竞争，即用线上的支付宝账户、微信账户，通过二维码、声波支付手段实现线下支付，从传统的 B2C、B2B、C2C 等电子商务模式向 O2O（Online To Offline）转型，后者又被称为线上线下电子商务，就是把线上的消费者带到现实的商店。

“原来的线下支付业务主要是银行卡收单，现在的线下业务变成了 O2O，支付的确可以用技术手段完成，但线下商户的实名制、真实性怎么落实？更重要的，打破了线下支付体系的一套包括风险管控、定价体系的成熟规则。某些技术不经过验证应用于移动支付，一旦发生风险，是系统性的。”一位接近央行的人士援引国际市场案例称，支付巨头 VISA、万事达对入网机构的业务管理相当严格，中国的银行外币卡在国外使用，如果不遵守国际上支付结算的相关规定，属于违规，会罚款几百万美元，“市场化并非无规则”。

2013 年 8 月，支付宝放弃了线下业务，在其官方微博寥寥数语：“由于某些众所周知的原因，支付宝将停止所有线下 POS 业务。”

当时，外界也将此举理解为银联的游说和反击。但知情人士向财新记者透露，背后的真实原因是，线下收单规则中，对线下商户有一套管理制度，要发展商户、登门走访核实商户的真实性，这是一件极其花费人力、财力的事情；支付宝对线上的淘宝商户有一套管理体系，但对于线下业务，支付宝的风控设计和执行是否能达到，是一个挑战。

3 月 13 日，央行在暂停虚拟信用卡的文件中称，虚拟信用卡突破了现有信用卡业务模式，在落实客户身份识别义务、保障客户信息安全等方面尚待进一步研究。为维护支付体系稳定、保障客户合法权益，总行有关部门将对该类业务的合规性、安全性进行总体评估。

对此，一位央行支付司人士对财新记者给出的解释是，“不是央行不让做业务了，而是要完善技术、合规后再推出”。支付宝方面公开表示，正在向央行进行汇报与沟通，并根据要求递交相关材料。

央行前述人士告诉财新记者，虚拟信用卡关键在于发行流程的合规上；虚拟信用卡省去和弱化了风险控制的一些关键环节。“实名审核、客户真实意愿是两大关键，如果各家银行都仿效，劣币驱逐良币，最严重的后果就是央行十多年推动实名制的努力付诸东流，不可轻视。”他强调。

北京大学金融信息化研究中心主任陈钟认为，中国对个人身份信息保护以及征信体系的建设都远远落后于金融市场的发展。“如果不能做到立法先行，很难评估任何创新是否可持续，风险有多大，特别是在金融业务领域，这让企业和监管者都很难受”。

他举例称，在网上可以买到真的身份证、银行卡、手机 CM 卡，三卡合一的费用是 580 元，也就是说，580 元就可以买来一套用于洗钱的工具，二卡合一只需要 300 多元。在身份管理方面， 2005 年《身份证法》才开始生效，但对于伪造、变造身份证，只有 1000 元罚款，或者拘留 15 天。中国对于身份证管理尚无一套身份证作废的管理制度，公安部没有任何系统证明在身份证报失之后，使用无效。

有媒体报道，一个大学生丢失一张身份证，一个月之后发现，在那张丢失的身份证名下挂了 16 张信用卡，如果一张卡透支 1 万元，就是 16 万元。

这是为何央行一再强调银行卡、信用卡的办理要“实名制 + 面签”。“实名制的目的是风险可控、可追溯。”一位银行业人士介绍说，银行账户是个人和银行建立关系的入口，也是个人经济活动的基础，怎么严格要求都不过分；在国外，通过账户收费限制个人开户，再如在澳大利亚，有不同身份证件的评级，提供多个身份证件才能开一个户。在中国，银行账户不收费，据调查，最多的一个人开户 1000 多个。

央行 3 月 21 日晚在官方微博发布消息称，2013 年 12 月至 2014 年 1 月，全国发生多起不法分子利用预授权交易进行套现的风险事件。经核实，部分收单机构存在未落实特约商户实名制、交易监测不到位、风险事件处置不力等问题。从4月1日起，包括汇付天下、易宝支付、随行付、富友、卡友、海科融通、盛付通、捷付瑞通在内的8家全国范围内停止接入新商户。另有两家第三方支付机构将被要求自查，分别是广东嘉联和中国银联旗下的银联商务。

一位不愿意透露姓名的第三方支付公司高管表示，大部分老百姓不明白银行开通支付为什么要强调“面签”、为什么要用“网银盾”，而很多第三方支付机构在核实客户身份方面做得很不够，其中蕴藏了多少风险外界并不知道。这些政策限制和老百姓能不能网购，其实并不冲突。

转账限额争议

此次业界争议最大的一个限制条款，是草案中设定的限额管理。“个人支付账户转账单笔金额不得超过1000元，同一客户所有支付账户转账年累计金额不得超过1万元。个人支付账户单笔消费金额不得超过5000元，同一个人客户所有支付账户消费月累计金额不得超过1万元。超过限额的，应通过客户的银行账户办理。”同时规定，转入支付账户的资金只能用于消费和转账转出，不得向银行账户回提。上述两条规定，相当于变相封死了国内第三方支付账户的资金规模。

这些规定引来外界不解，为什么要做这样的行政规定呢？

“如果说一年转账金额不超过1万元，支付不超过12万元，还不能多放钱，回头再提不出来，这是要我改变支付习惯啊。我们家大到家具、家电、小到电话费、煤气费都是拿支付宝账户缴的，已经习惯了用支付宝来付。我每个月都会从银行卡上转一大笔钱放在我的支付宝账户里。”一位支付宝账户皇冠用户对财新记者说。

第三方支付机构并不具有货币汇兑功能，即便在国外，货币汇兑也属于特殊牌照。前述央行人士说，“支付宝已和商业银行联接跨行操作，其实属于违规操作；基于既成事实，央行的容忍度就是单笔金额1000元、累计金额不得超过1万元；对个人支付账户单笔消费金额超过5000元的，可以通过银行账户做。”

第三方支付从诞生之日起的定位就是小额、便民。“其中，《管理办法》对超出限额部分规定，应通过客户的银行账户进行支付。目的就是引导虚拟账户向小额、便民、业务风险可控的方向发展，将大额交易引至银行账户处理。”央行支付清算司的一位处长私下表示。

“但需要明白的是，第三方支付机构的网络支付业务定位于服务电子商务发展，主要为付款人和网络特约商户之间的电子商务交易提供货币资金转移服务，并不包括线下的业务。毕竟，支付账户的余额只能代表支付机构的企业信用，法律保障机制远低于商业银行，一旦支付机构出现风险，支付账户中的余额很有可能不能回兑成货币。”一位参与起草这一《管理办法》的央行内部人士表示。

他还介绍，在调研发现，以上海市为例，上海市统计局的数据显示，有51.1% 市民有网购经历，其中女性占比 60.2%；但多数市民网购消费支付仍比较谨慎，网购市民中超过六成月平均支出在 500 元及以下，1.2 万元以下的比例占到了 81%。“我们的监管思路是要能覆盖绝大多数网民的使用额度。每月 1 万元的限额不是拍脑袋想出来的。”

央行将互联网金融定位于与传统的线下金融互补。前述人士表示，“央行原本对第三方支付机构的定位，就是服务于电商，补充银行主要支付渠道，发挥小额支付的便捷作用；如果什么都想做，请去申请银行牌照。”前述人士透露，“但支付宝不满足于小额支付，想要做大额业务，但又不愿遵守支付业务的规则。”

目前，草案被广泛传播引发强烈反弹，有关内容还在修订中。目前，央行支付清算司正连夜赶工，对这一征求意见稿进行修改、完善。“领导对这版意见不满意。文件里对支付和转账的额度限制，八成要改。”一位接近央行的知情人士告诉财新记者。

监管虚拟账户

央行对以支付宝为首的第三方支付机构监管收紧的最大理由，就是由第三方支付机构开始从虚拟账户衍生出创造货币、扩张信用的功能。这踩到了央行货币政策的红线。

阿里此前有过试探。2013 年 3 月，阿里巴巴推出“虚拟信用卡”，尝试“信用支付”功能，授信额度由 200 元到 5000 元，免息期高达 38 天，超过银行的 30 天，因为出现了透支额度，相当于扩张了货币信用，随即被央行叫停。

这一次，第三方支付巨头联手中信银行推出的虚拟信用卡已被暂停，主要是没有履行提前 30 天报备的程序。国泰君安首席经济学家林采宜认为，如果发卡方是中信银行就不存在问题，阿里巴巴和腾讯只是营销渠道。

她指出，在中国，诞生于商品交易的第三方支付体系如支付宝，已成为一个独立封闭的资金账户体系，在央行的货币流通体系之外了。

《清算组织管理办法》中第七条和第二十九条明确规定：支付清算组织不得吸收存款，不得为参与者办理清算结果的资金转账，清算业务要提交给约定的开户银行办理资金转账。也就是说，清算组织不能充当资金结算的中介角色，支付宝等支付机构做法显然已违背了管理办法。

2010 年，央行 6 月公布了《非金融机构支付服务管理办法》（即 2 号令），相当于对既成事实的追认；次年 6 月，央行宣布阿里、财付通、快钱支付、银联商务等 26 家首批第三方支付机构的牌照获批，至今获批的第三方支付机构已达 250 多家。

但很快，支付宝又突破了 2 号令中不允许第三方支付机构开展银行结算业务的规定，开始绕过银联和几家大行联接开展跨行结算业务，这一模式也迅速被其他第三方支付机构复制。

“支付宝实际是虚拟账户，客户在支付宝账户里的钱是虚拟货币。在支付宝里转账，即使从 A 账户到 B 账户，只是运用互联网的技术更改了数据记录，对于支付宝在银行的账户来说，体现不出变动。一旦支付宝出了问题呢？”林采宜对财新记者说。

一位大行电子银行部人士表示，这就造成了几个问题：一方面资金往来在央行的监管之外；另一方面在支付组织中沉淀有大量的结算资金，存在法律风险和信用风险。“当资金沉淀到一定规模后，所有的交易都在一个锅里，其风险控制能力如何？一般的工商企业倒闭就倒闭了，但是开展支付业务的企业倒闭，会涉及千家万户”。目前支付宝已有3亿多活跃用户。

如果支付账户同时具有收付款功能，则支付账户之间的收付款交易实际上就完全脱离了实名认证的银行账户体系，在支付机构内部形成了资金转移的“黑匣子”，加之目前支付账户还不能完全实名认证客户身份信息，难以通过“黑匣子”跟踪和监管洗钱，非法转移资金的行为很容易在支付账户上发生，不利于监测资金的流向。

通常，银行的数据在央行的清算系统内有据可查。但第三方支付机构创造的信用透支，不在央行系统范围内。“第三方支付发行的虚拟信用卡属于商业信用卡，但并非金融机构发放的信用卡。商业信用卡的模式本质是一对一的赊购，但如果一对多跨商户使用，就带有创造货币创造信用的性质，央行肯定要管。”林采宜说。

那么，支付宝是不是应该像商业银行一样向央行定期汇报现金头寸，以防范风险发生？这相当于把支付宝视同于金融机构监管，就会有资本充足率、存贷比、资金流向等监管要求，以保障储户的资金安全。目前支付宝不是此类金融机构。所以，此番央行采取了限制额度的办法，想让第三方支付账户的资金规模可控。

据前述接近央行支付司人士透露，此次《管理办法》草案中对第三方支付的业务做出了诸多限制，是出于对第三方支付机构创造货币的担心，将其支付业务与资金结算业务分开，并制定了限额管理的思路，希望力推第三方支付回归到支付账户的基本功能。“如果你希望支付账户是全功能，那你去申请银行牌照。”

除了前述的限额管理，《管理办法》草案中还有两条核心内容：一是支付机构不得为金融机构以及从事融资、理财、担保、货币兑换等金融业务的其他机构开立支付账户；二是支付机构应对转账转入资金进行单独管理，转入资金只能用于消费和转账转出，不得向银行账户回提。后者意图在于使得淘宝上的商品交易的资金直接进入卖家商户的银行账户，而不是留在支付宝账户；如果需要用支付宝支出，再转回来。“这的确多了一道手续，但也是央行出于避免创造货币信用的考虑。”央行人士强调。

“央行希望减少支付宝资金的沉淀规模。”这位人士援引PayPal的例子说，在国际金融史上，包括PayPal旗下的货币市场基金曾逐步取代了银行存款，但在这个过程中并没有创造货币，只是账户的转换，提高了银行的负债成本。在中国，这些沉淀在第三方支付体系的巨额资金，一方面赚取息差，一方面不断衍生新的功能。他强调，“未来如果所有的支付机构的资金沉淀规模都做起来，在一个资金闭环中去运转，对货币流通体系会有很大影响。这是一个新的课题，央行不得不谨慎。”

不轻言颠覆

这场由第三方支付引发的关于互联网金融最大的争议在于，创新和风险、便捷的效率和安全性哪个优先?

在互联网企业看来，当然是效率优先，“法无禁止即自由”、用户体验至上。但对于金融业来说，安全性、流动性、盈利性三大基本原则中，安全性是第一位的。“银行和互联网最大的不同，就是银行安全第一，合规第一，不可以踩政策红线，风险管控是做加法，程序复杂。互联网的操作程序是做减法，怎么简单怎么来。”一位业内人士指出。

此次央行暂停二维码支付，主要是认为支付宝们未按照要求完善新产品的技术风险缺陷。

“和民事领域不同，金融领域容易产生连锁反应，不能从表面理解‘法无禁止即自由’的原则；金融业务涉及风险定价，不能为了短期利益过度迎合用户，把监管套利作为核心竞争力，否则无法长久；创新值得鼓励，但在风险控制上，不能含糊。”安理律师事务所高级合伙人王新锐律师表示。

“这些互联网出身的支付公司往往注重效率和市场占有率，忽视规则和支付环境的安全。”一位央行支付司人士强调，“创新并不意味着无视规则，不是谁想怎么干就怎么干。”

互联网金融与传统银行业最大的不同是，银行业需接受审慎监管。在2008年席卷全球的金融危机之后，全球的金融监管格局均呈越来越严格的趋势。银行业历经数次危机和血的教训，懂得合规乃生存之本，经营管理理念以审慎为要求；而中国的互联网金融刚刚开始发展，尚未经历过一次危机，加之处于政策空当期，这些草莽出身的民企第三方支付和 P2P 基本处于监管真空，对风险更缺乏理解，“从来都不打招呼”，这让监管当局深感头疼，让一些监管部门避犹不及，而央行对互联网金融的态度则最为开明，对抢夺银联蛋糕的第三方支付机构打开市场大门并实行了较宽松的牌照管理，鼓励小贷公司发展，引导 P2P 机构先行成立自律组织等。

一位金融专家则表示，互联网金融在当前几乎监管真空情况下，获得了野蛮生长的空间，一旦监管制度比照金融业补齐，就不能独享各种红利了。

如果包括银行在内的金融机构自身的改革与服务到位，也不会有从支付宝到余额宝的市场机会。

工行一位人士表示，余额宝与普通的货币基金并无差异，它对银行的启示也并非技术有多先进、投资管理能力有多好，最大的启示是它特别重视客户体验，以客户需求为第一出发点，这是此前众多金融机构所忽视的。

清华大学经济管理学院张陶伟博士认为，“就支付所涉及的技术而言，是安全和效率的矛盾统一。因为金融业务的外部性，必然要求安全性优先，所以金融业的监管最严。不是所有金融业务需求都应该满足，一定要衡量风险。”

一位大行电子银行部总经理表示，金融的风险管理是复杂的系统工程，经历了资产、负债、资产负债和全面风险管理的多个管理阶段，远非一日之功，互联网公司很难有这样的深刻理解，各种复杂的流动性、系统风险、市场风险、信用风险模型，都不可一蹴而就。产品的定价虽然一味的靠打价格战可以博取一时的成功，但无法长期持续。

一位大行高管对财新记者说，“金融业发展了这么多年，经历了多少次危机和教训建立起来的秩序，对风险管理的原则，不是说颠覆就可以颠覆的。颠覆的代价是什么？谁来埋单？”

互联网金融

2014 年 3 月 17 日下午，央行条法司在京召集腾讯、阿里、百度、宜信等涉水金融的互联网公司举行会议，讨论互联网金融的监管。

从互联网金融近年诞生以来，监管部门一直持开放的态度，直到余额宝的迅速崛起让。

央行副行长刘士余多次在公开场合表示，互联网金融是一个新兴、富有活力和创造性的业态，是重要的包容性金融，鼓励其发展和业态创新。现阶段，在监管原则上，要鼓励互联网金融创新和发展，包容失误，为行业发展预留一定空间。目前，对于互联网金融进行评价，尚缺乏足够的时间序列和数据支持，要留有一定的观察期。

据接近央行条法司的人士介绍，央行对于互联网金融的监管原则是，给一定观察期，对于处在起步阶段的业态，可在坚持“底线思维”的基础上，鼓励对其业务模式继续开展探索；对于市场规模相对较大、主要风险基本暴露的业态，要纳入监管。“第三方支付、P2P、网络销售基金都属于这个范围。”

这也是为何央行拟定中的《第三方支付机构网络支付管理办法》与《手机支付管理办法》的最新版本增加了一些较为严格的限制。前述两个文件，已在2012年1月面向社会公众征求过一轮意见，2014年1月再次进行修改和补充，原计划三季度出台。截至3月13日反馈意见的最新版本与初稿变化颇大。

“刚开始监管确实松。但是经过过去一年的观察期，业内对互联网金融的讨论越来越深入，风险暴露也逐渐充分，监管政策需要随着实践调整。”一位接近央行支付司人士向财新记者指出。他亦强调，这只是第一轮很小范围的征求意见，征求意见的机构没超过十家，包括支付机构、商业银行，“原本计划在反馈的基础上逐步扩大征求意见范围，最终公开征求意见”。

很多第三方支付机构打着创新的名义避实就虚，浑水摸鱼，很多问题故作不知，比如对于风险管控，实质是在制造更大的风险和不公平。“这是我对很多P2P和第三方支付的看法。”一位第三方支付机构的高管说。

央行条法司前期负责牵头各监管部门对互联网金融的调研，并负责起草相关报告，近期将形成互联网金融管理办法。监管思路仍延续107号文“谁的孩子谁抱走”的原则、进行分业监管，一行三会将分别制定相应制度规则。107号文是国务院与去年年底下发的规范影子银行的原则性文件，其中对网络金融机构的监管原则是不得超范围经营。

据央行人士介绍，按照央行的调研，将互联网金融分为五类，网络支付（第三方支付）、P2P 网贷、网络销售基金，包括财付通、余额宝；众筹融资，分为股权融资和非股权融资；第五类，是银行实体店和网络金融结合的创新，比如建行做的善融商务、交行做的交博汇，保险公司做的众安保险。

针对几种互联网金融业态，拟定中的互联网金融监管办法可能从以下方面规范：P2P 业务，要求只能提供信息服务，资金不能做杠杆，不能吸收存款；支付业务，明确不能跨行清算，不能吸储，不能为客户融资；众筹业务，要求不能提供担保，不能吸储；网上代销金融产品，不能承诺收益，不得久期错配，必须有流动性保证。后两类互联网金融还比较少，属于风险还未暴露的新业态，目前仍在观察中。

目前，第三方支付已经纳入央行的监管轨道，持牌经营；通过互联网销售各类金融产品，各大金融机构的对口监管单位也已分别出台了网络销售的相关规定；至于 P2P 网贷业务，近期国务院也已批复由银监会监管。

财新记者张冰、郭琼、李小晓、王力为对此文亦有贡献

财新《新世纪》2014 年第 11 期 出版日期 2014 年 03 月 24 日

二维码支付安全之争

记者：覃敏　屈运栩

2014年3月14日，中国人民银行支付结算司一份特急文件被曝光。这份文件要求立即暂停线下条码（二维码）支付及虚拟信用卡等有关业务。消息像水波一样迅速扩散，引起整个第三方支付行业震动。

整体而言，在手机支付中，二维码支付只是一个“个位数”占比。自动识别技术公司北京灵动快拍信息技术有限公司（下称灵动快拍）的统计数据表明，截至2013年底，在整个网络支付大盘子中，扫码支付所占比例不超过4.5%。

但谁都能看到这个互联网支付业务线下化后的蓬勃之势。“银联推近场支付（NFC），两年时间铺了100万终端；如果这次不叫停，阿里巴巴和腾讯在商场里的二维码POS机可能半年就可以破100万台。因为他们很多合作都是连锁商家。”灵动快拍创始人王鹏飞说，目前的数据是阿里巴巴和1.5万家便利店合作，但今年阿里和腾讯的主要战略就是铺店。王鹏飞曾创办手机SNS社交网站天下网，2010年他成立灵动快拍，从WAP转战智能手机客户端，推出手机二维码扫描软件“快拍二维码”。

对于暂停二维码支付，央行给出的理由是“支付突破了传统受理终端的业务模式，其风险控制水平直接关系到客户的信息安全和资金安全”。文件指出，目前，将条码（二维码）应用于支付领域有关技术，终端的安全标准尚不明确；相关支付撮合验证方式的安全性尚存质疑，存在一定的支付风险隐患。

在市场的讨论之下，问题的核心很快集中到两个层面：一是二维码支付相较于其他的支付方式，譬如中国银联正在推行的NFC支付，是否存在严重的安全隐患；二是暂停二维码支付到底会产生什么影响。

安全“相对论”

一名熟悉金融行业安全认证的人士向财新记者证实，互联网公司力推的二维码支付，确实存在一定的安全风险。他系统描述了风险所在：首先，二维码本身包含的信息可能是木马病毒，用户扫码之后运行木马造成资金损失；其次，交易信息本身未包含病毒，但由于加密的强度不够，在二维码将信息传到手机的过程中，可能遭到黑客破译、窜改；最后，二维码支付的数字证书、电子签名还不完善，交易发生后的可追溯性不强，一旦资金损失，不容易找到对应的真实交易者。

不过，只要通过一定的技术手段，二维码支付完全可以规避大量风险。普天信息产业公司国际事业本部项目总监乔昕告诉财新记者，用户确立风险意识，明确生成二维码的商家信息之后再去扫二维码，可以很大程度上保证交易的可追溯性；安装二维码检测软件，对二维码传递到手机上的信息实行安全扫描、确定安全之后再继续下一步的动作，可以防木马防病毒；对生成二维码的信息提出加密等级的标准，最大限度地避免信息被窜改的可能性。

相较于互联网公司其他的移动支付手段，譬如声波支付和软加密的 NFC 支付，上述风险也并非二维码独有。

无论是二维码还是 NFC，包括声波，都是一种传播的手段。具体来说，二维码是生成图片用于识别，NFC 是生成无线电编码用于识别，声波则是生成更低频率的声波编码用于识别。乔昕告诉财新记者，将不同的传播技术运用到移动支付上，考虑到交易的安全性，一般会对商品交易信息进行加密。加密方式有两种，软加密是利用软件对信息加密，硬加密是利用硬件譬如芯片、U 盾对信息加密。

对于互联网公司，无论 NFC 支付、声波支付还是二维码支付，都使用软加密，从安全性上讲不会有太大区别。

除了互联网公司，在移动支付领域发力的还有一支力量，就是银行系、运营商联合推广的硬加密 NFC 支付。这种支付方式将安全芯片内置于 SIM 卡或 SD 卡。银联用“NFC+ 硬加密”的方式应用于支付， 安全性高于只用 NFC 及二维码等的“软加密”方式。

北大金融信息化研究中心主任陈钟向财新记者表示，通俗来讲，二维码支付和硬加密的 NFC 支付，就像银行储蓄卡由磁条卡向芯片卡的升级，磁条卡的信息容易被复制，而芯片卡大大增加了信息被复制的难度，增强安全系数。

一名第三方支付行业人士认为，不管是银联系的 NFC 支付还是互联网公司的二维码支付、声波支付，都可以将它们分成“交易信息传递到手机”和“交易信息从手机传递给银行”两个关键环节。在第一个环节，银行系的 NFC 支付与互联网公司的二维码支付、声波支付安全性类同，都会遭遇被破译、被伪造的风险；在第二个环节，即交易信息从手机传递给银行的过程中，银行系的 NFC 支付采用的是硬加密，即便被破译，只要手机还在自己手上，仍能保证账户安全；互联网公司的二维码支付、声波支付则会因为软件漏洞被盗刷。

当然还有最极端的情况，有黑客通过木马病毒控制了整个手机，包括所有软硬件模块的运转。在这种情况下，不管是硬加密还是软加密，不管是银行系的 NFC 支付还是互联网公司的二维码等支付方式，都会受到威胁。

“值得注意的是，目前二维码支付并未出现规模的安全事件。”艾瑞咨询分析师王维东称，阿里、腾讯已经投入了大量人力、物力改进安全机制，从短信验证、手势密码到数字安全证书、保险公司赔付，形成了一套比较严密的安全保障体系。再加上支付宝、微信支付等互联网公司的支付大多是小额交易，用户可以较好地控制安全风险。

灵动快拍创始人王鹏飞也认为，其实在近场支付场景里，扫二维码对用户的支付风险是非常小的。“商家 POS 机出的二维码不会带木马，如果有木马，现场就可以发现处理；而且就和远程支付一样，支付宝也是提供全额赔款的”。在他看来，主要的风险问题不是消费者的，而是监管方的：一是商家是否可靠，如何避免洗钱？还有就是二维码支付绕过了银行和银联的监管。

后一条很好理解，以用户餐饮消费为例，用户在一家餐饮店用餐后，用支付宝、微信扫餐馆的二维码，通过手机与第三方支付就可以完成交易，直接跳过了银联的环节。

但在王鹏飞看来，针对传统线下收款，监管层对 POS 机发放有相关的管理规定，商户接入 POS 机需要获得银联和银行的授权，一般个人是没法自己拿个 POS 机就进行直接收款的，但二维码支付不一样，不管是商户还是个人，只要扫个码就可以了。“监管部门可能觉得，绕过了银行和银联的监管，可能加大了洗钱的风险。”

影响几何

二维码技术兴起于上世纪 90 年代初。由于二维码能在横向、纵向两个方向编码，存储、传递信息的容量要远远大于一维码，被广泛用于物流、文档管理等领域。

1999 年 4 月，国家经贸委曾召集会议，讨论二维码在中国的推广和应用。由于二维码需要专门的编码、解码设备，很长一段时间内，二维码均限于大型物流、海关单据管理、防伪标签等应用。

率先大规模在手机上推广二维码技术的是中国移动。2004 年，中国移动引进日本运营商 Docomo 的条码手机产品，将推广手机条码业务提上日程。2005 年，中国移动开始与麦当劳合作手机二维码折扣券，并花费大量资源在长沙进行试点。随后，中国联通跟进，推出了国内第一款条码手机 ET980。

“手机二维码确实有过一段时间的应用，但因 2G 时代多为功能机、软硬件及网络条件都不成熟，二维码支付并未发展起来。”熟悉支付的业内人士称。

直到近两年，二维码技术才真正运用于支付。业界大多认为，支付宝手机客户端 2011 年底新增二维码支付功能是开端，随后，腾讯等跟随推出相应的客户端软件。目前二维码支付的规模并不大，业界估计去年交易额不超过百亿元。乔昕慨叹，二维码支付是才刚刚起步就被监管部门踩了急刹车。

对于互联网企业而言，尽管可以采用声波支付、红外支付甚至 NFC 支付开展线下支付，但更为廉价和便捷的二维码支付，具有上述支付方式无法替代的功用。

“声波、红外等技术的作用主要体现在支付上。二维码除了是一种支付手段，更是打通线上线下交易的连接点，从商品广告展示、推广、出货到线下支付、交易信息反馈等各个环节都能使用，形成 O2O 的闭环。”一位互联网人士介绍，所谓打通线上线下，主要是打通信息流、物流和资金流，现在物流打通已不是问题，最关键的是打通资金流，“二维码支付是打通资金流的基础，同时二维码支付也带来了大量的交易数据，包括用户的个人信息”。

当前，阿里、腾讯、京东等互联网公司都在推进O2O战略。它们大致的构想是“线上线下相互引流”“线上线下资金联动”“线上线下物流互补”，将线上既有的电商、支付、后台数据、社交平台和地图引流等一系列业务与线下紧密结合起来。

利用二维码支付打通线上线下后，许多传统业态将随之改变。以零售为例，用户到商场看中一款商品，可以直接用手机扫描二维码支付，既可当场提货，又可与网上购物一样选择配送到家。至于商户，由于在支付环节积累了大量数据，可以精准分析自己的客户。

市场显然愿意接受这种改变。王维东分析，对于商户、用户，使用二维码支付的成本很低，而且更加方便简单。尤其是商户，现金找零繁琐，POS机刷卡需要交纳手续费（一般为2%左右）且结算时间长，二维码支付正好两全其美，商户需要交纳的手续费极低甚至可以获得大量补贴，到账速度也比较快。

一旦二维码支付不能使用，这一系列O2O商业模式的创新探索肯定会大打折扣。

不过，专家也指出，支付行业最终的安全把关都在银行后台的风险控制上。只要不输入账户密码，扫描二维码也不会出现问题。如果账户安全出现问题，那一定是银行后台的风险控制上存在漏洞。但在中国扭曲的信用环境下，央行不得不从全局审慎考虑系统性风险。即便是小额，积累的多，风险也很大。“无论是应用什么技术，都应该遵守支付行业的核心标准。”陈钟强调。

财新《新世纪》2014年第11期 出版日期2014年03月24日

第三方支付重塑利益格局

【编者按】

中国第三方支付市场的利益格局，正在快速增长的规模中剧烈调整。打败和拯救银联的，都是新技术。

据 Enfodesk 易观智库数据，2013 年中国非金融支付机构（即第三方支付）各类支付业务的总体交易规模达到 17.9 万亿元，同比增长 43.2%。其中线下 POS 收单和互联网收单分别占比 59.8% 和 33.5%；移动支付目前占比尚小但增长迅速，更代表了未来。

近年来在加快金融脱媒的趋势下，各国的支付体系都在发生剧烈变化，非银行使用的支付工具交易规模在迅速增加。在欧盟，前者已超过了后者。在中国支付市场，由于非现金支付工具不够发达，本世纪初依托于电商飞速发展的第三方支付机构，凭借与传统金融业的深度合作，寻找到众多新的业务增长点，丰富和满足了大众对支付创新和便利的需求。

第三方支付的利益格局中，中国惟一的银行卡组织和人民币支付卡惟一交易清算供应商银联，围绕银联、银行合作的收单机构，以支付宝为首、以互联网支付为特色的第三方支付机构，希望进入中国市场多年的国际银行卡组织，包括监管者央行，均在这个巨大的漩涡中，寻找自己的新定位。

国际的银行卡组织如维萨（下称 VISA）、万事达在等待进入中国市场的机会来临。但是，当国际卡组织在世贸组织（WTO）提起对银联的反垄断起诉时，裁决结果却出人意料。2012 年 7 月， WTO 专家组驳回了美方关于银联在人民币计价的支付卡清算交易中存在垄断的指控。“世贸组织裁定，虽然中国银联是中国惟一的电子支付卡提供商，但并未享受垄断利润，因为价格并非银联定价，是中国政府定价。”一位央行人士向财新记者透露。

与此同时，专家组认定涉案的电子支付服务属于中方加入世贸组织时承诺开放的“所有支付和汇划服务”。在“一些特定类型人民币计价的支付卡交易清算上，银联具有垄断地位”。为此WTO给出三年期限，到2015年8月，人民币计价的转结算市场对外开放。这意味着VISA、万事达们届时将可以进入中国开展三年外币业务，连续两年盈利之后，就可以在中国境内开展人民币卡业务，无需再通过银联转接。

然而，真正打破银联垄断的对手，却未必是国际竞争者，而是互联网。以支付宝为首的第三方支付机构借由互联网技术，甩开了银联自成体系，中国银联的行政垄断地位已渐渐在无形中被消弭。

自2011年5月中国央行开放第三方支付牌照后，大量非金融机构和中小银行涌入支付市场，目前包括7月初央行下发的第五批19家支付牌照，获得第三方支付牌照的机构数量已达到269家企业，其中从事线下收单业务的企业数量达84家。

第三方支付为金融深化、服务客户创造巨大便利的同时，也开始集中出现各种风险。特别是今年以来，支付行业风险事件不断升级，预售权套现风险、预售权冲证交易、跨境移机澳门套现、POS机清算代理商跑路、各种套码造假升级、商户收不到结算资金等案件频发。

对此，监管应如何发力？银联作为中国目前惟一的银行卡组织机构，应在移动支付、网上支付中发挥何种作用？银联如何解决同时身为卡组织和最大收单机构的利益冲突？银联制定行业标准并执行，究竟是垄断行为还是卡组织应尽的义务？为何同样是第三方支付的美国鼻祖PayPal却能加入VISA的网络，并遵循相关规则？iPhone6绑定了NFC技术对银联意味着什么？银联自我革命成功与否，能否自我拯救的关键，最后还是取决于银联能否立于技术进步的潮头。

第三方支付收单乱象

记者：张宇哲

2014年9月10日下午，央行正式下发了针对汇付天下、富友、易宝、随行付的处罚意见，这是今年4月央行叫停8家机构预授权违规事件的继续。按照最终落定的处罚结果，汇付天下一年内需有序退出15个省市的现有收单业务，富友及易宝将撤离7个省的收单业务，随行付将撤离5省2市的收单业务。“所列省市之外的地区继续停止发展新商户，并对所有存量商户和受理终端按规定进行全面清理。”央行人士告诉财新记者，整改验收时发现这四家的收单业务违规仍然很严重。

“找不到可持续的盈利模式，就变成行业中人的各种铤而走险。”全球支付巨头美国第一资讯公司（FDC，First Data Corp）大中华区总裁陈启彰告诉财新记者。

前不久，负责监测市场违规行为的银联业务管理委员会发布“2014年上半年银行卡受理市场规范工作通报”：2014年上半年，全国确认违规商户46936户，占活动商户的5.84%，与2013年底相比，违规商户的增长已翻三倍；在46万违规商户中，有77%来自第三方支付机构，其余来自银行类机构。

目前，在线下支付市场，银联商务在收单业务中市场份额第一，超过45%。而银行自营的POS机占到整个POS市场的40%份额。其余份额为约60家收单机构共同拥有。

违规行为包括各种形式的套码以进行费率套利，甚至不惜伪造一切所需文件、售卖银行的交易通道、随意出售POS机，而POS机是信用卡套现产业链中洗钱的不可或缺的工具。

2014年上半年，银联在全国实施约束商户约20万户，约束金额达3.56亿元，其中补偿发卡银行3.12亿元。所谓约束金额属于补偿性追偿，并非行政处罚罚金，是银联按照“发改价格[2013]66号” 中发改委确定的商户类别，追偿违规“套码”的刷卡费率差额，即把非金机构帮助商户“偷吃”的费率折扣全部吐出来，90% 补偿给发卡银行，10% 是补偿给银联的转接费。

收单业务的盈利模式是：当持卡人通过 POS 机进行一笔交易，收单业务的参与方会收取一定的手续费。发卡行、收单机构和银行卡组织分成的比例为 7 ∶ 2 ∶ 1。通过 POS 机刷了多少笔业务，意味着有多少笔手续费分成。刷卡手续费由收单服务费、发卡行服务费、银联的转接清算服务费组成。收单服务费实行发改委颁布的指导价，按不同类别的费率来定价，实际执行中可以指导价为基准上下浮动 10%。

对于外界质疑银联约束非金机构的行为是“角色错位、业务越位”，陈启彰表示，“这属于卡组织对银行卡行业的正常规范。在国外支付市场，卡组织对违规行为罚款很重，甚至可以取消收单方的牌照，收单机构冒险违规的成本非常高。”

银联业务通报显示，今年上半年，市场违规依然高发，大规模交易转移、买卖通道和“切机”等新型违规现象频发，愈演愈烈，形势严峻。

“2013 年以来，支付机构违规越来越多。根据银联的监测网络到的每个月违规行为的平均规模来测算，整个支付市场的不当得利，今年全年预计至少五六亿元至十亿元。”银联业管委一位人士透露，“从银联的角度讲，约束力度并不大，因为市场上的违规行为一年可能最多只发现了一半。”

“支付市场的整体风险在总体上升，持卡人利益、商户利益、发卡行利益都得不到保障。”一位央行支付司人士无奈坦承。尴尬的是，由于缺少支付行业的上位法，“央行需要依法行政，但央行缺乏对违规机构的处罚退出机制。”

从“套码”到造假

一位银行员工向财新记者反映，他在上海一家餐馆吃饭，刷卡对账单显示“交易地点为东北某地饲料厂”。

业内人士道出其中猫腻：这是因为上海餐馆的费率是 1.25%，而东北“购买饲料”属于“三农”县乡领域，商户扣率只有 0.25%。

这种做法业内俗称“套码”，即违规套用低费率行业的商户类别码（MCC）。不同MCC码代表不同行业，刷卡手续费率不同。按发改委2013年2月25日“66

中国第三方支付蛋糕越来越大

2011年至2013年中国非金融机构
综合支付（第三方支付）交易额

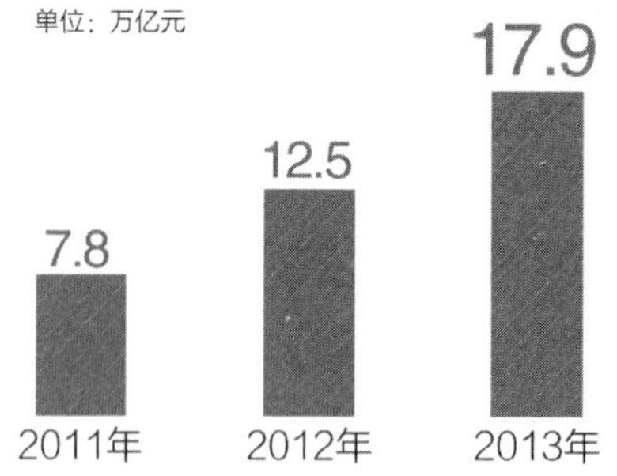

注：综合支付指企业和个人用户通过央行批准的非金融支付机构平台进行的各类支付业务

资料来源：易观国际

号文”中新下调的费率规定，“5812”代表餐馆，手续费率 1.25%；“5311”代表百货商店，手续费率 0.78%；“5411”代表超市，手续费率 0.38%；“三农”业务更低，最低一档仅 0.25%。

银联 2014 年上半年业务通报显示，“套码”是最普遍的违规。“大家都这么做。”一位汇付天下人士透露。

2014 年，银联统计发现，商户名称不规范商户高达 160 余万户，同时伴有套用 MCC 或特殊计费等违规行为。上半年，全国共确认违规“套码”商户 18 万多户，占全部违规商户近 40%，其中 80% 以上是违规套用低扣率 MCC 商户，快钱、盛付通、汇付和乐富等机构违规排名靠前；其余是违规套用“特殊计费优惠”，快钱、乐富和通联大量利用产业给予“三农”商户的特别优惠政策进行套利。

今年以来，违规套码不断“创新”升级。据业内人士介绍，主要有四种做法。第一种是直接伪造虚假商户信息，包括伪造营业执照与商户入网材料。近期部分地区公安机关还查获收单外包机构伪造的人民银行支付许可证、银联 POS 收单业务授权书和商户合同，甚至还私刻了工商、税务和银联公章。

一些收单机构或其代理商对外宣称个人办理 POS 机具仅需提供“一证一

卡”（一张身份证和一张银行卡），其他入网材料则由系统自动伪造生成。2013 年 12 月底，宁波 6 家某第三方支付机构旗下的代理商存在伪造工商营业执照的违规行为，涉及商户共 5628 户；浙江、湖北和江西等多个地区均发现上述机构 PS 商户门脸及店内照片、工商营业执照等商户入网材料。

据业内人士透露，过去的违规是大量套码，但商户业务和营业执照是真实的，如果被监测到了，就改掉；“这是因为过去收单机构主要是银行，银行对商户真实交易背景的监督相对规范；现在出现大量第三方支付机构之后，管理和风控松懈，直接伪造营业执照。”

第二种造假手段是批量申请营业执照。据浙江工商局向银联反映，今年有很多第三方机构一次几百份地批量申请工商执照，但是执照中的营业范围不符合实际情况，属于故意造假。

根据各地收单专项检查结果显示，2014 年 4 月、5 月和 6 月，快钱分别新增商户 28.2 万户、55.1 万户和 68.5 万户，其中伪造的虚假商户占比分别为 80% 到 90% 以上。其中高峰期是 6 月份，一个月之内快钱新增近 70 万商户，90% 以上是虚构的。“央行检查结果发现很多商户是假账户，有的商户都找不到了。”接近央行人士透露。

信用卡有消费记录的对账单，而没有对账单的借记卡的消费信息变造更厉害。“借记卡就直接转到银行，变造消费类型，用一笔 0.3 元的方式，给银行做代收业务。”

第三种造假手段是“切机”。这是指一些收单机构为了抢占市场份额，以升级 POS 机的名义直接把此前央行暂停新开商户的 8 家支付机构（汇付、易宝、随行付、富友、卡友、海科融通、盛付通、捷付睿通）的商户强行变更为自己的商户。一般以免费降低扣率为诱饵，劝说商户升级 POS 机，然后偷偷换上自家软件，使之变成自己的客户。比如，从外观上看，POS 机是汇付的，被快钱“切机”后，后台的资金清算就从汇付变成了快钱，但商户和发卡行都不知情。

2014 年一季度，因信用卡预授权漏洞套现危机，央行从 4 月 1 日起，在全国范围内暂停汇付、易宝、随行付、富友、卡友、海科融通、盛付通、捷付睿通 8 家第三方收单机构接入新商户，中国银联旗下的银联商务、广东嘉联也被要求自查，对存量违规商户整顿。

银联业务管理委员会的一份业务通报显示，根据机构投诉，快钱、乐富和中汇等机构涉嫌授意或指使外包机构利用切机抢夺前述八家及其他机构的商户资源，同时大量伪造商户名称和代码。

第四种造假手段是平台化、智能化造假。即收单机构利用自身平台，智能化判断金额、卡 BIN 等，通过变造交易类型或交易渠道等各种手段，把同一商户交易组合成多套交易信息，选择不同渠道（银联线上渠道、银联线下渠道或银行渠道）上送交易，直接批量按‘特殊计费’费率，始作俑者也是快钱。比如，同一笔交易同一个大悦城的商户号码，但智能化变造交易导致对账单显示了十笔，交易行业“一会儿显示是工业领域，一会儿是‘三农’领域，地区一会儿是上海一会儿是山东、福建等，但都是同一笔交易，目的就是躲避监管和银联的监测”， 前述银联专家表示。

“银联能监测到的只是一部分，监测不到的就发了，堪比印钞机。”一位第三方支付机构人士透露，只要没被抓住，利润还是挺高的，“有的机构已直接把银联的约束金额计入成本。”

违规套码的后果，是导致持卡人大量投诉及调单、退单，发卡行运营成本快速增加。

“切机”风险

由于第三方机构在地方开设分支机构的力量有限，大量依靠省或市级外包代理商。银联上半年业务通报显示，收单外包代理商通过冒用监管和银联名义撒网式拓展商户，在拓展过程中大量存在变造、伪造、虚设商户，也包括任意“切机”。财新记者随手网上搜索就发现，百度贴吧的帖子显示，“我公司为‘乐富’POS 机河北、山西、北京地区一级代理，自有 POS 机的均可‘切机’享受优惠费率，个人办理市场最低价。”

江苏巴德斯支付服务有限公司的业务广告显示，南京 POS 机办理“切机”，费率 0.38，或者 0.26–0.35 封顶，可对私办理，当天下机，更有 T+0 与 T+1 到账为你服务；并称自己是中汇支付、优乐通、快钱、乐富的全国与省级代理商。

由此可见“切机”的猖獗之势。业内人士称，“切机”的最大风险是商户资金无法保障：一是在没有告知原有商户的情况下，把原来的POS机刷成“二清机”，为收单外包代理商截留商户资金提供了机会。所谓“二清机”，即交易资金未按规定将资金直接清算给这个商户，而是先清算给这家强行“切机”的支付公司或其收单外包代理商，然后再清算给这个商户。

按照央行的规定，正常程序，在持卡人通过POS机完成支付后，收单机构应将清金直接快速清算给商户。但一些不规范的收单机构，由于业务规模快速增长，资金清算来不及，就把某地区的资金结算也包给代理商，支付完成后，由该代理商把资金划给该地区拓展的几百家甚至上千家商户。

目前，这些第三方支付机构安装的POS机，资金到账多为T+1或T+2等模式，也就是说，这些代理商手里可能每天会沉淀上百万元甚至上千万元结算资金，可能存在操作风险。前期宁波有商户，就出现了长假后30多万元资金未到账的情况。一旦代理商出现资金周转困难、债务纠纷、涉嫌赌博吸毒等，商户资金很难保障。最近曝出的浙江义乌案件中就出现了代理商

非金融机构违规商户较多

2014年上半年主要收单机构违规商户数及占活动商户总数比重

图中百分比为违规商户数占活动商户总数比重

■商业银行 ■非金融机构

单位：家 0 10000 20000 30000 40000 50000 60000 70000

机构	比重
招商银行	6.35%
农业银行	2.47%
中国银行	2.95%
平安银行	6.96%
建设银行	2.39%
交通银行	1.89%
民生银行	1.45%
工商银行	0.95%
中信银行	3.20%
上海德颐	63.82%
快钱支付	19.77%
汇付天下	13.35%
乐富支付	6.75%
杉德电商	58.92%
易宝支付	25.94%
通联支付	5.56%
盛付通	60.39%
银联商务	1.96%
随行付	7.40%
卡友支付	17.02%
海科融通	33.84%

资料来源：中国银联《2014年上半年银行卡受理市场规范工作通报》

“跑路”、商户未收到资金的现象。商户反映，使用快钱“二清机”后，代理商私自更改了该 POS 资金清算账户为自身账户，代理商第一次先把 100 元清算给了商户，但此后 11 笔共 32 万余元清算资金再也没有清算给该商户，代理商携款潜逃，警方已介入调查。

据一家收单机构透露，目前“二清机”在非金机构中占比约有三成。

只要代理商承诺拓展商户，第三方机构就把资金和 POS 升级的密钥都交给代理商管理，为代理商“切机”创造了有利条件，这是违反央行规定的。

央行的收单管理办法规定，最迟要在三天之内把资金清算给商户。这意味着代理商可以做短期拆借。大银行基本都是 T+1 结算，即当天交易第二天将资金清算到账上。一部分收单机构为了增加竞争力，和商户约定是 T+0 清算，后者则需要垫资及融资。

据业内人士反映，快钱“切机”最为“凶悍”，甚至切到了银行的机具。这相当于通过盗取其他机构的机具开展业务。出售 POS 机是大部分第三方机构的主要收入来源之一，只有收单行和两家第三方机构通联和银联子公司银联商务是自己铺设 POS 机具，拥有 POS 机具的财产权。

农行浙江省分行信用卡中心的一份报告显示，农行浙江分行海宁市支行在今年 6 月中旬对其发展的 POS 商户巡检时发现，今年 5 月，快钱的一家外包代理商以把刷卡费率从 0.78 降低到 0.38 的名义，私自篡改了农行的 POS 机交易程序，将收单机构从农行变成了快钱，结算资金从农行划给商户，变成快钱或者快钱的代理商把资金划给商户。但商户和农行对此均不知情。

农行这份报告称，这种做法是当前收单市场乱象的极致体现，严重破坏了基本的收单市场秩序，突破了企业的商业道德底线，不仅损害了原收单行、发卡行、银联等相关方的利益，更是给商户、持卡人、收单行、发卡行带来了极大的风险隐患。

对于持卡人来说，一位大行信用卡中心人士说，第三方支付机构“套码”、变造虚假信息等违规行为会影响到持卡人个人信用状况的积累。

猫鼠游戏

银联上半年业务通报中，点名最多的就是第三方支付机构快钱。“银联监测到快钱的违规规模越来越大，形式也在不断翻新。”银联风险专家透露，“大量套用‘特殊计费优惠’的违规行为就是快钱首创的，快钱是引领违规的创新者。”

除了前述四种创新手段，6 月份快钱玩起了新花样——大规模转移交易、直连发卡银行。

银联上半年业务通报显示， 2014 年 6 月，快钱将自身拓展的商户交易变造后大规模转移给北京银行上海分行、中国银行北京分行和湖北银联商务处理，导致接收交易机构交易量暴增，在三天之内，使得相关几十家商户的日交易量从平常的几十万元、几百万元，突增到十几亿元。由于担心风险，三家机构迅速中断了交易。事后得知，是快钱把其全国网络里的支付交易都推送到这三家机构的清算接口所致。

换言之，快钱直联银行和银联商务的清算通道，擅自变更收单主体，其中大量的交易信息涉嫌伪造。业内人士分析称，快钱的这一做法目的有两个，一是规避银联网络对违规交易的监控和核查，二是为了规避银联的约束性追偿。

“这种现象前所未有。从银联的监测网络里可以看到，几家银行的交易量突然上升，快钱的交易量突然下降。根据交易规模和性质的异动，涉及洗钱嫌疑，需要向反洗钱中心报告，并说明原因。”有关银联专家称。

在前述大规模转移模式里，银行也是受害者。因为大量交易通过银行的结算通道进行，银行违反了央行规定的大商户模式，即一个商户一个编码。因为银联只能对收单机构进行约束，也即要罚得罚银行，而快钱创造了这一违规模式，却可逃避处罚。

当惩罚机制不到位，违规者的示范效应显著。业内人士透露，最近三个月通联、乐富等其他第三方机构开始紧跟，模仿快钱。

“这很快会为其他非金机构树立反面榜样，银联正全力遏制这种情况。”银联风险专家表示。

银联有专门团队和风控系统监测违规现象，每月给全国支付机构发布监测数据，监测重点每月都在变化。第一季度的违规快钱会根据金额判断情况，能够合规的就走银联网络，不能合规的就套到线上或者直连银行。

“银联是对消费行为的侦测，而快钱反侦测能力也很强。”前述人士举例说，比如智能化造假，同一笔交易变造出 56 个商户，变造 MCC 码直接就变造了 50 多次，银联发现的少，它就获利的多；银联对笔均小于 200 元不监测了，快钱就把大额的拆开，以规避监测；对于银联重点监测的地区，快钱就把这些地区的名称变造成全国其他地区的，不停变换地方名称。“我们在快钱的帮助下，侦测能力也在不断提高。”前述银联风险专家说，“下个月不知道他们又会变出什么花样，每个月都在玩猫捉老鼠的游戏。”

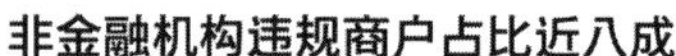

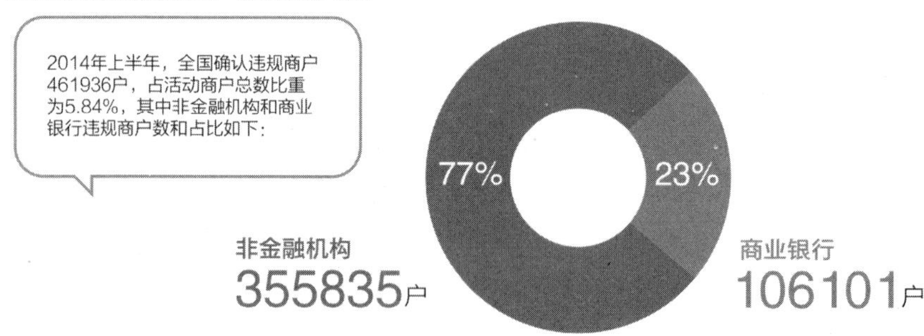

违规商户约束金去哪儿了？

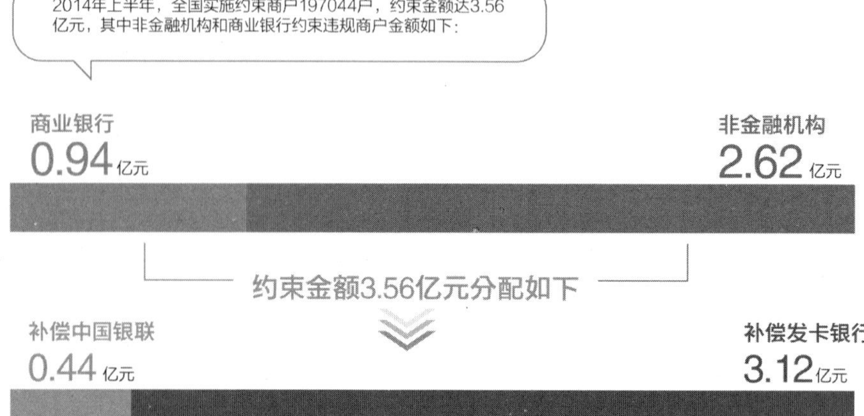

资料来源：中国银联《2014年上半年银行卡受理市场规范工作通报》

据业内人士透露，快钱有一个20多人的团队专门研究反侦测。“根据快钱的造假速度和每个月的约束金额推算，预计快钱2014年的不当得利能达上亿元。”

一位快钱人士认为，既然银联对其约束力度比较大，不如不做收单机构，还是做收单外包机构，这样就不必通过银联做交易。这些第三方支付机构在未拿到收单牌照之前，都是在收单银行后面做收单外包机构，包括通联、银联商务、快钱、汇付等。

定价机制弊病

在陈启彰看来，造成前述乱象的主要原因是收单价格并非市场自主定价，而是由政府拍板；定价太低，支付机构只能各出奇招，钻各种空子挣钱，甚至衡量违规和风险收益，铤而走险。

与国际支付行业相比，中国的银行卡费率价格体系在国际市场一直较低。2011–2013财年，VISA综合费率从万分之15.6提升到20.0，银联则从3.8下降至2.9。这被国际卡组织指责为银联恶性压价、不正当竞争。但银联对定价并没有自主权，费率降低，主要缘于国家发改委于2013年调低了银行卡刷卡手续费，降至原来的6折–8折。

第三方机构普遍认为“721”的利益分配机制不合理，收单银行同时也是发卡方，但银行可以不计成本，因为银行是靠吸引客户的存款放贷款盈利，但收单机构只靠收单赚钱。

一位大行信用卡部门人士对此证实，虽然银行收单也不挣钱，但是由于银行同时也是发卡方，银行可以靠银行卡积累的客户存款去放贷，是为了留住客户。

汇付人士表示，本世纪初政府制定的721分配规则倾向于银行，当初是为了鼓励银行发卡，但目前用卡环境已大大改变，中国人均拥有信用卡的张数已经超过美国，卡的数量已经饱和了，但中国收单受理环境远远低于美国。“如果鼓励收单环境的改善，利益分配机制应适当调整，以鼓励收单机构去更好地发展受理环境，而不是总是恶性竞争。美国的收单市场是高度垄断的，中国目前收单模式市场的问题是 20 年前的美国遇到的问题。”

银联总裁时文朝亦指出，中国绝大多数问题都出在定价机制上，衍生出所有经济主体的行为扭曲。中国的发卡端已有 38 亿张银行卡，发卡市场已经饱和，下一步就要把银行卡的受理环境建设好，目前的这种行政定价机制，第三方收单机构根本活不下去，就没办法建设好受理环境，中国的第三方不赚钱甚至亏钱，只能去绕银联，或者做风险大的衍生增值业务。

“在中国，没有一家专业收单机构能够只靠收单赚钱，这是极不平衡的状态。”陈启彰援引国外经验说，美国零售商户扣费率信用卡高达 2.5% 至 2.7%，收单机构合理利润在 0.5% 到 0.7%， 而借记卡可能一半都不到。

陈启彰认为，“套码”的关键问题是借记卡和贷记卡应分类收费。“把借记卡当做信用卡来使用，大家没钱赚就铤而走险。”

财新记者获悉，央行与发改委已达成初步的一致意见，将对银行卡收单市场的定价体系重行调整，有望参照国际支付市场的定价模式，实行银行卡交易手续费“借贷分离、统一商户类别”。所谓“借贷分离”是根据借、贷记卡成本和风险的不同收取交易手续费；“统一商户类别”即取消目前按行业收取刷卡手续费的方式，代替以统一的商户代码，防止收单机构套利，即“套码”。

银联是促成前述定价机制重新调整的主要推动方。时文朝在 2013 年 10 月履新不久就开始牵头协调定价事宜，协调各方利益，此前已经和人民银行、发改委讨论数轮。

是否仍由政府制定收费标准，还是如欧盟国家给借贷卡刷卡收费一个上限即半市场化，或定价机制完全市场化，在中国目前只有银联一家清算机构的现实下，“定价方案还待探讨”。央行支付司有关人士表示。

陈启彰表示，不同支付方式依成本，风险差异，定价机制应该平衡商户、持卡人、第三方的利益。在国外定价有一个合理方法，即根据支付成本、商家可接受成本来定价；支付成本包括参考银行卡收费成本，了解使用信用卡和现金的成本，因为银行有协助商户减少持有现金，处理运送保护现金的成本，发卡行有制卡成本，要垫款、收单等。“从国际趋势看，收单机构的利润在下降，但并非像中国的支付市场无利可图。”

无利可图为何火爆

“国内支付行业被炒得太热了。”陈启彰说，“中国收单市场状况太混乱。支付行业是一个规模化生存的行业，没有量根本赚不到钱。”

多位业内人士告诉财新记者，绝大多数第三方收单机构根本活不下去，因为收单业务本身无利可图。“这也是第三方支付机构都绕开银联的原因。”一位银联高管对此表示理解，但他也强调，即便第三方通过绕开银联省去了微薄的转结算手续费，但还是活不下去。

无利可图为何还要做？“收单机构线上不挣钱也要做，主要是为了拿到商户信息、沉淀资金，为此延伸的相关金融业务被视为未来第三方支付的增长点，比如可利用沉淀资金给商户做增值业务，比如余额宝等现金管理、小额贷款等。这也是为何第三方支付机构尽管不赚钱，还吸引了众多 VC 追捧。” 金联万家一位高管表示。

第三方支付机构积累了大量商户信息资源，自然延伸经营一些与支付相关的增值业务，一些第三方支付机构除了开展收单业务，其子公司也推出了理财和小贷业务。比如，高阳科技除了旗下的随行付在做 POS 机收单业务，旗下玖富公司还推出微理财和小微贷业务。

据财新记者了解，目前收单的第三方机构中，只有一两家靠做大规模赚钱，比如通联、拉卡拉。收单机构的盈利来源，一是卖 POS 机具，二是销售大量商户的信息，通过对商户信息的脱密处理后，把这些信息卖给银行，银行对这些商户提供贷款。

银联人士提示说，正确的用卡消费习惯是刷信用卡，不应刷借记卡，因为信用卡有消费记录，借记没有；刷借记卡时，各种个人信息都会留存到银行或第三方机构，但银行不会对外出售信息，而一些第三方支付机构的盈利来源之一就是出售个人信息。

从去年下半年到今年上半年，前十大第三方卖牌子、合并、收购不断发生，求售、求购频频。“未来三年是支付行业的大洗牌阶段。”金联万家前述人士表示。

上海交大安泰经济与管理学院教授陈宏民认为，被热炒的根源在于资本对客户资源的激烈甚至疯狂的争夺。如今商界都认为“得客户者得天下”，对于一些大型第三方支付企业，未必是把支付作为盈利业务在做，而是将其看作一个跳板。从支付端切入以争夺客户，是个非常有效的切入点，支付宝已经给资本做了很好的示范。套码也好，切机也罢，对于这些支付企业而言，主要目的还不是成本与利润，为了获得商户和客户的信息资源，以及进一步渗透互联金融的目标。

监管和立法需补缺

“前两年油门踩得狠了，眼下恐怕要踩两下刹车了。”陈宏民认为，监管部门的当务之急是加强监管，提高惩罚力度。

在业内人士看来，一方面，定价机制不合理、竞争激烈、监管滞后、第三方支付机构违规凶猛；另一方面，由于支付行业的上位法缺位和监管滞后，整个支付环境让支付链条上的各方都很进退维谷，监管部门、银联、第三方支付机构各有各的难处。

陈启彰认为，在国外，监管作为最后一道防线，对支付行业这一基本的金融基础建设应重点监管。“现在第三方支付机构同质性高，竞争剧烈，但缺少长期规划。”

财新记者获悉，中国支付清算协会正在牵头做代理商管理规则以规范市场行为。“不处罚市场机构，监管失职，但央行最大的处罚手段就是暂停业务，这震不住第三方。”央行人士表示。

面对支付市场乱象，央行迄今最严厉的处罚手段仅仅是 2014 年 4 月暂停了 8 家非金支付机构新开商户，至今尚未恢复新开业务。这 8 家非金机构由于信用卡的预授权漏洞，今年一季度引发了数十亿元信用卡利用 POS 机的套现危机。9 月 10 日，央行又下发了对其中 4 家整顿后仍不合格的机构处罚意见。

按《行政许可法》，部门规章并不具有处罚权。2010 年 6 月央行发布的《第三方支付管理条例》（下称 2 号令）是部门规章，应升级为法律法规。但 2014 年 2 号令并未列入人大的立法计划。

发改委的行政定价，看似硬性降低了费率，但副作用也很明显。“第三方支付机构违规，发改委不对其价格执法；恶性的不正当竞争行为又涉及工商部门，职责不清”。

北大金融信息化研究中心主任陈钟告诉财新记者，国外的第三方机构的外包代理商也有上千家，但国外的第三方机构从未像中国有多达二三百家第三方支付机构，且整体信用环境规范，违规会进入黑名单。“中国的诚信建设不到位、制度约束不到位，对于支付机构违规行为，既不从法律上追究法人责任，也不追究商户和外包代理商的责任，也不用上征信记录的黑名单。”

中国社科院金融所支付清算研究中心主任杨涛认为，近年来中国监管部门对于支付机构的态度宽松，市场开放度也相对较高，但随着日益激烈的市场竞争与整合，现有的支付机构很多都会出现业务萎缩、丧失竞争优势，机构数量的减少是必然的。对此，应该使得竞争力不足、无力进行风险控制的支付机构逐渐退出市场。监管部门可能需要适度把握牌照发放数量，并且逐渐建立第三方支付机构的市场退出机制。同时，重点监管第三方支付系统的重要性机构，抓住主要矛盾。随着第三方支付市场的格局演变、市场集中度提升，也要注意新的反垄断问题。

他表示，在银行间支付清算、非银行支付、证券支付结算三大体系中，对后两者加强监管，已成为最新的全球趋势。他援引国外例子称，各国对类似第三方支付机构的业务管理都比较严格，包括准入和相对严格的日常动态监管。

杨涛建议，应以支付为着手点，推动跨部门的监管协调，加快推动更高层面的法律规则建设。很多国家的中央银行除了成立专门的支付体系管理部门，还有专门的支付结算委员会，用于进行监管协调。十八届三中全会指出，“加强金融基础设施建设，保障金融市场安全高效运行和整体稳定。”他认为，其中提到的金融基础设施，很大程度上应该指支付清算体系。支付体系应该从过去的技术后台，逐渐走向金融体系的中前台，甚至放到与货币政策同等重要的地位。

财新《新世纪》2014年第36期 出版日期2014年09月15日

挑战银联？

记者：张宇哲

在银行卡收单市场，大量第三方支付违规绕开银联的一个理由是，银联是行政垄断，如果被银联取消清算入网许可，没有第二个清算机构可以选择。

但事实上，支付市场已经出现了第二种绕开银联的方式：互联网支付。

支付宝和财富通等第三方支付公司为商户和消费者提供支付接口，实现“刷”银联标识的多种银行卡在网上消费，起到“网上银联”的作用；但是，由于并未经过银联授权，即没有支付银联品牌的知识产权费，因此也存在法律瑕疵。

在银联看来，如果按照规则开除入网的某个违规机构，但是若其仍处理银联标识的银行卡，还是得由银联承担声誉和损失风险；“所有的问题都在夹缝中，这成了一个死结”。

央行正酝酿打破这一死结。财新记者获悉，央行也已将有关银行卡清算市场准入规则的方案上报国务院，该方案将明确包括线上和线下跨行交易清算规则、发卡标准、账户管理标准等，以及申请成立卡组织的准入门槛等。一旦该方案获得批复，意味中国可以诞生第二个甚至第三个银联，有可能打破由银联垄断的境内跨行交易清算市场。后者也是银联历史上屡次被诟病并推上风口浪尖的主要理由。

卡组织是指维护跨行交易清算系统、规范监督支付市场行为，实现银行卡得以跨银行、跨地区和跨境使用的组织机构，通常是由联盟形式组成，类似于银行卡协会。银联是目前中国惟一的银行卡组织和人民币支付卡惟一交易清算供应商。

市场传言，通联支付、支付宝都有意申请卡组织牌照。

“现在拿个支付牌照已经不牛了，第三方支付机构开始有兴趣去拿卡组织牌照。”一位市场人士表示。

在市场人士看来，目前能够符合卡组织的实力、品牌和条件的寥寥无几，非支付宝莫属。

2014 年 7 月，支付宝有关人士向财新记者表示，关注央行开放银行卡组织的进展。支付宝是不是做“线上银联”，在国家还没有出台相应规则之前，无法置评。

央行支付司有关人士向财新记者表示，无论是正式或非正式渠道，尚未有一家第三方支付机构与央行沟通过这一企图。

近日，财新记者获悉，工行有意牵头成立卡组织。以工行众多的分支行网络，一旦和第三方机构直连，将占据支付市场大半份额。

绕开银联

银联最大的烦恼，就是线上市场对其交易量的分流。

据央行数据显示，截至今年 7 月底，第三方支付持牌企业达 269 家，其中收单机构有 84 家。市场份额排名前 20 家的的第三方机构约占整个支付市场份额的 90%，而这 20 家机构千方百计地通过绕开银联直联银行生存。银联的交易量分流得非常明显。用银联总裁时文朝的话来说，“都把银联看做唐僧肉”。

一位央行人士介绍说，国内与国外支付市场不同的是，国外银行多，比较分散，而在中国，第三方支付机构只要连接上全国前 20 家银行的支付通道，基本上就可覆盖 90% 以上的支付市场。而对于银行来说，银行和第三方机构以约定的价格直联清算接口，是为了银行拉存款以及提高银行分支行在本行内部的业绩排名。

一位业内资深人士分析称，线上支付业务中，第三方支付机构向发卡银行缴纳的平均费率成本是千分之二至千分之三。仅仅从单纯的网上支付业务来说，手续费费率微薄，绝大部分互联网公司更难赚钱。

不过，占互联网支付市场 40% 以上份额的支付宝则为异类。支付宝的刷卡费率为 1%，远高于线下刷卡的费率。一位消费者表示，通过支付宝的快捷支付用借记卡免手续费，用信用卡转账支付费率是 1%。这笔手续费支付宝应向淘宝商户收取，但如果淘宝商户不受理信用卡，支付成本就直接转嫁给消费者，支付宝转向持卡人收取，“其实这是违规的，但持卡人并不知道这笔手续费是谁收的，也感觉不到。”一位业内人士介绍。

“由于支付宝有大量沉淀的资金，可以去和商业银行议价，在不同的银行之间套利，向银行缴纳的手续费费率只有平均千二、千一，不仅每家银行不一样，每家银行的分支行谈下来的价格也不一样、限额也不同。”一位银行电子银行部人士告诉财新记者。

银联专家则认为，第三方支付机构直连银行，这种模式也存在较高风险。由于它未遵守发改委 66 号文的价格机制，就造成双轨制，一种是直联银行的价格，一种是连接银联的价格。衍生出两种安全标准、两种运作模式。

在银联的支付结算大网里，银联有专门的风险部门去监测；而在非金机构直联银行的模式里，银行无法得到持卡人的真实信息，无法监测持卡人消费行为的真实性，一旦发生纠纷，持卡人的资金得不到保障。

近期，经过艰难的交涉后，工行刚刚把支付宝在该行的四个快捷支付接口改成一个接口。

“当工行有四个接口时，不可能像银联一样，去有效监控消费行为。”银联人士表示。

银联尚未建立国际上通行的卡组织的盈利模式，主要收入来源就是转接服务费用即通道费，就是“721”分成中“1”的组成部分。

自从 260 多家第三方支付机构发展起来之后，和商业银行直接连接，绕开了“收单－银联转接－清算”的传统三方模式，就把银联架空了。

“支付市场市场化之后，银联生存的确很难。”央行前述人士坦承。

第二家银联?

在线上转接清算市场，易观智库数据显示，2014 年一季度，支付宝、银联在线支付和财付通分别以 41.27%，28.65% 和 15.34% 的市场占比位列前三。

由银联创始人、第一任总裁万建华打造的通联支付原本定位就是“小银联”，其公司高管团队也全部来自银联，也是惟一自己拥有 POS 机具的第三方支付机构，其他第三方机构主要是销售 POS 机具。通联支付的市场份额，在第三方支付产业中，处于前十大排名的第一阵营。

不过，在业内人士看来，通联的市场份额还差得远，还要看通联是否具有发卡能力，即商业银行是否愿意受理通联卡。线下收单市场涉及发行端和使用端，商户只是一个使用端，并非拥有几十万商户就能做卡组织。

据业内人士介绍，成立卡组织涉及发行端和使用端。开拓商户只是使用端，发行端涉及制定一套发卡标准、账户管理标准，最重要的是有自己品牌和信用，商业银行才能愿意同意受理卡组织标识的卡。

FDC中华区总裁陈启彰则向财新记者介绍说，近年国内国际上都有一个脱媒趋势，国内是第三方机构绕过银联的支付网络，国际上则是新兴的支付机构脱离卡组织VISA、万事达建立的清算网络大媒，但是新兴机构的支付行为要么仍然依附这个网络要缴纳通道费，要么做到一定规模自己建立一个卡组织网络。此前，陈启彰亦曾经在国际卡组织担任高管，熟谙国际支付行业的游戏规则。

对于第三方支付机构萌生的成立卡组织的兴趣，陈启彰认为，成立卡组织并不是想象中那么简单，和支付牌照不一样。在国外，大型卡组织如万事达卡、VISA，成立的初衷很少是因为商业利益目的，大部分是银行之间的行业组织自发形成的非盈利会员制机构。比如，美国两大国际卡组织最早是东西岸银行团为解决跨行交易所组成的，后来扩展到国际形成一定的寡占地位，之后从会员机构回购股份，进行股份制改造并公开上市。在欧洲、日本、韩国也都有类似的例子。银联更是由政府支持卡组织的典型， 同时扮演推进建构本地跨行交易和支付体系的半官方任务。

当然，市场上也有商业化运营起家，三方交易模式（three parties system）为主的卡品牌如美国运通、Discover等，这或许是国内第三方可以推进的方向，因为目前部分国内的预付费卡公司、互联网支付公司，其实就已经是小型的自发卡收单卡组织，关键就要看央行如何制定相关的卡组织设立规则。

在前述央行人士看来，成立卡组织的前提是各家银行是否愿意受理你的品牌卡，目前银联标识卡已经有40多亿张，各家银行和银联是伙伴关系，有各行发卡才有银联的生存。“卡组织并非第三方机构想得那么简单，第三方支付机构想拿卡组织牌照，但只想做其中的一件事，就是以为拿了这个牌照就可以随便受理别人的品牌卡，其实要经过授权，否则就侵犯知识产权。”

支付宝的机会

支付宝是否有意成为第二家“银联”？

这不得而知。但是，或者可以说，支付宝实际已成“网上银联”。不过，要在法律上成为一家转接清算机构，还意味着需要付出高昂的成本：需要发卡，建立自己的卡标，铺设专用的POS机具、风控、账户维护、对受理环境的改造等，也需要同时覆盖线上线下的业务。

2013年8月，支付宝在官方微博宣布放弃了线下POS业务，是由于线下收单业务有一套管理制度，要发展商户、登门走访核实商户的真实性。

“支付宝用互联网的思维去扩张到线下，打破三方封闭的支付模式，但线下的一整套维护制度、基础设施的建设，至少要花五年的时间。”陈启彰分析称。

另据消息人士透露，支付宝曾希望和银联谈判，延续现有方式，网上转接银联卡，但不向银联支付转接费。这样支付宝也就不需要另外再投入成本发自己品牌卡，但此举相当于将原本侵犯银联利益的行为合法化，遭到了银联的拒绝。

“脱媒是否合规合法取决于是否遵守卡组织建立的规则，如果你仍要依赖这个大媒，你就应该支付使用费，因为建这些网络要花很多成本。”陈启彰指出，按照国际通行规则，也应缴纳通道费、品牌标识费。

在陈启彰看来，从技术上，第三方支付机构完全可以和银行直连，那么理论上应申请卡组织，这意味着要发行自己标识的卡，有自己的品牌和商户，但在这个品牌标识和受理背后，是搭建自己的支付结算网络、风险控制体系、品牌的推广和维护。“这些都很重要，需要极大的成本投入”。

陈启彰强调说，卡组织是以联盟的形式，按照品牌运作，有自己的标准，是规则的制定者，而不是利益的直接参与方。是转接清算资金结算组织，而不是一个直接参与发卡收单的机构。

对于卡组织的准入，陈启彰认为，监管部门必须有更慎重的发牌规划：一是和银联能形成互补；二是线上线下或区域之分；三是业务必须有一定规模，其发展方向有向卡组织演进的需求；四是必须有较高较强的自律性；五是有一定系统覆盖的技术高度、安全等级、风险控制能力等；六是品牌的推广和维护。他尤其强调自律性，因为卡组织是一个半官方的规则制定者，如果过去经营历史中有一些不规范行为，“你做出来的卡组织如何去规范别人？那不是打造犯罪团伙吗？”

来源于财新《新世纪》2014 年第 36 期 出版日期 2014 年 09 月 15 日

专访时文朝：银联自革命

记者：张宇哲

银联正在面临内忧外患。

“朋友们还以为我到了银联可以坐享清福，好好休息休息了。来了一看，全不是这么回事。市场环境急剧变化，对内是 269 家非金融支付机构如雨后春笋，对外是按照中国对 WTO 的承诺，VISA、万事达很快就会进来。形势变化比我们预想来得还要快，还要严峻。” 近日，在位于上海浦东含笑路的银联大厦总部，银联总裁时文朝接受财新记者独家专访时说。这是他 2013 年 9 月履新以来首次接受记者专访。

“一夜裸泳”是时文朝此前在公开场合谈到银联用得最多的字眼。“银联靠喊民族品牌、国家支持已经解决不了问题，谁都没法指望，银联必须靠自己。”时文朝强调说。

今年 49 岁的时文朝是中国债券市场的主要开拓者之一，从他在央行金融市场司到央行旗下银行间债市交易商协会任职的十余年内，中国债市从无到有，蓬勃发展，跃升为全球第四、亚洲第二的规模。

“他是个有格局有眼光的实干家，中国债券市场的生机与时文朝分不开。”

一位债市的资深人士评价说。

对于时文朝来说，2013 年 9 月从债券市场转战到更为细分的支付市场，从债市监管者跳到深度参与支付市场的企业“运动员”角色，无论从专业性还是思维方式，都是一百八十度的转弯。

在时文朝对银联的定位中，银联不但要成为高效、安全的转接清算服务提供者，也要成为境内支付产业各方利益的协调者，“从业态上来合理调整布局，市场才能健康发展。”此前，时文朝履新不久，就牵头协调支付市场的定价事宜，协调各方利益，已经和人民银行、发改委讨论几轮。此时业内对时文朝的尊称，也从原来协调债市各方利益的“时老板”，变成支付市场的“时老大”。

2013 年 6 月底，央行连续废止或取消了五个联网通用文件，标志着对银联的政策保护已经彻底取消。至此，银联已由原来政策支持、央行主导、资源独享、各家商业机构必须无条件配合，走向了互联网通用时代，银联面临市场对内、对外开放的挑战，监管政策、产业环境、市场环境、竞争态势都已发生了深刻的变化。“中国银联躺着挣钱的日子一去不复返了。”时文朝称。

不过，面对支付宝等互联网支付的发展势头，时文朝表示，“我从来没把支付宝当成挑战。银联真正的对手是国际巨头 VISA 和万事达。”

二次创业

履新银联不久，很短的时间里，时文朝就开始谋划对银联的全方位调整和战略定位，开启对内对外全方位转型模式，并称之为银联的“二次创业”。一改银联过去十年相对封闭不透明、从不回应质疑和抨击的低调风格。“更开放、更包容、更市场化”是银联二次转型的关键词。

“银联的内部文化的确有很大改变，时总要求每项业务或工作，第一反应是要考虑是否具有大局意识，是否放在了更大的视野里来考虑，是否符合整体战略规划；工作方法上要把所有问题都放到桌面上来说，不要在下面鼓捣，把协作意识、协作成果作为重要的考核因素；这和以前银联的山头文化很不同。”一位银联内部人士告诉财新记者。

银联注册资本 29.3 亿元，子公司 10 家，实际控制的分公司 36 家。银联的股东从最初85家股东，后经两次增资扩股至今共有153家股东。注册资本量最大的单一股东为中国印钞造币总公司，持股占比为4.86%，其次是工、农、中、建、交五大行，除建行持有4.78%外，其他四大行均为3.84%。前六大股东合计持股25%。

时文朝的办公室中间树立着一个偌大的黑板，留着半个黑板的字迹。“我来了之后，就在办公室列个黑板，天天让各部门的同事给我讲银联。越了解银联，我就越觉得敬畏，短短12年，银联初步改变了中国人的支付习惯和支付方式，银行卡支付占整个消费品零售支付的比例已经超过了51%，接近欧美发达国家十年前的水平。”

搭上中国经济快速发展的快车，自2002年成立至今12年，银联已经跻身国际银行卡市场重要一席。截至2014年6月底，境外共142个市场开通了银联卡业务，境外累计开通商户超过1300万户。2013年，银联国际业务总交易量超过6200亿元人民币。

今年4月，国际权威咨询机构尼尔森发布报告称，在全球刷卡消费交易方面，2013年银联借记卡的市场份额提高7.38%，达47.19%，成为全球第一的借记卡支付工具。VISA借记卡的市场份额40.62%，万事达12.20%。此外，银联信用卡份额上升至20.39%，而VISA、万事达、美国运通信用卡份额均有所下滑，分别为39.22%，26.08%、11.79%。

尽管银联有这样令人瞩目的业绩，加上国内惟一的银行卡转接清算组织这一垄断地位，时文朝却有深重的危机感。

“即使VISA、万事达进来，一时也难以撼动银联的地位；但是银联国际化，跨出去也有很长的路要走。”FDC大中华区总裁陈启彰如是评价。

上世纪90年代，各家银行相继推出自己的借记卡、自建受理网络，但银行卡只能在本行、本地使用，无法跨地区、跨行使用，更无法在境外使用。为此，国务院于1993年启动金卡工程，即以银行卡为介质的电子货币工程。银联应运而生——由18个城市的18个银行卡中心联合成立，股东为央行旗下的中国印钞造币总公司以及各家银行出资。

但直至近十年后的2002年3月，基于金卡工程在联接应用、跨行支付的战略意图下，在国务院的行政推动下在上海挂牌成立了银联股份有限公司，解决了困扰近十年的银行卡联合发展的运营机制问题，开始在全国发行统一标识的“银联卡”。

在银联成立前，中国银行卡跨行交易总额仅为916.5亿元，2013年，这一数字达到32.3万亿元。

目前，银联已经着手推动组织架构及运作机制的调整，优化机构入网机制，推动银联业管委信息向非金机构的公开透明、牵头与发改委沟通，酝酿推动非金融支付机构参与规则制定等。

“银联要做一个开放式的平台，这个平台将对所有支付行业各方开放，包括对当下激烈辩论中持不同立场的各方；银联不但要成为高效、安全的转接清算服务提供者，规则、标准的制定者和推广者，新业务、新产品的创新者和引领者，境内支付产业各方利益的协调者，也要成为中国支付产业国际化的推动者和实践者。”时文朝说。

厘清边界

按照时文朝对银联的战略定位，把银联打造成具有全球影响力的开放式平台型综合支付服务商。这个定位与全球范围内成熟的卡组织并无太大差别。不过，VISA、万事达这些国际卡组织并不参与收单业务。

“银联借记卡全球发卡量第一，中国共发了42亿张银行卡，其中38亿张是‘62’打头的银联卡，交易量全球第二，相当于VISA交易量的75%，超过万事达; 银联十二年做到世界第二，但利润只有VISA的八分之一。”时文朝说。

这是由于银联的收入利润来源非常单一，尚未建立国际上通行的卡组织的盈利模式，转接清算网络服务费是主要收入来源，其中线下POS又是重要渠道之一，而其旗下的银联商务正是中国最大的POS收单机构。

但这也带来业内对银联“既当裁判员、又当运动员”的指责。对此，时文朝回应说，未来银联商务的股份将继续社会化。目前银联在银联商务中的股份已降低到51%，其他是各类小股东包括各类投资机构和自然人等。

“当初是历史原因，没有人做收单业务，银联才组建的银联商务。但目前现实条件下如果没有银联商务支撑，银联今年的收入做不下去；因为所有的第三方支付机构都绕过银联和银行直连，银联收取的转接费明显被分流。”时文朝强调。

银行卡市场使用的广度和深度取决于收单市场的建立。上世纪 90 年代，当时由于收单市场投入大，一台 POS 机近万元，各家银行都不愿意干，银行卡市场发展缓慢。在此背景下，为了把收单市场做起来，2002 年银联组建了银联商务，是国内最早从事银行卡收单和专业化服务的企业。“收单这活又脏又累，而线下实体商户的收单市场就是靠银联商务的网络一家一家走访建立起来的。”银联商务人士介绍说。

2011 年 5 月，银联商务首批获得央行颁发的《支付业务许可证》，涵盖了银行卡收单、互联网支付、预付卡受理等支付业务类型，和同批 7 家第三方支付机构站在了同样的起跑线上。

2012 年，取得支付牌照的银联商务首次参与尼尔森全球收单机构排名，并以 2012 年度收单交易量 15.799 亿笔的成绩位列第 21 名，是中国内地首家也是惟一一家跻身全球排名表的收单机构。

银联既拥有银联商务作为 POS 收单终端，也有转接清算平台，在线下市场优势明显。由于银联商务也开展收单和支付业务，深入介入市场，也因此成为银行和第三方支付企业最大的指责对象，被认为是银联既当裁判员制定规则、又当运动员参与市场竞争最大的口实，特别是银联商务也参与到为抢市场频繁“套码”的不规范行为。

今年上半年银联业管会对银行卡受理市场的违规通报中，银联商务的约束处罚金额排名第五，前四名分别是快钱、汇付、易宝、乐富。“这几家交易量大的第三方支付机构的处罚排名基本上是轮流做庄。”业内人士说。

近年，银联的定位也逐渐调整为以服务为主，不和第三方支付机构竞争，推动银联向平台定位转型。2013 年 11 月，时文朝已把银联分公司的收单业务全部停掉。

“不准和市场机构竞争；分公司的作用就是去维护好和银行、第三方支付机构的关系，去拓展当地的用卡市场，拉住银行和第三方机构去协商当地的监管机构、公安部门，维护受理用卡环境的安全性。” 时文朝表示，“现在银联自己要把自己定位成提供服务的平台，不是什么都做，定位清楚，战略目标明确。”

正当约束

面对第三方支付机构的违规行为，银联作为卡组织为了维护行业金融秩序而开展的正当约束，很多时候被质疑为垄断者的肆意妄为。

据银联业务部资深专家任志骏介绍，2009 年，由于“套码”的违规行为开始抬头，当年央行下发了 149 号文，要求银行和银联开始开展对商户注册、套码行为的检查，并建立投诉、举报和约束机制。基于央行要求，2009 年银联开始执行行业约束规则。2010 年，银行卡发展委员会公布了有关银行卡受理市场秩序违规约束机制的 3 号文。

2013 年 7 月 5 日，央行出台银行卡收单业务管理办法（9 号令），推动支付市场完全市场化，同时也要求收单机构和外包服务机构不得从事或变相从事银行卡跨法人交易转接服务。同时为了便于监管交易，维护银行卡清算机构的正当品牌权益，第 26 条规定，收单机构“应当在发卡银行遵守与相关银行卡清算机构的协议约定下”，才可以“将交易信息直接发送发卡银行”。

据前述规定，2013 年 7 月，银联发布了一项《议案》（即 5 号文），并同时落实 2013 年底的 17 号文，后者要求所有成员银行在 2013 年底之前全面完成非金融机构线下银联卡交易业务迁移，统一上送银联转接，到 2014 年上半年，实现非金融机构银联卡交易全面接入银联，“收单机构未通过中国银联开展银联卡跨行交易和资金清算业务的，应向中国银联支付违规跨行转接银联卡的违约罚金。”

“3 号文所以进一步调整为 5 号文，是因为在此期间大量的非金机构以及中小银行作为收单机构涌入支付市场。这些新进的机构并不太熟悉支付领域，因为这是一个劳动密集型产业，于是就外包给一些代理商来做。由于央行的 2 号令中并未明确对外包代理商的监管规则，收单市场越发混乱。而银行为了拉存款，只要收单机构把结算资金存到银行，银行可以不收手续费，在市场上形成了国家发改委定价和银行自行定价的两套价格体系,进一步加剧了各类乱象。

此后，银联以“补偿性清算”的名义，处罚了支付公司和银行的违规转接行为，这引起了业界的强烈反弹。

自2002年银联成立,作为惟一的银行卡跨行交易清算机构,经国务院授权,央行赋予银联“组织银行制定规则”的权力。此后银联牵头起草制定的银联标准往往上升成为行业标准，其中部分行业标准又上升为国家标准。因对决策的影响力，银联一直被业内诟病为垄断。

现在，政策保护取消、央行推动银联一切市场化运作，在此背景下，银联也正在尝试退出裁判员的角色，国家标准由央行组织专家认定，行业标准由支付清算协会牵头制定。

“自从2011年5月支付清算协会成立以后，银联主动建议支付清算协会牵头制定移动支付的行业标准，由支付协会来组织专家论证，以支付协会自律组织的名义来发布，再由银联来干就不合适了。”时文朝称，“银联自己一定要往后退，退到一个企业的本位上来，不要去干和企业属性不符合的事。但对侵犯银联作为卡组织品牌权益的行为，银联一定要维权。”

从银联上半年通报看，上半年支付收单市场的乱象，不乏收单银行，违规银行主要是中小银行。

数据显示,在所有违规商户中,非金机构违规商户占全部违规商户的八成,银行违规商户也占两成,约10.61万户。北京银行、平安银行、招商银行位列“前三”，违规占季末活动商户比分别达到17.61%、6.96%和6.35%。

“以前收单市场主要都是大中型银行,大家开个会银联通报一下就有效果,银行就会整改，市场就稳定下来了。”前述银联人士感叹，“以前只有个别的局部混乱，监管也能够遏制势头，现在是全面混乱。”

重塑盈利模式

银联要淡化与银联商务的关系，首先必须要调整现行盈利模式。

银联一直被业界认为独享垄断利润，“机器一响黄金万两”。

2003年末，成立不到两年的中国银联实现扭亏为盈，2002年末，银联尚亏损3766万元，到了2003年末，净利润2606万元。2013年净利润约19亿元，其中来自银联商务合并的利润约在3亿元。

来自银联的数据显示，银联的利润结构中，转接清算费用占大头，约占75%；而VISA的转接清算费用收入在利润结构中的占比则为三分之一，即33%，品牌标识费收入占比近四成，为38%。而由于大量的第三方机构绕开银联不向银联缴纳品牌标识费，银联的品牌标识费收入占比仅为10%，跨境收入约占15%，其余为来自净利润收入转存款的利息收入。

VISA的财务报表显示，2013年，VISA收入总额718亿美元，同比增长12.9%；品牌费收入、数据处理即转接清算费用、跨境业务、许可费分别占比38%、33%、24%、5%。

与银联的单一盈利渠道相比，国际巨头VISA、万事达的盈利渠道非常多元。以VISA为例，营收来源包括刷卡手续费、品牌标识使用费及为客户提供的增值服务所带来的费用。增值服务定义为通过信用卡服务帮助银行实现品牌提升的服务，涉及不同分类的服务收入不同，不同种类的卡收费不同；内容非常广泛，包括发卡服务费、入网测试费、国际业务服务费等。

据时文朝介绍，银联的增值服务体系一直没有建立起来，与VISA相比，前述这些增值服务，银联都是免费向市场成员提供，另外为了鼓励银行发行带有银联标识的银行卡，银联给每张卡补贴10元。

“以前受国家政策保护不收费，现在政策保护取消了，作为企业首先要弥补成本，入网测试费、网络服务费、品牌标识费，逐步按规则收费。”时文朝说。

谁的品牌谁转接，这是国际通行规则，比如VISA品牌银行卡只能通过VISA的网络来转接。目前在中国境内，VISA、万事达是通过银联的网络来转接，需要向银联缴纳转接费。

目前，银联的品牌标识费主要是向银行收取，自2006年4月1日才开始实行，相关半价优惠政策已延续八年至今。银联只对自身转接的交易收费（目前仅在香港地区对on-us交易收费），且本代本交易暂免收取品牌费；目前只对贷记卡、准贷记卡计收品牌费，借记卡暂免收费。对某些特定类别商户（公益类、”三农“商户）也免收、对房产和批发类商户则封顶计收，并对银联标准卡发卡方品牌费实行 5 折优惠（已优惠八年）。

另外，VISA、万事达均对不经其转接的交易收取品牌费。国际卡公司除收取品牌服务费外，还同时区分不同卡等级，每季度按卡量收取卡片费；银联大陆地区暂无此费用项目，境外目前也几乎均暂免收取。VISA、万事达对跨境交易向发卡和收单方收取合计 1% 以上的国际服务评估费及国际结算服务费等。

“80% 以上的银行账户服务体系是通过银行卡实现，而银行卡标准的基础维护是银联在做，这也是银联的知识产权。按照国际上 VISA、万事达的收费制度体系，银联也应该收品牌标识费，但是银联一直没收。”央行人士表示。

“由于国内知识产权保护意识薄弱，支付市场的成员都不愿意交品牌标识费，今后这一块要规范起来。”时文朝对财新记者称。

VISA 有关人士认为，银联投入巨资，建立了一个广泛的各家银行都接受的银行卡账户体系，但目前大量的第三方支付机构利用网络搭便车，占用了银联前期投入巨大的账户体系资源，又不付出使用费，“大家都这么做，谁还愿意投资金融基础设施建设”。

“不只是银联一家在投入，国家、地方政府、各家银行都在投入，12 年来，粗略估计至少上万亿元。”时文朝表示，“银联的风控模型是经过了多少年的数据积累才成的，只有在大量的数据里面才能提炼出来白名单、黑名单。”

他举例说，比如银行卡被盗刷，银联的专线专网系统是以毫秒来计量，马上就可以提示持卡人和发卡行。

补课与重构

时文朝坦承，“没有国家的支持和政策保护，银联做不起来。”按照 2012 年 WTO 的仲裁结果，中国的人民币转接清算市场要对外开放，这意味着 VISA、万事达等国际巨头都将进入，银联的垄断地位结束了。

公开数据显示，在国内市场发卡端，借记卡银联卡占 97%；信用卡银联占 47%，VISA、万事达占 53%。

“但国际巨头进场之后，意味着银联来自信用卡的转结算收入的一半就没有了；因为 VISA、万事达有自己的转接清算网络，银联的收入将出现滑坡式下跌。”时文朝不无担忧。

时文朝认为，通过行政强制力，银联具有了中国的银行卡组织特征，但对照国际卡组织的成长，是通过市场化的方式制定技术标准、业务规则，随着越来越多人遵守规则，其影响力不断向外辐射，其规则、标准亦成为凡是与其做业务的人都要遵守的规则，且对其会员有约束力，或者说是具有自我管理能力。

“如果我们想把银联变成中国的 VISA，也得这么干。但回头看，我们正好是反着来的。”时文朝说，银联和国际卡组织相比缺的那一步，就是通过自身努力来扩大影响力的这一步，“银联是不是要补上？补课这个过程，也可以说是银联战略重构的过程”。

“首先必须要对当前形势有清醒认识，明确银联的战略定位，要通过更市场化的方式、方法，使银联的规则标准为行业所接受。其次，在明确战略定位的前提下，对整个系统的组织架构进行与战略定位相适应的重新调整，从利益机制上解决‘部门墙’的问题。再次，给调整后的组织架构注入全新的动力。最后，必须在原来已有的基础上，重新认识、构建、凝聚银联的核心价值观。”这是时文朝去年 11 月在银联的内部工作会议上的讲话。

2014 年 1 月初，银联正式成立“一站式”入网服务团队，以提高对商业银行、支付机构与行业机构等机构客户的入网服务质量。

目前，银联已将各个部门整合为“战略、国际业务、市场与产品、业务支持、技术支持、财务、人力资源、办公行政和监审群工”等九大板块。还成立了战略、市场与产品、技术、考核和投资等五个专业委员会。

“银联通过资本手段要达到的目标，一方面是网络建设，主要是国际化，传统签商户、签银行的方式可能太慢，因此通过资本合作方式拓展网络，例如入股网关公司等。”时文朝告诉财新记者，另一方面是前沿投资，包括国内和国际的新技术、新产品方面的投资，以适应产业的更新换代。银联正酝酿设立一只规模百亿元的支付产业基金，采用双币（人民币或外汇）投资模式，投资新兴支付技术企业，包括前沿的互联网、移动支付技术、交易安全技术等领域，以抓住支付行业创新发展的大趋势。

“我们在推进产品线的整合与优化，致力于在产品库里找到杀手级的产品应用,践行平台化的系统战略。只要这么做了,银联的二次转型就一定能成功。”时文朝如是说。

话音未落，好消息传来。9月10日，苹果iPhone6面世，宣布采用了NFC技术，这正是银联在移动支付上力主的技术。“得移动者得天下”，外界预期，银联这次可能抢占到了移动支付市场的先机。

财新《新世纪》2014年第36期 出版日期2014年09月15日

社会篇

邵氏“弃儿”

记者：上官敫铭

漫漫寻亲路上，湖南人杨理兵随身携带着一张压了层塑膜的照片。照片上的女孩叫杨玲，是他的第一胎孩子，算起来今年应该七岁了。

2005 年，杨玲尚在襁褓中，就离别了亲人。她不是被人贩子拐跑，而是被镇里的计生干部以未交“社会抚养费”为名强行抱走的。

四年后，杨理兵终于得知女儿的下落——远在美国。

2009 年的一天，杨理兵和妻子曹志美在湖南常德一家酒店里，从一位素不相识的人手中，得到女孩的两张照片，“我一眼就能肯定，她就是我的女儿。”杨理兵说。

杨家的遭遇并非孤例。多年来，湖南省邵阳市隆回县至少有近 20 名婴儿曾被计划生育部门抱走，与父母人各天涯。当地计生部门的解释是：这些婴幼儿多是被农民“非法收养”的弃婴。但实际上，有相当多一部分婴幼儿是亲生的；更甚者，有的并非超生儿。

2002 年至 2005 年间，以计生部门违反计划生育政策为由、强行抱走婴幼儿的行为，在隆回县高平镇达到高潮。多年后，因部分家长锲而不舍的寻亲，类似事件浮出水面，乃至波及美国、荷兰等国。

上篇：抢婴

湖南省邵阳市隆回县，是一个国家级贫困县。从县城北行 70 多公里，到达高平镇。这是一个位于大山群中的乡镇，人口 7 万多人。

看似人口不多，长年来，高平镇却面临着计划生育的压力。

上个世纪70年代初，中国开始推行以“一胎化”为主要标志的计划生育政策。1982年，计划生育政策被确定为基本国策。当时，和全国很多地方一样，湖南省也对计划生育工作实行“一票否决”制。违反《人口与计划生育法》和《湖南省人口与计划生育条例》禁止性规定的，地方政府的主要负责人、人口和计划生育工作分管负责人及责任人和单位，一年内不得评先评奖、晋职晋级、提拔重用、调动。

隆回县连续十余年，保持湖南省“计划生育工作先进县”的称号，其制定的处罚和考核细则更为严苛。层层考核压力下，基层政府甚至不惜使用暴力手段。在那时的高平镇乡村，常常可以看到诸如“通不通，三分钟；再不通，龙卷风”等标语——乡民们解释称，其意思是计生干部给违反政策的家庭做思想工作，大约只需三分钟时间，之后再没做通，家里值钱的家当就将像被龙卷风过境一样被一扫而空。

此外，“儿子走了找老子，老子跑了拆房子”的标语，也让人惊悚。因超生问题而被处罚过的西山村农民袁朝仁向财新《新世纪》记者介绍，在1997年以前，对违反计划生育政策的处罚是“打烂房子”“抓大人”。他就曾因超生问题，被拆了房子。

“2000年以后，不砸房子了，‘没收’小孩。”袁朝仁说。

袁朝仁所说的“没收小孩”，是高平镇计生部门处理违反计划生育政策的方式之一。其方式是，计生办人员进村入户，将涉嫌违法生育、抚养的婴幼儿抱走。

因此，每当计生干部下乡入户核查，乡民们便四处逃避。在2002年至2005年间，高平镇出现坊间所称的“抢婴潮”。

“没收”杨玲

杨理兵清楚地记得，2004年7月29日下午，女儿在自己家中呱呱坠地。

那天下午，高平镇凤形村杨理兵妻子曹志美有了生产迹象。父亲叫来了村里的接生婆袁长娥。袁长娥对财新《新世纪》记者回忆说，当她赶到杨理兵家时，杨的母亲正陪在儿媳身旁。“那是下午四五点钟，生产很顺利。”

女儿降生后，杨家为其取名“杨玲”。哺育女儿到半岁后，杨理兵夫妇便离开老家，南下深圳打工谋生，“孩子交给爷爷奶奶哺养了。”

2005 年 5 月的一天，杨理兵照例给家里打电话，得到惊人消息，“女儿被人抢走了！”他匆忙从深圳赶回家。但一切已晚。

对于头胎女儿为什么会被抢走，杨理兵百思不得其解。后来他猜到了原因：因为他们夫妻双双外出打工，女儿由爷爷奶奶抚养，结果计生干部误以为这个女孩是被两个老人收养的，因此也在征收“社会抚养费”之列。

杨理兵的父亲对财新《新世纪》记者回忆称，2005 年 4 月 29 日，高平镇计划生育办公室（下称计生办）刘唐山等一行近十人来到杨家。“他们很凶，她奶奶在屋里看到后就抱着孩子躲，后来躲到了猪圈里。”

计生干部最终发现了被奶奶抱着躲在猪圈里的杨玲，以杨家未交“社会抚养费”为由，要带走这个“非法婴儿”。

事发当天下午，杨理兵的父亲跟到了高平镇。“他们说，必须交 6000 块钱才可以把人抱回来。”但四处筹借，只借到 4000 元，“我第二天再去，计生办的人说，就算交一万块，人也要不回来了。”

那时，计生办人员已将杨玲送到了邵阳市社会福利院。由于通讯不畅，时隔多日，杨理兵才赶回高平镇。他赶到镇里去要人，小孩已经被送走，争执中还发生了冲突。

杨理兵回忆说，镇里主管计生工作的干部承诺，只要他不再继续追究此事，以后允许他生两个小孩，还不用交罚款，“他们答应给我办理两个‘准生证’。”

“准生证”后来被改名为“计划生育服务证”，是中国新生婴儿赖以证明合法身份的主要凭证。为了控制人口需要，育龄夫妇在生育前，必须到当地计生部门办理这一证件，这是合法生育的法定程序。

杨理兵并不理会这些。他赶到邵阳市社会福利院时，“根本就不知道女儿在哪里。”杨说：“他们‘没收’了我的女儿？！”

拆散双胞胎

计生办“没收”的孩子，不仅杨玲一个。早在 2002 年，同是高平镇的计生干部，就抱走了曾又东夫妇的一个女儿。

曾又东是高平镇高凤村人，与上黄村的袁赞华结为夫妻。1995年和1997年，袁赞华先后生下两个女儿。二女儿降生后，由于交不起罚款，家里的房子被计生办人员拆掉了屋顶。夫妇俩由此跑到外地谋生，发誓要为曾家生个儿子。

第三胎怀孕后，曾又东、袁赞华夫妇躲到了岳父家。“为了躲计生办的人，我们在竹林里搭了个棚子住。”曾又东对财新《新世纪》记者说。

2000年9月15日，在岳父家的小竹林里，曾又东的双胞胎女儿降临人世。给袁赞华接生的，是上黄村的接生婆李桂华。

在接受财新《新世纪》记者采访时，李桂华对当年的情形历历在目，“是一对双胞胎，一个先出头，第二个先出脚。”

很难说曾家此时是欢喜还是烦恼。袁赞华发誓：“再生一个，无论是不是男孩，都不再生了。”

2001年2月，曾又东夫妇决定到重庆打工。四个小孩，“我们决定带三个在身边，留一个在妻子哥哥家代养。”曾又东说。

于是，袁赞华的兄嫂袁国雄、周秀华夫妇，为曾又东夫妇抚养了双胞胎姐妹中的大女儿。

厄运于次年发生。2002年5月30日，高平镇计生办陈孝宇、王易等十余人闯进上黄村袁国雄家，将一岁半的小孩带走。一同被带走的，还有袁国雄的妻子周秀华。

“刚开始他们叫交3000元，后来就涨到5000元，再后来就要1万元了。”袁国雄夫妇曾据理力争，向计生办人员坦陈，这是代妹妹家抚养的。但计生部门原则性很强，一口咬定交钱才能赎人。因交不起罚款，双胞胎姐姐被送到了邵阳市社会福利院。

因通讯不畅，曾又东夫妇当时对此一无所知。那年3月，在重庆朝天门批发市场做小生意的曾又东夫妇，还沉浸在幸福中，袁赞华生下了他们期盼的儿子。

2003年，因母亲过世回家奔丧的曾又东，才知道女儿被计生办带走的消息。

如今，曾又东对这对双胞胎女儿中的姐姐已经印象模糊，“右耳朵好像有一点小赘肉？”

四类婴儿

杨理兵和曾又东的遭遇并非孤例。高平镇被计生办以“超生”或“非法收养”等名由“抢走”的婴幼儿，不在少数。而领回小孩的条件，无一例外都是交钱。数额多少没有定数，全凭计生干部们张口。

高平镇西山洞村五组农民袁朝容对财新《新世纪》记者称，2004 年 8 月，他在广东省东莞市一家家具厂打工时，逛街时看到一个包裹，打开一看，是一个奄奄一息的女婴。“这是一条生命啊。”袁朝容将女婴救起。在工友建议下，时年 42 岁无妻无子的袁朝容，喂养了这名婴儿，并取名“袁庆龄”。

2004 年 12 月，袁朝容将孩子带回老家，向村长汇报此事，交了些钱，希望村长帮忙办理领养手续。

第二年，袁朝容每月支付 350 元生活费，委托姨妈代养孩子，自己再次离家南下打工。

然而，2005 年 7 月 28 日，高平镇李子健、陈孝宇等四五名计生干部闯入袁朝容姨妈家，称此女婴为“非法收养”，将袁庆龄抱走，并称必须交 8000 元才能将人领回。

袁朝容胞兄袁朝福对财新《新世纪》记者介绍，当时弟弟在广东，自己多次到镇计生办请求放人，得到的答复是“必须先缴纳社会抚养费”。四个月后，当袁朝福回到老家要人时，得到的答复是，小孩已被送到邵阳市社会福利院。

大石村十组农民袁名友夫妇，生育了两名男孩之后，妻子进行了结扎手术。1999 年，他们在湖北省洪湖市沙口镇做生意时，捡到一名被遗弃的女婴收养下来。年底，回乡过年的袁名友将此事向村干部汇报，并委托办理收养手续。

袁名友说，2002 年 5 月 10 日，在缴纳了 2000 元社会抚养费后，该名女婴在高平镇派出所进行了人口登记。在初次户口登记上，女婴取名“袁红”，与户主袁名友的关系是“养女”。

虽然已缴纳社会抚养费，且上了户口，但是，2002 年 7 月 29 日，高平镇计生办干部刘唐山等四人还是来到袁家，将袁红抱走。彼时，袁名友夫妇在田地里劳作，看到来刘唐山等人抱着孩子驾车离去，飞奔尾追。

“他们把我女儿抓到了镇计生办。”袁名友向财新《新世纪》记者回忆说，

“说我非法收养，叫我按手模。说要拿 4 万块钱赎人，否则就不放人。最后说至少要交 3 万。”

然而，第二天袁名友凑足钱带到计生办时，女儿已经不见了。“她的脖子底下，左边有颗黑痣，豆子一样大的。”回忆起养女的模样，袁名友眼圈红了起来。

吊诡的是，袁红被计生办抱走三年后，2005 年 12 月 30 日，当袁名友家更换新户口本时，袁红仍是袁家的一员。户口本上，袁红与户主的关系是“女儿”。但袁红至今下落不明。

与袁名友的遭遇类似，高平镇合兴村二组农民李谟华收养的女儿，也于 2002 年被计生干部抱走。

早在 1998 年，李家就为收养的女儿李艳上了户口。彼时施行的《收养法》，尚无“收养应当向县级以上人民政府民政部门登记”的规定（1998 年 11 月法律修订后才增加此规定）。女儿被抱走后，李家无力缴纳罚款，李艳由此不知所踪。

在黄姓村，2002 年上半年，村民周英河与女友唐海梅结婚。当年 12 月底，夫妻俩为周家生了第一个女孩，取名周娟。

与中国农村很多地方一样，周英河和唐海梅当时按传统习俗，办过酒席即宣布结婚，暂未到民政部门注册登记。

三个半月后，周英河夫妇南下广州打工，周的母亲刘素珍（音）承担了哺育孙女的任务。然而，周娟最终还是被高平镇计生办的工作人员“抱走”了。

据刘素珍向财新《新世纪》记者回忆，那是 2003 年 3 月 15 日，“有八九个干部又来抢小孩，我抱着孙女就跑了，躲在附近的邻居家。”

计生干部最终找到了被放在床上睡觉的周娟。“他们说，你老人家不会带小孩，我们带比你带好些。”刘素珍跟着他们来到计生办后，按要求照相压手印，“他们就叫我走了。说要交 1 万 5 千块才能把孩子抱回来。”刘素珍没有能力筹款，孙女被计生办送到了福利院。

毛坪村四组的袁新权，头胎女儿也被高平镇计生办工作人员抱走。2005 年 11 月 2 日，袁新权的女儿降生。当年 11 月 25 日，家人抱着女儿在路上行走时，被计生办人员强行将女儿抱走。

不独隆回县，在邵阳市洞口县，也有类似情况。

2008 年 12 月 2 日，该县城关镇的厚永军、肖绚丽夫妇，因超生未及时上交社会抚养费，他们诞生才 40 天的一名男婴，被当地计生干部抱走，后因找人说情才被还回。

据曾因超生被处罚过的西山村农民袁朝仁等人初步统计，从 2000 年至 2005 年间，湖南省隆回县高平镇至少有 16 名婴幼儿，被镇计生办以违反计划生育政策的名义强行抱走。

“被抱走的小孩有四种情况，第一种是‘未婚先育’（一般已按传统习俗摆喜酒，但尚未办理结婚登记）的，第二种是超生。”袁朝仁称，前两种情况，被抱走的婴幼儿都是其父母亲生骨肉。“第三种，就是抱养的，有的可能不符合收养规定；第四种，应该说是合法收养的，因为他们已经上户口了呀！”

这四类婴幼儿，都是当地计生干部锁定的目标。散落在大山深处的高平镇各地乡村，乡民们谈计生色变。一些乡民称，每当计生干部下乡入户时，家有属于上述四种情况婴幼儿的农户，便闻风而四处逃避。

依据多位家长描述，计生干部抱走婴幼儿的过程几乎大同小异。

锁定目标后，计生工作人员少则四五人多则十余人，在村干部的带领下，迅速包围计划对象家庭，将婴幼儿强行抱走。赎回小孩的惟一条件，就是交钱。

经财新《新世纪》记者采访调查核实，截至 2005 年，被高平镇计生工作人员强行抱走的婴幼儿，至少有 16 名。

中篇：生意经

隆回县对计划生育国策的执行，经历了一个不断从紧的过程。

2001 年 11 月，因违反计划生育问题突出，隆回县开始对高平镇进行集中整治。全县抽调 230 多名干部进驻高平镇，入驻各个乡村督导工作。

在此期间，原先对违反计划生育人员收取的“计划外生育费”，统一更名为“社会抚养费”。

扭曲的“社会抚养费”

按政府给出的定义，社会抚养费是指“为调节自然资源的利用和保护环境，适当补偿政府的社会事业公共投入的经费，对不符合法定条件生育子女的公民征收的费用”；属于行政性收费，具有补偿性和强制性的特点。

2002年8月2日，国务院经国务院令第357号公布了《社会抚养费征收管理办法》，征收的对象主要是超生家庭，即“不符合人口与计划生育法第十八条的规定生育子女的公民”。

而依据《湖南省人口与计划生育条例》规定，未婚生育、超生、非法收养的家庭，都要缴纳社会抚养费。

隆回县在对高平镇计划生育问题进行整治的运动中，为了顺利收取社会抚养费，县法院“计生行政审判合议庭”抽调了七名法官进驻高平镇，派出所抽调四名干警协同，负责强制执行。

1999年，隆回县“大胆探索”，成立了计划生育行政审判合议庭，由审判员和来自县计生委的公务员（由法院任命为助理审判员）组成，日常工作由计生委管理。这个法庭的主要任务，就是负责对计生行政案件的强制执行——主要就是罚款或收费。这一“成功经验”，后来被全省推介。

通过整治，高平镇的超生势头得到一定遏制。然而，在经济凋敝的大山深处，乡民们“养儿防老”“男尊女卑”“多子多福”等传统观念并没有因此改变。

2005年3月22日，隆回县提出了以“县乡村三级联包”的形式加强计划生育管理。除“一票否决”，再以职务升迁和经济奖励的方式，刺激计生干部的工作积极性。

在此背景之下，县、镇、村三级相关干部的升迁、工资待遇等，均与计生绩效“捆绑”在一起。分管及负责计划生育的干部们，决定“破釜沉舟，背水一战”（当地计生标语——编者注），高平镇的大街小巷再次贴满与计划生育有关的标语，例如“谁敢超生就让他倾家荡产”。

计生部门为何如此热衷“没收”婴幼儿并送往福利院？除了政绩考量，以收取“社会抚养费”为目的的创收，也是主要动力之一。

据高平镇官方人士介绍，农业税取消后，该镇维持干部队伍的工资时常捉襟见肘。收取社会抚养费，不仅仅是在落实计生国策，更是为充盈地方财政收入。

社会抚养费未按规定支出，在湖南省是普遍现象。依据湖南省人口和计划生育委员会的初步统计，仅 2004 年和 2005 年，社会抚养费非规定支出的比例分别高达 88.04% 和 87.11%。其中，绝大部分用乡镇机关支出。对于乡镇政府将社会抚养费直接“坐收坐支”的现象，湖南省财政厅曾给予批评。

在 2006 年 5 月 17 日，隆回县发布当年上半年计划生育督察通报。通报称，“有些乡镇将社会抚养费作为乡镇财政的主要来源，财政所无能开发财源，只能绞尽脑汁管死这笔钱。”

上述督察通报进而称，“有的乡镇按月定计生办上交社会抚养费指标，否则扣发计生办人员工资。”乡镇计生办“重点工作（孕检、节育措施落实）没人做，难点工作不愿做，有钱的工作（社会抚养费征收）抢着做。”

2010 年，隆回县县长钟义凡在该县人口和计划生育工作春季集中整治活动动员大会上发表讲话时说，在“一票否决”等压力下，“乡镇党委、政府与计生队伍存在较深的利害关系，不敢得罪，导致计生队伍绑架党委和政府。”

2002 年 4 月，高平镇计生办主任由周小方担任。彼时，主管该镇计生工作的是镇党委副书记刘述德。为了摘掉因计生问题而被“黄牌警告”的帽子，高平镇进行专项集中整治中，主要一项工作就是征收社会抚养费。

当时，计生办成为高平镇政府第一大部门。镇政府 120 多名工作人员的建制，计生办就占到 30 名。据周小方介绍，全镇每年补报生育和超生的婴幼儿在 100 人左右。

计生办的工作人员开始搜寻并锁定超生、“非婚生育”和“非法收养”子女家庭。据当地官员介绍，在高平镇刚开始收取社会抚养费时，每人约 3000 到 4000 元。而以强行抱走小孩相“要挟”时，价格就涨到 1 万元甚至几万元。

“弃婴”收养黑幕

被计生办工作人员抱走的婴幼儿，不仅仅是征收社会抚养费的筹码。有知情者称，每送一名婴幼儿到福利院，计生干部可得到 1000 元甚至更多的回报。

但邵阳市福利院院长蒋德伟在接受财新《新世纪》记者采访时，没有正面回应这一说法。

邵阳市福利院能够证实的是，在2002年至2005年间，隆回县高平镇民政办、计生办共送来了13名婴儿，其中，一名男婴被领回。其他未被领回的婴幼儿，经民政公示程序被宣布为“弃婴”后，进入社会收养程序——更多是涉外收养渠道。

“收养人要捐助一笔收养金。”蒋德伟说，正常的行情是，每收养一位中国孤儿（弃婴），外国收养家庭通常需支付3000美元。在湖南省，民政厅收养中心接收到收养人捐助的收养金后，绝大部分回拨给福利院。

在此利益诱惑下，有人专事贩婴生意。2005年11月，湖南省本地媒体曾披露衡阳祁东县一起团伙贩婴案，幕后指使就是衡阳市多家福利院。福利院与人贩子互相勾结，收买婴幼儿，并将其变为“弃婴”，送入涉外收养渠道，从中牟利。

自2003年以来，衡南县福利院“买进”婴儿169名，衡山县福利院“买进”232名，衡阳县福利院“买进”的婴儿最多，为409名。

经湖南省祁东县法院的判决证实，为了多向境外输送可供收养的婴儿，衡阳市各福利院不但给职工下达搜寻婴儿的任务，甚至主动通过人贩子等各种中间人“收购”婴儿。福利院至多支付两三千元人民币“买入”婴幼儿，送养国外后即可获得3000美元。

前述案件，撕开了“弃婴”收养黑幕一角，福利院成为“洗白”人口贩卖的合法中介。2006年2月22日，湖南省祁东县法院公开审理这一福利院贩婴案时，引起海内外舆论哗然。

巧合的是，前述衡阳市多家福利院疯狂“买进”婴幼儿的时间段，正是隆回县各乡村爆发“抢婴潮”的时期。

2009年7月，中国媒体再次披露了计生部门将超生婴儿抢送到福利院，并在涉外领养过程中牟利的事件。在贵州镇远县，计生部门将交不出罚款的超生婴儿强行抱走，送入福利院后再通过“寻亲公告”等程序，将其变为“弃婴”，多名婴儿被送养到美国、荷兰及西班牙等国。

与多年前衡阳市的多家福利院一样，镇远县福利院每送养一名婴儿，亦可获 3000 美元“赞助费”。

“弃婴”制造链

为了将这些抢抱走的婴幼儿变成合法“弃婴”，高平镇计生办的工作人员伪造或编造了相关文件材料。

财新《新世纪》记者根据这些资料，就 2005 年计生办抱走杨理兵女儿的案卷，进行了采访核实。

当年，该案的案由系杨理兵“非法代养一个孩子”。立案负责人为时任主管计生工作的高平镇党委副书记刘述德，经办人包括计生办的刘唐山、李红旺、罗伟等三人。在案卷中，包括了结案报告、立案呈批报告、综合材料、分别对杨理兵父子的两份讯问笔录、杨理兵本人的申请书、民政办证明、村委会证明、派出所证明、村干部证明等十份材料。

财新《新世纪》记者通过对相关当事人的采访证实，除了高平镇派出所出具的杨理兵登记结婚的证明是真实材料，其他九份材料均系编造或伪造。

在对“杨清正”的讯问笔录中，文字资料显示，“杨清正”承认抚养的女婴为“儿子杨理兵从外面捡回来的”，并表示“听人民政府处理”。在笔录上，在多处签字“杨清正”处，印上了鲜红的指模。

但是，杨家人称，高平镇计生办人员从未对杨父做过笔录，而杨理兵的父亲，正确的姓名应该系“杨亲政”而非“杨清正”。

在对杨理兵的笔录及其“申请”中，于 2005 年 4 月 30 日签字且按指模的“杨理兵”称，“我自愿申请将捡回的小孩送邵阳市社会福利院抚养，绝不后悔”。但事实是，女儿被抱走一个月后，身在深圳的杨理兵才得知这一消息。

“这全都是伪造的。”杨理兵对财新《新世纪》记者说。

“村干部证明”文件，是凤形村支部书记“汪先姣”出具的。证明书称，杨理兵在外打工时“捡到一个女孩，未取名，一直放在家里由他的父亲代养。我村杨理兵还不符合收养条件，他父亲又年事已高，无力抚养小孩”。

事实上，凤形村支部书记汪先蛟的家，与杨理兵家隔着一座山。“我是给镇里的计生干部说过，杨理兵家养着一个女孩，当时听说好像是捡来的。”汪先蛟对财新《新世纪》记者说：“我当时不太确定情况。但这份证明肯定不是我写的。”

看到记者提供的“证明材料”复印件后，汪先蛟确认，“我的字不能写那么好的。这个签名、手印也都不是我的。我的名字是蛟龙的‘蛟’。”而“证明书”的落款是“汪先姣”。

在高平镇向上级部门汇报的“计划生育违法案件”中，与杨理兵的案卷一样，相关材料中，当事人无一例外，均“承认”婴幼儿是捡来的来历不明的“弃婴”。

对此，曾任高平镇党委书记的陈勇称，被抱走的婴幼儿是有亲生的，但当时村民害怕缴纳社会抚养费，同时又希望继续生育男孩，因此都自称是收养的。

时任高平镇计生办主任周小方说，生下女婴的家庭，多将婴儿放在亲戚家抚养，以逃避违反计划生育政策的处罚。计生干部在执法时，村民不承认抚养的婴幼儿是亲生的。

但财新《新世纪》记者对案卷涉及的相关当事人进行采访核实时，有血缘关系的抚养家庭，无一人自称这些婴儿是弃婴。

“他们抢走的是我孙女啊！”为儿子周英河抚养孙女的刘素珍，回忆起孙女被抱走时的情形时失声痛哭。她说，当时自己与孙女周娟被关在计生办二楼，计生干部让她在一份材料上按了手印，不识字的刘素珍不清楚上面写的是什么内容。

对于伪造“弃婴”文件一事，当年负责高平镇计生工作的刘述德对财新《新世纪》记者称，“不可能造假。”时任计生办主任周小方则对财新《新世纪》记者说，对于抱走计生对象婴幼儿一事，“当时已有结论，没有他们（指寻找子女的家长——编者注）说的那些事。”

一夜出炉的调查报告

经邵阳市社会福利院证实，隆回县高平镇被计生部门带走的13名婴儿中，至少有7名是抚养家庭的亲生骨肉。之后，家长们一直抗争不止。

在“抢婴潮”中失去孩子的家长们相互打听，找到了遭遇相同的家庭。他们组成维权团体，向当地政府讨要公道。

2006 年 3 月 10 晚，隆回县政府得知，多位被抢婴幼儿的家长打算到北京上访维权。时任邵阳市委书记盛茂林，邵阳市委常委、市委秘书长向才昂等人做出批示，要求隆回县调查处理。

当晚，隆回县县委书记杨建新、县长钟义凡等人分别做出批示，要求成立调查组。次日上午，隆回县从县委办、纪检委、计生局、宣传部等四部门抽调 11 名人员组成联合调查组，由县委办副主任兼督察室主任陈云鹤带队，赴高平镇展开调查。

时隔仅仅一天，2006 年 3 月 12 日，联合调查组的报告即出炉。调查组确认确有 12 名婴幼儿被计生办工作人员抱走。被调查的 12 户村民分别为：合兴村魏太喜、大石村袁明友夫妇、白地村王义娥夫妇、黄信村周乐平刘素贞夫妇、金凤山村罗如冰、杏升村聂仙银夫妇、金凤山村周英喜夫妇、回小村袁家石、大田村周英明夫妇、凤形村杨清正、上黄村袁国雄夫妇和毛坪村袁新权。

前述调查报告称，被计生办抱走的 12 名小孩中，11 名不符合收养条件，又未办理任何收养关系手续，属于非法收养。“在非法收养人主动提出送社会福利院的情况下，全部移送邵阳市社会福利院抚养。”

调查组承认，只有袁新权与孙歌的女儿为“未婚先育”，“袁新权父子请求计生办工作人员协助……将该女婴送到邵阳市社会福利院。”

但是，经财新《新世纪》记者采访核实，调查报告中涉及的 12 户村民中，并非报告所称“婴儿或幼儿的来源情况说不清楚”。包括黄信村周乐平夫妇、凤形村杨清正夫妇、上黄村袁国雄夫妇等家庭，其抚养的婴幼儿均与自己有血缘关系。

其中，周乐平夫妇抚养的，是其儿子周英河夫妇所生的第一胎孩子；凤形村的“杨清正”，抚养的是前述其子杨理兵的第一胎女儿杨玲；而上黄村袁国雄夫妇抚养的，是前述曾又东、袁赞华双胞胎女儿中的姐姐。

在调查组所涉名单之外，财新《新世纪》记者通过对家长及当时婴儿接生婆的调查核实，至少有七名被计生办抱走的婴幼儿与抚养家庭有血缘关系。

下篇：宝贝回家

魏海龙回家

在“抢婴潮”中，合兴村五组农民魏太喜的养子，是被计生部门强行带走的小孩之一。

2005 年 10 月 16 日上午，高平镇五六名计生干部闯入魏太喜家，将时年五岁的魏海龙带走。计生干部留下话，“交钱（社会抚养费）赎人”——魏家要缴纳 6500 元，才能领回孩子。

魏海龙是魏太喜收养的弃婴。2000 年，魏太喜与妻子龙蕊（当时尚未办理结婚登记手续）在贵州天柱县凤城镇打工时，捡到了一名出生约十余天的男婴。据魏太喜称，因夫妻俩没有生育能力，便将男婴抱养，取名魏海龙。当年春节，回家过年的魏太喜向一名村干部交了 100 元钱，希望办理收养申请和登记事宜。

六年后，当魏海龙已届入小学念书的年龄时，计生办干部李子健、陈孝宇等六人，突然登门，将其从家中带走。

根据中国《收养法》规定，收养关系成立应当同时具备以下条件：无子女、有抚养教育被收养人的能力、未患有在医学上认为不应当收养子女的疾病、年满 30 周岁。

针对民间大量存在的私自收养情况，2008 年，民政部、公安部、司法部、卫生部、国家人口计生委等五部委联合下发《关于解决国内公民私自收养子女有关问题的通知》（民发〔2008〕132 号），提出了“区分不同情况，妥善解决”，包括补办手续等手法。其中对于不符合规定的私自收养，由当事人常住户口所在地的乡（镇）人民政府、街道办事处，动员其将弃婴或儿童送交社会福利机构抚养，并没有规定可以从收养人手中强制带走被收养人。

魏太喜家穷极，拿不出钱，他绕了几个弯之后，找到了时任邵阳市人大代表袁忠福。

袁忠福是高平镇江魏村种粮专业户，曾培育了杂交水稻新品“五彩稻”，当选为邵阳市第十三届、第十四届人大代表。

接到魏家的求助后，袁忠福找到了时任高平镇党委副书记、分管计划生育工作的刘述德。刘对袁的答复是,小孩已送福利院,要交1万元社会抚养费方可领回。

对此，袁忠福利用人大代表的身份，分别向隆回县人大、县政府等部门反映此事。

针对袁忠福的诉求，高平镇计生办于2005年11月2日向相关上级部门领导专函汇报称：魏太喜未年满30周岁（魏1975年12月生），不符合《收养法》第四款关于收养人须年满30岁的规定；此外，收养人未遵守关于“收养应向县级以上人民政府民政部门登记”的规定;而魏海龙是否为弃婴,也无相关证明。

高平镇计生办还在前述汇报材料称，因收养关系不成立，魏太喜“主动提出家庭困难，无法抚养小孩，请求镇计生办将小孩送社会福利机构抚养”。

经财新《新世纪》记者采访核实，计生办出具的魏太喜的“申请书”，如前述提到的杨理兵申请书一样，同系伪造。

在魏家向计生办讨要魏海龙期间,高平镇计生办却向相关上级部门汇报称，魏太喜听闻公安机关将调查其非法领养一事畏罪潜逃。而事实上，魏太喜及其家人，为了从计生部门手中要回养子而一直抗争。

得知魏海龙被计生办带走的消息后，其就读的雪界小学曾专门致函高平镇计生办，希望计生办领导“以孩子学业为重，让他赶快重返校园”。对此，计生办不予理会。

魏海龙是“弃婴”，还是如计生办称系魏太喜“买回”？为了查明真相，袁忠福奔赴贵州等地调查了解情况。据魏太喜当年打工的店主陆跃珍证实，2000年6月的一天晚上，陆跃珍的商店门口传来婴儿的啼哭声。陆等人出门查看，发现裙包里放着一个出生未满一月的男婴。“可能是想送给我养的。”陆跃珍说，“但我不想要。我想到魏太喜爱人无生育能力，我劝他俩捡着带养成人，这也是积德。”

确证了魏海龙的弃婴身份后，在袁忠福的督促下，2005年11月底，高平镇计生办和派出所将魏海龙从邵阳市社会福利院接回。被带走29天之后，魏海龙终于回到家中。

寻亲之路

魏海龙回家的消息，激起了更多家长的寻亲热情。

女儿被抱走后，曾又东不止一次到高坪镇计生办讨要说法，但总是无功而返。“他们说我女儿是捡来的。之后不管怎么说就是不理我了。我去县公安局报了几次警，警察每次都说会给我一个满意的答复，后来就不管了。”曾又东对财新《新世纪》记者说。

2006年3月25日，为了防止最小的儿子又被抱走，曾又东主动去计生办缴纳了14400元社会抚养费，为儿子办理了落户手续。

袁庆龄被抱走后，袁朝容曾从广州赶回老家讨要说法。“他们说我这是非法领养，还把我打了一顿。”袁朝容对财新《新世纪》记者说，“这女儿是我救起的，当时不救她就死了。如果她还在人间，希望她能好好活着。”

袁朝容的哥哥袁朝福则誓为兄弟讨个公道。袁庆龄被计生办人员抱走四个月后，有一天，原高平镇党委书记田昌金对袁称，袁朝容符合收养条件，但收养需要申请。袁朝福转述了当天田昌金对他的话，“他说，我给你们联系，出点钱另找一个孩子来养吧。原来那个女孩不行了，已经不见了。”

为此，袁朝福找到了主管计生工作的时任高平镇党委副书记刘述德。刘并没有给袁朝福答复。讨要孩子的代价是，袁朝福被拘留了五天。依据隆回县公安局认定，袁朝福打了刘述德，因此将其行政拘留。

但袁朝福说，“那是陷害！我们吵了起来，他就叫派出所警察抓我。”为了力证自己被诬陷，2006年3月，袁朝福曾向隆回县公安局提起行政复议。

袁红被计生办抱走后，袁名友曾据理力争，但计生干部们不予理会。能证实袁名友夫妇合法收养袁红的材料，包括当时捡拾时现场目击者的证明、缴纳的社会抚养费收据、袁红已合法进行户口登记等材料。

“这些他们都不认，就是叫我交钱。”袁名友对财新《新世纪》记者称。由于经济条件有限，袁名友夫妇追寻女儿的脚步，止步于镇计生办。让袁名友更加愤怒的是，袁红不知所踪九年后，2010年11月，袁家上缴的农村合作医疗费中，仍要缴纳女儿的份额。

“弃婴”的命运

“高坪镇民政办现送来女弃婴一名。请接收。”2002 年至 2005 年，邵阳市社会福利院每年都会收到高平镇民政办、计生办的接收弃婴申请书。

对于这些送来的“弃婴”，福利院照单将其收下。“他们也是政府部门，我们不能怀疑吧。”邵阳市社会福利院院长蒋德伟对财新《新世纪》记者解释说。依照惯例，这些婴幼儿入院的时间成为了他们的生日，姓氏则都统一改成了“邵”——邵阳的邵。

依照《收养法》、《外国人在中华人民共和国收养子女登记办法》的相关规定，福利院的婴儿、儿童可进入本国及涉外将婴儿涉外送养渠道。2003 年，《民政部关于社会福利机构涉外送养工作的若干规定》中明确，“社会福利机构送养弃婴、儿童，省级人民政府民政部门应当在当地省级报纸上刊登查找弃婴、儿童生父母的公告。自公告刊登之日起满 60 日，弃婴、儿童的生父母或其他监护人未认领的，视为查找不到生父母的弃婴、儿童。”

财新《新世纪》记者查阅了部分 2002 年至 2005 年的《湖南日报》，确有湖南省民政厅发布的单独或包括来自邵阳社会福利院的《寻亲公告》。然而，对于生活在大山深处，或者常年在外乡打工的高坪镇乡民而言，这些公告对他们没有任何意义。

这意味着，公告 60 天后，早已取名“杨玲”“周娟”“袁庆龄”“袁红”“李艳”等婴幼儿，统一变成“邵”姓。由此，当地民政部门和福利院，“将确定其为弃婴，依法予以安置”。

多年来，家长们向外界寻求帮助，追寻亲生骨肉下落的努力从未停息。湖南邵阳、省会长沙、首都北京等多个地方的相关政府部门，都留下了他们信访的脚印。

2006 年 3 月 10 日，高平镇部分婴幼儿被计生办抱走后下落不明的家长，决定集体到北京上访。消息被当地政府获悉，家长们的维权行为被阻止。当年 3 月 21 日，香港《南华早报》率先披露消息，高平镇计生办工作人员抢走农民婴幼儿的消息第一次被英文读者所知。

2007 年上半年，家长们找到内地记者反映相关事宜。

2008年，中国儿童第二大收养国荷兰，其EO电视台在中国孤儿问题电视专题片中，除了检讨荷兰从中国收养婴幼儿可能存在的疏漏，也指责了邵阳市社会福利院涉嫌将高平镇计生办送来的婴幼儿变为“弃婴”的行为。杨理兵的亲生女儿杨玲，在未被计生办人员抢走前的照片，出现在该专题片中。

2009年9月20日，美国《洛杉矶时报》在关于中国弃婴及收养等相关问题的报道中，再次披露了隆回县高平镇多名农民婴幼儿被抢后送到福利院的消息。美国是收养中国婴幼儿数量最多的国家，该报道引发了美国读者的热议。

1996年6月，中国收养中心成立，中国涉外收养工作当年正式启动。至今，与中国建立收养合作关系的国家有17个。2011年1月18日，经中央机构编制委员会办公室批准，中国收养中心更名为中国儿童福利和收养中心。

据该中心披露的最新统计数据，至今共有10万多名中国孤残儿童被外国家庭收养。可以确认的是，被高平镇计生部门送到福利院的“邵氏”婴儿，部分就名列其中。

“我们都是按着政策规定来的。”邵阳市社会福利院院长蒋德伟对财新《新世纪》记者称，福利院涉外的收养程序符合规定。对于那些“弃婴”下落，蒋称，依据《收养法》规定，不便透露任何信息。现行《收养法》第21条规定，“收养人、送养人要求保守收养秘密的，其他人应当尊重其意愿，不得泄露”。

人伦悲剧

最终，部分婴幼儿的下落还是有了眉目。2009年底，有热心的美国读者依据媒体报道，找到了三名情况较为吻合的被收养女孩资料——包括刚到达美国时对的信息和照片、几年后的近照等。

这三人的照片传真到了邵阳。“这就是我的女儿！”曾又东看到其中一张照片时脱口而出。照片中的女孩，与双胞胎妹妹曾双洁长得近乎一模一样。“她会讲中文吗？会回来认我们吗？”曾又东像在呓语，“不是我们抛弃她，她是被抢走的！”

经财新《新世纪》记者从多方渠道得知，收养双胞胎姐姐的是一对年龄偏高的美国夫妇，丈夫于2010年病故。养女的信息在网上被披露后，这户家庭原有的联系方式均已失效。

第二个获悉女儿去向的是杨理兵。他已记不清是 2009 年的哪一天，一位自称“小叶”的人，说找到了与杨玲信息较为吻合的两个女孩。

杨理兵和妻子曹志美从打工地湖南郴州赶到常德。当见到小叶提供的两位女孩照片中的一张时，曹志美痛哭不已。“没错！这就是我们的女儿。”杨理兵指着其中一张相片说。

远在美国的小叶，时常为美国收养家庭做翻译。依据收养地点、时间等相关资料，小叶提供了与杨理兵儿女较为吻合的信息。但或是出于尊重收养伦理的考虑，除了确认杨玲被美国家庭收养，小叶再未提供更多相关情况。

“小孩在她的美国收养家庭生活得很好，她的收养父母都非常爱她。”小叶对财新《新世纪》记者说。在进行 DNA 鉴定之前，收养家庭也不能百分之百确定女孩是杨理兵的女儿。“但我相信，将来会有她与亲生父母相认的一天。”小叶说。

相关知情人士向财新《新世纪》记者透露，邵阳市福利院确认接收的十余名婴儿中，“都已送养到国外”。更多信息较为吻合的照片传真回来，然而，那些丢失孩子的父母，除非进行 DNA 鉴定，都不敢确认谁是自己的骨肉。

曾又东夫妇认女儿的依据，是双胞胎姐妹中的妹妹，她们就像一个模子所刻。而杨理兵，则是因为在小孩被抱走之前，曾给女儿拍下过照片。

给杨理兵拍全家福的照相馆在高平镇的一条街上。杨理兵每次经过，老板娘总会问，“你女儿找回来了吗？”

寻女多年，杨理兵夫妇已无心营生，家境日渐窘迫。确认女儿仍存活于世、身在美国的消息后，曹志美要求丈夫尽快找回杨玲。2009 年底，曹志美不辞而别，离家出走。

“她留下话说，连女儿被人抢去都找不回来，跟我过还有什么意思？”言及此事，泪水在杨理兵眼眶打转，“只要还活着，我一定要找回自己的女儿。”

财新《新世纪》2011 年第 18 期 出版日期 2011 年 05 月 09 日

EFG 做局

记者：赵晗　张进
实习记者：陈梦凡

【编者按】

2014 年 9 月 22 日，历时三个月调查，财新《新世纪》周刊发表了封面报道《EFG 做局》，揭开“EFG 脑神经递质检测仪”骗局。

报道刊发后，最初只是有关 EFG 的广告有所收敛，但是，被曝光的北京地区的几家医院仍在继续使用 EFG 检测，一切故我。

尽管如此，由报道触发的各种合力，还是逐渐酝酿着变化的发生。至 2014 年 12 月初，众医院 EFG 门诊悄然停业，EFG 官方网站也无法打开。一些医院在面对财新记者询问时，甚至坚称他们“从未做过 EFG”。甚至一位曾经对记者宣传过 EFG 功效的大夫此时改口说：“不要相信 EFG。”

一位曾经接受过财新记者采访的北京安定医院精神科专家告诉财新记者，过去两年来拿着 EFG 报告来看病的患者，占到首诊病人的三成左右；但自 9 月财新文章刊发至今，在他首诊的 120 位患者中，仅有一位外地患者拿着 EFG 检测报告。

再往后不久，广东省食品药品监督管理局于 2015 年 1 月 6 日在其网站发布公告，称“EFG 脑神经递质检测仪”的生产厂商深圳市康立高科技有限公司发布违法广告，责令其停止互联网医疗器械信息服务。最后，康立公司的官网无法正常访问。

至此，该封面报道部分完成了自己的新闻使命。

9 月，开学的季节。本应读大学一年级的小雷（化名），无缘大学生活，从呼和浩特来到北京，求治“双相情感障碍”。这是一种难治的精神性疾病，以躁狂和忧郁交替发作为主要特征。

在此之前，他已经在北京德胜门中医院治疗了一年多。那是 2012 年下半年，小雷的父亲觉得儿子“精神状态出了点问题”，决定到北京治病。在网上稍做查询，他便被一路“导航”到北京德胜门中医院。

小雷的父亲告诉财新记者，之所以选择德胜门中医院，是因为那里的医生告诉他，“中医可以去根”；还有，德胜门中医院有一款诊疗仪器——脑神经递质检测仪（EFG，Encephalofluctuo graph），疗效非常神奇。

据德胜门中医院宣传，这款仪器“通过了美国药监局和中国药监局的权威认证，成功申请美国、日本、欧盟多项专利，是世界精神病学会（World Psychiatric Association）指定的精神疾病检测设备，也是中国精神疾病专家委员会指定的精神疾病检测诊断设备”。

小雷一家顿生信心。进了德胜门中医院，医生没有过多询问病情，即用 EFG 对小雷的头部进行无创检测，生成一张“脑涨落分析报告”，检测出九种脑神经递质的数值。医生告诉小雷的父亲，这些数值证明小雷的脑神经递质出了问题。医生据此为小雷制订了治疗方案，“高的数值要调低，低的要调高”，并暗示可以根治。

接下来的治疗非常昂贵。2013 年 1 月至 7 月，小雷在德胜门中医院治疗总共花费近 20 万元，不过病情并没有好转，反而愈加严重。父亲回忆：“治疗没有什么效果。狂躁的时候，六亲不认，打人；打我们的同时，要自杀，就去撞墙。”

2013 年 7 月的一天，小雷闹着要吃安眠药自杀。父母流泪劝阻，狂躁的小雷用铁铲砍伤了母亲，又在父亲头上砍了一道十几厘米的口子。至今小雷父亲头皮上长长的伤痕仍清晰可见。

无奈的父亲转而将小雷带到北京安定医院求治。这是一所三级甲等精神卫生专科医院，也是国内精神疾病诊断与治疗的重要研究机构之一。

首诊时，他向安定医院的医生叙述了神经递质检测仪的事情。接诊的医生委婉地告诉他，不能断定EFG无效，但北京安定医院从未使用过这类仪器；他只是从广告上听说过这款仪器；而且，这一两年，在北京一些民营医院接受过EFG诊疗、没有任何效果，不得不转到北京安定医院治疗的病人，越来越多。

“我首诊的这些病人中，有接近三成做过EFG检测。白花了钱不说，病都被耽误了。”这位有着20余年临床经验的精神科专家一声长叹。

EFG神话

打开EFG官方网站（http://www.efgedu.net/），赫然可见一条标语：“重塑精神世界，共创美好人生”。网站的基调以蓝色和白色为主，乍一看很容易让人联想到世界卫生组织的官网。

然而，在EFG官网上，找不到任何创办组织的信息。

根据网站的介绍，EFG脑神经递质检测仪和EFG脑神经递质免疫再生疗法，是“由世界精神病学协会（WPA）、亚洲睡眠研究会（ASRS）、抑郁症防治国际委员会（PTD）、中国精神障碍疾病预防协会等9家国际重点医疗机构及192位资深专家，经过多年科研，成功研发出的针对失眠、抑郁等精神疾病的最有效治疗成果”；该仪器能“无创定量检测GABA（γ－氨基丁酸）、Glu（谷氨酸）、Ach（乙酰胆碱）、NE（去甲肾上腺素）、5–HT（5–羟色胺）、DA（多巴胺）六种中枢神经递质”，且这项技术“经过美国药监局FDA、中国药监局SFDA和欧洲CE的权威认证，已成功申请中国、美国、日本、欧盟等发明专利”。

从生物医学技术发展历程看，不能说无创检测神经递质毫无依据。应该说，如果有一款仪器能够直接测量大脑神经递质，那么将对精神疾病的诊断和治疗提供极大帮助，是精神疾病患者的福音。

现在医学能够证明，人的精神疾病和大脑内神经递质的浓度有相关性。何为神经递质？简单地说，人脑中的神经细胞之间传递信息时，前一个脑细胞的神经末梢会释放出化学物质，其使命是载着信息，跨越细胞间隙，像邮差一样把信息传递下去。这类化学物质，就叫神经递质。

医学专家告诉财新记者，大脑的神经递质最主要的是三种：5–HT、去甲肾上腺素和多巴胺。这三种神经递质，功能不完全一样。比如，5–HT 掌管情感、欲望、意志；去甲肾上腺素提供生命动力；多巴胺传递快乐。如果这三种神经递质失去平衡，神经元接收到的信号就会减弱或改变，人体就会出现失眠、焦虑、强迫、抑郁、恐惧等症状，表现为抑郁症、双相情感障碍、精神分裂症，以及其他神经精神疾病。

但是，目前现代医学仅能从经验推测出精神疾病和神经递质失衡有相关性，还不能准确认定患者的大脑中到底缺乏哪一种神经递质。原因是，一来目前神经递质的最准确测量手段是通过开颅获取脑脊液，二来神经递质的种类很多，交互作用机制十分复杂，与精神疾病的精确关系还在探索中。

然而，从市场的角度，有需要就有可能。患者需要便捷的检测手段和永不复发的承诺，医院则需要获取最大利润。EFG 就此“应运而生”。它自称可以无创检验出患者是否缺乏神经递质、缺乏哪一种神经递质，从而对症下药。假如真能如此，由 EFG 书写治疗精神疾病的神话，就完全是可行的。

财新记者在百度百科键入“脑神经递质检测仪”，该词条宣称，EFG 可以“为精神疾病专家提供科学、精准的检查结果”；“在专家们的科学的指导下，治疗 3 至 7 天病情明显好转，一个月内头痛、失眠、抑郁症、心理障碍等症状基本恢复正常”。

在百度搜索引擎中键入“EFG 脑神经递质检测仪”，全国各地宣传使用该仪器的医院信息铺天盖地。这些医院对 EFG 疗效的宣传，并不完全相同——有的宣称可以治疗失眠、神经衰弱、抑郁症、焦虑症、精神分裂症，有的可以用于治疗更年期综合症、自闭症、帕金森综合症、儿童抽动症、多动症等，不一而足。

相同的是，这些网站的设计相似，且这些医院瞄准的都属于致病机理有待探索、短时间内难以根治的精神疾病。网站上有着关于 EFG 神奇疗效的大面积宣传，并不时弹出“免费在线咨询”“预约专家”窗口。

听起来很美妙。问题是：这一切是真的吗？

一个患者的检测

在德胜门中医院四楼一个偏僻的角落，财新记者遇到了 21 岁的山西忻州女大学生小琴（化名）。

小琴在两年前出现幻听症状，性情大变，过去乖巧的她变得狂躁不已，经常失眠，乱摔东西。在山西多处求医不愈，小琴的父亲在网上简单搜索后，德胜门中医院的宣传信息给他们带来希望。登录对话框后，“医生”很热情地为他们安排了预约，一家人便从山西来到北京。

小琴的父亲告诉财新记者，简单问诊后，医生便让小琴做个脑神经递质的检测。单次检测十分钟，收费 680 元。

小琴回忆说，这种脑神经递质检测是无创的，只在头皮上粘上一些导线，过了十来分钟，机器就打出一张报告，上书“脑涨落分析报告”。

小琴的父亲向财新记者出示了这份报告。上面列出的数据，比 EFG 官网的测试项目多了三项，分别是“兴奋递质 3”“兴奋递质 6”和“抑制递质 13”。

报告结论称：小琴“GABA、Glu 相对功率下降。大脑兴奋抑制功能失调”。

医生瞥了一眼数据，就给小琴制订了几万元钱一个疗程的治疗方案。

检测期间，小琴的母亲说近来更年期，身体也有不适。护士建议说：“既然你大老远来了，你也检测一下。”

财新记者在线咨询德胜门中医院的客服，问及 EFG 治疗抑郁症、睡眠障碍的疗效，对方回答：“你尽管放心，我院每天面对的很多患者都有这样的情况，只要能够按照我院专家的治疗方法积极地配合治疗是可以康复的。经过我们多年的临床经验，治愈率达到 98%。”

通过殷勤的网上服务，财新记者一路绿灯，挂到了专家号。就诊时，财新记者告诉医生，近来感到压力很大，情绪有些低落。医生便询问：“主动性低吗？”“兴趣低？”“自卑吗？”“很痛苦？”

随后，这位医生便建议财新记者做 EFG 检测；财新记者继续提问，医生拒绝作答，理由是“只有做了检测才能确定治疗方案”。

"医院印钞机"

EFG 官网宣称，"检查精确度可达到 97.3% 以上"；而 EFG 脑神经递质免疫再生疗法使用的药剂，"采用现代生物基因技术，结合百余种名贵中药提取浓缩精制成,服用后易吸收,见效快,疗效是普通的30倍以上,不含任何激素，无依赖性，无毒副作用和不良反应，对心、肝、肾等重要器官均无损害。"

不仅如此，EFG 治疗还可以"打通大脑经络"，"愈后不反弹"。

要搞清 EFG 疗效如何，不是容易的事情；但其检测费用昂贵，一望可知。

不同的医院，价格略有不同。德胜门中医院每次检测收 680 元。财新记者以买家身份咨询 EFG 脑神经递质检测仪销售代表时，他给出的收费建议是每次 150 元。

这位销售代表是深圳康立高科技有限公司的田先生。他介绍，EFG 脑神经递质检测仪又称脑涨落图仪，一般和超低频经颅磁治疗仪（一种用于精神类疾病治疗的物理仪器，经颅磁已经在临床使用）配套销售。脑涨落图仪的成交金额在 80 万元左右，超经颅磁刺激仪在 78 万元左右，一套一般在 160 万元左右。"我们上市两年多，现在都已经卖了 600 多套了。"

除 EFG 官网授权的 10 家医院，网上至少还有 20 余家医院的网站，宣称使用 EFG 脑神经递质检测仪。其中，北京地区有北京德胜门中医院、北京国济中医医院等八家医院。

在此之外，根据深圳康立高科技有限公司提供的推介材料，其客户名单还包括全国 40 家医院、精神卫生中心。

田先生告诉财新记者，"它（脑涨落图仪）的效益是非常高的。很多院长私底下跟我们说，你们给我们送来了印钞机，既解决了临床需要，医院的效益也都提上来了。"

财新记者在德胜门中医院发现，前来精神科问诊的病人，都被要求进行 EFG 检测。从上午 9 时 30 分到 10 时 30 分，先后有 5 名患者进入 EFG 检测室。据此大致推算，一天大约有 35 个人接受检测，仅仅检测收益便是 23800 元。如果按照 80 万元的仪器进价算，医院用一个多月的时间就能收回成本。

基于 EFG 检测结果而生的治疗方案，则产生更为庞大的治疗费用。

财新记者发现，前述 EFG 官网除了介绍 EFG 脑神经递质检测仪，还有大量的篇幅介绍配套 EFG 脑神经递质免疫再生疗法。这种“标本兼治、无毒副作用”疗法分为三个阶段：第一阶段，EFG 脑神经递质检测仪检测，10 分钟查出精神疾病深层病因；第二阶段，ECT、脑循环综合治疗仪、氧疗仪等物理治疗 + 中西医平衡调理（中主西辅）；第三阶段，心理疏导及康复调理期。

如此看来，以 EFG 检测为龙头，有一条连环生财之道：先做 EFG 检测；检测收费仅是起步；之后医生根据检测报告制订的物理治疗、推拿针灸以及服用的中药，才是大头所在。

小琴做完EFG检测后，医生诊断她患了“精神障碍”，需要中药和物理治疗。药物包括六盒补脑丸和五盒礞石滚痰片，共计 1250 元；另外还安排了两个中药疗程，每个疗程 2000 元；此外再做几次以十多天为一个疗程的物理治疗，一个疗程 1 万多元。预计这一套治疗做完，小琴要付出近 5 万元。

在小琴面诊的同时，在门外候诊的小董也拿着类似的报告，只不过他的报告叫做“脑细胞损害评估检测报告”。他说这是花费 800 元在另外一家医院用同样的仪器做的。两家医院的检测虽然名目不同，但检测项目甚至连参考值都完全一样。

小董拿出他的报告单对医生说：“我这个检测（EFG）已经做过了，我是过来开药的。”他 29 岁，在北京一间餐馆打工，已经花掉了几万元，可病依旧不见好转，“太难治了。”

EFG 科学吗？

上述诊疗过程的起点就是 EFG 检测报告，随后的一切治疗方案都据此制订，看似科学。可事实呢？

EFG 全称 Encephalofluctuograph。很多医院的官网或者网络广告上，都把这个词断成了“Encephal of luctuograph”，其实不知所云，英文中根本没有“luctuograph”这个词汇。从词根的角度看，这个词的断法或许是“Encephalo–fluctuo–graph”，“encephalo”意为“大脑”，“fluctuo”意指“波动”，“graph”则是“图像”。

这款只有简称的仪器，在商业上却很成功。仅康立一家销售 EFG 设备的公司，就自称两年卖出 600 多套。

康立公司给财新记者提供的发明专利证书，注明该发明是一种“脑电涨落信号分析设备”，专利权人是“广州可夫医疗科技有限公司”。推介材料中还有相关文献，介绍脑涨落图仪的实验。实验所使用的脑涨落图仪的生产厂商，是“北京舒普生公司”。广州可夫医疗科技有限公司和北京舒普生公司拥有一个共同的法人代表——徐建兰，他也是该专利的发明人之一。

推介书使用的论文提到，“徐建兰，1998 年首都医科大学毕业，硕士生，工程师，主要从事神经科学研究。”

徐建兰的家人以健康为由，没有接受财新记者对徐建兰的采访要求。

费用高昂，但如果疗效神奇，对患者仍然是福音。问题是：EFG 是否科学？是否有效？

财新记者把 EFG 相关资料发给国内一位脑电图专家，他表示，从测量原理上看，EFG 很像神经精神科普遍使用的脑电图设备。它能够探求脑电涨落变化和神经递质之间的关系，本身是很有价值的。不过，用它来检测神经递质并用于临床，目前还不着边际。

在康立提供的推介书中，我们看到专利发明人徐建兰的一篇科学论文，名为《大鼠脑内多巴胺水平与脑电 11mHz 超慢波谱系功率的相关性》，于 2009 年发表在《中国组织工程研究与临床康复》上。论文探索的问题就是 EFG 所宣称的脑涨落指标和多巴胺（神经递质之一）的关系。文章结论是两者之间存在一定关系，还有待进一步探索。至于 EFG 检测结果中提及的其他神经递质，尚没有文献支持。

北京安定医院代表着国内精神科学和治疗的一流水平，该院精神科主治医师西英俊明确告诉财新记者：北京安定医院从未使用过 EFG 检测仪，也从未考虑过在未来投入使用。

他发现，近两年很多患者转到德胜门中医院去，做脑神经递质检查，开了一堆药，“花了不少钱，没什么疗效。”

对于 EFG 检测结果，西英俊明确地说：“我根本不看。”在他看来，“一个没有经过科学实践证实的、也没有国内外教科书明确阐明原理的检查，推广到临床上，是不负责任的。它可能会误导患者，做出错误的判断。”

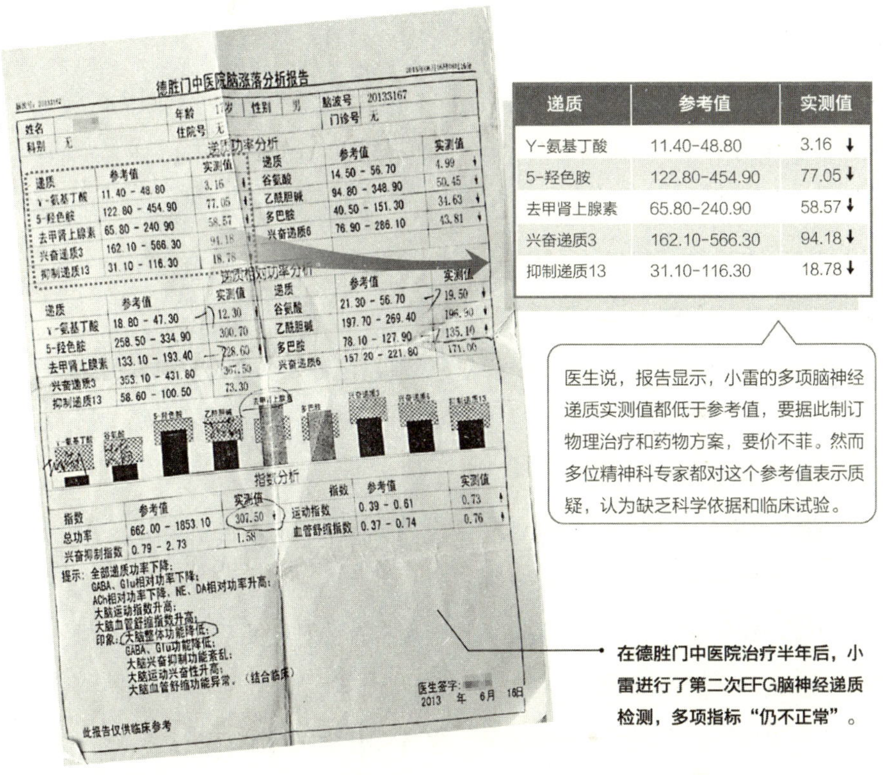

递质	参考值	实测值
Y-氨基丁酸	11.40-48.80	3.16 ↓
5-羟色胺	122.80-454.90	77.05 ↓
去甲肾上腺素	65.80-240.90	58.57 ↓
兴奋递质3	162.10-566.30	94.18 ↓
抑制递质13	31.10-116.30	18.78 ↓

在德胜门中医院治疗半年后，小雷进行了第二次EFG脑神经递质检测，多项指标“仍不正常”。

前述接诊小雷的北京安定医院主治医师也表示，他从来不看患者提供的EFG检测。“EFG报告毫无意义，没有任何参考价值。”

这位医生给财新记者解释说，EFG自称通过检测神经递质来判断精神疾病，但实际上，脑神经递质都是相互作用的，非常深奥复杂，“绝对不是EFG脑外传递10分钟就能测出来的。”靠脑外接收器，用导线接到头皮上就测量出数据，“目前不可能。”

而且，即便测量出真实的数据，“也无法表达抑郁程度和临床的关系，对于临床也没有任何意义。”他说。

对于EFG的神乎其神的宣传，这位医生不无讽刺地说：“连精神分裂症他们也敢做，很能耐。”

对于小雷病情的发展，他感到无奈。他告诉财新记者，就诊时间对于精神病患者非常重要。早期及时的药物治疗对损害的神经细胞有一定的修复作用，但如小雷那样，耽误了一年，错过了最佳治疗期，或病情的反复发作，都可能导致脑神经细胞受损的不可逆性。

武汉市精神卫生中心主任医师汪涛（化名），曾经在网上撰文质疑 EFG 的疗效。他指出："国内所有的正规精神病医院，都没有使用脑神经递质检测仪"；他在文章中写道："我要诚恳地告诫广大病人和家属，在精神病的病因还未完全清楚之前，任何媒体宣传的治疗精神病可以几天见效、彻底断根、没有任何副作用之类的大话、假话，都是骗人的。"

采访中，汪涛就 EFG 的主要疑点，对财新记者作了细致分析：

首先，神经递质的精确检测，必须抽取脑脊髓液才有分析意义，物理方法很难测出真实数据；

其次，精神疾病的神经递质改变，还只是科学假说。也就是说，不能确定神经递质和精神疾病治疗的必然关系；

再次，即使找到了神经递质和精神疾病有直接对应关系，但由于神经递质在不同脑区的含量可能不同，同时这种含量还会随着脑功能不断变化，就算测定出一个时点、一个脑区的神经递质，也是没有意义的。

"无创性测定人脑内神经递质含量，仍然是对科学界的巨大挑战。"汪医生最后强调，精神疾病的生物性指标并不可靠，目前更多还是靠医生的经验判断，"我们也希望有一种无创检测的手段，但目前还只是美好设想。"

那么，测量报告上，那些花花绿绿的曲线，还有一堆复杂的数据是怎么回事？财新记者采访过多位脑科学研究者，他们也不理解，猜测说："可能是数据库自动生成的；也可能是根据简单的线性对应关系换算出来的。"

"高大上"外衣

几乎所有使用 EFG 的医院，在院方网站上进行宣传时，还会根据 EFG 官网的版本进行符合自身特色的发挥，但都以"美国 FDA 等权威机构认证"开头。

汪涛医生去年在美国参加精神病学年会，"那么多国际专家在一起，国际上也从来没有听说过这种脑神经递质检测仪。”

北京安定医院西英俊医生也对财新记者确认，“国内外权威期刊和经典的、被认可的教科书上，都没有 EFG 这些东西。”

浙江大学神经生物学专业教授、博士生导师包爱民不无讽刺说：“这听上去应该是我们一直在等待着的机器！没想到它这么快就诞生了！瑞典斯德哥尔摩的诺贝尔奖委员会也应该对此很兴奋才是？”

“但是，”包爱民话锋一转，“根据我的认识，目前还没有任何一家严肃认真的 SCI 杂志，曾经发表过任何一篇有关这种仪器的科学论文。”

包爱民教授一直致力于神经性疾病、精神性疾病以及内分泌疾病症状与体征的神经内分泌学发病机制研究，研究课题聚焦抑郁症、帕金森氏病、精神分裂症以及在这些疾病症状中人脑的性别差异。

论及精神类疾病的诊断，包爱民说：“目前精神疾病的诊断基本是依靠患者的主诉加症状和体征，去对比精神疾病诊断与统计手册（DSM）标准而做出，其缺陷在于缺乏客观指标，容易出现医师意见不统一等困境。”因此，科学家正致力于攻克这个难关，“我们在期待弄明白神经递质变化的规律，但这将是一个长期的、艰难的过程。”

我国，以及美国等地一些专家，也对 EFG 检测仪表示怀疑。

台湾精神医学泰斗、有着几十年精神医学研究和临床经验的陆汝斌教授告诉财新记者，神经保护及神经再生的确是近十年来非常热门的题目，“但有关神经再生研究近年来碰到一些瓶颈。因为脑部的神经再生仅限于局部区域，且再生的神经细胞若不能长在原来作用的位置，有时候会与原来的神经细胞相互抑制。”

对于 EFG 宣传中提到的六种中枢神经传递物质，陆汝斌说：“目前已知的这六大神经元系统可能只占整个脑中神经传递物质的 5%–10%，还有太多的东西至今未知。”

陆汝斌明确表示：“在国际上尚未听说有同时可检测 GABA、Glu、Ach、NE、5–HT、DA 六大神经传递物质，又能治疗这些物质的 EFG 工具。”

哈佛大学博士、美国麻省注册心理咨询师 Bill Tsang，有着在香港和美国

20多年的抑郁症治疗临床经验。提到EFG检测，Bill表示，“从来没有听说过”。对于财新记者在德胜门中医院就诊时医生问的问题，Bill评价说：“很不专业。临床心理学家或精神科医生不会这样提问。”

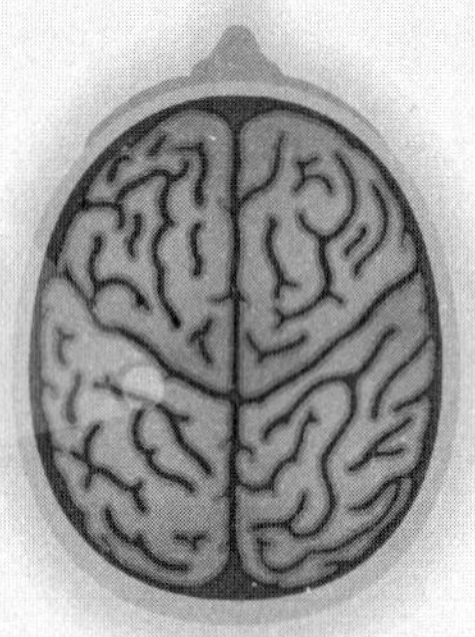

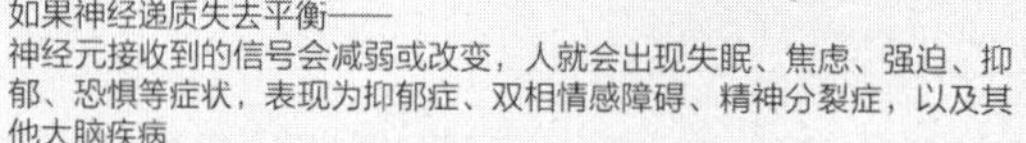

财新记者注意到，EFG官网在“授权医师”一栏，有几个“外国专家”。一位是“Beers”，任职“世卫组织医院专家”；一位是“Make Li”，任职“世界精神病学会首席专家”。经过核实，上述两家机构根本没有叫这两个名字的专家。

据财新记者查询，美国食品药品监督管理局和世界精神病学会也从未认证或推荐过EFG检测仪。

谁在使用 EFG？

在EFG脑神经递质检测仪的官网上，记者看到10家授权医院，分别是天津华山医院、杭州京都医院、武警辽宁省总队医院、成都京西失眠抑郁症研究院、黑龙江边防总队医院、广州军区机关医院、郑州金水中医院、南京空军机关医院、北京德胜门中医院和上海新科医院。

据财新记者不完全统计，仅在北京，就至少有北京德胜门中医院、北京国济中医医院、北京永安中医儿童医院、北京军颐中医院、北京金童中医医院、北京国奥心理医院、北京军海医院、武警北京市总队第三医院这八家医院在使用 EFG 检测。

此外，在 EFG 生产厂家康立提供的推介材料中，财新记者另外发现一份包含 40 家医院的用户名单，其上印有“商业机密，妥善保存”的字样。用户名单中不乏三甲医院。

经财新记者电话求证，在名单上的三甲医院中，四川大学华西医院心理卫生中心、重庆医科大学附属第一医院精神科、山东省立医院东院睡眠科以及湖南省脑科医院精神科等确实曾使用脑神经递质检测仪，用于研究和辅助诊断。而同在这个客户名单上的中南大学湘雅二院、三院以及广东省人民医院，则表示“没有”或者“没听过”。

除去 EFG 官网授权的 10 家医院以及康立客户名单上的 40 家医院，财新记者用“EFG”“脑神经递质检测仪”“脑涨落图仪”为关键字在谷歌进行搜索，发现至少还有 20 余家医院在宣传使用脑神经递质检测仪。

监管者谁?

在 EFG 官网中，称 EFG“已成功申请 PCT 国际、中国、美国、日本、欧盟等发明专利”。

财新记者根据深圳康立销售代表提供的发明专利证书，在国家知识产权局的专利检索与查询系统，确实查到了专利“脑电涨落分析设备”，发明人是周卫平、徐建兰和刘恩红。这种脑电涨落分析设备，同样获得了美国的发明专利证书，名称为“Method and apparatus for brain wave fluctuations analysis”。通过在美国专利发明网进行核实，该专利存在。

专利代表专业吗？一位前国家专利局工作人员告诉财新记者：“国人总认为专利二字带有光环,其实申请一个专利很容易,专利并不代表可靠或者专业。”

财新记者曾致电国家知识产权局，得到的回应是，只要这个发明专利符合创造性、新颖性和实用性三个特性，符合审批所要求的法律法规，就会予以颁发发明专利证书。至于社会产业化部分，产品的效果、质量则不归他们管，“归国家质检总局等其他部门管。”

EFG 官网和各家医院的宣传中，还提到 EFG 技术“经过严格的美国药监局 FDA、中国药监局 SFDA 和欧洲 CE 的权威认证”。经查，美国 FDA 和欧洲 CE 并没有对其进行过认证。同样，财新记者在国家食品药品监督管理总局的医疗器械数据查询中，以“EFG”或“脑神经递质”为关键字搜索，均无查询结果。

财新记者又以“脑涨落”为关键字，搜到两条“脑涨落图仪”的信息。注册号分别是“国食药监械（准）字 2012 第 3211043 号”，生产单位是深圳康立高科技有限公司；以及“国食药监械（准）字 2014 第 3210879 号”，生产单位是北京市老同仁光电技术中心。

在国家食药总局官网上，两款注册产品的适用范围几乎一样：“用于抑郁症发病机理的研究和探讨、抑郁症的疗效辅助评估，仅限成人使用。”描述中丝毫没有提及“神经递质检测”，或者“可用于检测脑神经递质”等字样。

财新记者连番致电、致函国家药监局，想要核准“脑涨落图仪”的原始注册材料和核准范围，以及是否可用于“脑神经递质检测”。至发稿前，终于等到了国家药监局的回复。

关于深圳市康立高科技有限公司的脑涨落图仪的“检测项目和依据”，国家药监局回复称，“该产品目前没有相应的国家标准和行业标准”。

国家药监局的回复还说，产品的主要作用是“通过分析脑电信号的超慢信号，提供大脑内神经递质功能指标……为相应疾病的诊断和疗效评估提供辅助信息”。

而关于“临床效果”，国家药监局的回复提到，“该产品仅针对抑郁症患者开展临床试验”，而适用范围规范为“抑郁症发病机理的研究和探讨、抑郁症的疗效辅助评估，仅限成人使用”。

一位业内人士告诉财新记者，即使按回复所说，可以做临床实验，仍旧涉及两个重要问题：EFG 是否超范围使用？临床资料是否做假？

“应请国家药监局公开临床试验单位、负责人、数据。”这位知情人建议。

移花接木背后

检索有关 EFG 的正规信息，可以发现对其使用范围的描述，均有“辅助”

二字。这意味着，不能单独依靠 EFG 检测报告进行诊断，更不能据此制订治疗方案。事实上，对于精神疾病的诊断，有一套完整的流程。

财新记者还注意到，所有专利材料均称其为“脑涨落图仪”；而在实际销售过程中，生产商则愿意将其描述为“脑涨落图仪（脑神经递质检测仪）”；最终在基层医院使用时，院方则直接对患者声称，这是“神经递质检测仪”。

与这一系列移花接木相伴随的是适用范围和功效的逐级夸大。一款探索型发明创新演变为有效治愈众多精神疾病的神器，检测费用自然比单纯的脑电图高出不少；更重要的是，这能迎合患者对治愈的急切心理，使其心甘情愿地掉入医疗“神话”背后的昂贵陷阱。

在百度上搜索“北京 抑郁症”，排在前面的几个搜索结果，都是使用 EFG 的医院。

财新记者接触的前来德胜门中医院治疗的患者，无一例外，都是先在百度上搜索，然后被引导至此。

小雷的病友小维 19 岁，是家中独女。出现双相情感障碍症状后，也在德胜门中医院进行了治疗，花费数十万元。最后病情恶化，情绪完全失控，狂躁不已，在家殴打父母。小维的母亲对财新记者哽咽说，不愿回忆女儿在德胜门中医院就医的经历，“太痛苦了。”

有关神经递质检测仪的广告目前还在随时随地出现。财新记者曾偶然发现，在距离德胜门中医院还有数公里的北京北土城环岛路口，就有“德胜门中医院”的指示牌，每天引导着大量精神疾病患者前往接受 EFG 诊疗。

“脑神经递质检测仪”的网络小广告，更是无孔不入，在许多网页的广告位置或弹出窗口都可轻易找到。“3 至 7 天病情明显好转”，“一个月内头痛、失眠、抑郁症、心理障碍等症状基本恢复正常”，“治愈率达到 98%”等字眼，给那些深陷痛苦中的病友及家属带来希望。

等待他们的，是更大的失望，甚至绝望。

财新《新世纪》2014 年第 37 期 出版日期 2014 年 09 月 22 日

环境篇

自来水真相

记者：宫靖
见习记者：刘虹桥

【编者按】

《自来水真相》一文揭出一个中国重大环境真相：中国近一半城市自来水不达标。这是关系全国五六亿城市人口的大事。

2012年5月10日，报道发出仅三天，在社会舆论热切关注之下，住建部城市供水水质监测中心被迫公布多年未公开的事实——2009年针对全国4457家城镇自来水厂的水质普查，合格率仅为58.2%。该结果印证了本文核心事实之准确。

为采写此文，记者宫靖花了近两个月的时间，向众多知情者、业内人士、饮用水专家以及多名关键官员了解新闻事实。

因为他的执着，更因为他通过采访对这个行业有了深刻了解，核心信息源终于向他透露实情——2009年住建部进行了迄今唯一一次全面的、涉及全国4000多县级以上城市的自来水水质交叉式检测，结果显示近一半市政公共水厂的出厂水水质不达标。但该数据一直没有向社会公布。

报道发出一个月之后的2012年6月14日，因投资额问题久拖不决的“自来水‘十二五’规划”——《全国城镇供水设施改造与建设“十二五”规划及2020年远景目标》，终于经国务院批准放行。中国明确提出将在“十二五”期间，即2016年以前，在城镇供水领域投入4100亿元。

这是新中国成立以来，中国向供水领域投入最大、最集中的一次，力度前所未有。

事后看，该报道最大的影响，是掀起一场全民的水质关注热潮。此后数年间，各地公众申请政府信息公开、到第三方检测机构自费测水质等水质关注行为，明显增多。

凭着《自来水真相》一文，财新记者宫靖和刘虹桥分获2013年“中国最佳环境报道奖”的年度最佳记者和年度最佳青年环境记者称号。此外，该报道还获得2012年度开发亚洲新闻奖亚军。

为了全面呈现中国自来水的更多真相，财新《新世纪》还采写了另外几篇稿件。

——《自来水水质账未明》是《自来水真相》发表后进行的追踪报道：住建部承认2009年水检有近半水厂水质不达标，但同时宣称2011年全国水质达标率已达83%。中国水质真有如此之大的改善吗？

——《直饮水困局》是又一篇追踪报道，解读了中国城市自来水在达标大限到来后仍无法达标的困局根源。

自来水有多重要？

全国共计4000余家自来水厂，为4亿多县级以上城市居民，每天供应6000万吨自来水。

自来水水质如何？

一个悖论：几乎所有饮用水界专家、学者都认为中国城市水质存在“安全隐患”；同时几乎没有一家水厂自检自测水质不合格。

哪个更接近真相？

2007年底，国家发改委、卫生部、建设部、国家环保总局等多部委联合印发《全国城市饮用水卫生安全保障规划》，明确称：“全国近年抽检饮用水合格率83.4%。”

83.4%合格率，意味着不合格率超过15%，足以让人忧心，但不少业内人士认为，这仍然远远低估了不合格率。

上述数据所依据水样 2000 余份，仅是国内重点城市或少数城市水样，甚至不包括地级市水厂。“无法代表全国情况。”宋兰合告诉财新记者。宋兰合是住房和城乡建设部城市供水水质监测中心（下称住建部水质中心）总工程师。住建部是中国城市饮用水主管部委，水质中心专责监测水质。宋兰合说，“中国水厂的问题，越往下越多。”

2009 年下半年，为了“大致搞清”全国城市饮用水的水质状况，住建部水质中心作了一次全国普查：抽检范围扩大到县城以上的全部城市；交叉检测：“这个省可派那个省，那个省可派第三方省，但不能互派。”宋兰合解释。

之所以交叉检测，是因为中国仅有两三个城市的水质监测单位独立于水厂，其余监测单位，哪怕是住建部水质中心的国家监测站和地方监测站，均由地方水厂内部水质监测部门担责，“两块牌子，一班人马。这样的自检自测可信度不高。”

这次普查，是近十几年间最大规模的检测，覆盖了全国 4000 多家县级以上城市自来水厂，得出了最为接近真相的饮用水质数据。

然后呢？没有然后了。至今，住建部都未对外正式公布这次调查所得的自来水水质数据。

“没有授权，我无法告诉你那个数字（饮用水实际合格率）。”宋兰合对财新记者说。

在纪律允许范围内，宋兰合做了部分介绍——“那次全国普查，发现 4000 余家水厂中，1000 家以上出厂水水质不合格。结果表明，多数地方存在不同程度的问题。”他还强调，2009 年以来，城市自来水水质并无“太多改善”。

出厂即水质不合格，意味着什么？

自来水供应是一个长链条，出厂后，经过输水环节，最终入户。绝大多数城镇输水系统老旧，混乱的二次供水，也会带来新的污染。居民实际饮用的水质还远差于出厂水质。

“1000 家以上”不合格，“以上”是什么意思？

多位接近权威部门的业内人士告诉财新记者，他们所获知的该次检测结果，实际合格率也就是50%左右。也就是说，可能近50%不合格，“1000家以上不合格”，只是一个宽泛的说法，以求淡化冲击而已。对此，宋兰合既未证实，也未证伪。他仅表示，在众多专家认为自来水水质不容乐观与各地政府和水厂的乐观数字之间，他“坚定地站在专家一边”。

更让人担心的是，除城市水厂外，还有上万座小自来水厂供应乡镇，工艺更落后，水源安全更难保证。目前，没有关于这些小水厂水质的全面数据。

水质“皇帝新装”

再过两个月，即2012年7月1日起，中国将强制执行最新饮用水标准。

上一版《生活饮用水卫生标准》于1985年由卫生部组织饮水卫生专家制定，规定的水质指标为35项。2006年，在国家标准化管理委员会协调下，卫生部牵头，会同建设部、国土资源部、水利部、国家环保总局，组织各方面专家完成修订。鉴于新标准较严格，标准委要求，相关指标的实施项目和日期由各省级政府根据实际情况确定，并报国家标准委、建设部和卫生部备案，但全部指标最迟于2012年7月1日必须实施。

新标准与国际接轨，指标达到106项，与世界上最严的水质标准——欧盟水质标准基本持平。中国的自来水似乎即将实现直接饮水。

然而，这个被寄予厚望的强制标准只是纸上谈兵，因为没有实质性惩罚措施，并不为地方政府和水厂所惧。新标准颁发至今，地方政府和水厂在水处理工艺改造方面鲜有进展。

宋兰合称，未来一段时间，饮用水新标准只不过起个引导作用，而难以强制实施。各方政府仍然会声称属地的“供水水质全面达标”，哪怕许多只不过是“皇帝的新装”。

中国内地无一城镇实现自来水直饮。对照新标准，相关业内专家分析，饮用水水质状况大约分为几个层次：

——首都北京，尤其四环以内的主城区，水厂普遍上马了深度处理工艺，水网管道大部分更新，因此离直饮水距离最为接近。

——上海、广州、深圳、杭州等大型城市，部分水厂上马了深度工艺，但是因为主城区管道老旧等原因，目前无法实现直饮。

——其他省会城市等二线城市，仅有少数城市上马了部分深度处理工艺，因水源、管道等原因，部分城市水厂属问题水厂。

——上千座地级城市、县级城市，除少数城市外，因水源差、深度水处理工艺缺乏等，有大量的问题水厂。

此外，中国城镇自来水质检测次数太少。按照现行规定，即便是新标准的106项检测，地表水厂一年只需要检测两次，地下水厂一年检测一次即可。“通过少检，一些地方水厂可以避开水质不合格风险高的月份。所以检测时合格，不代表不检测时就合格。另外，水厂自检自测，检测合格就公布，不合格就不公布。”

水质检测次数少，还因检测能力过差。全国35个重点城市中，仅有40%城市有能力检测106项全指标，地级市、县级市全部需要送检，大批县市、乡镇水厂连常规指标检测能力都不具备。相形之下，宋兰合告诉财新记者，发达国家至少每月查一次全指标，每天都会检测十几项到二十几项不等的必检指标。

危险来自何方

饮用水研究权威、清华大学环境学院教授王占生认为，不合格水对人体的危害，有看得见的，有看不见的。看得见的通常是微生物污染危害，可能致人突发急性疾病，好在国人习惯饮用开水，可以杀死微生物污染物，这个危害表现并不明显。

看不见的危害，容易被忽视但更值得关注。自来水的有机化合物总量（CODMn）超标易导致慢性疾病。王占生告诉财新记者，饮用有机化合物总量超标的水，“一天两天没问题，半年一年看不出问题，但有机化合物会在人体中富积，最终对身体造成危害，严重时可能致癌、致畸、致突变。”

2009年的普查发现，以地表水为水源的自来水厂不合格，主要原因恰恰是有机化合物总量超标。而以地下水为水源的水厂，不少也出现了氟、砷、铁、锰等超标。

有机化合物总量是指以高锰酸钾为氧化剂所测定出的水中COD值。COD

俗称化学需氧量，表示水中还原性物质（各种有机化合物、亚硝酸盐、硫化物等）数量多少。美国环保总署曾发布报告称，现有检测技术发现水中有 2221 种有机化合物，在饮用水中发现有 756 种，其中有 20 种致癌物，23 种可疑致癌物，18 种促癌物和 56 种致突变物。

王占生称，这些有机化合物中，相当一部分是环境激素，又叫内分泌干扰物。环境激素有四方面的危害，会让人免疫力降低，会影响人的生育能力，会致癌症，会对人神经系统产生干扰。中国疾病控制中心环境与健康相关产品安全研究所主任鄂学礼，2006 年在论文《饮水污染对健康的影响》中，引述了国内在多地水厂出厂水中检测到环境激素的情形。

清华大学环境学院饮用水安全研究所所长刘文君认为，公众甚至各级官员哪怕是分管供水的官员，对饮用水与人体健康之间的关系，也严重认识不足。第一个误区是对有机化合物长期危害认识不足，因为这类危害一二十年才可能致病，并且很难证实疾病与饮用水之间的因果关系。

第二个误区便是以为家中只要装了饮水机便没事。国外大量研究发现，水中有害物质只有三分之一是通过饮用进入人体，另外三分之二是通过皮肤吸收和呼吸进入人体——在洗浴、洗涤、刷牙、洗脸时，仍然逃不脱水质污染。

即使是饮用水突发性污染多次成为关注焦点，其频率也很可能被低估。近几年发生的几起重金属污染事件，如 2008 年株洲、湘潭镉污染事件，2012 年 2 月广西龙江镉污染事件，每次都是偶然发现。“两次定期检测之间的发生污染，往往不能被察觉。”

水源：“超级化工厂”

自来水超标有害物质大多数来自水源地。30 多年来快速工业化导致广泛的水源地污染。

在城市饮用水水源合格率方面，各界最常引用两个数字，76.5% 和 70%。前一数字出自环保部《2010 年全国水环境质量状况》，后一数字曾被卫生部、水利部等官方渠道反复使用。

但 70% 多的水源合格率并不符合实际情况。以环保部数据为例，数据依据《地表水环境质量标准》（GB3838–2002）。该标准有 109 项地表水质指标，环保部只检测其中的 24 项基本项目，未测其余 85 项补充项目和特定项目。按此标准，按水质可将饮用水源分为五类。一二类为合格水源，三类以下均为不合格水源，但环保部统计水源合格率时，将三类水质亦统计为合格，因此合格率超过 70%。

王占生、刘文君等饮用水专家指出，三类水质并非合格水源。三类水源中的 COD 含量已达 4 至 6 毫克 / 升，常规水处理工艺最多只能处理数值在 4 毫克 / 升以内的水，超过此限已很难达标。

宋兰合个人判断，剔除掉事实上不合格的三类水源，再剔除部分一二类水源中实际不合格的部分，中国城市水源地真正合格的比例大约为 50%。

王占生、刘文君认为，2006 年版的新饮用水标准，由 1985 版的 35 项指标升级为 106 项，基本可以说清楚都有什么污染物侵入了水源。

1985 年，中国城镇的饮用水水源地尚属清洁，水厂出厂水只要符合最基础的 35 项指标，即属合格。到了 2006 年，水环境已严重恶化。城镇水源主要污染物已由微生物污染转为溶解性的有机污染和重金属离子污染。有专家说，“厂里产什么，水里就有什么，河流成为‘超级化工厂’。”

在 2006 版的新饮用水标准中，相较旧版，71 个增项中的 59 项来自于毒理指标。对人体危害最为严重、主要超标指标 CODMn 代表的有机化合物，由原先的 5 项扩增为 53 项。

王占生说，大量有毒害的化工化合物如苯、甲苯、苯乙烯等进入水源，大量农药如敌敌畏、草甘膦等也进入水源。有毒的无机化合物也增加了 11 项，溴酸盐、氯酸盐、锑、铊、氯化氰等 11 项进入控制之列。

新标准主要参考欧盟、美国等饮用水标准，本国的实证研究并不多。

学者普遍认为，中国当前水污染情形比欧盟工业化时期更为严重，稀土金属等污染类型更为中国所特有，冶炼厂的重金属离子“跑冒滴漏”造成的危害未被重视，这是未来要重点提防的。

最近十年，东部沿海地区产业转型，众多污染企业进军西部，进军农村，导致更多原本干净的河流上游、源头，以及地下水，逐步进入污染行列。

水厂：处理工艺跟不上污染

面对一半不合格水源，水厂滞后的自来水工艺，成为失控的第一道关口。

传统水处理工艺1902年产生于比利时，被业内人称为经典“四部曲”——絮凝（加聚合氯化铝）、沉淀、过滤（通过石英砂、卵石等）、消毒（加氯气等）。2004年，美国工程院将水处理工艺列为人类20世纪最重要发明之一。

刘文君告诉财新记者，美国纽约、加拿大和澳洲的许多城市，至今仍使用上述简单工艺，可以实现饮用水直饮。

“问题是，凡是仍然采用传统工艺的城市，均拥有基本未受污染的水源。中国大量水源被污染，这种传统工艺已经不再适合。” 刘文君说。

传统工艺主要处理灭杀水中微生物，如果水源被重金属离子和有机化合物所污染，传统工艺就力不从心了。宋兰合介绍说，日本和大部分欧洲国家，由于历史上有过较严重的环境污染，均升级了传统水处理工艺，即深度处理，通过臭氧、活性碳等技术，清除各类有机、无机化合物，使污染水达标，最终实现直饮。

财新记者采访得知的深度处理的反面例证是，湖南省湘潭市三家水厂的水源均是湘江，而湘江的重金属污染严重，水质常年为三类。由于缺乏资金，这些水厂无法升级深度工艺。而湘潭本地卫生疾控部门抽检宣称，从2008年至2010年，三家水厂出厂水达标率为91.98%。在中国地方，通过本地部门互检爆出低合格数字，极为鲜见。

学者告诉财新记者，浙江省某市水源质量较差，但通过先后两套深度水处理工艺，成功实现出厂水质达标。但深度处理工艺远非普遍。

尽管水源污染严重，至2009年底，全国县以上4000多家自来水厂中，98%仍使用传统工艺。目前，仅有北京、上海、广州、深圳和杭州、郑州等部分城市的部分水厂实现了深度处理。预计到2012年7月1日饮用水新标强制执行开始，采用深度处理的水厂，比例只会再多一个百分点而已。

宋兰合说，滞后的水处理工艺，叠加不合格的水源，自来水严峻的水质现状事属必然。

入户：二次污染

水厂处理后，水流入城镇供水管网，最终到达用户水龙头。入户之路并不太平，老旧的管道再加二次供水，让已堪深忧的自来水水质雪上加霜。

在自来水条件最好的北京市，近十余年投入巨资改造供水管网，仍未更换完毕，至今未实现直饮水。多数大中小城镇的管道老旧问题无法与北京相比，距离直饮水遥不可及。

住建部在 2002 年、2003 年曾调查数百城市的供水管网，发现管网质量普遍低劣，已不符国标的灰口铸铁管占 50.80%，普通水泥管占 13%，镀锌管等占 6%。这三类低质管网主要铺设于上世纪 70 年代至 2000 年之间。2000 年后城镇新铺管网有很大改进，但已铺管网改造却不多，质量低劣的管网大多数现在仍在服役，主要分布在老城区地段。

“老旧管网漏水严重，也容易发生二次污染。”宋兰合曾在论文中引述，184 个大中城市 2000 年至 2003 年管网水质发生过 4232 次二次污染事件。

刘文君曾多年研究自来水管道的二次污染问题。他介绍，老旧水管容易腐蚀、结垢，产生微生物细菌种子，与水中营养物发生反应，形成二次污染，有时肉眼可见，水发黄发黑发臭，但多数时候肉眼无法发现。

相比发达国家，二次供水是中国的特有难题。中国城镇 6 层以上的小高层、高层建筑较多，为了让 6 层以上用户的水压正常，同时避免脆弱的公共管网承受过大压力，各城镇自来水公司纷纷选择管网末端加压模式，将自来水压至高层建筑屋顶水箱或半地下的蓄水池，再由蓄水池或水箱进入用户家中。

在中国省会一级城市中，每个城市都有数千个水箱或蓄水池。二次供水自从在中国诞生起，就饱受诟病，目前仍然乱象纷呈。

因二次供水导致的水质二次污染事件，近年一直充斥媒体；二次水箱内被发现死老鼠等事件，也一再发生。

谁来看护大量的水箱、蓄水池？这些水箱、蓄水池最早由各地产开发商所建，标准和式样五花八门；产权一般属于全体居民，居民又无力管理；小区物业是通常的看护者，但缺乏专业能力，且不说责任心。

宋兰合分析，各城市自来水厂一般由城市建设部门管理，但二次供水设施理论上归卫生部门，自来水厂不愿“多管闲事”，而卫生部门通常又无力监管，主要负责审核颁发消毒许可证。最终，各城市二次供水设施成为监管薄弱之处，无人负责。

宋兰合倾向认为，二次供水事实上不全是坏处。当城市因意外或灾情发生停电、停水事故时，二次水箱可证住户在一个时间段内有水可用，甚至在某些时候让消防部门有救急之水。二次供水其实一个城市管理问题，管好是福，管不好是祸。

水质救赎之路

在王占生等学者看来，城市水业基础设施向来就薄弱。“过去十几年内又只有少量投资，欠账严重，而水源又污染加重。在这样的局面下，地方说水质全面达标，这不就是骗人吗？”

根治自来水之疾，最根本的措施在于净化水源地。这是学界的共识。水源地如果达标，即便是只用最基本的传统工艺处理，水质都会合格。

根治水源水质，需要国家层面的制度设计，与江河湖海的水环境治理规划对接。“这关系到中华民族的未来，关系子孙后代的根本福祉，政府责无旁贷。”王占生说。

回到现实，根治水源之路至少也要 15 年至 20 年，改善自来水水质无法等那么久。当务之急和务实之选，是自来水厂的工艺升级。

据宋兰合初步估计，在现有水源条件下，至少 20% 至 30% 的水厂需要尽快上马深度处理工艺，还有相当数量的水厂需要改进传统工艺，方可实现自来水出厂水质量基本合格。

王占生更为悲观，认为中国水源污染严重，因此大多数水厂需要上马深度处理工艺。尤其水源不好的地方，必须马上动起来。

自来水输水管道需要立即投资。刘文君认为，供水管网曾是全球难题，但最近数十年间，发达国家通过逐渐更新管网，以技术手段维持管网水的化学和物理稳定性等方法，已基本解决管道二次污染问题。解决管道问题，技术不再是障碍，主要是地方政府欠缺投入。

“由于城市建设基本成型，更换管道不可能一步到位，但是各地应制定时间表，逐步更换。”刘文君说。

王占生曾对深度水处理工艺的成本作过经济测算，其结论已为业界普遍认可：水厂上马深度工艺，每吨水成本相应上升0.3元左右。另有学者认为，管道硬件投资，会让每吨水成本再上涨0.5元上下。如此算来，如果以县级以上4000余家水厂日供6000万吨计算，每年成本增加200亿元左右。

宋兰合表示，在国家层面，要通过制度设计解决二次供水和水质检测的管理体制问题。

刘文君、王占生、清华大学水业政策研究中心主任傅涛等共同呼吁，要建立独立于地方水厂的专业水质监测机构，变水厂自检自测为第三方检测。水质检测数据要及时向全社会公开。

傅涛认为，发达国家在城市供水方面体制各异，路径不同，但均能实现饮用水合格，甚至保持直饮水标准，其政府在供水基础投资上占据主导，在运营环节追求效率。

傅涛指出，中国自上世纪90年代末期以来，各级政府和水厂对供水基础设施投入严重不足。

隶属福建省国资委的福建中闽（罗源）水务有限公司，是一家日处理上百万吨水的大型水企，其供水业务有泉州、罗源等处。该公司处境不妙，董事长郑相钗向财新记者抱怨说，由于成本倒挂，每供一吨水要亏三至五角钱，企业连年亏损。

“水厂亏损，投资无钱，政府不给，说水业已市场化；水厂成本倒挂，要求提高水价，政府又不同意，说供水行业是市政公用事业，政府要统一定价。”郑相钗说。

十多年来的水业市场化改革，到了需要更进一步的时刻。

在采访中，一位饮用水界人士用极慢的语速，向财新记者讲了三句话：对每个人来说，饮用水像空气，无可选择，无从逃避；对政府来说，供水工程是最为基础的民生工程，远比修马路、建高铁、盖高楼更为基础；近十几年来，供水成了最被忽视的民生工程。

还供水欠账，已刻不容缓。

财新《新世纪》2012 年第 18 期 出版日期 2012 年 05 月 07 日

自来水水质账未明

记者：宫靖

5 月 7 日，本刊发表封面文章“自来水真相”，独家披露了官方一直未披露的住建部城市供水水质监测中心（下称住建部水质中心）2009 年城市自来水水质普查数据：中国县级以上（含县级）城市的 4000 多家自来水厂中，出厂水质不达标的，至少为“1000 家以上”。而业内专家称，水质不达标的水厂数可能达 50% 左右。

该报道在全国引发强烈反响。多家媒体或转载或引述报道主要内容，同时开始追问本地水质现状。在新浪、腾讯和搜狐等门户网络的微博中，“自来水合格率”成为最热门的新闻事件，引发数以百万计的关注和热评。

5 月 10 日下午，住建部公布了全国自来水水质调查核心数字，水质中心主任邵益生接受新华社采访时，承认 2009 年针对全国 4457 家城镇自来水厂的水质普查，合格率仅为 58.2%。

邵益生同时强调， 2011 年住建部水质中心组织了新一次的抽样检测，自来水厂出厂水质达标率已达到 83%。但是，邵益生没有介绍 2011 年全国抽检的操作方法，包括样本数有没有达到 2009 年调查的 4000 余家，调查方式如何规避通行的水厂自检自测水质做法，以及最终如何得出合格率 83% 的数据。新华社消息中，也并未谈及这些具体细节。

与公众迫切希望了解真相相对应的却是，各地自来水厂也纷纷通过本地媒体向公众澄清，坚称各自水厂的出厂水质是合格的。

学者还指出，由于现有检测制度存在漏洞，将于今年 7 月 1 日强制实施的饮用水安全新标准，看似将指标从 35 项增加到 106 项，但其中有更大空间可被利用，从而让地方机构和相关部门更轻易将水质打扮成“合格”。学者称，在水质监测能力严重欠缺、第三方监测制度未能确立的情况下，未来一段时间内，各地方机构仍将对水质状况自说自话。

两次水检

从住建部公布的数据来看，两年之间，中国城市自来水水质合格率由令人触目惊心的 58.2%，高速提升至 83%，提高了近 25%。以住建部公布的县级以上自来水厂 4457 家计算，2009 年有近 1900 家水质不合格，2011 年就剩近 800 家不合格。两年之间，1100 多家水厂水质实现达标。

在新华社的报道中，邵益生解释了这种飞速提升的原因。2009 年，住建部“组织国家水专项有关专家编制并发布了《城镇供水设施改造技术指南》”。而之后，各地针对自来水达标问题，纷纷采取“升级改造水厂和管网、强化运行管理、更换水源等措施”。

不过，有学者指出，两年之间，中国城市水源地污染状况没有发生改变，仍然接近 50%，要想将近 50% 的污染水源水处理为合格自来水，水厂起码得上马深度处理工艺。但两年之间，中国水厂的深度处理工艺并未大幅增加。

一位接近住建部水质部门的知情人士告诉财新记者：“尽管水源污染严重，至 2009 年底，在全国县以上 4000 多家自来水厂中，98% 仍使用传统工艺。目前，仅有北京、上海、广州、深圳和杭州、郑州等部分城市的部分水厂实现了深度处理。预计到 2012 年 7 月 1 日饮用水新标强制执行开始，采用深度处理的水厂，比例只会再多一个百分点而已。”意即，两年之间，深度处理工艺最多由 2% 上升为 3%。

在采访中，业内人士最感到忧心的，就是 2006 年末新饮用水标准颁布，标准已与欧盟接轨，但这套标准没有牙齿，没配套惩罚措施，因此不为地方政府和水厂所惧。2006 年末迄今的五年多时间，地方政府和水厂在水处理工艺升级和管网改造方面，罕有实质性举措。

多个信源向财新记者透露，迄今为止，中国最全面最彻底的水质检测，就是2009年的住建部普检。为了规避自检自测现象，2009年的检测被迫采用了交叉检测："这个省可派那个省，那个省可派第三方省，但不能互派。""2009年以后，没有听说过住建部采用大型'交叉互检'的方式测水质。"一位知情的业内人士说。

5月9日，民间组织"南京天下公"委托江苏志仁律师事务所律师封顶，向住建部提出政府信息公开申请，要求公开自来水不合格城市名单。该申请以特快专递方式寄出，预计三日内送达住建部。根据《政府信息公开条例》，住建部应在收到申请后15日内回复申请人。

封顶律师告诉财新记者，由于住建部5月10日公布了新信息，他们正在考虑重新起草信息公开函件，加入新的公开申请，要求公布2009年和2011年两次检测的检测手段、检测指标、选取样本的方式，以及具体哪些水厂水质不合格，存在什么问题等。

"南京天下公"负责人程渊透露，他们还计划在全国多个城市申请公开水质监测数据。

悖论再现

尽管住建部水质中心画出41.8%的出厂水质不合格的圆圈，但在消息公布后，没有一家自来水厂愿意跳入其中。

财新记者搜索各地新闻发现，一线城市中的北京、上海和广州的水务单位，均已对媒体作出回应，称本地自来水出厂水质全部达标。南京、杭州、长沙、成都等半数以上省会城市，截至本刊发稿前也作出回应，结果同样是水质达标。宁波、苏州、嘉兴、青岛等数十个三线城市，也均回应称本地水厂水质达标。县一级的城市水厂发出的"辟谣"信息，则无法完全统计。

清华大学环境学院饮用水安全研究所前所长刘文君表示，他对地方水厂近似于赌咒发誓般的水质达标表态早有预料。"这么多年来，除非当地居民抓住水质不合格的现行，如水质发黄有异味等，否则水厂绝不会承认水质问题。"

事实上，类似情况早有先例。2012年2月7日晚，江苏省镇江市政府应急办发布通告，承认水源苯酚污染造成饮用水异味（详见财新《新世纪》周刊

2012 年第 6 期“镇江水污染：迟到的通告”）。之后官方又证实，水源苯酚污染由一艘韩籍货轮泄漏引起。而此前的 2 月 3 日下午，镇江居民就普遍发现自来水中漂白粉过量，向水厂提出质疑。

但在 2 月 3 日至 7 日长达四天时间中，镇江官方一直强调：监测数据显示，取水口以及取水口上游 1500 米处水质，符合《地表水环境质量标准》的三类水标准，“挥发性有机物未检出”。

“这种说法，不就是明知有问题，还在说谎吗？”一位知悉内情的学者评价说。他表示，地方政府担心被行政问责，也出于维稳需要，近几十年一直声称水质合格。正是这种假象，在一定程度上干扰了中央政府高层的决策，导致近十几年供水基础设施投入严重不足。

新标漏洞

40 多天后即 2012 年 7 月 1 日，中国将强制实施饮用水新标。有学者告诉财新记者，他们担心的情形是，一段时间内，新标不但带不来水质改善，反而利于地方将水质打扮为“合格”。

旧版《生活饮用水卫生标准》于 1985 年由卫生部组织饮水、卫生专家制定，规定的水质指标为 35 项。2006 年末，中国推出有 106 项水质指标的新标。新标规定，水质全部指标最迟于 2012 年 7 月 1 日实施。

新标的推出，一度被饮用水学界寄予厚望，因为该标准已与国际接轨，与欧盟水质标准接近。如能落实，中国将真正实现直饮水。随着强制执行时间的临近，众多学者却无法乐观，甚至认为该标准可能被反向利用。

清华大学环境学院教授王占生告诉财新记者，中国幅员辽阔，北方以地下水为水源居多，南方则以地表水为水源居多，各城市水源地中污染物不尽相同。因此新标准并没有强制各地检测全部 106 项指标，而是除 40 多项常规指标外，其余 60 多项非常规指标“由当地县级以上供水行政主管部门和卫生行政部门协商确定”。

此规定的宗旨，就是要求地方在强制执行前排除没必要检测的项目（主要是本地水源中没有的污染物），以求增加检测效率和节约检测成本。

目前，强制执行时间已临近，王占生等学者了解到，除极少数地方按规定向国家有关部门上报材料要求减少检测项目外，大多数地方未上报材料。“在法律上，没上报的地方，意味着将执行106项全指标。”住建部水质中心总工程师宋兰合证实了上述情形。

该现象曾让众学者不解，因为按理说新标比旧标严格，上报信息减少检测项目对地方有利。学者近期调查发现，地方不上报材料大有玄机。

原来，表面严厉的新标准有一规定，水厂水质合格率计算按照《城市供水水质标准》执行；按后者规定，除部分必检项目，其余水质指标95%合格，水质即算合格。王占生解释说，地方愿意留下那些不必要的检测项目，就是为了让分母庞大一些。“过去用35项作分母，现在用106项作分母，反倒有利于地方。前者只要两项不合格，就达不到95%，后者即便有五项指标不合格，水质整体仍可算作合格。”

宋兰合进一步认为，如此一来，新标是否严于旧标，都有待检验。“其实‘95%’本身没问题，关键是水厂被强制要求的全指标检测每年只有两次，这样‘95%’就没太多意义，反倒让地方上有了做手脚的空间。”

真相难“测”

多位学者共同认为，造成自来水水质真实情况难以了解的根本原因有三个。一是对水厂水质监测次数太少，这主要是监测能力不足导致。在全国35个重点城市中，仅有40%城市有能力检测106项全指标，地级市、县级市全部需要送检，大批县市水厂连常规指标检测能力都不具备。

二是自检自测现象普遍。中国仅两三个城市的水质监测单位独立于水厂，其余监测单位，哪怕是住建部水质中心的国家监测站和地方监测站，均由地方水厂内部水质监测室担责，“两块牌子，一班人马。”

三是水厂水质对公众不透明，没有倒逼机制。当前局面是，水厂水质报给自来水集团，集团再报当政府建设部门；虽然各地卫生部门也有一套水质检测系统，但水质数据主要在本地卫生系统内报告。两套系统都由当地政府控制，数据基本不对公众及时公开。

事实上，在少部分重点城市，官方会定期在媒体上有限公布水质数据，但指标数不足十项。“过少的项目并不能说明水质达标，更关键的是，这些指标是科学指标，老百姓看不懂，水厂和官方都没有解释。”一位受访专家说。

住建部水质中心宋兰合认为，鉴于自来水质对每个人都影响巨大，国家和地方政府要像建设 PM2.5 监测网一样，专门投入一笔钱，建设各地的水质检测设备，增加检测能力。

更有学者建议，中国急需建立第三方检测机制，像西方发达国家和中国澳门一样，由第三方和水厂每天共同抽取水样，化验后及时向市民公布水质。不仅如此，官方要让水质指标变得亲民一点，让公众看得懂。

见习记者刘虹桥对此文亦有贡献

财新《新世纪》2012 年第 19 期 出版日期 2012 年 05 月 14 日

自来水直饮困局

记者：宫靖

大限已至。中国城镇自来水水质距离达标依然路途遥远。

按照中国 2006 年修订并颁发的最新《生活饮用水标准》（GB5749-2006，下称新标准）规定，至迟在 2012 年 7 月 1 日，中国各地将全面执行有 106 项指标的新标准。

在该标准下，中国的饮用水（俗称自来水）水质水平将与欧盟持平，与国际接轨，即末梢水（俗称入户水或龙头水）可以直接饮用。

在新标准强制执行前四天，6 月 27 日，国家发改委副主任杜鹰代表国务院向全国人大常委会作报告称：2011 年全国设市城市公共供水厂出厂水水样达标率为 83%，设市城市和县城公共供水末梢水水样达标率为 79.6%。

上述数据让人乐观，尤其是末梢水水样达标率 79.6%，代表着每 100 个居民水龙头，就有 79 个出水达标——拧开龙头即可直饮，而不再需要烧开喝。

然而，与上述乐观数据形成对比的却是——中国至今没有一个大中型城市宣布全面实现末梢水直饮。

多位水处理专家，包括来自住建部的权威专家，均对财新记者表达了他们的判断：若无断然措施，即将执行的饮用水新标准，在未来一段时间内毫无疑问只能是起到一个引导作用，而难以真正强制实施。

学者预计，未来各地政府仍会声称属地“供水水质全面达标”，但相当数量的宣言只能是“皇帝的新装”。

这样的“断然措施”，或许正在来临。在距离新标准强制执行前半个月，6 月 14 日，住建部和国家发改委联合印发了《全国城镇供水设施改造与建设“十二五”规划及 2020 年远景目标》（下称供水“十二五”规划），明确提出全国将在“十二五”期间，即 2016 年以前，在城镇供水领域投入 4100 亿元。

此规划若顺利实施，将是中国自上世纪 90 年代后期以来最大的一次供水投资潮，并且资金数量之大，基本可以解决主要问题。

饮用水学界的一个共识是，从上世纪 90 年代后期开始，中国各地政府在供水领域鲜有大笔投入，这直接导致了数千城镇自来水厂设备落后，以及相当数量的不达标管网长期运行，间接导致中国部分城镇自来水水质不达标。

但由于该规划将资金保障推给地方政府和水价调整，业内人士对该规划能否顺利执行产生担忧。

当然，投资并不能解决全部问题。在中国城镇的 6 亿多居民与可直饮的自来水之间，还横亘着诸多难题。

无果的直饮努力

在饮用水专家的眼中，中国离可直饮的龙头达标水目标最近的大城市，无疑是北京。但北京市政府及其水务部门，至今并没有对居民作出直饮承诺，仍然建议居民将自来水烧开再喝。

北京的条件得天独厚。在水源方面，三分之二以上来自地下水，近三分之一来自密云水库和河北省外调地表水。在首都的政治优势下，无论是地下水还是地表水，其水源在特殊保护之下，在近年呈好转趋势。在水处理工艺方面，北京多数公共水厂上马了先进的深度处理工艺，而在管网改造方面更是投入巨资。

即便如此，由于部分未更换管道和二次供水等问题的存在，北京并未宣称其自来水可以龙头直饮。

事实上，在饮用水直饮方面，中国多个大城市曾经努力过，但均无果。例如杭州市，曾一度宣称 2008 年实现全城直饮，但最新的说法变成了“直饮没有时间表”。

2004 年 12 月，杭州市南星水厂深度处理工艺竣工。杭州市政府将此工程冠名“直饮水一期工程”，宣称该工程让该市城南和钱江新城 10 万居民喝上了龙头直饮水。该市官方媒体的报道显示市政府决心，经过水厂工艺改造和输水管网改造，该市要在 2008 年率先成为全城直饮的城市。

然而，2008 年之前，该市又将全城直饮目标修正至 2010 年底。至 2010 年底，该市水务部门表示，全城直饮没有时间表。不仅如此，据当地多家媒体报道，2004 年已实现直饮的地方，不少居民后来也不再敢直饮。

至此，杭州雄心勃勃的直饮计划无果而终。更让该市居民忧心的是，2012 年初，该市宣称将从千岛湖引水，认为钱塘江单一水源存在污染隐患。媒体报道揭出了直饮未能实现的原因，主城区尚有 180 公里老旧管网未完成改造，实现全城直饮“投资巨大，难度巨大”。

财新记者调查发现，广州市的部分区域也进行过直饮努力。2004 年 7 月，广州南洲水厂深度处理改造完成，官方宣称该厂出厂水质达到欧盟标准，可以直接饮用。彼时，该市曾正式提出，该水厂供水区域，即大学城、海珠区、珠江新城等地段的居民可享用直饮水。为此目标，广州市投入巨资，在上述区域全面改造和铺设了球墨铸铁管等合格管道。然而，广州上述区域至今并未实现真正直饮。

一位知悉内情的饮用水专家表示，虽然该区有了好的水工艺和水管道，但经过检测龙头水，发现其部分微生物指标依然不稳定，不能直饮。

另一个进行全城直饮水努力的城市是深圳。2006 年前后，深圳市政府表示，2012 年、2015 年，城市中心区域和全市将分别达到国际标准的生活饮用水（即可直饮的达标水）要求。然而，深圳近年却再不提此事。

在上述全城直饮努力之外，中国各个大中城市普遍进行着另外的直饮努力，即在某些住宅小区、学校、宾馆、公共场所等处实现局部直饮水。

但在近年，这种局部直饮水发展也并不顺利。原因有二，一是其供水成本高，收回成本困难；二是局部直饮水仅解决用户饮水问题，用户洗澡等其他用水仍然要依赖传统自来水，而后者如不合格，仍可能影响健康。

由于上述努力的失败，近年罕有城市再宣称将实现龙头直饮。

缺失的路线图

既然自来水新标准难以实现，那是不是标准本身定得过高？过于理想化？财新记者调查发现，不只是公众，即便在饮用水业内，此质疑也广有市场。

标准争议一直存在。多位熟悉内情的饮用水专家称，就是住建部、卫生部等部委的多位高层，在制定标准期间，也认为在现阶段标准不能太理想化，因为水源污染短期内难以改变是基本事实，老旧管道更换需要巨额投入，也需要较长时间，二次供水设备的混乱管理现状，也在短期内难以解决。

清华大学环境科学与工程系教授王占生认为，上述担忧是完全有道理的，但新标准最终没有迁就上述理由。原因很简单，从人体健康角度，达到国际水平的饮用水标准，是中国起码应该做到的；难题固然存在，但不是不可以克服。另外，多位饮用水专家表示，饮用水标准与国际接轨，是在标准修订之前，就由政府高层确定的方向。

王占生说，正因为一系列难题的存在，2006 年标准出台时，才留下六年的准备时间，即推至 2012 年 7 月 1 日才在全国范围内执行。

清华大学环境学院饮用水安全研究所前所长刘文君认为，自来水新标准经过努力是可以实现的，六年的准备时间原本不短，之所以未能全面实现，根本原因是努力不足。

刘文君认为，西方国家出台一个标准，往往会首先摸清现状，在此基础上会制定一个切实可行的渐进的路线图，几年之内达到阶段水平，几年之内全部实现。不仅如此，相关的投资计划和投资项目，也会很明确地公布出来。

“对比一下，就知道中国问题出在哪里。新标准出台，摸底调查和执行路线图，都是缺失的。还没有投资计划跟进，没有考核措施。”刘文君说。

王占生也认为，大限到了未达标的原因不在新标准本身，而是国家相关部委、各地方政府、自来水厂，都努力不足；经费没落实，重视更是不够。

4100 亿元悬念

千呼万唤之下，2012 年 6 月 14 日，供水“十二五”规划终于出台。史无前例、堪称巨额的投资——4100 亿元，或将在四年之内投向中国城镇供水领域。

规划显示，水厂改造投资 465 亿元；管网改造投资 835 亿元；新建水厂投资 940 亿元；新建管网投资 1843 亿元；水质检测监管能力建设投资 15 亿元；供水应急能力建设投资 2 亿元。

王占生说，据他所知，住建部近年一直向国家申请这笔投资，但国家规划层面一直不予放行。此次不仅放行，且资金数额之大，超出业界预料。

王占生向财新记者具体解读了这些投资的意义。465 亿元的水厂改造投资，主要用于全国出厂水水质不能稳定达标的水厂升级改造。规划认为共计需改造 9.23 万公里管道。如果投放得当，这些钱是够用的。完成之后，约等于全国 20% 水厂上马深度处理工艺。

835 亿元的管网改造投资，事实上也是经过住建部供水部门核算的。规划认为共计需改造 9.23 万公里管道。如投放得当，数年之内确实可以基本解决主要老旧管道问题。

15 亿元水质监测能力建设费用，将用来解决目前各地水质监测能力普遍不足的问题。这笔钱可使各省省会、自治区首府、直辖市和不少重点地级市，具备 106 项全指标检测能力，使全部地级市至少具备 42 项常规指标检测能力。

但王占生对这份巨额投资规划能否最终落实，有些担心。

规划并没有说中央财政出多少钱，仅在资金保障第四项中提到“继续安排中央补助投资，重点向中西部及财政困难地区倾斜”。而其余资金，均需地方政府自行努力：一是包括土地出让金在内的地方财政性投入，二是水价调整，三是吸引民间资本投入，四是二次供水设施改造由地方政府组织。

“如果国家不投入，仅靠地方政府，有些玄乎。未来经济好的省、重视的地方可能会好点，经济不好的地方可能麻烦。”王占生判断。

多位专家的看法是，要想让规划落实，还得有严厉的后续措施来保障。

多道难题待解

现实的问题是，假设“十二五”期间上述规划全面落实，也仅是使大部分城镇水厂出厂水、管道水达标，距离新标准要求的龙头水全面达标，即可直饮的目标，还有相当距离。

二次供水的规范管理，是中国城镇供水真正达标不可逾越的现实难题。

相比发达国家，二次供水是中国的特有难题。在中国省会一级城市中，每个城市都有数千个水箱或蓄水池，由于设施不达标以及管理失范，微生物二次污染时有发生。二次供水自从在中国产生起，就饱受诟病，目前仍乱象纷呈。

此次规划虽提出“对供水安全风险隐患突出的二次供水设施进行改造，改造规模约 0.08 亿立方米 / 日，涉及城镇居民 1390 万户”，但并未提出改造办法。事实上，二次供水主要问题不在于设施的合格与否，而在长期维护和监管难，后者尚未找到破解之方。

此外，业界认为，杭州、广州等地过去的直饮水努力之所以无果，在于当地政府将自来水实现直饮,片面地理解为上马水深度处理工艺和更换合格管道，事实上这还不够。

刘文君解释说，饮用水是一个系统，出厂水合格了，进入合格的管道，必须保持其物理和化学稳定性，最终才能将合格水带向用户水龙头。但再好的管道里，都有细菌，它们遇到水中的营养物质 AOC（生物可同化有机碳），会继续生长，如不采取措施，好水到了用户水龙头，微生物方面仍会不达标。

“中国有一些自己独特的问题。美国和欧洲，气温较低，每升水中 AOC 只有 10 微克左右，而中国好多地方有 100 微克 –200 微克，有的地方甚至 500 微克 –600 微克。西方国家化解管道微生物污染，在出厂水末端加入足够余氯即可，但中国用同样的工艺就不行。”

刘文君认为，只要讲科学，事实上中国的独特技术难题也能攻克。比如经过学界攻关，北京市就找到了游离氯外加氯胺的工艺，破解了上述难题。当然，北京工艺不一定适合全国，所以学界现已有针对性地发明多种工艺，紫外线加氯胺工艺即是其中一种。

刘文君指出，要让饮用水全面达标，各地自来水企业的管理水平也不够。自来水处理工艺、保持管道水化学和物理稳定性工艺，都要随时根据实际情况的变化，进行各种调整，这让当前自来水公司的僵化管理面临挑战。

外部的水质监督也被学者提及。全球水质较好的地方，一个共同特点是拥有第三方检测机制，由第三方和水厂每天共同抽取水样，化验后及时向居民公布水质，接受监督。目前，中国官方尚未做此方向的努力。

财新《新世纪》2012 年第 26 期 出版日期 2012 年 07 月 02 日

镉米杀机

记者：宫靖

【编者按】

《镉米杀机》刊出后在社会上引发的巨大反响超出编辑部的想像。

于2011年情人节刊出的该报道，迅速登上各大门户网站头条区域。随后几天，中国各省市媒体开始作落地报道，摘转之外亦要求本地粮食部门回应。

报道很快引发中央政府高层的关注，也引起国土部、环保部、科技部、农业部、前卫生部等多个部的负责人高度关注。2011年“两会”期间，镉米成为热点话题，前卫生部长陈竺回应媒体，称中国将尽早实现污染土壤禁种稻米。

此篇报道最终获评当年“最佳环境报道奖”之“最佳影响力”奖项。

由于此篇报道以及此篇报道引发的镉米报道热潮，镉米问题终于成为中国食品安全以及环境污染领域的重要命题。随后数年，镉米问题在中国持续发酵。

有意思的是，四年之前《镉米杀机》刊出后，中国几乎没有一个地方的粮食部门承认本地市场有镉超标大米。当时，财新报道的镉米，似乎仅存在于“理论”中。

两年之后的2013年上半年，现实中的大量镉米终于浮出水面。由于湖南和广东两省粮食企业之间的矛盾，湖南销往广东的镉米终被曝光。

2013年5月，广东对全省大米进行镉含量抽检，按公示结果计算，全省有3.3%的大米镉超标，广州、清远则有近9%的大米镉超标。此比例已然很高，镉米问题绝不能被继续轻视。财新以《拯救大米》《湘粤米争》等文进行报道。

一个值得深思的问题是，镉米问题由土壤污染引起，而中国的土壤污染多发生二三十年前，又由于中国的小农经济、土地承包制，农民吃的大米绝大多数为自产，一个合理的推测是：不少农民吃镉米已达数十年。那么他们有没有健康问题？镉污染究竟给中国人带来哪些健康损害？财新为此采写了《镉病将至》。

从一张油漆斑驳的桌子下面，84 岁的李文骧老人扯出小半袋大米。颜色纯白，略有透亮感，颗粒饱满，肉眼看不出这些大米有什么异样。

但是，经过检测，这种大米中镉成分严重超标。当地人将这种大米简称为“镉米”。

镉，一种重金属，化学元素周期表中排序第 48 位。在自然界，它作为化合物存在于矿物质中，进入人体后危害极大。

李文骧老人怀疑自己得的怪病与这种大米有关。老人身体还算硬朗，但已经 20 余年没法好好走路了。只要走上不超过 100 米，脚和小腿就会酸疼难忍。

医生无法确切诊断，老人干脆自己命名——软脚病。他告诉财新《新世纪》记者，在其生活的广西阳朔县兴坪镇思的村，另外十几位老人也有类似症状。

从 1982 年退休回村算起，李文骧吃本村产大米已有 28 年。多位学者的研究论文证实，该村耕地土壤早在上世纪 60 年代以前就已被重金属镉所污染；相应的，所产稻米中镉含量亦严重超标。

医学文献已经证明，镉进入人体，多年后可引起骨痛等症，严重时导致可怕的“痛痛病”。所谓“痛痛病”，又称骨痛病，命名于上世纪 60 年代的日本。该国由于开矿致使镉严重污染农田，农民长期食用污染土壤上的稻米等食物，导致镉中毒，患者骨头有针扎般剧痛，口中常喊“痛啊痛啊”，故得此名。这种病的症状与李文骧老人所说的软脚病非常相似。多位学者也直指，思的村不少村民已具有疑似“痛痛病”初期症状。

类似案例不只出现在广西思的村。实际上，多个地方均有人群尿镉等严重超标和相应症状。

尤其值得一提的是，无论农业部门近年的抽查，还是学者的研究均表明，中国约 10%的稻米存在镉超标问题。对于全球稻米消费量最大的国家来说，这无疑是一个沉重的现实。

在镉之外，大米中还存在其他重金属超标的问题。中国科学院地球化学所研究人员即发表论文称，中国内陆居民摄入甲基汞的主要渠道是稻米，而非鱼类。众所周知，甲基汞是著名公害病之一水俣病的致病元凶。

一个完整的食物污染链条已经持续多年。中国快速工业化过程中遍地开花的开矿等行为，使原本以化合物形式存在的镉、砷、汞等有害重金属释放到自然界。这些有害重金属通过水流和空气，污染了中国相当大一部分土地，进而污染了稻米，再随之进入人体。

数以千万计的污染区稻农是最大的受害者。稻米是他们一日三餐的绝对主食，部分农民明知有污染，但困于卖污米买净米之间的差价损失，而被迫食用污染大米。更多农民则并不知道自己食用的大米是有毒的，他们甚至不清楚重金属是什么。

更为严重的是，中国几乎没有关于重金属污染土地的种植规范，大量被污染土地仍在正常生产稻米。

而且，污染土地上产出的污染稻米，绝大部分可以畅通无阻地自由上市流通。这导致污染稻米产区以外的城乡居民也有暴露危险，而危险程度究竟有多大，目前尚缺乏研究。

思的村怪病

71 岁的秦桂秀是思的村又一位“软脚病”老人。最近四五年间，她总是双腿发软，没有力量，一走路就痛。此外，她的腰也经常痛。她曾到桂林市一家大医院求治，被诊断为“骨质钙化”。具体病因，医生表示不清楚。

她说，本村有此类症状的不止十几人，或许 50 人都有。但本村一位村干部并不赞同她的说法，认为农村人腰酸背痛是常有的，这样的统计没有意义。

这位干部同样无法解释如此多人有相同症状的原因。

事实上，国内多位土壤学者在其论文和公开讲义中不具名地提到思的村，直称该村不少村民已具有“痛痛病”初期症状；村中曾出现“鸡下软蛋，初生小牛患软骨病”的现象。

财新《新世纪》记者向部分当事学者求证此事，学者们修正了上述说法。他们认为，更准确的说法是，部分村民有疑似“痛痛病”初期症状。学者的尴尬在于，迄今没有官方或医疗单位确认上述症状究竟为何病。

2010 年 12 月，财新《新世纪》记者在思的村走访时，多位村民私下证实，村中确有不少人浑身疼痛。一位上世纪 80 年代初从外村嫁来的村民说，当时外村女孩都不愿意嫁到本村，说是生的小孩会是“软骨头”。她嫁来后发现，这个说法有点夸张，但人们的担心至今没有消除。

村民证实，粮食未全面放开前，国营粮库曾经免收本村公粮。收粮的官方工作人员说：“你们村大米有毒。”该村村民与别村最大不同是，他们只能吃这种“有毒”、国家都不要的大米。

严冬中，村庄外的耕地里满是水稻收割后留下的稻茬，旁边一些蔬菜则长得翠绿可人。但这片被称做大垌田的近千亩耕地确实“生病”了：1986 年的实测数字显示，上述土地有效态镉含量高达 7.79 毫克 / 千克，是国家允许值的 26 倍。

广西桂林工学院教授林炳营在该村的研究表明，1986 年，该村所产水稻中，早稻含镉量是国家允许值 0.2 毫克 / 千克的 3 倍，晚稻则是规定值的 5 倍以上，达 1.005 毫克 / 千克。

阳朔县农业局农业环保站一位负责人告诉财新《新世纪》记者，该片土地重金属情况至今未有多大改善。一位资深农业专家说，镉污染具有相当大的不可逆性，土壤一旦被污染，即便经过多年，所产农作物中的镉含量也仅会有细微变化。

稻田的水源是流经本村的思的河，污染源是村庄上游 15 公里以外的一家铅锌矿。这家规模并不算大的矿，上世纪 50 年代起作为本县国营矿被开采，其时几乎没有环保设施，含镉的废水作为灌溉用水流进了村民的耕地。

据统计，共有5000余亩土地被该矿污染，大垌田是其中最严重的1000亩。后有研究表明，矿山早期废水含镉量超过农灌水质标准194倍。

这家铅锌矿效益并不好，几十年间时开时关，目前已转至私人手中。与此同时，没有村民明确地知道，这些来自大米中的“毒”，是否进入了他们的身体，进入后到底发生了什么。多数人无法证实身上的痛是一种病，更无法证实其与稻米的相关性。

10%大米镉超标

受到镉污染的，绝不仅仅是思的村的大米。

2002年，农业部稻米及制品质量监督检验测试中心曾对全国市场稻米进行安全性抽检。结果显示，稻米中超标最严重的重金属是铅，超标率28.4%，其次就是镉，超标率10.3%。

五年之后的2007年，南京农业大学农业资源与生态环境研究所（下称南京农大农研所）教授潘根兴和他的研究团队，在全国六个地区（华东、东北、华中、西南、华南和华北）县级以上市场随机采购大米样品91个，结果同样表明：10%左右的市售大米镉超标。

他们的研究后来发表于《安全与环境》杂志。但遗憾的是，如此重要的研究并未引起太多人的注意。

多位学者对财新《新世纪》记者表示，基于被污染稻田绝大多数不受限制地种植水稻的现实，10%的镉超标稻米，基本反映当下中国的现实。

中国年产稻米近2亿吨，10%即达2000万吨。如此庞大的数字足以说明问题之严重。潘根兴团队的研究还表明，中国稻米重金属污染以南方籼米为主，尤以湖南、江西等省份为烈。2008年4月，潘又带领他的研究小组从江西、湖南、广东等省农贸市场随机取样63份，实验结果证实60%以上大米镉含量超过国家限值。数值如此之高的重要原因之一是，南方酸性土壤种植超级杂交稻比常规稻更易吸收镉，但此因之外，南方诸省大米的镉污染问题仍然异常严峻。

潘根兴告诉财新《新世纪》记者，中国稻米污染的严峻形势在短期内不可能根本改观。

中国科学院地理科学与资源研究所环境修复研究中心主任陈同斌研究员，多年致力于土壤污染与修复研究。他对财新《新世纪》记者说，中国的重金属污染在北方只是零星的分布，而在南方则显得较密集，在湖南、江西、云南、广西等省区的部分地方，则出现一些连片的分布。

陈同斌对广为流传的中国五分之一耕地受到重金属污染的说法持有异议。他根据多年在部分省市的大面积调查估算，重金属污染占 10% 左右的可能性较大。其中，受镉污染和砷污染的比例最大，约分别占受污染耕地的 40% 左右。

如果陈同斌的估计属实，以中国 18 亿亩耕地推算，被镉、砷等污染的土地近 1.8 亿亩，仅镉污染的土地也许就达到 8000 万亩左右。

让人心情沉重的是，这些污染区多数仍在种植稻米，而农民也主要是吃自家的稻米。不仅如此，被重金属污染的稻米还流向了市场。中国百姓的健康，在被重金属污染的稻米之前几不设防。

追踪镉污染

距广西思的村 500 余公里的湖南株洲市新马村，2006 年 1 月发生震动全国的镉污染事件，有 2 人死亡，150 名村民经过体检被判定为慢性轻度镉中毒。当年 9 月 11 日，湖南省政府公布调查结果，认为该村饮用水和地下水未受镉污染，但耕地土壤受到镉污染，稻谷中重金属严重超标。

2011 年 1 月，财新《新世纪》记者再次来到位于株洲市天元区马家河镇的这个村子。该村及相邻两村共计千余亩土地已被当地宣布弃耕。村民至今认为，原先村中开办的摩托车配件厂向地下排放含镉废水是村民镉中毒的最直接原因，不过，政府力主的稻米镉污染也被村民认为是一个重要原因。

当地政府至今没有正式公布该村稻米中的镉含量。南京农大农研所潘根兴教授一行，曾于 2008 年 4 月间向该村村民索要过两份原产米作实验室化验，结果显示，其镉含量分别为 0.52 毫克 / 千克和 0.53 毫克 / 千克，是国家标准的 2.5 倍。

株洲新马村耕地中的镉污染，主要来自 1 公里外的湘江。湘江是中国受重金属污染最严重的河流，新马村上游数公里的霞湾工业区即是湘江重金属污染的主要源头之一。

在株洲市数个工业区周边，数十平方公里的农田被重金属成片污染。位于霞湾工业区边缘的新桥村村民向财新《新世纪》记者证实，新桥、霞湾和建设等村数千亩土地早在上世纪80年代前就被霞湾工业区排放的重金属废水污染。当地政府每年向每亩稻田发放800斤稻米的补贴，这样的补贴已有20多年。

而在湘江株洲、湘潭段，两岸有数量庞大的土地直接用湘江水灌溉。在理论上，它们受污染的可能性极大，但这方面的研究和数字较为缺乏。湘潭市环保协会副理事长王国祥曾出资检测湘潭县易俗河镇烟塘村的土壤和稻米污染情况，结果土壤含镉量和稻米含镉量均严重超标。

2008年新马村那次取样前后，潘根兴一行还专赴其余数个被媒体广为报道的镉污染地区进行稻米取样。这些地方有广东大宝山地区、湖南郴州白露塘地区、江西大余漂塘地区等。经实验，这些地方的稻米均被严重污染，镉含量至少0.4毫克/千克，高的可达1.0毫克/千克，总体是国家限值的2倍至5倍。

48号魔鬼

近几十年间，类似思的村和新马村镉米“有毒”的故事，在中国为数众多的村庄上演。对于65%以上人口以水稻为主食的中国来说，这样的故事无法让人感到轻松。

镉是一种银白色有光泽的重金属，化学符号Cd，原子序数48。它原本以化合物形式存在，与人类生活并不交会。工业革命释放了这个魔鬼。国外有研究推算，全球每年有2.2万吨镉进入土壤。

镉主要与锌矿、铅锌矿、铜铅锌矿等共生。在焙烧上述矿石及湿法取矿时，镉被释放到废水废渣中。如开矿过程及尾矿管理不当，镉就会主要通过水源进入土壤和农田。美国农业部专家研究表明，水稻是对镉吸收最强的大宗谷类作物，其籽粒镉水平仅次于生菜。

已有研究表明，镉主要在肝、肾部积累，并不会自然消失，经过数年甚至数十年慢性积累后，人体将会出现显著的镉中毒症状。镉使人中毒的最通常路径是，损坏肾功能，导致人体骨骼生长代谢受阻，从而引发骨骼的各种病变。

上世纪 60 年代日本富山县神通川流域的骨痛病患者，影响人群达数百人。

中国辐射防护研究院太原环境医学研究所刘占旗等研究人员，曾在 2000 年前后调查国内某铅锌矿污染区 260 名有 20 年以上镉接触者。其中 84 名接触者骨质密度低于正常，他们多数诉称身体有莫名疼痛，而最严重的 22 名接触者中有 19 名出现不同程度的骨质疏松和软化。

更有学者的初步研究表明，中国南方某些铅锌矿区域中，人群癌症高发率与死亡率与土壤镉含量及镉超标大米有着不可分割的关系。

除了镉，其他重金属也在侵蚀着中国的稻田和大米。

例如，中国科学院地球化学所冯新斌团队以贵州多个汞污染地区为例，在 2010 年 9 月美国《环境健康展望》杂志发表论文说，中国内陆居民摄入水俣病元凶甲基汞的主要渠道是稻米，而非鱼类；浙江大学张俊会在 2009 年的博士论文中分析，浙江台州 9 个有电子废物拆解历史的自然村中，其中 7 个的稻田土壤受到不同程度的镉、铜、锌复合污染；中国科学院地理科学与资源研究所李永华团队 2008 年的研究则表明，湖南湘西铅锌矿区稻米铅、砷污染严重。

体制放大镜

面对被重金属污染的大米，人们往往束手无策。财新《新世纪》记者在株洲新马村附近的新桥村采访时发现，村民均明知大米“有毒”却仍然长年食用。一位村民对此表示无奈，她说：“有钱的用钱扛，没钱的有命扛。”

这位村民道出的一个南方农村现实是：每人只有几分田，土地仅够产出口粮。假如卖污染米再买净米，其间较大的差价也会推高他们的生活成本。

多位学者指出，中国现行的土地承包到户制度，以及农民口粮基本自给等现实国情，成倍放大了稻米的重金属污染问题。

潘根兴认为，西方国家土地私有，农地主要由农场主和大公司种植，一旦部分土地被重金属污染，出于维护整体利益考虑，农场主或大公司很快会选择弃耕或调整作物。而中国的农民出现污染后个人无力应对，只能选择被动承受。

学者表示，西方国家比中国更重视企业经济行为的环境负外部性，一般要求企业向政府缴纳环境维保基金，这笔资金在多数情况下可以应对包括土壤污染在内的环境问题。而中国政府缺少这样的制度安排，客观上鼓励了环境负外部性的产生。

此外，政府对土壤污染信息的习惯性封锁，导致官民之间严重地信息不对称，更多的自耕农在茫然不知或知之甚少的情况下食用了重金属超标大米。

独特的饮食习惯也导致大米重金属污染在中国更为突出。稻米并非多数西方国家绝对主食，但65%的中国人以稻米为绝对主食。有学者计算，即便稻米达到国家限定的镉含量0.2毫克/千克，中国南方人每日摄入镉的总量也大大超出世界卫生组织推荐的限定额。

镉米不设防

在几乎没有监管或者没有有效监管的现实下，重金属超标大米享受着让人感到恐怖的“自由”。

除在少数地方因为极端污染事件被叫停，大多数被污染土壤的主人即自耕农，均可以自由选择种植作物种类，包括稻米。广西思的村和湖南新桥村的农民，就没有收到任何来自政府方面的种植禁令。

此外，除了少量重金属超标大米在市场上流通时被检出，政府部门通常没有对村民和市民如何避免吃到被污染大米给出意见。

实际上，重金属超标大米在现实中是完全可以自由流通的。思的村和新马村的大米并未被政府方面禁止对外销售，因此，虽然多数稻米被村民自食，但仍有相当数量污染米自由流向市场。

近几年，由于国家在食品安全制度方面加大了力度，重金属超标大米大概很难出现在大中城市的大型超市中。但在各县市以及乡镇的农贸市场中，污染大米仍然令人防不胜防。

2008年2月，四川成都市质量技术监督局在食品安全抽检中，检出邛崃市瑞泰米业有限公司和四川文君米业有限公司生产的大米镉超标，要求两企业整改。按照中国现行的食品质量管理法规，两家企业因生产销售镉超标大米是违法的，接受处罚天经地义。

但两家企业表达了委屈：第一，企业在购进大米时，本着就近原则收购，由于中间商的收购渠道复杂，无法判断哪个区域含镉，无法从进货原材料上控制；第二，镉超标与企业生产工艺没有关系，应与土壤含镉有关。

学者更普遍的看法是：政府一方面未在源头上禁止重金属超标大米，即允许在污染土壤上种植稻米，另一方面又在流通中禁止重金属超标大米，这是自相矛盾的，在现实中也是难以执行的。

一个不容乐观的事实是，数量众多的重金属超标大米只要被允许种植，必然会有人食用，也必然有人受害。

一般认为，流通到城市的重金属超标大米毕竟只是少数，由于不断更换所消费大米品种等原因，市民即使吃到重金属超标大米，危害也较小。

但陈同斌及其同事多年观察发现，随着土壤污染区农村居民生活日渐富裕和健康意识的增强，他们更趋向于将重金属超标大米卖到城市，再换回干净大米，所以城市居民遭受重金属毒害的风险也在日益增加。

2006 年，湘潭市环保协会副理事长王国祥在靠近株洲的湘潭城区采集了 500 名喝湘江水的市民尿样，与其合作的长沙某医疗机构据此检测出一个吓人的结果：30%的人尿液镉超标，10%的人按国家职业病防治标准需要专业治疗。由于种种限制，王没能开展更多的检测。有研究人员认为，那些镉超标的湘潭市民除了饮湘江水的原因，很难说没有镉超标稻米的影响，因为在湘潭市场上也购到过镉米。

不管官员与民众愿意与否，多位学者认为，有一个趋势值得注意，即未来中国农产品安全问题中，重金属污染将取代农药，成为事故多发地带。

财新《新世纪》2011 年第 6 期 出版日期 2011 年 02 月 14 日

拯救大米

记者：郑道

湖南大米，近半年来因为含镉量超标问题，一再成为全国公众关注的焦点。

多年来，广东省一直是湘米的重要流入地。2013 年 5 月 22 日凌晨，广东省食品安全委员会办公室（下称广东食安办）公告称，近期省工商局、省质监局共抽检出 31 批次镉超标大米。按产出省份划分，其中 14 批次来自湖南，4 批次来自广东，4 批次来自江西，2 批次来自广西，7 批次产地未标明。

此前的 5 月 17 日，广州市食品药品监督管理局公布 2013 年一季度广州餐饮环节抽检情况：大米及米制品镉含量超标率达 44.4%；抽检 18 批次， 8 批次镉超标，其中 6 批次镉超标大米的产地为湖南省。

镉，原子序数 48，是一种有光泽银白色重金属，化学符号是 Cd。镉不是人体必需物质，对人体有百害而无一利。1984 年，联合国环境规划署列出具全球意义的 12 种危害物质，镉被列为首位。

中国快速工业化过程中遍地开花的开矿等行为，使原本以化合物形式存在的镉、砷、汞等有害化学物质，释放到自然界。这些有害物质通过水流和空气，污染了中国相当大一部分土地，进而污染稻米，再进入人体。这条完整的食物污染链条已经持续多年。

学者曾进行的抽样调查显示，中国约 10% 的稻米存在镉超标问题。

镉米问题近年在中国各地多有曝光，但此次曝光集中于湘米，且暴露的问题如此严重，实属首次。

广东省《南方日报》2013 年 2 月 27 日发表题为“湖南万吨镉超标大米流向广东餐桌”的报道，称 2009 年深圳粮食集团从湖南省采购上万吨大米，经深圳质监部门检测，该批大米镉含量超标。

上万吨湖南镉米的来源，包括“国字号”的中国储备粮管理总公司（下称中储粮）在湖南省的多家直属库。报道中点名的中储粮湘潭直属库发送了1200吨早米，长沙直属库发送了2000余吨。此外，湖南粮食中心批发市场发送了5000多吨。

《南方日报》的该篇报道还称，该报记者在广州市场随机抽取多批次湖南大米，“结果均显示镉超标，属于不合格产品。”

根据这一报道，中储粮湘潭库、长沙库、益阳库、湖南金霞公司、湘潭县裕湘粮食购销有限公司等多家粮库相关负责人，均承认“湖南普遍存在大米镉超标的情况”。

公开资料显示，截至2012年，湖南省是中国大米产量排名第四的省份，占全国的11.01%，达1100多万吨。

湘米镉超标问题曝光两个多月以来，湖南省的米农、米商受到严重打击，湘米在全国多个省市滞销。

在闻名全国的湖南省兰溪米市，多位米商向财新记者估算，当地至少有70%左右的大米加工企业，处于停产或半停产状态。多位湖南米农也告诉财新记者，如果湘米继续滞销，他们有可能考虑从下半年起将双季稻改为单季稻，甚至弃种大米。

在湖南大米的原主要销售省份之一广东，2013年月3月至今，因镉米事件影响，湖南大米严重滞销。财新记者在广州和深圳等地的粮油市场中，难觅湖南大米踪影。

截至本刊发稿，面对多方质疑，湖南省官方尚未作出公开回应。

重创湘米

距离广州700多公里的湖南省益阳市兰溪米市再受打击。

“这两天，价格往下掉，货也没有人要了。一个多月前，价格虽然没涨，但还有人要货，现在又停了。”5月20日，益阳市佑林米业有限公司董事长彭佑林对财新记者说，“政府没有说法，也不见哪个部门有说法，影响越来越大。”

全国十大米市之一的兰溪米市，位于益阳市东部的赫山区兰溪镇。据官方资料，兰溪米市拥有170多家大米加工企业，其中有国家重点规模工业企业19家。这些企业年消化稻谷约200万吨，接近湖南稻米产量的五分之一。

4月中旬，财新记者探访兰溪米市，看到一派萧条景象。“现在，大部分企业属于停产或半停产状态。”彭佑林对财新记者说，“粮食再卖不出去，到明年就不一定撑得住了，如果这样就只能改行了。”

“以前，这个时候（4月份——编者注）是销售旺季，但今年广东、福建的订单全停了。”益阳大良粮食购销有限责任公司董事长孙友良对财新记者说。

孙友良介绍，“平时每天卖一两百吨，现在勉强卖几十吨。早籼米没有人要。总体销量下降了60%。”孙友良称，以前，大宗订单来自广东、福建、云南等省份，如今只能卖给湖南本地的大米零售商。

同在兰溪米市，益阳金成米业有限公司董事长龚志成说：“这次几乎是灭顶之灾。1万多吨早籼稻库存，一粒都没有卖出去。”他去年以每斤1.38元收购的大米，今年每斤1.34元都卖不出去。

4月下旬，兰溪米市所在的益阳市赫山区农业局局长李新华，在接受央视财经频道记者采访时介绍：“对于兰溪镇的大米加工企业来说，目前市场形势已经到了十分严峻的地步。目前整个粮食生产加工收购的情况来看，已经下降了70%到80%。”

兰溪米市是湖南大米市场的晴雨表，湘米镉超标问题引发的市场反应是全省性的。多家媒体的实地采访显示，湖南省的常德市汉寿县等地的米商，也与兰溪市米商一样，处境艰难。

在米商之外，湖南的米农也受到严重影响。在《南方日报》2月27日的报道刊发前，湖南省早稻已基本完成插秧，因此2013年早稻种植未受波及。但财新记者调查发现，由于米商已普遍不敢和米农签订单，湖南省晚稻种植可能受到影响。“（镉超标）这个问题不解决，以后散户农民的稻米，我们也不敢收了。”米商彭佑林说。

4月初，包括国家粮食局专家在内的相关人员，来到兰溪米市。

“我被叫去先后开了六次调研会，专家们都在讨论镉超标这个问题。”湖南省益阳市赫山区兰溪镇曾家岭村种粮大户曾文亮对财新记者说。

“湖南米是部分超标？哪里产的米超标？超标米是不是都不能吃？”这些曾文亮想知道的问题，调研会没有形成明确结论。

曾文亮说，2012 年的稻米还有五六十吨没卖出去，如果再没有销路，他计划将往年的双季稻改成单季稻。

“农资成本很高，价格下跌了也卖不出去，种了就会亏本。”曾文亮认为，这轮大米镉超标风波，如果到今年第一季稻收割时还不能解决，上个世纪 90 年代湖南稻田大面积抛荒的现象，有可能再次上演。

对于此次风波，湖南官方及本地媒体选择了沉默。

湖南省民间的恐慌气氛却在蔓延。不少民众对于本地大米的质量产生怀疑。益阳市一位滕姓居民对财新记者说，不少人不敢吃本地米，买外地米吃。

多少超标？

从当前形势看，全国多地公众已对湖南产大米不再信任，广东、福建等主销地大量米商选择拒卖湖南大米就是明证。

广东省此次对库存大米镉超标情况的检查及披露情况较为透明。

广东省食安办 5 月 22 日凌晨紧急发布的全省大米质量抽样报告显示，广东省质监局对全省 618 家（目前广东共有 729 家大米获证企业，其中 111 家停产）大米生产加工企业成品库房中的大米产品进行抽样，开展重金属镉含量项目的检验，共抽检大米成品 762 批次，合格 751 批次，不合格 11 批次，合格率为 98.6%；广东省工商局共组织抽检大米 342 批次，其中镉含量项目合格 322 批次，不合格 20 批次，合格率为 94.2%。

显然，湖南省官方也需要尽快调查清楚并公布两个方面的情况：一是该省多少比例大米镉超标，又有多少比例没有超标；二是哪些产地或品牌的湖南大米可以放心食用。惟有如此，没有镉超标的那些湘米才能重拾市场信任。

面对央视镜头，4 月初，湖南省农业资源与环境保护站站长尹丽辉承认，湖南大米镉超标的情况确实存在，但镉超标大米“应该还是占少数”。

财新记者调查发现，早在十年前的 2003 年，一份来自致公党湖南省委的相关调研报告就显示，湖南全境“约有 20% 的稻米受到镉、铅等重金属污染，个别地区镉的最高含量超过安全卫生标准的 46 倍”。

湖南本地的多名学者，也对湖南省的稻米镉含量有过研究。湖南省地质研究所教授童潜明向财新记者介绍，2005 年，他曾对洞庭湖区常德、临澧、益阳、南县、宁乡、汨罗等六个工作区的早、晚稻米进行测量分析，结果让他沮丧。

童潜明介绍，按照现行国家标准即 0.2 毫克 / 千克，素有“湖南粮仓”之称的洞庭湖区，在那次测量中，“稻米 40% 以上超标，蔬菜几乎全部超标。”

2009 年，由中科院、华南农业大学、厦门大学和英国亚伯丁大学的 Williams、雷鸣、孙国新、Andrew、朱永官等八位专家组成的调研团队，在美国《环境科学与技术》第三期刊发的一项调研结果，披露了更为惊人的情形。

这个科研团队对湖南全省矿区及市面上的稻米进行了抽样调查。其中，在湖南全省范围（矿区）采集的 100 个稻米标本中，只有 15 个符合国家食品卫生标准对镉、铅、砷的要求，65% 的稻米超过国家食品标准对镉的规定。

这个科研团队甚至在论文中直言，在检测样本中，湖南北部 17%、南部 45%、中部 64% 和东部 86% 的稻米，“不适合供人类食用”。

2010 年，前述论文的部分作者 Williams、雷鸣及孙国新等人，又在中国《环境科学学报》第 11 期发表的一篇论文称，研究团队在湖南市场抽检了 112 个大米样品，结果 64% 的大米样品镉含量低于国家食品卫生标准值。换言之，有 36% 的大米镉超标。

超标多少？

在镉超标大米比例之外，公众关心的另一个核心问题是，湖南的镉超标大米，镉含量有多大？

日本等国的大米镉含量标准宽于中国 1 倍，为 0.4 毫克 / 千克。中国国内多位受访学者，由此将国内镉含量超过 0.4 毫克 / 千克的大米称为严重超标米，将超过国标即 0.2 毫克 / 千克、低于 0.4 毫克 / 千克的大米称为轻微超标米。

财新记者调查发现，湖南省的镉超标大米两类皆有。产自土壤污染区的严重超标稻米，目前比例不明。

南京农业大学农研所教授潘根兴告诉财新记者，2008 年 4 月间，他的研究团队曾向湖南省株洲市新马村村民索要两份原产米做实验室化验，结果显示，其镉含量分别为 0.52 毫克 / 千克和 0.53 毫克 / 千克，是国家标准的 2.5 倍。

2006 年 1 月，新马村发生震动全国的镉污染事件，有 2 人因不明原因死亡，150 名村民经过体检被判定为慢性轻度镉中毒。

当年 9 月 11 日，湖南省政府公布调查结果，认为新马村饮用水和地下水未受镉污染，但耕地土壤受到镉污染，稻谷中镉等重金属严重超标。

类似的严重污染，还发生在株洲市数个工业区周边数十平方公里的农田中，以及浏阳市镇头镇双桥村（近年已被禁种稻米——编者注）等多地。

位于霞湾工业区边缘的新桥村村民向财新记者证实，新桥、霞湾和建设等村数千亩土地早在上世纪 80 年代前就被霞湾工业区排放的重金属废水污染。当地政府每年向每亩稻田发放 800 斤稻米的补贴，已经发放 20 多年。

前述学者雷鸣等人在论文中指出，湖南省的污染区，精米的镉含量为 0.65 毫克 / 千克。衡阳常宁市水口山矿区稻米样品的镉含量最高，其次是来自株洲清水塘冶炼区和湘潭锰矿区的稻米。

湖南省的另一类镉超标大米为镉轻微超标大米。从当前采访情况看，此类镉超标大米可能占超标米中的多数。

2005 年，湖南当地学者童潜明对洞庭湖区常德、临澧、益阳、南县、宁乡、汨罗六个工作区的调查结果显示，晚稻米镉含量平均有 0.23 毫克 / 千克至 0.26 毫克 / 千克。

雷鸣等人在《环境科学学报》刊发的论文也显示，在湖南市场大米样品中，镉的平均含量为 0.28 毫克 / 千克。

2011 年，一位熟悉湖南省稻米质量、不愿具名的学者告诉财新记者，湖南省相当大数量的未污染稻田，土壤酸性较大，目前种植的部分稻种在此情形下镉吸附能力强，进而导致大米镉轻微超标。

他还认为，来自所谓土壤污染区和非污染区的两类镉超标米中，非污染区镉超标米所占比重可能更大。

镉从何来?

湖南部分大米镉超标，镉从何来?

湖南省农业资源与环境保护站站长尹丽辉，对央视解释了部分湖南大米镉超标的原因。

尹丽辉说：“湖南本身是鱼米之乡，也是农业大省，另外一个我们也是有色金属之乡，这两个东西合并在一起，就构成了我们湖南农业产地的背景。特别是有色金属的开发带来了污染，特别是湘江流域这一带，这也是一个现实。”

稻米中的镉污染主要来自稻田，这也是学术界的共识。

广东省生态环境与土壤研究所研究员陈能场的观点与尹丽辉一致，认为湖南 1949 年后数十年的有色金属冶炼释放了大量的镉，这种有害物质通过水系的灌溉，污染了相当大数量的农田。

简而言之，稻田的镉污染主要来自常年的灌溉用水，而水中之镉，来自铅、锌、金等有色金属的开采、冶炼过程中的管理不善。

作为“有色金属之乡”，湖南铅、锌等有色金属产量长期居全国前列。洞庭湖水系的湘江、资江、沅江及澧水四大流域，是湖南农业灌溉用水的主要来源。上世纪 80 年代中后期，仅湘江流域两岸就有超过 1600 家大中型工矿企业。

据湖南省官方的数据，聚集了湖南省 60% 人口的湘江流域，为其贡献了七成左右的国内生产总值的同时，也承载了 60% 以上的污染，其中以重金属污染为甚。

河北农业大学刘春在 2011 年为完成硕士论文，曾赴湖南省调研。

刘春的调研结论是，湘江在四大流域中，土壤污染程度最为严重，资江、沅江次之，澧水流域尚无污染。在包括砷、镉、铬、铜、锌、铅、镍七种重金属、类金属中，“镉污染最为严重，超标率达到 88.6%，其中重度污染占 9.1%。”

在水系灌溉污染之外，湖南当地学者童潜明认为，磷肥的施用是另一个重要污染途径。

童潜明作此判断的一个证据，是他对洞庭湖区六个工作区的研究显示，镉通过不同途径输入土壤的数值，灌溉水为 0.013 克/亩，磷肥为 0.11 克/亩。“这充分说明施用磷肥对增加土壤镉（含量的影响）不能忽视。”

他还对洞庭湖区浅层土壤与深层土壤中的镉含量作了检测对比，结果发现浅层土是深层土的 2.57 倍。而且，在没有任何工矿业污染源的地方，用于耕作的表层土壤，含镉量也超过深层土壤。

国外也有研究证实磷肥存在镉污染。普林斯顿大学和国际应用系统分析研究所一项研究披露，德国对莱茵河治理的相关数据显示，通过采取对降尘和灌溉水向农田土壤排放镉的限制措施后，1988 年的流域镉排放值比治理前减少 57%。学者认为，多出的镉排放，可能与施用磷肥有关。

“磷肥是一个来源，但贡献多少难以评估，因为很少跟踪试验。”学者陈能场说。

部分水稻学者的研究还将矛头指向稻种。多项研究显示，目前被广泛用于种植的部分稻种，产量虽高，但对镉的吸附力较强。

已有的研究还指出，化工厂扬尘以及道路通行车辆的尾气，也会造成部分稻田地壤和水稻本身镉污染。但学者普遍认为，其数量应该较小。

未完成的研究

近年来，湖南省政府已经开始初步着手解决稻米镉含量超标问题。

本世纪初，湖南省开始推动“湘米优化工程”。此工程主要针对大米的外观、口感等方面，并未提到大米镉含量等问题。

但至迟 2012 年，湖南省官方开始重视大米镉含量，尽管相关研究较为低调，少为人知。

2012 年 2 月，湖南省为了摸底稻田镉污染情况，启动了湖南省科技重大专项“稻米镉污染消减及快速检测技术与装备研究”。

根据相关资料，这一项目由十余家科研机构共同参与，计划用三年时间，对湖南省稻田镉污染家底不清、镉低吸收水稻品种筛选滞后、耕作技术不配套以及快速检测技术起步晚等问题，提出科学对策。

这一项目围绕重金属镉通过“农田土壤 – 植物 – 籽粒 – 大米”向人体迁移的食物链过程，开展全省稻田土壤镉含量分布状况、镉低吸收水稻品种筛选、稻田土壤镉钝化及耕作技术和稻米镉快速检测技术与装备的研究。

项目除了明确镉污染稻田的重点控制区域，亦力图实现农田到餐桌全过程的镉污染消减与阻断。

前述相关“稻米镉污染消减”项目的启动，表明湖南官方或已重视这一问题。但很明显，目前的力度及效果远未让人满意。

据财新记者了解，“稻米镉污染消减”项目部分子课题已经完成，但项目何时验收、成果何时推广，还没有确切的安排。

然而，没有等到湖南省的这项研究需要的三年时间结束，空前的湖南镉米危机就爆发了。

危机让众多无辜的湖南米农、米商受到牵连。但在媒体连续数月的追问之下，湖南省官方却缄默以对。

2009年4月，湖南学者童潜明曾给湖南省委、省政府相关领导致函。函件称，对于洞庭湖区大米是否存在镉严重污染问题，学术界存在不同意见，希望组织专家学者对此进行研讨。但这样的讨论一直没有到来。

据财新记者了解，湖南省委、省政府的时任相关领导曾就大米镉含量有关问题作出批示。这些批示多数要求“防止炒作”。

“如果当年就超过0.2毫克/千克、不超过0.4毫克/千克的镉轻微超标大米是否安全，是否对人体产生危害等问题展开公开讨论，湖南大米也不至于现在面临这个处境。”童潜明说。

虽然有沟通湖南省委、省政府高层的渠道，但这一次，学者童潜明和农民曾文亮一样，依然没有从官方获得任何明确的说法。

正是湖南官方的沉默对待，在一定程度上使湘米镉问题持续发酵，使省内米农和米商以及省外的湖南米顾客，陷入一种未知的恐慌。

秧苗已经插到了田里，湖南米农曾文亮却开始担心收入。2013年，曾文亮已播种了千余亩稻田，他不敢想像未来可能无人收米的情形。

“这大米我们吃了千百年，祖祖辈辈都在吃。怎么就有问题了？这个事，必须有一个说法。”曾文亮说。

兰溪米市的米商彭佑林一再重复说：“（我）不敢再收购稻谷了。等这轮早稻上市，估计也没有人敢收了。”他认为，起码散户（单个农户）的稻谷，米商肯定不大敢收，因为没有检测报告。

截至本刊发稿，在广东、福建等地的米市中，湖南大米依然少有人买。

记者李雪娜、刘虹桥对此文亦有贡献

财新《新世纪》2013 年第 20 期 出版日期 2013 年 05 月 27 日

镉病将至

记者：刘虹桥

【编者按】

不愿面对的，终成现实。

早在2011年以前，部分大米镉含量超标陆续进入公众视野，学者研究检测也证明确有此现象。2011年2月14日，本刊刊发封面报道“镉米杀机”，镉超标大米问题正式浮出水面。官方也终于有所表态，各地政府纷纷表示将进行摸查或调查。但此后鲜有下文，也未有一地政府承认过本地存在“镉米”。

时隔两年，潜规则终被戳破，广东首开先河。广东省委机关报《南方日报》2013年2月27日刊发题为“湖南万吨镉超标大米流向广东餐桌”的调查报道，再次引爆“镉米”火药桶。广东官方也由此开始全面严查，迄今数次公布抽检结果，总计发现150多批次的大米及米制品镉含量超标。广东抽检出的不合格大米，很大一部分产地为湖南，也有来自广东本地以及江西、广西等地的大米。

事件发酵至今，“镉米”主要流出地的各省份官方，几乎都保持沉默。“镉米”受害者不只在广东，最大受害者其实是产地农民，在无奈与不知情的情况下，他们已食用“镉米”十多年甚至数十年。

日本著名的公害病“痛痛病”，就是人体长期食用含镉的食物而引起的慢性镉中毒病症之一。伴随着中国多年来的工业化进程，镉等重金属污染江河并大范围污染耕地的情况也越来越严重。土壤污染基本上是不可逆的，若不及时采取镉阻断措施，终将变成健康危机。

现实如此严峻，应对却迟缓乏力。中国到底有多少人因镉而病？

财新记者调查采访发现，虽然官方口径并不承认中国已发生“痛痛病”，但肝肾损伤、肾性骨病等镉损害已被学者确证。中国疾病预防控制中心研究员尚琪还认为，理论上中国的一些镉污染区可能存在非特异性镉危害，其表现是人群各种疾病发（患）病率和死亡率增加。只是，由于中国的非传染疾病监测体系等还未建立，此类镉危害无法被观测到。

财新记者还从权威渠道确证，中国存在数量较为庞大的镉损害亚临床状态人群。他们体内的镉负荷达到或超过正常值上限，虽然暂时观测不到镉损害症状，但未来仍可能发展为受损害者。

更令人担忧的事实是，中国目前仍未实施全面有效的镉阻断措施。即便是在发现严重土壤污染的地方，“镉米”等有害农产品仍在正常生产。

“痛痛病”病因揭开，成为日本从不惜代价工业化转向环境保护的标志性事件。中国的镉伤害仍在继续，健康救赎，何处起步？

一篇关于中国镉中毒患者尸体解剖的学术论文，近期引起中国环境界的重视。这篇论文是1949年以来，首篇记载中国镉中毒死者详细尸检信息的文章。

2009年夏天，湖南省浏阳市镇头镇双桥村两位村民罗柏林、欧阳树枝先后死亡。湖南省官方成立的调查组随后介入调查。尸检报告显示，两名死者体内尿镉严重超标；污染区内571名村民尿镉超标，其中208人被诊断为镉中毒。不仅如此，4000余亩土地被镉污染，大米等农作物也被镉污染。

2012年2月，承担死者尸体解剖工作的医学工作者常云峰、文继舫等人，将两位死者的尸检结果整理成论文，在《国际法医学》期刊上发表。

这篇论文认为，44岁的罗柏林和61岁的欧阳树枝的死亡，与镉中毒有极为密切的关联。

一年后，随着“镉米”问题成为社会关注的焦点，这篇论文也引起中国环境学界的重视。

镉是世界卫生组织（WHO）定义的威胁公共健康的十种化学物质之一，

镉及镉化合物对人体的致癌性已被广泛证实。镉主要在人体肝、肾部积累，镉让人中毒的最通常路径是造成肾小管等脏器损伤，导致肾功能不全，并使人体骨骼代谢受阻，继而引发骨骼病变。

人体中的镉均来自外界。来源一般分为两种：一种是在工作场所出现职业镉暴露；另一种是通过土壤、水、空气、食物等外在环境途径接触，即环境镉暴露。前者仅为一般职业病范畴，后者则事关社会公众的身体健康。

财新记者在浏阳实地调查后发现，当地曾存在过严重污染的化工厂，前述论文中两名死者之一的欧阳树枝是浏阳市湘和化工厂的职工，为职业镉暴露者的可能性较大；另一名死者罗柏林，也曾在该化工厂工作三年，于死前一年才离开，也存在职业镉暴露的可能性，很难定义为纯粹的环境镉暴露者。

但双桥村的镉污染仍有标本意义。双桥村 200 多名镉中毒者，多数没有在涉事化工厂工作过，只是接触过被镉污染的耕地、饮用水、稻米等，符合环境镉暴露的条件。

财新记者还发现，从 2009 年被诊断为镉中毒至今，短短四年中，居住在化工厂方圆 1200 米范围内的镉中毒者中，已有 21 人死于癌症等疾病。其中 13 人年龄低于浏阳市平均寿命 73 岁，有 6 人年龄在 60 岁以下。

当地政府给予这些死者 1 万至 5.9 万元不等的经济补偿，但不承认其死亡与镉中毒有关。当地医院拒绝检查死者死因与镉中毒之间的关系。未证之亡，让双桥村其他镉超标居民生活在恐惧中。

双桥村的镉健康损害，是中国众多镉污染区造成人体健康损害的一个缩影。近二三十年来，耕地中的镉，一直通过食物链等途径，在居民体内蓄积，爆发的临界点何时来临?

随着“镉米”问题曝光，镉危害已成为公众关注的焦点。事实证明，广东省对镉米的全面严查，带来的是积极的效应。解决食品安全问题的前提是公开，只有正视问题的存在，才有可能化解危机。积极展开污染土壤调查，查清污染土地上农作物情况，由此甄别受害人群数量，并全面公布相关数据，刻不容缓。

官方表述中，中国尚无确证任何一例因环境镉暴露而致死的病例。

湖南逝者

在罗柏林与欧阳树枝之外，湖南省还有两例疑似镉中毒死亡的案例。

2006 年 2 月，在距浏阳市双桥村 50 公里外的株洲市天元区新马村，66 岁的罗少坤在未查出病因的情况下去世。在地方政府的干预下，未进行尸检。

在罗少坤死后，罗家八人在医疗机构查出尿镉、血镉含量超标，尿镉浓度最高达到国家职业性镉中毒诊断标准的 8 倍。罗家人因此怀疑，罗少坤之死与镉中毒有关。

当地政府随后组织新马村 1800 多位村民集体体检，最终有 1100 多人被诊断为尿镉、血镉超标，近 200 人达到严重程度。这其中，年仅四岁的刘冰洁病情最严重，尿镉达 18.7 微克 / 克（肌酐）。

2008 年 3 月 24 日，经过长达两年的治疗，刘冰洁还是离开了人世。在医院开具的死亡证明上，慢性镉中毒被列为死因之一。其他死因还包括系统性红斑狼疮、重度贫血、上消化道出血、多器官功能衰竭等。

罗少坤与刘冰洁生前没有职业镉暴露机会，他们体内所吸收的镉只可能来自环境暴露。

即便是浏阳市双桥村的死者罗柏林和欧阳树枝，其镉中毒也不能完全归于职业镉暴露。因为他们同居住于被镉严重污染的双桥村，与其他村民一样吃“镉米”饮“镉水”。罗柏林之妻彭孟霞从未在化工厂做过一天工，其尿镉含量也达到 5.3 微克 / 克（肌酐），轻微超标。

2003 年 3 月，浏阳市镇头镇政府将长沙市湘和化工厂引进双桥村。2005 年 3 月和 2006 年下半年，湘和化工厂两次非法炼铟。在环保部门取缔炼铟生产线后，工厂又于 2008 年 4 月至 11 月进行非法炼镉。

炼铟、炼镉的原料一般来自铅锌矿的尾矿渣，镉在自然界通常与铅、锌伴生。最终，事故调查组判定，浏阳市镉污染事件的直接原因，是化工厂在生产过程中造成的多途径镉污染。

近四年过去，每一个镉中毒者死去，都会引起一阵恐慌。在罗柏林和欧阳树枝之后，据村民的不完全统计，受污染的双桥村、涧口村和普华村，至少已有 21 个昔日的镉中毒者死去。

最近一位死去的村民名叫叶有志。2013年3月1日，他死于家中，年仅54岁。他的家人称，叶有志从未在化工厂工作过。

2009年，叶有志被查出尿镉含量10.6微克/克（肌酐）、微球蛋白5527.67微克/克（肌酐），并出现肾脏等多脏器功能受损。2012年8月，叶有志的尿镉浓度进一步升高，达21微克/克（肌酐）。家人回忆，湖南省劳动卫生职业病防治所附属医院的医生曾说，叶有志“花多少钱也治不好”，因为“尿镉太高，肝肾功能也已受到损害”。

2013年春节前，叶有志再次病重。由于家中难以筹集住院款，叶有志最终病死在家中。据妻子唐建平回忆，叶有志去世时全身浮肿，多瘀斑，脚部发黑并起泡溃疡，肛门出血。

统计村民死亡名单的双桥村村民罗金芝告诉财新记者，这些生前曾检出尿镉超标的村民死后，政府都按一定标准给予“安葬费”。一位死者家属回忆称，“安葬费”与死亡年龄和尿镉超标程度有关。一般来说，死者越年轻，“安葬费”就越高。

镉病迷踪

在双桥村之外，中国的镉健康损害的全面图景并不清晰。但有限证据的指向，让人无法乐观。

2010年9月24日，日本《朝日新闻》报道称，中国山西省环境医学研究所诊断了四名镉中毒患者，其中至少一人在X光检测中可观察到部分骨头软化、变形，因之被怀疑为“痛痛病”。不过，这一报道并未透露病例的更多细节。截至本刊发稿，财新记者也未能从相关部门证实此疑似“痛痛病”的真实存在。

20世纪90年代初，上海复旦大学公共卫生学院教授金泰 与瑞典于默奥大学公共卫生与临床医学院职业医学教授Gunnar ·F·Nordberg等共同组建中国镉研究（ChinaCd）团队，在国际资金的支持下，对位于中国的一些镉污染地区进行多年跟踪研究。

2002年9月，ChinaCd团队在瑞典皇家科学院出版的《人类环境研究》期刊第六期、第31卷上发表文章《中国环境镉暴露下的低骨密度与肾功能不全》

称，中国东部某地镉接触人群中存在前臂骨密度降低的现象。这是日本以外的亚洲地区首次确认存在与环境镉接触相关的“肾脏－骨损伤”效应。

ChinaCd 彼时的研究显示，中国某污染区居民甚至已在镉污染环境下生活 36 年左右，充分接触阳光的情况下，仍可观察到相应的镉对骨不良效应。不过，该镉污染区居民的骨密度变化程度未达日本“痛痛病”水平，后者的重要病征是骨质疏松、骨质软化和多发性骨折。

2009 年 7 月，金泰廙等在《国际环境学》期刊第 35 期上发布了一份对上述镉污染区居民的十年跟踪研究结果。研究发现，在切断主要的镉暴露渠道十年后，一些居民的尿镉和血镉浓度仍在升高，他们的前臂骨密度也在持续降低，并出现骨质疏松症状。这种骨密度变化在尿镉浓度高于 10 微克 / 克（肌酐）和血镉浓度高于 5 微克 / 升的高暴露人群中最为显著，女性尤甚。研究指出，镉在人体内的作用效果是长期而持续的，即便在降低镉暴露水平后，镉仍会对骨密度产生影响。

ChinaCd 团队还观测了上述污染区居民肾脏损伤情况。他们 2008 年发表于《环境研究》期刊第 108 期上的论文《一项中国人群在大米中镉暴露减量后的肾功能评估》显示，在暴露阻断（即不再食用污染稻米等农产品）前尿镉水平高于 10 微克 / 克（肌酐）的当地居民，肾脏损伤在三年后仍在恶化，且这种损伤是不可逆转的。

在肾脏损伤、肾性骨病和疑似“痛痛病”之外，镉的致癌性也在环境镉暴露研究中被证实。世界卫生组织在 2010 年发布的指导意见《镉暴露：一项主要的公共卫生问题》中指出，“已有充分证据表明，长期职业性镉暴露会促使肺癌的发展；有限证据认为，镉还可能导致肾癌和前列腺癌。”

2006 年，权威医学杂志《柳叶刀》刊发的论文《环境镉暴露与癌症风险》，报告了低镉污染浓度暴露下的人体尿镉含量与所有癌症及肺癌之间存在显著的正向关联。两项基于美国人群的研究结果也显示，仅就男性而言，尿镉含量达到 0.28 微克 / 克（肌酐），会显著增加癌症死亡率、心血管疾病和全因死亡率（指计算所有因素时的死亡率）。

一项由中山大学公共卫生学院与广东省疾控中心合作完成、发表于 2011

年9月《生物微量元素研究》的研究显示，经过基于年龄、性别、具体死亡原因的污染区死亡率与全省死亡率的对比分析，研究组发现，长期环境镉暴露会增加全因死亡、心血管和所有癌症死亡率。

研究指出，在靠近广东省大宝山矿区横石河沿岸的三个村庄，居民血镉含量平均值达到24.1微克/升，其中距离矿区最近的上坝村居民血镉平均含量达34.8微克/升。这三个村庄死于癌症的男女两性的年龄中位数分别为66岁与65岁，显著低于低暴露区及全省癌症死亡年龄的中位数。此前报道显示，上坝村因癌症死亡高发，是远近闻名的“癌症村”。

这份研究对不同暴露区进行对比后发现，污染区居民的所有类型的癌症风险与环境镉暴露水平之间存在正向关联。也就是说，环境镉暴露水平越高，当地居民患有癌症的风险就越高。

过去两年间，财新记者曾走访多处镉污染区，也发现当地居民的一些不寻常的健康问题。

在甘肃白银东大沟污灌区，耕地中的镉含量超过“痛痛病”发源地日本富山县神通川流域的土壤。污灌区多个村落居民向财新记者描述了折磨他们的骨痛病，疼痛来自腿脚和腰背骨头。近20年，疼痛已逐渐成为不少当地村民日常生活的一部分。在广西省阳朔县兴坪镇思的村，吃“镉米”多年的多位村民向财新记者反映腿软、骨痛的情况，村民将这种难以名状的怪病称为“软脚病”。一些学者在论文和公开讲义中不具名地提到思的村，称不少村民已出现疑似“痛痛病”初期症状，村中曾出现“鸡下软蛋，初生小牛患软骨病”的现象。

在镉污染严重的贵州省毕节市赫章县妈姑镇，不少居民有一种遍布全身的神秘“风湿病”。据他们描述，发病时手脚疼痛，骨痛如针刺般袭来。

未知伤害

研究员尚琪供职于中国疾病预防控制中心环境与健康相关产品安全所。近20多年，他将大部分精力用于镉的健康损害研究，试图描绘中国镉损害的全貌，目前还未做到。

尚琪告诉财新记者，通过他20多年的研究，有两点结果让他欣慰：一是“以

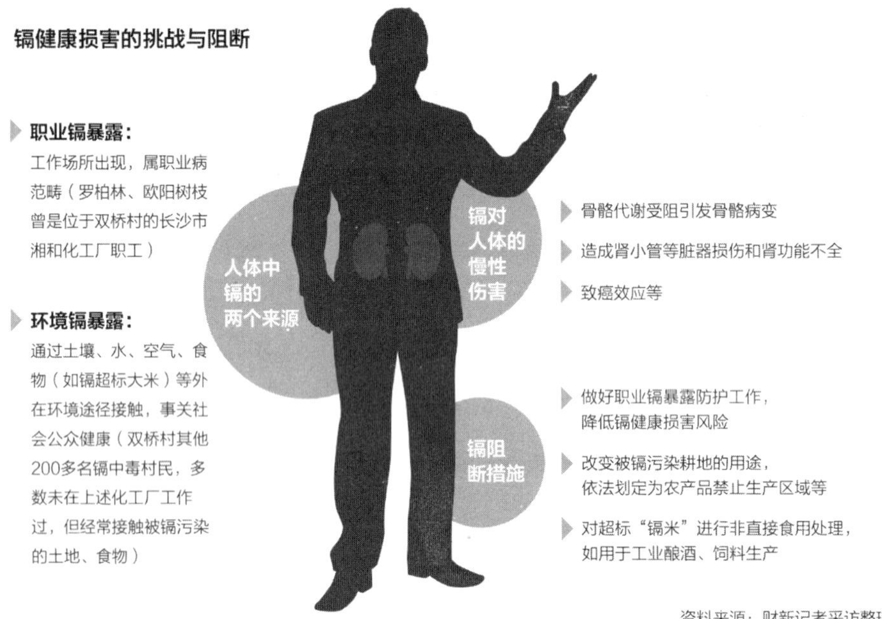

多发性骨折为主要症状的‘痛痛病’病例，在中国一例也没有发现”；二是“以骨质疏松为代表的严重骨质损害，也暂时观测不到”。

尚琪上述较为乐观的结论有其根由。从上世纪80年代起，他就开始研究江西省赣州市大余县镉污染地区的居民健康问题。大余县钨矿选矿废水造成大范围土壤污染，当地居民于1965年起就暴露于镉污染之中。

2009年，尚琪所在的项目组经过19年的跟踪调查发现，当地镉污染仍在继续加重。但是，即便是在大余这样高暴露地区，居民中尿镉、血镉超标最严重者，仍未出现以肾脏和骨骼损伤为代表的镉的特异性损害。

对于前述ChinaCd团队在中国一些镉污染地区进行的骨密度和肾脏损伤跟踪研究，尚琪未作评论。但尚琪承认，在中国一些镉暴露水平与日本“痛痛病”发生区相当或更高的地区，经过几十年的环境镉暴露，理论上可能出现肾脏和骨损伤。“我没观察到，但不能排除其不存在。”

未观察到“痛痛病”，并不意味着尚琪是中国镉问题“乐观派”。相比“痛痛病”、肾脏损害与骨损伤等具体损害，更让他忧虑的，是镉的非特异性损害。尚琪解释说，镉对人体健康的危害可以分为特异性和非特异性两种，前者指镉对靶器官如肾脏、骨骼的损伤，后者指镉对人群疾病和死亡率的影响。他认为，在中国众多的镉污染区里，人体镉伤害也持续多年，通过降低人体抵抗力等方式，镉导致多种癌症和各种身体疾病的可能性是存在的。

尚琪撰写的《环境镉污染人群健康危害特点及相关问题》一文中称：“长期、大量地暴露于镉，摄入水平超过生理负荷时，会引起人群各种疾病的发（患）病率和死亡率上升，但由于我国的非传染性疾病与死亡监测体系建设的严重滞后，目前我国还缺少镉污染对人群发（患）病率、死亡率的可信数据。”

尚琪还向财新记者透露，为对中国镉污染区人群健康损害做出整体评价，中国疾病预防控制中心近年刚刚完成一项5000余人样本的全国性调查，抽样范围基本覆盖中国主要的镉污染地区。

尚琪指出，抽样结果还未最终得出，但初步信息已显示，样本中尿镉浓度超过5微克/克（肌酐）的比例“很大”。根据现实观察，这些镉中毒者普遍尚未出现临床症状，目前被列为亚临床态的观察对象。

在采访中，尚琪多次强调，在中国当前的镉污染现状下，卫生部门制定的镉中毒判断标准即5微克/克（肌酐），太过严格。

不过，即便按照世界卫生组织制定的尿镉含量10微克/克（肌酐）作为筛选标准，在上述中国疾病预防控制中心进行的全国调查初步结果中，超过者的比例“依然很大”。

呼吁镉阻断

令人痛心的是，镉污染目前仍在继续。那些受了伤害的人还得继续忍受伤害。

根据世界卫生组织 1992 年公布的数据，典型的日本“痛痛病”病人，通过食物摄入的镉平均每日达 600 微克。

在以稻米为主要食物的中国南方，从大米中摄入的镉含量不容小觑。中科院地理科学与自然资源研究所翟丽梅等人，在 2008 年发表于《环境科学期刊》上的论文《与集中式采矿活动相关的区域性农田镉污染与潜在的健康风险：以中国郴州为例》中披露，在湖南郴州地区柿竹园周边一个村庄，当地居民通过大米和蔬菜日均镉摄入量可达 596 微克。

在财新记者查阅的多份中国镉污染地区报告中，日均镉摄入量超过 600 微克的地区并不在少数。Nordberg 等人在 1997 年 6 月发表于《总体环境科学》上的论文《居住在中国某污染区的人群镉暴露及肾功能生物监测》透露，该研究团队在中国某镉污染区调查发现，当地居民在 1995 年时的日均镉摄入水平可达到 1850 微克，超出“痛痛病”病人日均摄入量 2 倍。1996 年，这一地区居民被告之不能再食用这些镉富集的大米。

尚琪称，除媒体和文献已报告的污染区，镉污染在中国很多地区广泛存在。在镉污染区，长期生活和食用当地稻米、蔬菜的居民，尿镉超标更是普遍现象。

由于无法改变当地农业现状，尚琪等学者研究大余县镉危害 20 多年，只能眼睁睁地看着污染区居民吃“镉米”20 余年。“当地现在还是这样，没有阻断。”

现实的严峻程度远超想象。仅以土地污染严重的湖南省为例。2009 年，由雷鸣、孙国新、朱永官等来自中科院、厦门大学、华南农业大学、英国亚伯丁大学的八位专家组成的调研团队，在美国《环境科学与技术》第三期刊发一项受国家自然科学基金资助的研究项目结果。研究团队从遍布湖南省的受矿区影响的稻田取了 100 个大米样本，65% 的大米样本超过国家食品卫生标准中的镉含量限制。将这些大米与本地市场购买的 122 个商品粮样本进行分析比对后发现，这些受污染的稻米已通过正常渠道流入当地市场和全国粮食供应网络。

尚琪指出，中国部分地区的镉污染程度不比日本“痛痛病”地区低，之所以没有观察到“痛痛病”，是因为中国有三个幸运之处。首先是中国土壤镉含量本底值相比日本较低。其次是镉危害严重时恰适中国改革开放，人们温饱不愁，饮食多元化，而日本上世纪60年代、70年代“痛痛病”爆发一大原因是战后居民饮食单一。第三是镉危害虽然严重，但大批污染区年轻人离开农村进城务工，等于实现了天然的镉阻断。

“但政府不能凭着这些幸运沾沾自喜，尽管没有‘痛痛病’，中国仍有一堆的镉健康伤害问题。”尚琪说，“现在的情况是，镉一旦进入土壤，很难去除；一旦进入人体，短时间内也无法排出。能做的事情，最紧要的是切断镉污染进入人体的通道，在污染地区实施有效的镉阻断措施。”

尚琪所指的镉污染阻断，指改变污染耕地的土地利用方式，如污染土地禁种稻米，探索“镉米”的非食用利用。

2013年1月28日，国务院办公厅发布《近期土壤环境保护和综合治理工作安排》，文件正式确认中国未来将实施镉阻断措施。对污染严重的耕地，国务院要求地方政府依法划定为农产品禁止生产区域。

“现在果断实行镉阻断，年轻一代在未来才不会有严重的镉健康问题。”尚琪说。

财新《新世纪》2013年第21期 出版日期2013年06月03日

“镉村”后遗症

记者：刘虹桥

春回浏阳河。2013年3月，双桥村村民罗金芝家的院子里，有两个盛着新土的脸盆，一个长着五棵茄子，一个生长着六棵辣椒。

51 岁的农妇罗金芝神情苦涩。世世代代种田的湖南省浏阳市镇头镇双桥村，如今守着土地不能种。2010 年，罗金芝与邻居罗建春坐车到 10 多公里外，以 1000 多元价格买回一货车土，用花盆、脸盆种蔬菜吃。

“村里的土地有毒，一点儿进嘴东西也不能种。村里把地统一承包给花木公司了。”罗金芝说。

双桥曾是浏阳河畔一个秀美的湘中村庄，河水在村外流淌，肥沃的土地养育着全村 3000 多人。

镉污染于 2009 年春夏之交被发现。污染来自长沙湘和化工厂。这个工厂在 2003 年落户双桥村，是镇头镇政府招商引资项目。村民曾为工厂的到来而欣喜，100 多人进厂就业。

工厂后来非法炼铟，土地、水和空气都被污染。有人死去，有人病倒，有人抗争，有人恐慌。

镉灾骤发

从 2008 年 4 月起，怪事频频光临双桥村。

村民彭孟霞清楚地记得，当时院里的井水一下子不能喝了。井水有一股铁锈味。用水洗手后，手上黏黏的。烧水煮饭的锅子，也总出现一圈黄色或白色的小细泡，像是坏掉的猪油沫子。

当年 12 月，罗金芝五岁的侄子突然胸闷、全身无力。小男孩被转送至湖南省儿童医院，查出铅中毒。

至 2009 年 3 月，双桥村查出至少 14 例儿童铅中毒病例。同在 3 月，双桥村大路组一个一岁的女婴被湖南省儿童医院检测出尿镉浓度超标，高达 14.9 微克 / 克（肌酐）。

镉，这个陌生的化学重金属元素，由此为村民知晓。一些怀疑身体出现问题的成年人，主动到湖南省劳卫所和邻近的江西省进行身体检查，多数查出体内尿镉超标。

2009 年 4 月 2 日，双桥村阳塘组、茶坪组、齐心组数百村民向湖南省政府、省人大、省环保厅等多个官方机构投递联名信，要求有关部门彻查污染。

4 月 16 日起，镇头镇政府开始组织湘和化工厂员工体检。5 月 21 日，村民罗柏林参加体检。6 天后的 27 日晚，罗柏林左腿出现大块紫色瘀斑，被亲友连夜送往株洲市第一医院。入院仅几小时，罗柏林就陷入深度昏迷。28 日下午，罗柏林身亡。

罗柏林死后次日，愤怒的家属与村民抬着尸体在镇政府门前抗议。此时，双桥村已有至少 40 人查出尿镉超标。

6 月初，在村民集体要求之下，镇头镇政府开始给化工厂 500 米范围内的村民进行体检。

同在 6 月，双桥村村民自行筹钱，抽取地下水样和耕地土样，由罗金芝等人乘飞机送往位于广西壮族自治区南宁市的检测中心。检测结果显示，地下水和土壤中的镉含量严重超标。罗金芝本人在此前的体检中，亦被查出尿镉超标 1 倍有余。

恐慌在蔓延。一些村民不再食用自家粮食。湘和化工厂多位工人病倒的信息开始在村民中传播。双桥村村民这才了解到，湘和化工厂早有外地员工疑因镉中毒被送至株洲市的医院，最终都被老板用钱打发走了。

官方调查组最终得出的土壤和作物检测的具体数据，至今没有正式对外公布。根据 2012 年发布的一份外文文献透露的数据，湘和化工厂周围 1200 米范围内，土壤样本中的镉含量平均超过国家标准 16.5 倍，蔬菜样本中的镉含量平均超过国家食品标准规定的镉含量最大限制的 2.55 倍。在 1200 米至 3000 米范围内，土壤中镉含量超标 3.6 倍。

“这事结束了”

2009 年 6 月 27 日，浏阳市政府开始正面处理湘和化工厂污染事宜。当日，浏阳市成立多部门参与的“浏阳市长沙湘和化工厂镉污染事件处置工作指挥部”。不巧的是，村民欧阳树枝在次日死亡。

6 月 27 日当天，政府宣布长沙湘和化工厂永久关闭。同时，镇头镇政府开始以每天 12 元的标准向受害居民发放临时生活补贴。一些体检中镉超标严重的村民，被安排至湖南省劳卫所进行治疗。尿镉单项超标的村民则得到了多种维生素片、钙片、凉茶等作为治疗药物。

浏阳官方立即宣布变更双桥村土地用途。政府工作组先初步划分出土地污染区范围。2009 年 9 月，镇头镇政府拿出初步解决方案，提出改变受污染耕地用途，不再耕种庄稼，转为发展花木产业。

2010 年初，镇头镇政府与双桥村各组组长签订耕地租赁协议，由镇头镇政府牵头，将各组土地集中后统一发包给浏阳市万盛花木有限公司，租赁时间从 2010 年 5 月 1 日起，共计 20 年。

针对双桥村的土地污染治理也迅速展开。据浏阳市政府提供的资料，2009 年以来，浏阳市共投入 960.8 万元，由湖南永清环保修复有限公司对湘和化工厂厂区外土地进行治理。同时，还有近 3000 万元被用于镇头镇双桥村、干口村和普迹镇普华村 31 个村民小组 4817.7 亩土地的整理。

2012 年 7 月 27 日，国家专项拨款 1600 万元、由湖南省永清环保修复有限公司承建的湘和化工厂镉污染环境修复技术示范项目验收成功。这一工程，也是湘江流域重金属污染治理国家级重点项目。

根据项目的实施方案，永清盛世环保有限公司采用LSS分子键合技术和“化学固定 – 土壤改良”两种技术对污染土壤进行对比性修复，将土壤中的镉离子浸出、固化，使修复后的土壤实现无害化。

镇头镇宣布土壤治理成功的时间更早。在 2011 年 4 月 19 日，镇头镇政府发布《关于切实做好现阶段镉污染事件后续处置有关事项的通知》称，经上级农业部门检测，污染区所属耕地各监测点重金属含量已达标，可以用于耕作。

2013 年 2 月末，双桥村镉污染事件已过去近四年。财新记者进村不到半个小时，驻村的镇头镇工作人员就发现了。在浏阳市官方的安排下，浏阳市镇头镇人大主席袁锋、市环保局局长何善兴和该局总工程师林琼国接受了财新记者的采访。

袁锋告诉财新记者，污染区内目前的尿镉超标人数已降至 261 人，尿镉与 β2 微球蛋白双超标人数已降至 27 人，其他人都已经“治好了”。

“我们这里（指镇头镇）没有镉中毒，轻微镉中毒、慢性镉中毒这种说法都是没有的。这么说，群众容易恐慌。”何善兴说，“要说在湖南，我们这里的污染情况真不算厉害的，都是媒体炒作的结果。”

林琼国否认湘和化工厂曾对地下水和地表水源造成污染。据她介绍，双桥村井水水质一直是达标的，地下水并没有被污染，湘和化工厂污染浏阳河的说法也不成立。

在随后的交谈中，一位浏阳当地官员告诉财新记者，双桥村事件已经平息，政府安置了死者，照顾了生者，治理了土地，能想的办法全都想了，尽了全力。

“这事结束了。”这位官员对财新记者直言不讳。

惨重代价

真的结束了吗？至少对于污染区内的村民来说，没有。

“当地在几年时间内使数百名村民尿镉降低的说法，很值得怀疑。”一位权威专家对财新记者说，镉健康损害具有很强的不可逆性，当地实施镉阻断（切断食物链）后，村民体内的血镉指标就是不用吃药，也会很快降下来。但是尿镉指标，目前还没有有效的医疗手段使其显著下降。

死者罗柏林的哥哥罗立雄，即便在当地官方口中，至今仍然是“双超”的27名村民之一。

他说，三年多来，他从湖南省劳卫所附属一院领取的药物只是多元维生素、苹果酸钙和金水宝等辅助治疗药物。

2010年后的每年春节前后，镇头镇政府都会对尿镉超标村民进行“跟踪监测”。但多位村民说，他们对湖南当地医院的检测结果已不信任。不少村民近年放弃参加政府组织的体检。

污染土壤的修复是世界难题，中国国内目前还没有成功修复大片镉污染土壤的先例。日本对镉污染也只能采取较原始的客土法，即深埋或取走表层污染土壤，换上未污染的客土。不少村民认为，湘和化工厂的镉污染并未真正去除。湘和化工厂虽已夷为平地，但仍是威胁村民健康的巨大污染源。

近年，原湘和化工厂厂址周围多棵树木被发现死亡，双桥村的村民陷入二次恐慌。

2012年8月14日，罗金芝等人取家门前的耕地表层土与化工厂表层土，送到南京大学现代分析中心进行检验。该中心出具的检测报告显示，耕地表层土样镉含量达 6.89 毫克 / 千克，而化工厂表层土中的镉含量高达 93.8 毫克 / 千克，远远超出国家土壤二级标准。超出国家土壤二级标准，意味着土地不可耕种可食用作物。

不过，村民自发采样送检的结果，没有得到浏阳市环保局的“认可”。林琼国表示，土壤采样有非常严格的标准，采样点的分布和取土条件都需专业人员来把关。

村民对赔偿问题也多有不满。多位村民告诉财新记者，2009 年时政府按每人 12 元的标准短暂补贴过 37 天。湘和化工厂资产拍卖后，镇头镇政府以《人民调解协议书》的方式，完成了对村民的补偿。污染区内居民每人获得 1600 元至 3800 元补贴，尿镉超标者再增加 1200 元至 1400 元额外补贴。

这种索赔方式被村民称之为“一次性索赔”。这份《人民调解协议书》还规定，村民在接受赔偿款后，不得以任何理由要求湘和化工厂或政府赔偿任何损失。

由于不满这条规定，时至今日，彭孟霞、罗金芝、罗建春等村民仍未在调解书上签字。

这场环境事件中没有赢家。浏阳市政府和镇头镇政府付出了惨重的经济代价。浏阳市环保局局长何善兴说，湘和化工厂开办数年，只为浏阳市上缴了 1000 多万元的利税，但为了收拾它所带来的环境污染残局，政府几年间的投入已数千万元。

2010 年，浏阳市人民法院对湘和化工厂法定代表人骆湘平、厂长黄和平、总技术员唐文龙做出刑事判决，三人构成重大环境污染事故罪，处三年有期徒刑，缓刑三年执行。

困窘生活

镉污染事件尘埃落定，村民的生活完全变了模样。他们签署了前述土地转包协议和《人民调解协议书》后，没有了土地，继续索赔也不被政府支持。

一系列的现实困扰袭向村民：无地可种，没有养老金，没有医疗保险。他们得花钱到集市买菜、买米。每年，花木公司按商品粮收购价向村民支付每亩700斤稻米的土地租金。在2011年，罗金芝一家共得到约2500元，远不够家人生活。

2009年以来，已有至少21位在原化工厂1200米污染区范围内的村民陆续死亡。他们身患肝癌、肺癌、肠癌或心血管疾病，并最终死亡。在此前的集体体检中，他们都曾检测出尿镉或β2微球蛋白超标。

政府按每人1万元至5.9万元的标准，向家属支付安置费用。村里的生者中，还有不少是癌症患者、心血管疾病患者或肾病患者。村民每遇疾病，就会不自觉地与镉污染进行联系。

2009年秋天，50岁的罗柏林之妻彭孟霞带着女儿和儿子迁居湘潭，寄居在哥哥的老房子里。现在，他们一家的生活仍要靠哥哥接济。每日清晨5点，彭孟霞就要去扫大街；早上8点，再去做一份全职工作。

财新《新世纪》2013年第21期 出版日期2013年06月03日

【编后记】

从2011年至2013年，财新至少推出四期与重金属镉有关的封面文章。在此期间，不少读者甚至还有环境界及新闻界人士均一再向我询问：财新封面那么宝贵，为什么总是盯着镉？就算是觉得土壤污染问题重要，为何较少关注别的涉污重金属，比如砷、汞等？

读者眼很尖，问到要害。确实，2011年2月刊出的《镉米杀机》，2013年初刊出的《土壤无法承受之重》，2013年5月、6月刊出的《拯救大米》和《镉病将至》，均言及镉之危害：镉污染土地，污染国人主粮大米，最终损害人的健康。

作为这一系列文章的策划者和编辑，以及本系列文章第一篇《镉米杀机》的作者，近年我在不少场合被介绍成“中国镉污染问题的揭发者”。自然，我也是财新被问上述问题最多的人。但在很长一段时间里，回答清楚这个问题并不容易。我甚至多次回答：这是一种新闻直觉，中国土壤污染问题比想像的要严重，镉可能是罪魁祸首。

连我自己都觉得，上述回答难以让人信服。我没有数据证明我的判断。2014 年 4 月之前，即便中国最顶尖的土壤专家，也没有数据。

中国迄今没有进行土壤污染普查，多年前开展的一次近似普查的调查，也长时间没有公布结果。我真的只是依靠从实际采访内容产生的新闻直觉，判断镉问题之严重。

2014 年 4 月 17 日，环保部终于公布全国土壤污染状况调查公报简要结果，土壤重金属镉的点位超标比例占到全国所有调查点位的 7%。镉被正式确定为中国土壤的首要污染物，镍和砷为第二、第三位的污染物，后两者点位超标率为 4.8% 和 2.7%。显然，镉危害之广，远甚于镍和砷。

财新“赌”对了。收益是财新传媒成为中国报道镉污染问题最深入、最全面也是最优秀的媒体。

产业篇

什么在毁掉电动车

【编者按】

2014 年 3 月 26 日，在本文发表一个多月之后，深圳召开新能源推进大会，国务院副总理马凯出席。在谈到新能源汽车发展时，他拿出一本财新《新世纪》周刊，封面是《什么在毁掉电动车》，他说："这本杂志做得好。电动车在中国推广中遇到一些问题，这本杂志很好地呈现了这些问题，很客观，很深刻，很有见地。像新华社其他媒体高层应该向财新学习，企业和官员都应该看这篇杂志。"

阻隔开中国电动车市场的地方保护主义坚冰开始悄然融化。在此之前的 3 月 10 日和 11 日，上海和北京分别更新和公布了新能源车补贴目录。在上海的新目录中，之前一直无法进入上海市场的比亚迪"秦"和 e6 双双入选，这意味着私人在上海购买这两款车，不仅可免费上牌，还可享受国家补贴。同时入选的还有北汽 e150 和荣威 550plug-in 插电式混合动力轿车，特斯拉也可在上海以新能源车身份直接上牌。

而在晚一天出台的北京市新能源车目录中，比亚迪的 e6 入选，但包括"秦"在内的插电式混合动力轿车仍未能进入目录，特斯拉在北京也得像传统车一样排号。

2014 年 7 月 21 日，国务院办公厅正式公布了《关于加快新能源汽车推广应用的指导意见》，要求进一步加快新能源汽车推广工作，其中最引人注目的一条就是明确破除地方保护，各地区执行全国统一的新能源汽车和充电设施国家标准、行业标准，执行全国统一的新能源汽车推广目录。半年之后的 2015 年 1 月，北京市宣布废止了本地的新能源车目录。北京市科委相关主管官员后来在 2014 年全球新能源汽车大会上表示，“按照中央要求”，北京的新能源车已改为备案制。

买一辆电动车有多难

记者：吴静　李雪娜
实习记者：葛菁

在比亚迪绿色公交发展事业部总经理王杰的办公室里，有一面小黑板，上面列出了很多比亚迪已经攻克和准备攻克的城市，却没有北京和上海。

比亚迪是中国最著名的电动车厂商。使用公司自己研发电池的纯电动车E6，截至2014年2月在深圳有850名出租车司机使用，大部分已经跑了三年以上，最高单车里程据称超过43万公里，相当于绕地球赤道跑10圈多，或者是私家车使用了约30年。

2013年是中国电动汽车产业化启动的第三个年头。但是，即便在北京和上海这样的新能源试点城市，普通消费者想买电动车仍是一件很困难的事，要买一辆E6更是难上加难。

为了让更多的消费者接受相对燃油车来说还比较昂贵的电动汽车，政府从中央到地方都提供了为数不菲的补贴：购买一辆36万元的E6，消费者可以从国家拿到约6万元补贴，从地方政府再拿到6万元左右的补贴，最终自己支付24万元左右即可将E6开回家。

但是，地方财政只愿意支持本地企业。由此导致的结果是，购买总部在深圳的比亚迪的电动车，深圳用户能够拿到总额为12万元的补贴，北京用户目前却只能享受6万元的国家补贴。这种不公平的补贴方式，熄灭了很多私人购车者的热情。

为了清楚地锁定补贴发放的对象，各地发明了为本地车企量身打造的新能源汽车地方目录，只有上目录的企业才能拿到地方的补贴。在复杂的双重补贴制度之下，中国的整个电动车市场，被割裂成了一座又一座封闭的“城堡”。

从 2010 年至今，王杰的主要工作，就是让比亚迪进入更多地方的市场，他总结为“以投资换市场”。至于北京、上海现在为什么不在名单之上，王杰避而不谈。

北京和上海是中国汽车保有量最大的两座城市，比亚迪没理由不想进，但它进不去——三年来，比亚迪早已进行过种种努力，徒劳无功。

比亚迪如此，其他厂商也好不到哪里去。比亚迪的 E6 进不了北京、上海；上汽的荣威 E50、北汽的 E150EV、长安的 E30 也进不了深圳。

补贴已经扭曲了市场，也扭曲了企业。在武汉举行的全球汽车论坛上，东风汽车总经理朱福寿的一个演讲最近在业内引起震动：“很多企业在新能源汽车上投入了大量工作，却看不到任何产业化的希望。套取政府的专项资金和补贴成为很多汽车企业的惟一目标。至于与市场接轨与否，根本不在考虑。”结果是，企业或多或少都得了“软骨病”：没有政府的扶持就做不下去；政府给多少钱就做多少事儿，然后继续等着扶持。朱福寿断言：“这样的‘阿斗企业’是扶不起来的！”

比亚迪为何进不了北京？电动车私人市场为何迟迟无法启动？在这些难解之局的背后，曾经寄望要弯道超车的中国电动车市场，正在被补贴阉割，乃至毁灭。

“国务院总理也解决不了的问题”

从 2012 年起，在一家电脑服务器技术支持公司工作的张帅就想买一辆电动车。经过比较，他选中了比亚迪的 E6，因为 E6 充一次电可以跑 300 公里，而且 E6 在深圳的出租车已经运营很长时间，相对成熟，他觉得自己不用再当“小白鼠”（试验品）。虽然买一辆电动车比同档次的燃油车要贵很多，但作为一名环保加国货爱好者，他愿意多花些钱支持技术型企业。

2013 年“五一”劳动节，张帅打电话给比亚迪在北京的 4S 店，要求订购一部 E6。前后打了十几个电话，没有一家有车，有的听都没听说过这个车型。

接着他打电话给供电局，想了解如何安装电桩。又打了五六个电话，从供电局打到国家电网，对方要么表示没听说过有个东西叫“充电桩”，要么表示“只有单位才可以建”，拒绝接受个人的申请。

多次碰壁后，张帅重新研究。他发现只有比亚迪 E6 上了《北京市当期示范应用新能源小客车生产企业和产品目录》（下称北京市目录），他才有可能解决买车上牌、建充电桩、申请政府补贴等一系列问题。他不得不耐心等待目录的出台。

但从 2013 年夏天等到秋天，秋天等到冬天，直到现在还没等到比亚迪 E6 上目录。“我现在估计 E6 上目录也没什么希望了。”张帅说。

北京市目录还没出来，一位接近北京市科委的汽车业内资深人士告诉财新记者，他们估计比亚迪的纯电动车 E6 有可能出现在这个目录上，但比亚迪 2013 年 12 月刚推出的 DM 二代（在纯电动 EV 和混动 HEV 两种模式间进行切换）B 级车“秦”肯定不在。至于这个目录什么时候出，业内普遍的猜测是——“得等北汽的车成熟以后”。

“国务院副总理关心，也解决不了这个问题。”一位接近比亚迪的业内人士说。“迪车会”上的很多迪粉（比亚迪粉丝的通称——编者注）对此感到愤怒，但他们没有办法改变北京市的决定。

如果不买比亚迪呢？在银行工作的李威也想买一辆电动车，作为家庭第二用车，这样在第一辆车“限行”时，可以用它接送女儿上幼儿园。在北京买电动车有一个好处，很容易摇到号上牌。李威是“80 后”，也是一个环保主义者。北京日益严重的雾霾，让他不顾家里老人的反对，决心买一辆电动车。

2013 年 11 月，李威在参加了电动北京组织的试驾活动后，如愿以偿地买到了一辆电动车——北汽集团生产的 E150EV。北汽集团全称为“北京汽车集团有限公司”，是北京市国资委全资控股的市属企业，前身为 1958 年成立的北京汽车制造厂。北汽集团从 2009 年开始做纯电动车，目前已生产了 21 度、23 度、25.6 度三代车型，产量都不大，总共只有近 2000 多辆投入使用。

21 度由北汽集团在 2012 年推出，续航里程为 160 公里，不及比亚迪的 300 公里。但在李威看来，作为家庭第二辆用车，在市内开，也够用了。

他没想到的是，只开了不到十天，他就陷入了一场没完没了的麻烦。

专属绿色通道

李威能够在北京市的新能源车补贴与目录还没出台的情况下，成功地买到一辆电动车，并享受国家和地方的双重补贴，得益于北京市为北汽集团开辟的一条绿色通道。

这条绿色通道是在2013年打开的。

2013年5月，就在张帅四处打电话咨询如何购买比亚迪E6的同时，李威在网上搜索与“纯电动车”有关的新闻时发现了一个组织——“电动北京”。

“电动北京”有自己专门的网站，2012年就在新浪注册了微博号，自称是一家致力于向私人领域推广电动汽车的公益机构，实际上与《中国汽车报》全资子公司易卡租车是一套人马两块牌子。它的主要创始人，是《中国汽车报》节能与新能源汽车事业部的战静静和报社一些热爱电动车的编辑、记者。《中国汽车报》隶属于《人民日报》。他们希望通过普及公众对电动车的认识来发展电动车租赁。

2013年全国“两会”期间，战静静和同事推出一个名为“电动跑两会”的活动，让“两会”代表和媒体记者试驾电动车。活动通过媒体报道和包括微博在内的各类社交网站推广，引起了广泛注意。

其时，饱受雾霾之苦的北京市刚刚提出了2013年要推广5000辆新能源车的规划，其中包括几百辆私人购车。为此，北京市还成立了电动汽车领导小组，办公室设在北京市科委。

北京市为如何完成任务而苦恼。不清楚谁在里面更主动，“电动北京”后来成了北京市推广电动汽车的一个平台。2013年5月20日，一个由北京市科委牵头、“电动北京”组织的“电动北京伙伴计划”启动，向普通消费者发起招募电动车试驾者的行动。

活动用车大多来自“两会”时由长安、江淮、北汽和比亚迪等提供的电动车。除车企外，参与协作方包括清华科技园区、北京市电力公司、北京市电力公司旗下开发电动汽车充电设备的二级单位华商三优新能源公司，以及中国电力企业联合会等。

“电动北京”推广部总监丁锐告诉财新记者，在这个平台上，电网公司（即华商三优）提供充电桩和协调电力，北京市科委协调场地和政府关系，北汽和其他车企提供车辆，集合各方力量，让消费者免费试驾。

“电动北京”原本想通过试驾推电动车租赁，但他们低估了消费者的热情。加了电池的电动车一般比燃油车重，重心低，驾驶时没有发动机的噪音，安静平稳，良好的试驾体验，使很多消费者当场就表示要下单购买。这些需求直接转给了企业，让用户与企业直接对接。与此同时，北汽在自己组织的一些电动车试驾活动中，也发现了同样的需求。

在国家层面，早在2010年就发文明确对私人购置电动车给予6万元的补贴，同时将北京和上海、长春、深圳、杭州、合肥一起纳入六个试点城市，要求地方再安排财政资金对新能源购车和配置充电桩进行补贴。但北京针对电动车私人购车的地方补贴和地方目录一直没出。

直到2013年，在北京，私人购买电动车还没有先例。北汽找到主管电动车工作的北京市科委，科委领导表示，既然都没定，就让北汽先试，条件是给私人装充电桩的费用由北汽负责。

此时，愈演愈烈的雾霾天气让北京更加焦虑。北京市市长王安顺公开表示，要在五年内将北京市空气质量提高1倍。北汽新能源汽车董事长林逸，引用一个在网上流传甚广的帖子说明北京的压力：有领导在会上要王安顺立军令状，2017年完不成任务，“提头来见”。2013年9月2日，北京市人民政府印发《北京市2013–2017年清洁空气行动计划》，决心到2017年底，全市新能源和清洁能源汽车应用规模力争达到20万辆。

让北汽先试的内涵是，北京市特批，给购买北汽电动车的用户支付6万元的地方补贴，并同意这些车不用参加北京市已经实行三年的摇号，直接上车牌；但其他外地品牌的电动车不包括在内。因为是特批，北汽和“电动北京”都被要求不要对外宣传。

北汽新能源事业部总经理林逸证实，活动开始后有几千人提出试驾申请，有强烈购买意愿的有六七百人，但最后落实购买的只有120多个。在他看来，有很多志愿者一开始只是尝鲜或一时冲动，回去一算要多花很多钱就犹豫了。

早期参与了“电动北京”组织的纪会卿回忆说，“当时有很多迪粉参加了

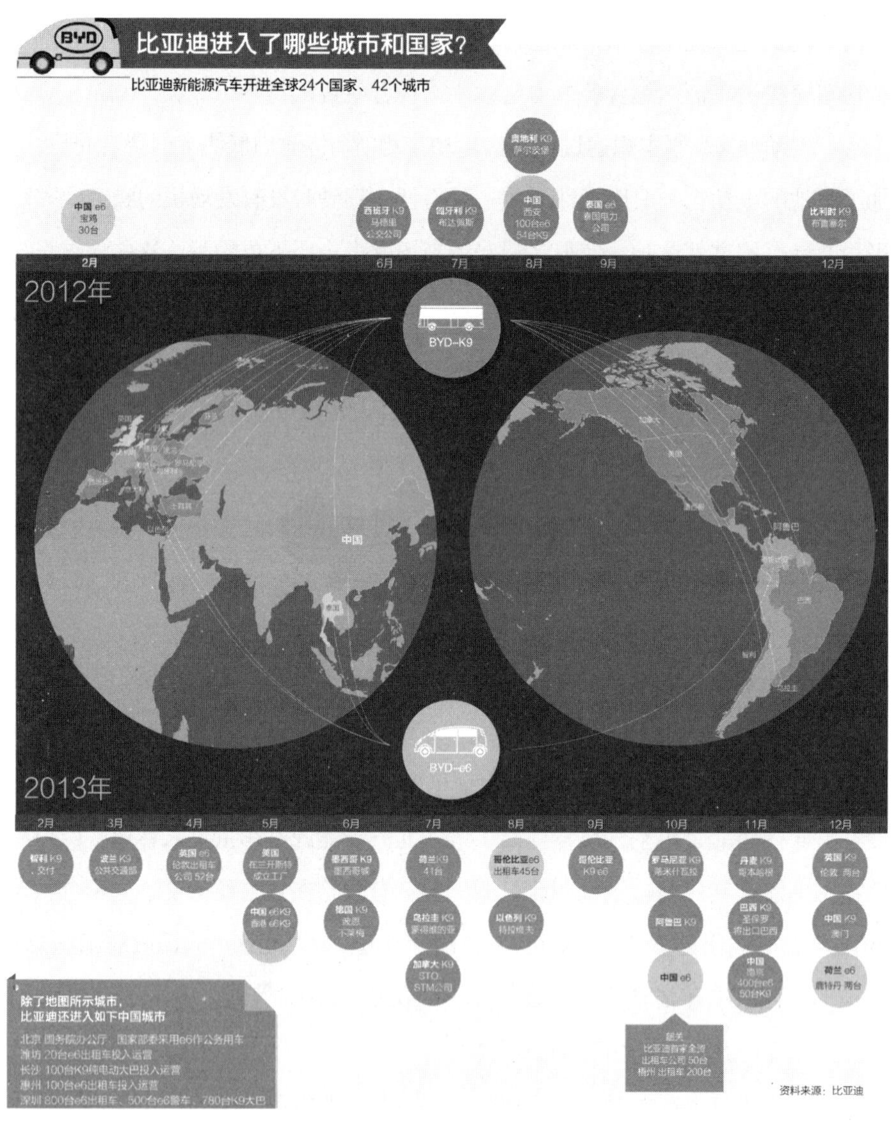

试驾，他们非常想买比亚迪的‘秦’或者 E6 等新能源车，但是牌照和补贴问题没法解决只好放弃。”

在活动开始前，“电动北京”的组织者们曾经做过对比测试，绕着四环路跑，跑到没电再让汽车救援拉回去。“电动北京”推广部总监丁锐介绍说，开始备选试驾的车型有比亚迪 E6、江淮 iEV、长安 E30、北汽 E150EV，但都是上的临时车牌，过了9月以后，临时车牌到期，就只能试驾北汽E150EV了。

“一圈一圈跑下来，长安跑了163公里，比亚迪跑了311公里，北汽133公里左右，江淮也跑了100多公里。”丁锐承认，比亚迪的续航里程和内饰最好，的确有很多志愿者想买比亚迪，卡在了车牌和补贴上，“电动北京”也爱莫能助。

“二环路上突然熄火”

无论如何，“电动北京”、北汽和北京市科委的联手为私人购买电动车打开了一条缝隙。一些对品牌没那么挑剔的试驾者，如李威，决定购买北汽E150EV。

李威对北汽E150EV的外型和启动速度比较满意。他算了笔账：一年开一万公里的话，电费只有2000多元，比用油划算。

和李威想法相似的，还有北京师范大学教授老赵。就在财新记者1月16日探访“电动北京”清华科技园租赁现场时，兴奋的老赵刚从北汽4S店取回新车。他是在2013年10月的第二个星期试驾完后，当天就发了购买意向书。

“家人死活不同意，但我愿意做‘小白鼠’。为了环保，周一到周四，我都不开那辆帕萨特。”终于提到车的老赵准备马上把车开到学校，他扬起手里的新车钥匙说，“我们同事一会准撅我（北京方言，损的意思），但我希望通过个人行动，让大家了解新能源汽车。”

从2013年5月到9月的四个月里，“电动北京”收到200多个用户购买意向书。“有的人驾驶一次就想买。”丁锐表示。截至1月初，他们组织的47次活动有近1600多人参加试驾。

李威是在2013年7月提出购买申请，他将自己的摇号编码、姓名、身份证号码、固定车位、联系信息等各种资料，发到了“电动北京”和北汽联合设立的一个邮箱，一个月后申请通过。

李威告诉财新记者，“电动北京”为购车者组建了一个QQ群，大家在群里讨论用车体验。大家得知李威通过申请后纷纷恭喜他。“我应该是第14个申请到的人，当时真是特别兴奋。”李威回忆。

这个群里的人职业各异，但对新生事物接受能力很强，基本上都是坚定的环保主义者。他们 70%–80% 住在四环或五环，开电动车可以满足基本需求，很多人不顾家人强烈反对，坚持买纯电动车作为家庭第二用车。

但李威们的一腔热情，很快被北汽 4S 店泼了一盆冷水。

2013 年 9 月 10 日一大早，李威来到位于丰台区南四环中路榴乡桥东南角的北汽 4S 店，按要求先支付了 2000 元订金。提交订金后，4S 店里的工作人员告诉他，目前能选的车型就“21 度”和“23 度”两种（度数代表充电电池的容量），颜色也没的选，只有银色。

李威有点失望，但考虑到孩子上学要用车，他们选了 23 度的车型。2013 年 10 月，4S 店又告诉李威，目前没有 23 度，只有 21 度或者新车型 25.6 度可选。21 度是库存车，可以随时提，25.6 度什么时候出不知道。4S 店强调，几种车型只是在度数和外观设计上有些差别，性能区别不大。补贴完之后，21 度只要 11.2 万元，但 25.6 度要 12.98 万元，23 度因为补贴不够，北汽不再生产。

李威犹豫了，想放弃，但 4S 店拒绝退订金，称订金是北汽用来勘探用户是否满足安装充电桩的费用。怕麻烦的李威又找“电动北京”咨询了一圈，决定买 21 度。12 月初，李威交完了剩余的 11 万元。12 月 30 日上午，李威去 4S 店提车，再遭冷遇。

“两三分钟简单介绍一下，说电已经充好了，让你开走完事。”提到取车，李威依然气愤不已。打开前盖充电时，李威发现里面有一层灰，有些地方还生了锈。更大的问题是，开车后显示续航里程只有 10 公里。工作人员解释说，可能是天气冷，电压不稳，导致电没充进去，正常情况下没问题。李威只好回家，下午再取车时显示电已充满，他把车开回了家。

用了没几天，真正的麻烦来了。2014 年 1 月 7 日晚上 8 点半左右，李威以 80 公里 / 小时的速度，在二环路上行驶。忽然，他感觉动力没了，车靠着惯性保持了一定的速度，但越来越慢。当时得并三条线才能开到紧急车道，他的“慢速”让后面很多车跟着紧急刹车。

“我当时吓了一跳。因为车的电量还有 50% 左右，续航里程显示还有 50 公里。但我开了两天就感觉到续航有问题，开车也不用空调和音乐，但没想到这么快就不行了。如果后面要有个大车，后果不堪设想。”他说。

停下来后，李威迅速给售后服务热线“400”打电话，服务人员让李威重启一次再试试。重启后，他以 60 公里 / 小时开了不超过 200 米，续航里程一下变为零，电量也一下子从 50% 变成零，车上的报警灯不停地闪。李威再次拨打“400”。半小时后，技术人员赶到，但无法确定问题。随后，李威用了不到十天的新车，就这样被拖走了。

直到 1 月下旬，李威才终于拿回了修好的车，但谁能保证它不会再次上演“半路熄火”的惊魂一幕？

“大家都尝到苦头了”

遇到麻烦的不只李威。

对于北京市的这第一批电动车私人购买者来说，“小白鼠”的命运几乎一开始就已注定。电动车本身的技术问题需要磨合调试，配套电桩的申请和安装需要规范和协调，售后的维修和使用也完全是从零起步。以李威使用的 21 度 E150EV 为例，作为已经停产的第一代车型，维修时很难找到配套零部件，如果要换电池，就得直接换成 25.6 度的电池，这意味着增加上万元的费用。

北汽集团事先也没想到会遭遇这么多的麻烦。

QQ 名为“小欧”的志愿者购买了 25.6 度的那款，车提回来了，但因为缺货，充电桩至今没影。她的车只能停在车库。

另一位叫“空气一样”的志愿者买了一辆 21 度的车，自拿回家后就充不进去电。他的停车位在地下三层，拖不出来，北汽只好每天派维修人员去地库检修，至今没找出原因。现在，群里已从原来的讨论“何时下单”，变成了“如果想用，不如先租”。

前述北师大教授老赵也攒了一肚子怨气。他批评说：“北汽卖车时说自己提供‘保姆式’的服务，我交完款享受到的是‘大爷式服务’。”

老赵是在 2013 年 11 月 15 日交了 5000 元订金，4S 店的人先是表示，12 月 16 日左右可以提车，最晚在 12 月 31 日之前。但交完全款后老赵没有等到提车通知。2014 年 1 月 3 日、4 日、5 日他连续致电催促后，被逼急的 4S 店员称，

比亚迪新能源车上路艰难

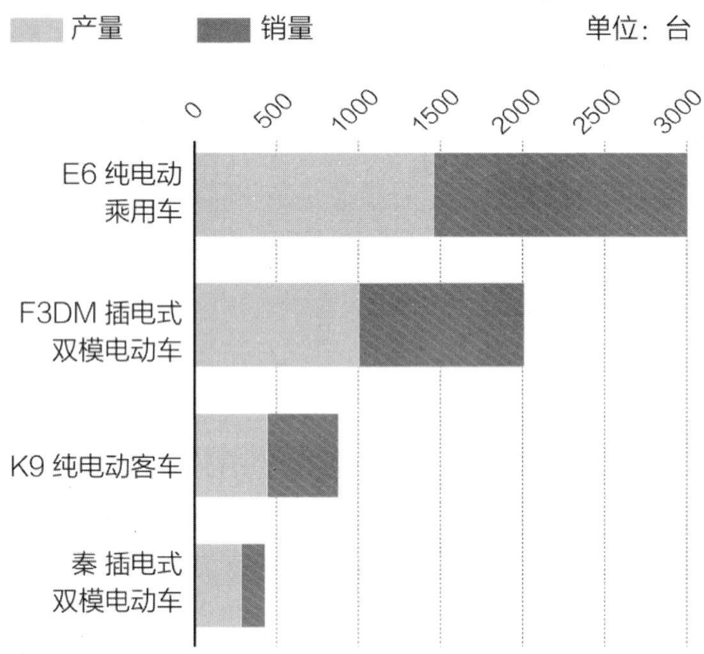

注：2013年比亚迪新能源汽车产量共计3205台，销量3125台

资料来源：比亚迪财报

没人，要么等，要么自己去北汽总部提。最后提车时既无试线、试车环节，也没人介绍，直接就让用户把车拉走。花这么多钱买纯电动车还遭受冷遇，让老赵很上火："你现在回访一下，十个人我不敢说十个人骂北汽，起码九个半。"

"电动北京"对此也很无奈。作为试驾活动组织者，"电动北京"原本不想涉入太深，当时只设了一个公共邮箱，将申请转给北汽，进入正式购车环节由企业与用户直接对接。但后来纠纷越来越多，对"电动北京"的口碑也发生了影响，他们开始居中协调。

丁锐后来了解到，北汽集团的销售团队只做对公业务，私人买车必须走4S店，但新能源车是新业务，量也小，北汽没有对4S店的人进行系统培训，因此用户反馈极差。北汽集团的国企作风，也降低了效率和服务质量。以前述公共邮箱为例，丁锐偶然发现，北汽的人很久都没打开过邮件。

北汽新能源汽车董事长林逸在接受财新记者采访时坦承：“现在电动车从技术到运营，与市场和用户的期待值确实有差距（第一批私人购车者），大家都尝到苦头了。”在他看来，这是电动车在中国发展必经的过程，试点就是要通过示范、运营、推广把问题都暴露出来。

“因为没有先例，大家都在试。技术不成熟，配套也不成熟。”林逸说，“大家得有这个思想准备。要不为什么叫志愿者，不叫购买者呢？”

困难超出想象

在林逸看来，北汽也是“小白鼠”。

作为独家试点的交换条件，北京第一批私人电动车的配套电桩，都是北汽自己从国家电网公司购买充电桩，一家家安装的。

“我们一开始也和领导争辩，全世界的加油站没有一个是汽车厂建的，公共设施建设强加给企业不合理，但领导说，试点用你的车就是对你们的照顾了……”林逸说。

此前，北汽根本不知道落实一个私人购车会如此困难。首先，要确定购车者有无固定停车位；有了再联系供电公司，看电缆、电线能否拉过去，适宜建电桩还是只能装个插头；然后再找物业申请安装。供电公司和物业都同意以后，北汽再找两三家设备供应商，由客户选择，北汽埋单。

“原来说第一批是否搞 500 辆，结果真正推行的只有 120 多辆，就因为要一户户落实这些东西实在太难了，有的没固定车位，有的不适合装充电设施，有的物业不同意。”林逸总结说。

居中协调的丁锐形容说，国家没有明文规定必须要配合，很多时候只能“死缠烂打地磨”，才能办下来。物业要考虑安全，民用地下停车库一般不设很大的电流，只有消防和照明，照明的电流不够，消防又担心对安全有影响不愿配合；电表怎么装，计费也是问题。

老赵的固定车位离小区电箱太远，不符合安装充电桩条件，北汽派人来看了下就没下文了。最后老赵只能自力更生，暂时用“飞线”——即从阳台牵出一根线，将电动车开到楼下充电。

为此，老赵专门给家里安装了符合条件的16安的开关、电箱，还配备了一根30米的2×6的标配线。电箱500多元，电线500元，找电工安装，又是300多元，都是自己掏钱。为防露天不安全，他又买了一个车罩，充电时用来保护。

里程焦虑则是困扰所有电动车司机的问题。老赵说，有的地方有电桩，但充电还要收停车费，因为怕充不上电，不敢把车开太远。“北汽的电池续航里程没达到大众300公里的要求。你现在敢开车去房山么？上六里桥、颐和园你都得琢磨琢磨。”

在寸土寸金的北京，要找到建电桩的地方不容易。“北京市500多万辆车，200多万个固定或路边的停车位，对传统车都得限制，到哪里给新能源车腾建电桩的地？”林逸感慨说，自己所住小区，一个固定停车位就卖50万元。

在林逸看来，在电池技术真正成熟以及配套设施完善以前，电动车离市场都还很遥远。比如说，汽车动力电池现 在天气一冷充电量就降低，所以在长春、沈阳等东北城市，一半时间都没法用。而北汽所做的这次试验，就是在努力克服困难，缩短电动车走向大众的距离。

北汽集团希望到2015年实现新能源整车年产15万辆，关键零部件年产超过33万辆的规模。但从目前情况看，北汽要实现这个目标难度很大。很多使用者认为，北汽还没有准备好面对市场考验。

北汽新能源公司此前是北汽股份公司下属的三级公司，主要做研发制造，没有独立采购权和销售权。公司有一个80人组成的售后技术团队，但主要为京郊运行的300多辆电动出租车提供服务。北汽新能源公司没有自己的销售体系，和4S店没打过交道。直到最近，北汽集团才引入北京市另外两家有实力的公司，和北汽新能源一起组建北京新能源股份公司，将之提升为集团直接控股的二级公司，新公司有望在今年4月挂牌成立，统一管理研发、制造和销售。

林逸本人以前在高校做研究工作，2007年才转到北汽做新能源车。北汽E150EV是基于北汽首款自主品牌车型E150研发生产的纯电动轿车，2012年

3 月上市，第一批生产的 500 辆车中有 300 辆提供给北京市郊县平谷、密云和通州的出租车使用，还有一部分就卖给了私人用户。

这批电动出租车动力足、噪音小，驾驶起来安静平稳，加之价格便宜，受到乘客偏爱。但司机们每天出车 17 个小时，营运最多 11 个小时，至少 5 个小时在等充电，全程都在“不能走太远”的焦虑中度过，司机们烦恼的源头是“不给力”的电池。据通州区新通惠捷出租公司赵经理介绍，目前 210 个充电位，10 个是快充，大约 1.5 小时可以充满，但排队也经常排两三个小时；剩下的都是慢充，5 个小时充满。

15款电动车 比比谁更强

	特斯拉 Model S	比亚迪 E6	腾势	中科力帆 620EV	众泰 M300EV	2013年日产聆风	荣威 E50	长安 E30	上海通用赛欧SPINGO	宝马 Mini E	奇瑞瑞麟m1-ev	北汽 e150EV	大众 E-Golf	江淮爱意为第三代	2013年丰田 Sction IQ
续航里程	480公里	300公里	250公里	200公里			180公里	160公里			150公里			130公里	50公里
百公里加速度	5.6秒	10秒	-	8秒	10秒	11.9秒	15秒	12秒	10.4秒	8秒	7秒（0-50公里）	5.3秒（0-50km）	11.8秒	6秒（0-50公里）	14秒
百公里能耗	85度	21.5度		12.3度	16度	24度	12度	16.5度	-	35度	14度	16.2度	24.2度	15度	12度
重量	2.1吨	2.1吨	1.8吨-2吨	13.8吨	-	1.6吨	10.8吨	1.61吨		1.5吨	-		1.55吨	1.2吨	1.1吨

续航里程也让司机头疼不已。多位司机告诉财新记者，刚充满电的北汽电动车，显示行驶大约 150 公里，在秋冬时节必须开暖风的情况下，实际只能坚持 60 公里 –80 公里。大冷天车放一晚上，好端端电也会没了。有时开关车门就会掉一格电。由于焦虑电量容易耗尽，司机跑一段时间就得盯着表盘，生怕因电量耗尽中途抛锚。

“未做强先做大”

每家企业都在地方保护主义的泥潭里挣扎求存。和比亚迪与北汽一样，所有做新能源车的企业既是受害者，也是受益者。

“电动北京”的丁锐说，在很多城市，因为地方补贴出自地方财政，出于肥水不流外人田的想法，只想用这些钱支持本地企业的发展。各地都发明了一些隐性限制，将外地企业挡在门外。

北京使用的是“拖”字诀。北京是首批私人购车试点示范城市之一，北京市科委、市财政局牵头，在 2010 年 11 月底出台了《北京市私人购买新能源汽车补贴试点方案》。这一《方案》提出，在中央补贴的基础上，对满足条件的新能源汽车，插电式混合动力汽车最高补贴 5 万元，纯电动汽车最高补贴 6 万元。北京市财政拟为此筹资 173 亿元。

至于哪些是满足条件的新能源汽车，还有待北京市再出台地方新能源汽车的目录予以明确。2012 年 10 月，北京市科委又起草《北京市私人购买纯电动小客车管理办法（试行（征求意见稿））》。该《草案》提出“不用摇号”等政策。但管理办法最后未正式出台。直到 2013 年底，北京市才明确电动车采取单独摇号政策。2014 年 1 月 28 日，北京市科委终于颁布《北京市示范应用新能源小客车管理办法》。

在外界看来，北京市的补贴政策和地方目录迟迟不出，主要是在等北汽。北京市科委的领导曾要求北汽加快新能源汽车产品的研发和应用过程，因为北京很快就要面向全国引进了。

但这更多只是一种督促。在北京市目前引入的 1100 多辆电动出租车中，延庆、怀柔、昌平选用的是北汽福田的迷迪纯电动车；房山选用长安 E30 纯电动车；密云、顺义、大兴、通州选用的是北汽新能源汽车公司生产的 E150EV 纯电动车；平谷则采用北汽 E150EV、现代首望两款纯电动车。据林逸介绍，当时采取了全市公开招标的形式，但竞争的都是北京企业，“所以大家各得一部分市场”。

比亚迪曾努力想打入北京市场。2012 年比亚迪参加中央国家机关新能源电动公务用车试点，提供了 16 辆 E6 纯电动汽车；2013 年又向国务院办公厅交付了 12 辆 E6 作为公务用车。据多位接近比亚迪人士称，国务院领导对其技术比较认可，但这并没有为其进入北京市场真正发挥作用。

北京地标政策要求进驻的车企必须在北京拥有自己的整车厂，为了阻止比亚迪进来，北汽一口气收编了北京所有的整车厂。比亚迪亦曾试过来北京设厂，但怎么努力都没有用。“北京水挺深的。”比亚迪一位内部人士曾私下感叹。比亚迪现在只能寄望于未来雾霾的加重会给比亚迪打开一线机会。

比亚迪进不去的城市不止北京，还有上海。上海的“地方保护”办法有所不同。上海促进私人购买新能源汽车的补贴方案和鼓励政策都已出台，但上海加了特殊的地方标准——《电动乘用车运行安全与维护保障技术规范》。

据财新记者了解，这一《规范》提出，基于上海城区面积大、交通拥堵多等情况，要求新能源车要能在6秒以内加速到每小时50公里，同时百公里耗电要低于15度。而比亚迪为达到300公里的续驶里程，装了60度的电池，车体较重，瞬间加速和百公里能耗都高于上海市的标准，由此与上海市补贴无缘。

“按上海政策，比亚迪E6非得把一半的电池拆掉才能达标。比亚迪不可能为了一个上海市场这么做。”深圳发改委的一位官员评价说。

上海市2013年1月28日公布的第一批试点车型目录，是上海本地车企上海荣威和上海通用，后来又陆续有江淮、奇瑞和重庆力帆进入。

江淮生产的电动汽车IEV4经过努力，成功突破了“各种技术要求”打入上海市场，但私人购车还是不能享受地方补贴，只能享受国家补贴，这势必影响电动汽车的销售。但江淮汽车乘用车营销公司新能源销售部部长方海良表示不会为此在上海建厂，“不能卖身求荣，我们在考虑厂家自己提供补贴。”

比亚迪的车体重达2.1吨，比一般电动车重，有些地方也用重量指标来卡比亚迪。还有很多城市，在地方补贴试点实施方案中都要求，要符合当地的“试点实施方案的相关条件与要求”，但各地标准是什么，并不细化，总的原则都是向当地车企的优势倾斜。

杭州市2013年推广了3680辆新能源汽车。据财新记者了解，杭州市的纯电动客车，主要采购对象是万向集团和青年汽车，纯电动出租车主要采用众泰朗悦、海马普力马两款车型，车内电机、电控、电池等核心部件都是由杭州企业自己生产。合肥已推广使用的8000辆新能源汽车主要依靠单位“定向购买”，采购的是江淮汽车的纯电动轿车。

比亚迪董事局主席王传福坦言，电动汽车推行过程中，面临的最大阻力来自两个方面，一是充电桩等基础设施建设，另一个就是各地奉行的地方保护主义。据北京科委一位不具名官员介绍，很多地方都要求进驻车企必须在本地具有生产资质，或者要求其在本地的经销商不能低于多少家。

为了进入更多的城市，比亚迪发明了种种合作推广模式，以投资换市场。比如通过全资运营绿动纯电动出租车公司进入韶关市场；通过和当地经销商运营新能源出租车公司进入宝鸡；为了进入南京，拿出了30亿元在该市粟水经济开发区"投资设厂"；为了让比亚迪 E6 和"秦"写进天津地方补贴目录，免摇号直接上牌，比亚迪将和天津公交集团合资组建一家电动整车工厂，天津则承诺，两年内将采购 2000 辆比亚迪 K9。这被深圳发改委节能与新能源汽车示范推广领导小组办公室主任助理陆象桢批评为"未做强先做大"。

截至目前，除大本营深圳外，比亚迪已经进入了天津、南京、芜湖、惠州、西安、成都、长沙等城市，其中部分城市还要进一步拓展。比亚迪即将突破的一个大城市是广州，路径还是"以投资换市场"。

比亚迪是受害者，但在深圳，它又是地方保护主义的受益者。深圳地标文件要求，入标的电动汽车续航里程必须超过 300 公里。"在国内除了比亚迪 E6，谁能做到？"一位业内资深人士表示。

公平购买机会

据第一电动网统计，新能源汽车示范推广政策实施以来，到 2012 年底，中国私人购置新能源车仅为 4400 余辆，主要集中在深圳和合肥。国家电网公司一位相关人士估计更为悲观，他认为除去各种非市场操作，这些年真正市场化行为的私人购买，不会超过 2000 辆。

如此规模，显然无法让任何一款新能源车达成量产，而这又反过来导致新能源车的成本居高不下，更难被普通消费者接受。

对于包括比亚迪在内的所有做新能源汽车的车企，补贴已越来越像一剂甜蜜的毒品。没有它很难渡过眼前的难关，但继续吸食，就只能在补贴的怪圈中越陷越深，在被补贴割裂的一个个城堡中继续寻求地方政府的支持，却离市场的需求越来越远，成为长不大的"阿斗"。

在付出了各种艰苦努力之后，比亚迪能进入的城市，只占 44 个新能源示范城市的五分之一，有的城市只采购了几十辆比亚迪的电动车而已。

2012 年底至 2013 年 9 月是补贴政策的一个空当期，第一轮补贴政策到期，后续政策还没出来。2013 年 9 月 16 日，财政部公布了《关于继续开展新能源汽车推广引用工作的通知》，明确提出了治理地方保护主义的措施，包括各地推广应用的车辆中，外地品牌数量要多于 30%；同时再次提出退坡机制，即2014年和2015年乘用车的补贴标准在2013年的基础上分别下降10%和20%。

对于30%的政策，包括北汽和比亚迪在内的车企人士都认为，这种缺乏问责机制的规定实际执行中很难监督，对治理地方保护的作用不会太大。在1月28日北京市出台的私人购车示范应用管理办法中，退坡机制已经开始执行。纯电动车能享受到的最高补贴从12万元减到了10.8万元，这一补贴在2015年还将下调10%。不过，在2013年11月由国务院副总理马凯主持召开的一次座谈会上，马凯一再强调国家对电动车的支持政策不变，发展目标不变，补贴政策不变。林逸认为，“延长对电动车的补贴制度，对2014年电动车市场会有较快发展。”

很难预估私人购置电动车的市场有多大，但的确有很多用户愿意为了环境支付更高的购车成本，甚至承受一定程度的不方便。以本文开头提到的张帅为代表的很多迪粉一直想买E6或“秦”，为了解决补贴和牌照问题，有些人选择去深圳买车，享受补贴，再转上当地的车牌号。但这不适用于北京。张帅曾经仔细研究过从国家到地方的相关政策，结论是“不可能”。因两地对车辆排放标准的要求不同，车牌转不过来。但要让他放弃6万元的地方补贴直接购买，他又觉得“心理很不平衡”。

“电动北京”早期组织者纪会卿说，迪粉们很多对政策非常不满，矛头直至地方保护，心理上很抵触。

“电动车上路有很多困难，但政府的职责是政策放开，提供公平竞争环境就行。”一位迪粉表示。李威在经历了种种磨难之后，仍然不改初衷。在采访最后，他担心自己的故事会让人对电动车产生很坏的印象：“如果能把电池这些问题都解决的话，其实我觉得这车开起来挺不错的。企业潜下心来把产品做好，经过几年市场培育，在消费者这里产生好的口碑，是可以做起来的。”

财新《新世纪》2014年第5期 出版日期2014年02月10日

闲置的电桩

记者：李雪娜　吴静

2014 年 1 月 24 日，农历“小年”第二天，深圳机场新建航站楼，归乡的人流涌动。这个客运量排在全球前 50 名的中国内地最大国际机场之一，每天进出人群近 10 万人，超过 2000 辆出租车来此接送，其中包括 80 辆左右比亚迪 E6 电动出租车。

但是，这并没有给 500 米外的南方电网电动汽车充电站增加人气，那里空无一人。

因为土地权属冲突，南方电网充电站被一分为二，其中六个快充电桩由南方电网公司专人负责，其余地块则被深圳机场封围起来。由于长期缺少维护，铁围栏锈迹斑斑，在被围起来的空地上，散落分布着 20 个慢充电桩，一些废弃的纸箱和一个印有“消火栓”字样的旧木柜堆在路旁，柜子的红漆脱落。

按照深圳机场的要求，前来充电的车辆，须缴纳 30 元 / 小时停车费。这意味着，要充满一辆电动汽车（需时 6 小时），要额外交付 180 元。

“自从深圳机场要求交付停车费后，更没有车愿意来了。”一位工作人员告诉财新记者，因长期无车充电，超过一半的充电桩处于断电状态。即便如此，这样一个充电站每年的运营成本支出也维持在数百万元。

无独有偶，北京、天津、上海等地的电动汽车充电站也大多闲置。

国家电网公司在北京交通大学机械实验馆旁边修了 9 个私人充电桩。其中 2 个挨着窄窄的道路，猛一看像邮局的绿色信箱，其他 7 个委屈地挤在教学楼中间。每个充电桩旁边都停着一辆北汽 E150EV，但车窗上布满厚厚的灰尘，斑驳的雨刷显示车子已经好久没人使用。国家电网工作人员告诉财新记者，这些充电桩是“试驾车”用的，暂时不对私人开放。

从疯狂圈地到急刹车

2009 年是中国电动汽车元年，也是乱局之年。中国提出“弯道超车”理论，即用短短几年时间，通过自主研发的电动汽车技术“赶超欧美”。政府随后在公共服务和私人购买领域，纷纷抛出诱人的补贴政策。

用一位中国普天新能源有限责任公司（下称普天新能源）相关部门负责人的话说：“当时国内16个城市开始试点，大家都不知道基础设施到底怎么做，企业很疯狂，一口气建了很多充电桩。”普天新能源是中国最先从事新能源汽车充电网络建设、运营的企业，由央企中国普天信息产业集团公司和中海油新能源投资有限责任公司合股组成。

南方电网和深圳市政府签订协议，从2009年开始，三年内要建成89个充电站及29500个充电桩，总投资额数十亿元人民币。

随后，南方电网在华南各省市攻城略地。截至2011年上半年，已在广东、广西、海南三省的10多个城市建成12座充电站和556个充电桩。

国家电网则用两年时间覆盖了华南以外的全国26个省市，在苏沪杭、北京、青岛等城市建成156座充换电站和6252个充电桩。到2013年初，累计建成353座充换电站、14703个交流充电桩。

各方都对电动车私人市场充满期待。2012年4月，国家科技部发布的规划说，到2015年，纯电动汽车和插电式混合动力汽车累计产销率要力争达到50万辆，到2020年超过500万辆。国家电网则根据2015年中国电动汽车保有量达到50万、80万和100万辆三种可能的情境，编制了相应的电动汽车智能充换电服务网络发展规划。

两大电网公司在国内充电站市场跑马圈地，意在为新能源汽车时代的到来布局，以充电站和三大石油巨头的加油站竞争，争夺未来的能源霸主。

普天集团很积极，与财力雄厚的电网公司相比，普天新能源的投法略有不同。比如在深圳建电桩就由深圳市政府提供了油电对价补贴。即以某辆车一年耗油量预估一个成本补贴给普天，但普天内部人士称，这并不能覆盖普天建设充电设施的成本，需要规模化。

然而，中国电动汽车市场并没有如预期的那样迅速发展起来。2010年中国卖出了2000辆电动汽车，其中400辆由比亚迪出售，主要为政府采购，私人购买主要集中在深圳和合肥。据一位不愿具名的车企高层透露，这些年卖出去的纯电动汽车中，减去政府采购，减去车企内部员工消化，真正属于市场行为的私人购买也不过 2000 辆。

公共领域的要好一些。截至 2012 年底，25 个试点城市示范推广了 23000 余辆纯电动公交和混合动力公交车。

现实和预期之间巨大的落差让人始料未及。电网公司疯狂“圈地运动”过后，实际效果可想而知。国家电网下属的一家地方电力公司负责人告诉财新记者，基本上所有布局的城市和充电站都无车可充、被迫闲置，“大的充电站一年亏损几千万元，小的亏损几百万元。”

2012 年，电网公司态度开始发生转变，国家电网、南方电网、中国普天都减缓了投建速度。

“在电动汽车市场化没真正起来之前，大家开始变得谨慎。砸了那么多钱，没得到什么效果，都在考虑如何转变商业模式、怎么继续的问题。”前述普天新能源管理人士说。

南方电网 2012 年以后，在深圳基本停止了建大型电站，深圳新增加的两座充电站均为比亚迪投资建成，再交由南方电网管理。到 2014 年，南方电网建成 7 座，这个数字连当初任务量的“零头都没达到”。

国家电网在经过了 2010 年 -2011 年每年约 30 亿元大笔投资后开始收缩。“到了 2013 年全年在这方面业务的投资额不到 10 亿元人民币。”国家电网相关公司负责人说。

换电与充电模式之争

2013 年 9 月份第二轮刺激政策出台后，中央要求各省递交一份关于新能源汽车市场容量的理性评估报告，意欲根据评估进行基础设施的投资规划，并提出“适度超前”建设原则。“比如需要 20 个，就建设 22 个。”一位参与评估报告的内部人士说。

但是，这个度不好把握。建多了闲置，亏损；建少了又无法解决驾驶者的里程焦虑，新能源汽车的市场起不来。

电动汽车充电网络建设涉及的资金投入巨大，最初两年主要来自国网和南方电网，现在电网公司热情减退，谁来投入就成了问题。地方上仍在抛出各种乐观的新能源汽车发展规划，包括配套充电设施建设的规划，但能否完成、怎么完成打上了问号。北京市决心到2017年新能源汽车规模达到19.5万辆，并逐年分派任务。据接近北京市科委的人说，政府自己“愁得很”。

车企也很着急。“我们希望电网公司进一步完善基础设施建设，但如果他们不愿意建，那就我们自己建。”比亚迪绿色公交发展事业部总经理王杰接受财新记者采访时表示，没有充电基础设施建设的前期铺设，消费者购买和使用电动汽车的信心将会受到极大影响。

在王杰看来，电动汽车与充电站就是鸡和蛋的关系：电动汽车不普及，充电站就没有规模效益；充电站不能普及，电动汽车就难以推广。

同样是建充电设施，车企与电网的想法并不一样。国家电网和南方电网提出了“换电为主、插充为辅、集中充电、统一配送”的商业模式，因为换电更有利于其对上下游的控制。国家电网还试图通过换电实现动力电池箱、换电接口等标准化，以掌握统一采购权。据电网内部人士透露，国家电网前期在换电站建设的投资比重几乎占了投资总量的一半。但汽车企业更乐意推广充电模式，这对车企更方便。

在实际推广过程中，电网公司发现换电模式很难实现，首先是每家企业使用的动力电池从材料到性能千差万别，很难用一个或几个尺寸标准统一起来。而且，这是电动汽车最核心的技术，汽车企业不太愿意将其透露给第三方。

电网公司也很快意识到，相对汽油、燃气的封闭式管理，电能更具开放性，“私家车完全可以分散到各个小区、家庭，甚至工作的地方实现充电”。另外，换电站需要额外储备电池，让电网公司投入更大成本，却换来了更多的亏损闲置，这让电网公司不再执着于换电模式。国家电网2011年在青岛建设的薛家岛充换电站即是典型例子。“按1：2.5的比例储备电池，需要采购多少储备电池才能为280辆公交车实现充换电服务？”一位电力公司员工，薛家岛电站建成后，每年亏损几千万元“稀松平常”。

国家电网开始调整运营思路，2014年的新口号是：“主导快充，兼顾慢充，引导换电，经济实用。”

电网公司也放弃了全面占有市场的想法，更愿意让汽车企业或其他社会资本参与进来建充电站。当年南方电网为了不让比亚迪自建充电站，在标准问题上四处作梗，甚至建好的电站也拒绝通电，现在则已放手让比亚迪冲到前面。

在比亚迪公司总部，财新记者看到供比亚迪内部员工使用的空中电动车充电塔。这座 2013 年 8 月由比亚迪自主设计建设完工的充电设施，同时兼备停车功能。“同是 360 辆电动汽车的占位，充电塔要比普通充电站节省 6 倍的占地面积。”王杰说。

不过，这种充电塔目前仅限于比亚迪深圳坪山总部，供公司内部员工充电使用。在市场化推广方面还面临问题。

国网南瑞集团相关负责人认为，比亚迪充电塔是一种商业模式创新，“除充电收入外，停车费收入也可以作为一种补充”。但在推向市场前，比亚迪需要解决与电网公司协调职责分工的问题。“电网公司不拒绝比亚迪这么做，但在电力安全，包括跟车充电连接之间的安全问题方面，我们更专业一些。”该负责人说。

2013 年 9 月 17 日，财政部等四部委下发《关于继续开展新能源汽车推广应用工作的通知》，这个新版政策首次提出，中央财政将安排资金补助充电设施建设，试图为降温的电桩建设添些助力。

在补助细则未明晰前，当前建设主体仍然是国家电网、南方电网、中国普天等国企，尤其是标准体系仍不够完善，社会资本如何参与进来，产业规范化发展仍是个问题。

混乱的标准

各地方和企业各自为政，五花八门的建设模式带来的一个后果是，很多地方的充电设施不通用。比如对私人购车者而言，很可能会发现在深圳买的电动车没法在北京和杭州的充电桩上充电。在普天新能源副总经理傅毅看来，电动车未来要进入产业化，先得统一基础设施的规划和建设标准。

“我们的项目用地都是临时用地，基础设施充电也是临时建的，说白了都不合法。”傅毅在一次酒会上私下表示。

一位负责天津充电系统的集成商告诉财新记者，开始做充电站都是主管领导要求建多少就多少，划到哪里是哪里，没有周密的规划。补办手续时还得带着当初的“会议纪要”，一个个部门跑。

傅毅在“2013年全球新能源汽车大会”上表示，各地充电网络互通互联是问题，技术路线都不一样。一位北汽内部人士告诉财新记者，比亚迪充电标准和国网不一样，到了北京得自己建充电设施。

比亚迪相关负责人认为，这种状况存在原因是充电技术标准不够统一、互通性差。“国家电网和南方电网都是依照国标来建，但因国标细则很粗，不够完善，很难统一。”截至2013年6月，中国已经出台了57项相关标准，根据工信部《新能源汽车生产企业及产品准入管理规则》的要求，目前电动汽车需要满足的电动汽车相关标准累计达到22项。

傅毅称，国内所有充电设施都不具备营运条件，因为根本没有依据来严格验收，这给后期建设和运营带来很多问题，“有的电池充电时发生异常，按理说有传感器可以发挥报警装置，但你快完工时会发现，根本没这个设计。”

在电价问题上，各地方城市执行标准也不统一。有的地方为带动市场，提出免费随便充，杭州电力公司则提出将充电电价提高到3元多一度，地方电力公司急切回收成本的意愿可见一斑。

2013年12月开始，为了回笼资金，南方电网开始对深圳电动出租车E6强推现金结付。一个月过去了，深圳大运充电站业务下滑厉害，“很多司机听说要现金给付，就掉头走人”。

财新《新世纪》2014年第5期 出版日期2014年02月10日

一样电动车，两种体验

记者：李雪娜
实习记者：葛菁

对任何一家做新能源汽车的车企来说，搜集用户体验并完善相关车型都是一件很重要的事。

2010 年 5 月，比亚迪首批 30 台 E6 电动出租车在深圳上路，这些出租车司机成了比亚迪 E6 的第一批体验者。按照要求，司机们还定期提交体验报告，协助比亚迪完善车型。到 2013 年底，深圳的 E6 出租车发展到 850 辆左右规模。此外，比亚迪也通过各种方式——包括内部补贴 800 元 / 月的形式鼓励员工购买来向私人用户推广。财新记者获得的权威数据显示，截至 2013 年底，深圳个人用户电动汽车保有量达到 1988 辆，基本都是比亚迪品牌。

比亚迪在私人市场上的开拓难言成功，这一部分是受到糟糕的补贴政策的影响，另一部分也与企业自身在产品研发和推广上的做法有关。

2013 年 12 月 17 日，比亚迪双模电动汽车"秦"在北京正式上市。比亚迪内部人士承认，他们已放弃让 E6 主打私人市场的想法，以 E6 主打政府采购和出租车市场，油电混动的"秦"主打私人市场。这是一个重要的战略调整。

2011 年 10 月，升级为个人版、加了很多高端电子配置的 E6B 曾被寄予厚望。但在后来市场推广过程中，E6B 打破了比亚迪对个人用户市场的乐观估计。2012 年 6 月，比亚迪在官网首次承认，因为售价过高、充电站等基础设施的缺失等客观因素影响，电动汽车在个人市场的销售并不理想。

迪粉们

在中国最早开始做电动车的比亚迪，现在虽然还没有真正打开私人购车市场，但这些年在电动车上的坚持投入，帮它赢得了一批铁杆粉丝。

迪粉分布在全国各地。"什么人都有，亿万富翁、商人、律师、公务员、教师、医生、学生、艺术家，各行各业。多数人是技术控。每次迪粉聚会，那种融洽、相见恨晚的感觉，别的地方很难体会到。”网名为“布莱德舰长”的一名迪粉说。

迪粉们多数通过微博、股票群、车友会和探营认识，他们密切关注比亚迪的各种动向，很多迪粉还开始投资比亚迪的股票。有人甚至设计了一套比亚迪养老计划，即每个月买一手（100股）比亚迪股票，到50岁后，每月卖出100股来养老。据说这样既可以抗通胀，又能有丰厚的回报，“比社保靠谱。”

在迪粉们看来，比亚迪有世界领先的电动车技术。即使是现在全球最受追捧的特斯拉，也没法跟比亚迪比，因为特斯拉的电池是买的，而比亚迪用的是自家的电池。在他们看来，特斯拉用的钴酸锂电池，在耐用性和一致性方面也比比亚迪的ET–POWER铁电池差太远了。他们最津津乐道的，是E6的300公里续航能力。而他们最新追捧的对象，是比亚迪新推出的油电混合动力车——秦。按照业内的术语说，这款车是“深混”（意即以用电为主），充一次电可跑70公里。无论是内外设计还是油电转换的灵活度，都比第一代产品F3DM要强很多。

2013年10月底，比亚迪举办了一次名为“秦战列国”的直线加速擂台赛，招募到32款包括超跑、轿车、SUV在内的主流车型进行PK，“秦”的成绩超过了日产GTR、保时捷911、斯巴鲁森林人2.0T、别克君威GS等。

迪粉“古道清风”介绍说，“秦”有多项改进来自迪粉建议，在这个过程中，迪粉和比亚迪高层之间建立了直接联系。2013年9月10日比亚迪举办的一次名为“科技·驱变非凡”的技术解析会上，迪粉作为嘉宾团体受邀参加。“布莱德舰长”告诉财新记者，现在比亚迪组织大型活动，会邀请迪粉到场，还专门成立了“迪粉互动科”。他自己原本是一名路政管理员，看到比亚迪推广不力，今年1月辞职到比亚迪在安徽的4S店做管理。

“比亚迪这些年的质量提升很大，我要到一线去，摸索并试图找出比亚迪销量上不去的症结所在。”他说。

小E的体验者

对于迪粉们的很多说法，宝马电动车的体验者们肯定不以为然。

和比亚迪、北汽这种边试验边卖车的做法不同，跨国汽车厂商们要低调和规范得多。它们对于尚在试验中的车型，采取征集体验者的方式，体验者不仅被要求每天填写体验报告，还与公司签署保密协议。

宝马 miniE 是宝马开发的一款电动车型，从 2011 年就开始在北京和深圳征集免费体验者，前后两批，每批有 150 天的体验时间，到 2012 年结束。紧接着，宝马另一款 ActiveE 纯电动汽车也开展了相关体验活动。ActiveE 的体验时间更长，为 12 个月，体验者要每个月缴纳一定费用。

在深圳，宝马 miniE 被 10 个体验者亲切地称之为小 E。体验期间，他们经常开着小 E 一起兜车聚会，相互交流小 E 的驾驶感受。

一位不愿透露姓名的小 E 体验者告诉财新记者，他是在一次车展上看到招募活动后申请加入的。申请过程很严格，要参加笔试，填写复杂的表格，内容围绕环保、新技术、驾车技巧等展开。宝马对体验者最基本的要求是，必须拥有一个固定停车位，以便于搭配充电桩。

宝马招募对象层次各异，从老年人、中年人到年轻时尚一族的都有，工作领域也各有不同。这位体验者称，宝马做了严密的保密措施，除了引擎其他都上了锁。深圳的 10 辆小 E，内置的电池正极材料多有不同，由多家电池供应商提供。“我们知道每个车不一样，但具体是什么电池，哪些厂家提供的，都不知道。”他说。

交车之前，宝马工程师专门给体验者做了一个下午的培训，介绍充电和驾驶的注意事项。体验者被要求填写体验表，内容包括每次开车情况、遇到状况、驾车感受、充电情况、行驶里程等。为了防止体验者偷懒，会有专人定期电话询问。

“如果你想体验一次最长的行驶里程，公司要求你最好开始跑前拍下来，跑完前再拍一次，以示完整行驶记录。否则不作数。”上述体验者说，最冒险的一次，他曾经一次开了 210 公里。本来是要去另一个体验者那里充电，恰好对方不在，又连去了另外两个，也都不在。“路上一直处于紧张状态，担心半路抛锚，以至于忘记最重要的拍照记录。”这次里程极限式的体验，让他深刻感受到了电动车司机都会有的“里程焦虑”。

五个月的体验让体验者对电动汽车有了基本认识。在前述体验者看来，小E确实很酷，开起来很舒服，像静止了一样。开过宝马小E后，对于中国要在电动车上弯道超车的说法，他只有两个字评价："白扯。"

在他看来，国内企业与跨国企业的差距"不是一点半点"。"体验过程中，我们的每一个细小的意见，都会受到宝马公司的重视。"他说，"他们会跟你详尽交流，把问题的任何一个细节都要搞清楚。"

他注意到一个细节，在充电管两端衔接的两个充电插头，挨着充电桩的为南方电网公司提供，挨着电动车的来自宝马公司。充电时，宝马插头只需轻触对准，无需用力，一下子就能吸进去。充电完成后的拔出力度也很有讲究，据宝马工作人员介绍说是经过严格测算，刚刚超过一个8岁-12岁孩子的力气，"成人不费力，但12岁以内的孩子却很难拔开，这主要是避免充电过程给未成年人造成意外。"

但是另一端南方电网的插头，有时候使出吃奶的劲都拔不出来，经常刮破手指。"很不人性。"他评价说。

重要的是产品

帮助地方政府规划和安装充电桩的普天新能源一位副总，也表达了类似的看法。他认为，在电动车领域，中国大部分企业与国外同行的差距还很远。跨国厂商和合资厂商很少对外公开说，但这些年一直在产品上下功夫，投入远大于国内企业，还有很多国内企业一心等着电动车市场真正启动后再抄别人的技术。

目前，作为电动汽车核心技术的动力电池，在一致性方面仍待提高，安全性也受到质疑；隔膜技术国产化率低，高质量正极材料还需进口；驱动电机高速轴承也需要进口；尽管国内已开始研发生产电控系统用电子元件，但离规模化生产尚有一段距离。

做电池起家的比亚迪，较国内同类车企中更有研发技术优势。但受制于财力和发展阶段，在产品商用化过程中也很难像跨国厂商那样一板一眼按部就班地投入和操作。

有媒体曾对包括长安、北汽、比亚迪、江淮等 13 家国内车企电动汽车投资进行过统计，2015 年前总投资为 171.79 亿元人民币。这一数据是通用汽车在沃蓝达一款车投入资金 51 亿元人民币的 3 倍多，还不到日本丰田每年用于新能源汽车的研发投入的三分之一。

"在自身技术远不及人家的时候，就想弯道超车，很难。"深圳市比克电池有限公司董事长兼总裁李向前认为，国内车企最迫切的是，加强技术研发，生产出质量过硬的产品，打消用户购买疑虑，"只有这样电动汽车规模化时代也会到来。"

除了改用油电混动的"秦"主打私人市场，比亚迪也在试验其他路径。2012 年 3 月，比亚迪与戴姆勒共同投资 6 亿元成立深圳比亚迪戴姆勒新技术有限公司，主攻电动产品，最新一款纯电动汽车产品腾势将于今年 6 月份推出。

这款车由戴姆勒开发车辆结构和底盘，比亚迪提供纯电动力系统，即电池。"这就相当于把中国人的心脏装到德国人的胸膛里。"王杰说。

财新《新世纪》2014 年第 5 期 出版日期 2014 年 02 月 10 日

比亚迪的探险

比亚迪无疑是现在最受关注的中国公司之一。

自从 2008 年 9 月沃伦·巴菲特（Warren Buffett）以 2.3 亿美元（约合 18 亿港元）入股以来，市场掀起了持续的“比亚迪热”。短短一年间，比亚迪的股价从 8 港元涨至 85 港元，上升了 10 倍；甚至与其有业务来往的企业，也有了“比亚迪概念股”之称。

与之相对应的，是比亚迪传统汽车销售一路高奏凯歌：2003 年才通过收购进入汽车领域的比亚迪，2008 年汽车销量达到 20 万辆；2009 年达到了惊人的 45 万辆，仅 F3 一款车型就销售了近 30 万辆。

汽车巨头们正改变态度，从不屑一顾到言必称比亚迪。厚朴基金创办人方风雷称，2009 年全球汽车行业最聪明的投资者，就是投资比亚迪的巴菲特，因为比亚迪将电动汽车变为可能，给中国带来了机会。

这家近年来最成功的中国制造业企业的创始人王传福，刻意低调。从 1995 年创办比亚迪，以手机电池起家，后延伸至手机零部件；2003 年转战汽车，凭借成本优势和销量打败对手，征服质疑者，他将比亚迪打造成中国最大的电池生产商、进步最快的本土车商，以及电动车和新能源的旗手。15 年间，他仅接受过一次公开电视采访。

过去的成功夯实了投资者的信任，电动车和新能源概念则带来巨大的想象空间。虽然直到现在，除了在车展上，还没有外人真正开过比亚迪第一款纯电动汽车 E6。对于比亚迪在电动车和新能源上的技术实力，外界既好奇又疑惑。更好奇的是，王传福究竟是一个什么样的人？比亚迪在传统产业里创造的神话，能否在电动车和储能电池领域继续？

在过去的两个多月中，财新《新世纪》记者访问了大量比亚迪的同行、员工、消费者、供应商、投资者，以及汽车检测机构、投资中介机构和分析师，试图全面剖析比亚迪，还原支撑其高股价的电动汽车真实图景，并寻找驱动企业和企业家的内在基因。调查采访指向两点：

第一，与外界的想象相反，比亚迪真正的竞争力不是新技术领先实力，而是将中国劳动力优势发挥到极致所创造的特定生产研发方式。它能从一个领域跳到另一个看似不相干的新领域并取得成功，正有赖于这一比亚迪生产方式。与之相配套的，是稳定而富有执行力的团队，以及独特的高激励、高福利企业文化。

第二，电动车和新能源概念很美，但比亚迪已经透支了这些概念。在高股价水平上，投资风险越来越高。比亚迪并没有绝对领先的电动车技术，电动车也远未达到量产的能力和时机。如果市场成熟，它有可能凭借前述生产模式造出更便宜的电动车，但那一天还早。储能电站最吸引人，但基本还处在实验室阶段。

在王传福进入的电动车和新能源领域，商业模式远未成形，相当长时间内必须高度依赖政府资源、财政补贴和政策扶持。从做市场生意全面转向做政府生意，比亚迪转变车道，但这不是王传福已得到证明的长项。以手机代工养汽车，以传统汽车养新能源，比亚迪的这条路能否走通，需要的不仅是企业家智慧，甚至主要不是企业家智慧。做政府生意，这与比亚迪方式是错配还是绝配？决定权不在王传福手上。

如果比亚迪方式不再是撒手锏，比亚迪将会怎样？

比亚迪方式

记者：梁冬梅　杨彬彬　符燕艳　王端

22 岁的汽车工程师李学林没想到能拆解老板的奔驰 S300。

李学林至今记得，拆解奔驰那天，七八名同事围着这个黑色、价值百万的“大家伙”站了很久，不敢下手。最后，一个个子不高、微微发福的中年人拿起车钥匙，在车身上狠狠划了一道。“这样你们就可以动手了。”中年人擦去脑门上的汗珠。他是王传福，这辆车和比亚迪的主人。安徽人，倔强。

拆车是为了逆向开发一条电控生产线。所谓“逆向开发”，就是拆开其他厂商的现成产品学习，再想办法自己生产。这样做成本至少节省三分之一。李学林只是比亚迪3万余名工程师团队中的一颗“螺丝钉”。从1995年创立起，这家以电池代工起家的企业，就以颠覆者的姿态，从电池跳入IT、汽车、新能源等一个个看似毫不相关的新领域。

通过对畅销产品的逆向开发、对自动化生产方式的全面改造、从上游到下游无所不包的垂直供应链管理，比亚迪在进入的每个领域都获得成功。

模仿者的革命？同行对比亚迪评价两极。但是成功者不受谴责。

在目睹了2009年比亚迪廉价传统车型F3的巨大成功后，一位曾当面质疑王传福的资深业内人士开始自我怀疑。

“我开始有点怀疑自己的价值观，比亚迪也许是条成功的路。”这位曾经担任中国另一家大型汽车企业研究院院长、现在某知名大学任教的专家说。

比亚迪式模仿

2009年5月起，西安街头的出租车陆续换成了比亚迪F3。乍一看，很容易让人误以为是丰田花冠。F3从外形到内饰全面“借鉴”了丰田畅销车型花冠，只是价格相差近一倍，普通配置的F3不到6万元，花冠则需要10万元。

比亚迪对此并不避讳。在F3的早期销售中，销售人员甚至刻意宣传这种相似性。河南省郑州市的一些4S店提供明码标价的换标服务——客户买了比亚迪F3，只要再加上几百元钱，工作人员就负责帮忙换上丰田的标志。短短五年间，F3年销量达到30万辆，成为2009年中国最畅销的一款轿车。

为了在最短时间造出车、造好车，比亚迪每年都花费数千万元购买全球各地上市的最新车型，拆解学习。在比亚迪深圳坪山基地厂区，经常能看到挂着“试”字车牌的高级轿车，奔驰、宝马、雷克萨斯、丰田、本田，应有尽有。

早年进入电池领域，王传福也是这样建立了第一条生产线。当时一条最先进的三洋全自动镍镉电池生产线需数千万元，而比亚迪全部创业资金只有

250 万元，是王传福向表哥吕向阳借来的。这个倔强的安徽人决定自己动手做。通过拆解改装，最终，比亚迪只花费了 100 多万元就建成一条一模一样的生产线。

2002 年瑞银投行亚洲区主席蔡洪平将比亚迪推上香港资本市场不久，王传福告诉他有意进入汽车业，蔡激烈反对。整个比亚迪的创业团队中，只有锂电池生产设备的主要研发设计人毛德和支持王。王蔡二人争论很久，王最后说，他已经解剖了大量汽车，结论是“汽车不应该是这个价钱”。

2003 年 1 月，比亚迪收购陕西秦川汽车 77% 的股权。不久，业内传闻比亚迪在上海松江招募了数千人建汽车研发中心。当年 4 月，曾任职奇瑞的一位业内资深人士闻讯来到比亚迪在上海松江的实验室，他吃惊地发现，实验室设备只有一两台是进口的，其余全部根据进口设备仿制。

这位资深人士是“逆向开发”的激烈反对者，一直主张中国汽车企业应走自主开发的道路。他回忆说，2005 年 F3 上市后，奇瑞曾买了一台样车研究，认为不过是对丰田花冠的拙劣模仿，无论是外形，还是工艺、配套，都不是奇瑞对手。几年后，他们发现 F3 制造工艺迅速成熟，一个可怕的对手诞生了。

为什么这种简单粗暴的模仿做法能够赢得市场？这位从事汽车设计多年的资深人士开始思考其中的道理。本土民营汽车企业都从模仿起步，但又都在知识产权纠纷和市场压力下逐渐放弃了简单模仿。比亚迪能后来居上，原因在于在模仿之路上走得更大胆激进，但没有犯很多本土汽车公司的通病。

他总结了比亚迪式模仿的三大特点：第一是集中，不盲目上车型，把有限资源集中在拳头产品上；第二是生猛，选择卖得最好的产品，“明目张胆”地抄；第三，精细。成本和质量控制严格，学习能力极强，什么都自己做。“同样是模仿，比亚迪做得好，与它之前在电池和 IT 领域积累的严密质量控制体系有关。”

“它也许是对的。”当 F3 卖到 30 万辆时，这位人士更新了自己的判断，“这家公司很有可能成为中国汽车业的榜样。”A.C 科尔尼高级经理吴晶辉也认同这种观点。

不受欢迎的采购商

比亚迪让供货商们既爱又怕。

电解质是生产锂电池的核心原料之一，通常占到电池原材料成本的 20%左右。位于江苏张家港的国泰华荣新材料化工有限公司，是中国最大的锂电池电解质生产企业，也曾是比亚迪最大的电解质供应商。

国泰华荣大股东江苏国泰（002091.SZ）的董秘郭盛虎记得，2005 年，王传福带技术人员来访，仔细参观生产车间和设备，详细询问各种技术参数，并下了一张 50 多吨的订单——相当于当年产量的一半。但是，“买了一两次之后，比亚迪就再也不买，开始自己做了。”

不光是电解质，很多为比亚迪供应模具、材料、组件等上游原料的供应商，都有过类似遭遇。这种上下游不断延伸的“垂直整合”压缩了成本。比亚迪在短短几年内超越日本三洋，成为世界上最大的镍镉电池供应商，其后又成为第二大锂电池供货商。

进入产业链更复杂的汽车领域，比亚迪“垂直整合”模式更发挥到极致。

汽车四大工艺包括冲压、焊接、涂装、总装。上世纪 90 年代之后，世界主要汽车厂商如通用、福特等纷纷“去配套”化，外包比例不断加大，以提高效率、分散风险。比亚迪却反其道而行之，能做的全部自己做。按照王传福的说法，除了轮胎、玻璃和少数标准件，比亚迪几乎所有配套产品如发动机、减震器、座椅、车灯、雨刮器等，都可以部分或者全部由自己生产。

以冲压环节为例。通常，汽车企业在自行或外包设计出一款车型后，会交由相应的模具工厂设计、开发全套模具。一套中级车的模具数量通常在 1500 个以上。而 2003 年收购西安秦川汽车公司之后，比亚迪同时收购了位于北京通州的北汽模具厂，并将全部生产线复制到了深圳，比亚迪甚至自行建造了自己的铸造车间。两家模具厂每年可以同时开发四款新车型的全套模具。

据比亚迪内部人士测算，一套 F6 模具共有 1800 多套，外包给模具公司制作需要一两年时间，成本大约为 1.5 亿至 2 亿元。而比亚迪自行设计制作只要八个月时间，成本只要七八千万元。目前，比亚迪正在毗邻深圳的广东惠州大亚湾建设第三个模具工厂，全面建成后，每年可以增加开发四款新车型的全套模具。

“我们的汽车为什么那么便宜？就是从这些零部件省下来的，发动机省点儿，仪表盘省点儿。”比亚迪一位中层人士表示。

不只是在制造领域，甚至过去从未涉足的终端营销领域，比亚迪也亲力亲为。一位与比亚迪交流颇多的业内人士曾当面问：为什么最新的 F6 广告那么“土”。回答是：比亚迪 的所有广告都是自己做，没有聘广告公司。一幅地铁灯箱广告的制造成本仅 2 万元左右，而外包的报价起码在 40 万元以上。

人工替代机器

2008 年，巴菲特入股之初，这宗交易的主要助手中美能源 CEO 戴维·索科尔（ David L.Sokol ）曾赴深圳比亚迪电池车间参观。他吃惊地发现，一排排工人坐在操作台前，如同 18 世纪的纺织女工一样，仅仅依靠简单的机器加双手就包装出了成千上万的电池。他连呼：“不可思议！”

从创业之初，王传福就确定，要用低成本超越日本电池企业已筑成的高门槛，办法是反其道而行之，对自动化生产线加以拆解、改造，尽可能用人工代替机器，辅以夹具来固定零部件，提高精度，保证质量。这就是比亚迪引以为自豪的“夹具 + 人工”的模式。

与奇瑞等本土竞争者网罗地方官员不同，比亚迪喜欢收集两方面的人才，一是优秀工科学生，有时整个班级集体签约，这很像华为的做法。另一类是能力强、经验丰富的退休工人或工程师。这些熟练技术人员带来弥足珍贵的经验和技术，帮助比亚迪缩短成长期。

比亚迪官方资料显示，截至 2009 年底，比亚迪公司员工总计 14 万，其中工程师人数就超过了 3 万。

鲜为人知的是，多数锂电池生产企业的电池，是盒状的，而比亚迪的产品很多是圆柱形。原因是，盒状电池需要专门的自动化叠片机叠装涂上了正极材料的铝箔，而柱状电池使用人工直接卷起来就可以，大大节省了设备采购成本。

2003 年接受央视《对话》栏目采访时，王传福曾总结自身在 IT 领域的经验，认为人力成本加上市场优势，是中国企业获得成功的关键。

目前，国内生产线自动化程度较高的深圳市比克电池有限公司，一条手机电池生产线上通常只需要 50 人，而比亚迪通常有 100 人之多。

比亚迪一位离职员工说，用人工代替机器，使比亚迪手机电池的淘汰率很高，通常在 20% –30%。在给客户诺基亚提供 80 万订单产品时，比亚迪通常会按照 100 万来生产。而自 动化程度高的日本企业，产品淘汰率仅 5%左右。不过在王传福看来，与动辄上千万元乃至上亿元的固定设备投入相比，增加的人力和淘汰率完全可以接受。除了改造生产工艺，比亚迪还通过改变锂离子电池的温度条件，来减少设备投资的成本。

2003 年收购秦川后，王传福将“人工＋夹具”模式推广到汽车领域。

与上海大众、北京现代等自动化程度较高的合资企业生产车间不同，位于深圳的一条比亚迪 F6 总装生产线有 220 个工人。比亚迪将总装工序进行了详细拆分，每个工位通过夹具固定车身，即使是在自动化程度较高的冲压和涂装车间，钢板给料、组件搬运等工序，大部分也均由人工完成。“总之能用人手的，就尽量不用机器手。”一位熟悉比亚迪生产的 业内人士说。

“家文化”

王传福用这套生产方式征服了很多投资人。

惠理集团主席（00806.HK）谢清海 2002 年第一次见到王传福时，听他大讲如何用便宜得多的价格造出跟日本车同样质量的汽车。王传福说：“秘诀就在于 Mould（模具），深圳做一个模 具的成本只有日本产品的 20%。”谢清海半信半疑，但当他走进比亚迪工厂，亲眼看到地上成百上千、足可以造出一台车的模具时，他决定购入比亚迪的股票。

还有些投资人认可这套生产方式背后的管理。巴菲特的合伙人芒格(Charlie Munger）称赞王传福发明能力像爱迪生，管理堪比杰克·韦尔奇。富兰克林邓普顿基金 2003 年 1 月股价最低时成为比亚迪股东，当时市场不接受比亚迪向汽车转型，股票大跌 70%。该基金执行副总裁杨光看到年轻女工排着整齐的方队去吃午饭，坚定了投资比亚迪的决心，“管理非常严格，非常精细。”

在员工看来，王传福务实得可怕。“谈任何事情，他都能谈到细节，给出细节性的指导，而且是对的。”比亚迪北京模具工厂的一个员工说。王传福的记忆力也给他留下深刻印象，“开会不带任何记录的东西，全都记得住。”

比亚迪共有 18 个事业部，每个事业部独立核算，有一套硬性的考核和激励机制。对于各个零部件工厂，都有一套虚拟的成本控制系统作为考核标准。每一道工序都要力争比竞争者便宜，质量还要过关。事业部总经理薪酬可以高达数千万元，针对优秀普通员工的总裁奖，也高达 30 万元。

“事业部老总各负盈亏，亏了要么辞职，要么自己掏钱补损。”比亚迪第 16 事业部的一位员工称。一个负责钢板采购的员工，因采购过量导致公司损失 2 亿元，后来被辞退 ，丈夫也辞职。一名新晋员工则因设计了一个流程解决方案，使所在小组获得了 25 万元的项目开发基金，自己的月工资也增加了 500 元。

比亚迪的创业团队相当稳定，从上市至今，除了增加两名负责汽车业务的副总裁，流失的高管几乎为零。多位接近王传福的人士认为，“愿意分财”、内部激励制度完善是主要原因。

2002 年比亚迪在香港上市时，近 40 个管理人员都被纳入发起人行列，公司 33 名管理层共持股近 17%，王传福个人持股 28.9%。

瑞银集团投资银行亚洲区主席蔡洪平参与了比亚迪上市的全过程。他回忆说，比亚迪创业之初，杨龙忠、夏佐全等几位核心高管投入数万元入股，王传福曾口头承诺上市后给大家分股份。

到 2002 年比亚迪上市前夕，根据询价情况，比亚迪招股区间的上限为 12.20 港元，市盈率高达 30 倍。当年的几万元变成了上亿元，高管们暗自担心口头协议还能否兑现。蔡洪平询问如何处理时，王传福答称——“当时怎么说的，就怎么办。”以比亚迪第三事业部老总何龙为例，在上市前持有 0.1874% 的股权，以目前股价计，身家上亿。

“中国的企业家很多都不会这样，承诺的都不会兑现。”做过无数次民企 IPO 的蔡洪平感慨说。

比亚迪基层员工的薪水并不高，但十年以上工龄非常普遍。每一位新入职员工都曾听过王传福讲“家文化”概念，即以厂为家。和每个员工一样，王传福和他的高管们每天穿着工服上班，一样打卡，经常走得比员工更晚。王传福的办公室里还有一间卧室。

工程师李学林在进入比亚迪的第二个月就获得了一间单身宿舍。如果他继续做下去，有可能以成本价在亚迪村分到一套自己的住房。他现在的愿望是2010年买一辆F3。虽然价格仅比市场价优惠数千元，但公司承诺，内部员工可以零首付，每月补贴700元油补。

在比亚迪的深圳基地，食堂、运动场、学校，一应俱全。一位加入比亚迪的北京员工去深圳出差，最吃惊的莫过于看到比亚迪的标准运动场。这在他之前近六年的职业生涯中前所未见。

在去比亚迪的厂区大巴上，经常看到一对对男女恋人，穿着同样颜色的比亚迪制服。比亚迪鼓励员工将家属、朋友也介绍到比亚迪工作，有合适的岗位优先考虑。员工们私下开玩笑说："一开始住个单身公寓，然后买个F3，接着娶了老婆买个亚迪村的房子，孩子长大了就上亚迪学校，这辈子也就完了。"

成长中的荆棘

凭借这套生产方式和强悍的管理，比亚迪不断以销售和市场份额反击怀疑者。但围绕着"低成本神话"及低成本道路可持续性的争论，从未停止过。

关于比亚迪的F3到底赚不赚钱就说法不一，外界很难证实。比亚迪声称以F3的极低价格，每辆还能挣1万元。比亚迪的财报也显示，2005年11月，F3就开始贡献收益，12月当月使汽车业务实现盈利。但在比亚迪参与生产F3的一位员工说，"F3卖得越多亏得越多，每卖一辆约亏5000元。现在，比亚迪主推另两款车型F0和F8。"

一位曾观察比亚迪多年的奇瑞前高层也怀疑F3能真的赚钱，但他承认，"它（比亚迪）的供应商体系是自己的，成本确实透明、可控。"新加坡树盛投资管理公司顾问乔颖路认为，人工代替机器并不真的节省成本，二者的区别主要体现在会计上摊销成本的方式不同，将一部分固定成本变成了流动成本，降低了初进入企业的资金门槛。比亚迪的一位中层曾这样形容人工的好处："因为是人工，生产线弹性比较大，随时可以增加产能，产品更新换代也快。"

类似的争议并没有影响比亚迪在银行的信用。国开行深圳分行的一位高层私下表示，和中兴通讯和华为一样，很多项目在起步阶段都是有亏损的。银行认为不用担心比亚迪的风险和利润问题，原因有二：一是国家支持的环保项目有财政补贴；二是它的传统锂电池业务盈利不错。

但是，以人工代替机器的低成本策略能否继续复制？A.C 科尔尼高级经理吴晶辉认为，质量一致性问题是最大潜在风险。因为机器相对于手工，最大的优点就是可以保证质量的一致性。一旦进入电动车和新能源领域，人工优势就不复存在。比克电池公司 CTO 毛焕宇解释说，设备的自动化程度，直接关系到电池质量和一致性问题。手机用电池是单体电池，而动力电池由数十乃至数百块电池串并联而成，性能由短板决定，一致性问题直接关系到其性能和安全性。

事实上，比亚迪内部也明白，人工和精细化是一组矛盾。或迟或早，比亚迪要重归自动化道路，特别是在电动车和新能源领域，“人工 + 夹具”的生产方式难以为继。届时，如何继续自己的低成本之路将是比亚迪面临的最大考验（详见“电动车之谜”）。截至 2009 年底，比亚迪已经投入 50 多亿元进行自动化改造，虽然很多机器仍然是自己制造的 。

专利则是比亚迪面临的另一个陷阱。“模仿既让它迅速获得成功，也面临着专利官司的隐忧。”一位不愿透露姓名的原南汽集团高管提醒。在他看来，目前比亚迪汽车产品 90% 以上是“借鉴”而来。近年来，比亚迪汽车的展台上常常会出现丰田公司的人员参观拍照、记录数据。熟悉国际汽车游戏规则的人士认为，“丰田应该是在调查取证。”此前，奇瑞、长城等中国汽车厂商都曾遭遇过知识产权官司，在美国、欧盟等地的裁决中败诉，相关车型被限制出口。

在电池领域已经遭遇过富士康专利官司困扰的比亚迪，对于专利风险并不敢掉以轻心。王传福曾多次表示，比亚迪是模仿而不是抄袭，并辩称，日韩汽车企业起步阶段都经历过从模仿到改进再到自主创新之路。

2006 年，富士康以“比亚迪涉嫌在 IT 方面抄袭自己的专利权知识产权”为由，起诉了跳槽到比亚迪公司的两名离职高管，该案最终以两名高管败诉终结。当初和王传福一起创业的比亚迪高管夏佐全，因诉讼一度被公安机关带走协助调查。

大概因此之故，比亚迪信息管理极其严格。在比亚迪深圳坪山基地，有一座内外两层的“六角大楼”，外围是办公区，内层是比亚迪汽车研究院。研究院对外封闭，须凭卡出入。工作人员开车出入厂区要查后备厢，技术人员不能将笔记本电脑带出厂区。

为了绕开知识产权问题，比亚迪成立了数百人的专门团队，研究全球专利技术，并在非专利技术的基础上，进行集成和改造。同时，比亚迪也开始大量申请自己的产品专利。2009 年，比亚迪已成为继华为和中兴之后，深圳市第三大专利申请大户。

比亚迪汽车销售公司副总经理王建均表示，品牌在起步阶段肯定不能有太多个性，需要更多吸纳流行元素。只有在品牌建立起来之后，才有可能体现自己的个性。他表示，今年比亚迪将推出六款新车型，全部是 10 万元以上的中级车，“你们将发现，它谁都不像，就是比亚迪自己。”

注：因采访对象要求，李学林为化名

记者卢彦铮、王嘉鹏对此文亦有贡献

财新《新世纪》2010 年第 7 期 出版日期 2010 年 02 月 08 日

寻路电动车

记者：梁冬梅　杨彬彬　王端　符燕艳

一推再推，比亚迪纯电动车 E6 终于在 2010 年 1 月中旬获得工信部新产品目录公示，迎来了正式上路的曙光。

市场等待这一刻已经用了太长的时间。在巴菲特高调宣布入股的一年间，受新能源汽车概念的驱动，比亚迪股份有限公司（01211.HK，下称比亚迪）

股价上升了10倍。但没有人知道比亚迪的电动汽车技术究竟如何，新能源汽车神话何时才能变为现实。

比亚迪宣称其在电动汽车和动力电池方面具有全球领先技术，不过，这种技术从未被权威机构证实。业内有人曾为其纯电动车E6出价百万，但求购无门。迄今为止，比亚迪的两款主打新能源汽车——可以插电充电的油电混合动力车F3DM和纯电动车E6，只能在各种车展上看到。

新能源汽车上市的时间表已一延再延，比亚迪重心也悄然从混合动力车转向了纯电动车。

2008年，比亚迪一度宣称其首款双模电动车F3DM将在年底上市销售。但迟至2009年6月，深圳市政府才获得了10辆F3DM作为公务用车，个人市场迄今尚未开放。

2009年5月，王传福亲自将一辆E6开到了美国加利福尼亚施瓦辛格的州长府，宣布E6将于2009年底在美国上市。音犹在耳，刚刚结束的底特律车展上，这个时间被王传福再次推迟到了2010年底。

随着E6获得"准生证"，围绕在比亚迪电动汽车周围的大部分疑问——技术、市场、商业模式都将找到答案。根据深圳市政府的计划，工信部发放"准生证"后，E6将首先作为出租车在深圳进行示范运营。

日前，首批100辆红白相间的比亚迪E6纯电动出租车已经交付，即将驶上街头。未来四年内，这个数字有可能变成2000辆。

资本市场的光环已经足够炫目，现在到了比亚迪兑现承诺的时候。

神秘"E6"

吉利集团董事长李书福，很想知道它的竞争对手比亚迪电动汽车到底好在哪里。遗憾的是，即使通过浙江省台州市政府代为团购F3DM，李书福也无法如愿，因为比亚迪不卖。

对比亚迪电动汽车倍感好奇和压力的竞争对手，只好在车展的时候，派出"技术间谍"去比亚迪展台，试图获得更多信息，但仍无法确知比亚迪电动汽车的各种技术参数。

在比亚迪全国 15 个城市进行的开放试驾活动名单中，也绝不会出现汽车业同行的名字。而比亚迪的动力电池和电动汽车生产线，更不会对外开放，只有一定级别的官员才可能 参观。

比亚迪为何如此神秘?比亚迪汽车销售公司副总经理王建均称，这是出于技术保密的考虑。这个说法遭到众多业内人士的质疑，因为计划于 2012 年实现电动汽车量产的日产和戴姆勒等汽车公司，早已将产品开放给公众试驾。

今年 1 月参加底特律车展的一位前菲亚特集团高管，试驾过戴姆勒集团推出的一款纯电动车，也看到了比亚迪展台上的 E6 和 F6DM。“国际上恐怕只有比亚迪电动车不让（同行）试驾。”他感慨说。

“技术会随着时间贬值。”比克电池公司 CTO 毛焕宇称，只有通过更多的实际应用，技术才能不断向前发展，为了技术保密而迟迟不推出新品，逻辑上并不成立。

即将走上深圳街头的 100 辆 E6 出租车将解开谜底。

在驾驶性能上，电动汽车目前还远远落在以汽油为动力的传统汽车后面，每一家有志于电动汽车的厂商都在为缩短这种差距而赛跑。传统汽车加一次油能跑 500 公里，比亚迪号称 E6 一次性续驶里程有 300 公里，这个数字高于日产汽车计划在 2010 年量产的 LEAF 纯电动车，其公布的一次性续驶里程为 160 公里；也高于福特汽车宣布将于 2011 年推向市场的纯电动车福特福克斯，其一次性续驶里程设计约 260 公里。不过，质疑者们说，比亚迪的数字未经第三方独立检测机构的证实，从 F3DM 的使用情况看，也不尽理想。深圳市政府的一个使用者说，F3DM 充电后，如果开空调，只能开 70 公里。一些同行则指出，E6 充一次电跑 300 公里是靠多加电池组实现的。

决定电动汽车性能有几个关键指标，包括单位电池的储存能量和充放电倍率等。前者决定了一次性续驶里程和时速；后者则决定了充电时间长短。在麦肯锡针对上海市消费者进行的一项调查中，续驶里程短和充电麻烦，是消费者最担心的两个问题。

总部位于天津的中国汽车技术研究中心，是一家具有检测电动汽车资质的检测机构。2009 年底，比亚迪 E6 便是在这里通过了 10 万公里的检测，这是它获得“准生证”的前提。

不过，通过检测不能为E6的技术先进性正名，因为这并非难事。该中心一位技术人员解释说，目前中国没有针对电动汽车的国家检测标准，中心对所有电动汽车的检测只有一项硬性指标——一次性续驶里程超过160公里即可。而且，由于目前实行的是“送检”而非抽检，车商可以“千挑万选”，选择性能最好的一辆车送去检测。在比亚迪E6之前，国内已经有奇瑞汽车和东风日产的两款纯电动轿车通过检测并上了工信部的目录。奇瑞汽车公布的续驶里程数据，与比亚迪相去不远。

充电时间方面，比亚迪称E6普通充电需要6个小时，大电流快速充电需要15分钟。这个数字，比日产公布的慢充8个小时、快充15分钟的指标要好。

不过，曾担任东风汽车公司总经理的工信部副部长苗圩，1月9日在北京大学的一次演讲中批评一些公司和专家“忽悠”外行人，只宣传对自己有利的部分。他举例说，续驶里程长，是以增加电池组来实现的；快速充电会影响电池寿命。同样位于深圳的锂电池生产商邦凯新能源股份有限公司副总裁曹建华直言，比亚迪的单体电池并不比别人做得更好， E6达到300公里的一次性续驶里程，就是多加了一些电池组，这不仅增加车的重量，影响性能，还增加了成本。

据国务院发展研究中心产业部部长冯飞介绍，国内汽车动力电池的循环寿命能够达到1000次左右。但如果快速充电，寿命可能减少一半，这也会大大加大电动汽车的使用成本。

中国汽车技术研究中心前述内部人士透露，从实际检测情况看，国内电动汽车技术还普遍不成熟。目前没有一家企业能同时满足包括续驶里程、电池重量、故障率、最高时速、电池寿命等在内的所有指标。在工信部和国家发改委召开的电动汽车标准制定会议上，各大汽车公司老总常常吵成一团，导致电动汽车标准至今无果。

“最近一次讨论时，有人提议应该增加一项检测指标，要求电池重量不能超过车重的25%，以避免企业为了保证续驶里程，不停加电池组。这遭到了汽车公司集体反对。”这位消息人士称。

量产障碍

几乎所有从事电动汽车及动力电池研发生产的受访人士都反复强调一个观点：造出一辆电动汽车并不难，难的是造出成批量、低成本、又能保证安全性的电动车。

迄今为止，没有迹象表明比亚迪已经具备电动汽车的量产能力，主要的制约障碍还是电池一致性问题尚未找到商业化的解决方案。

据国内较早投入新能源客车研发的北汽福田战略投行部总监沈杨介绍，电动汽车技术实际包括五个部分，除了单体电池、电池组，还有电池组管理、电控技术和整车集成技术。他认为，比亚迪是“电池大王”，在单体电池方面可能有优势，但是电池组管理、电控技术和整车集成技术，则不具优势。“电池组的管理有一个短板效应，即整个电池组的性能由最差的一块电池决定。”沈杨说。

另一家电池生产商比克电池公司 CTO 毛焕宇认为，一致性、安全性和成本是决定中国动力电池发展的关键问题。他不认为比亚迪已经找到解决方案。毛介绍说，手机使用的是单体电池，笔记本电脑需要六七块电池，电动自行车需要三四十个电池，而电动汽车则需要多则上千、少则数百个电池串联或并联，对一致性要求高得多。

“比亚迪过去主要生产手机电池，一直没有打入笔记本电脑领域。到目前为止，我没有看到比亚迪在多个电池组合上的技术亮点。”多个动力电池生产厂家负责人证实，2002 年左右比亚迪曾试图进入纯电动自行车领域，后无疾而终。

保证一致性，会大大增加成本，是影响电动汽车量产的最大障碍。深圳邦凯公司副总裁曹建华称，现在动力电池可能占电动汽车整车重量的一半，成本也占到一半。据他推算，E6 可能需要 1600 块电池。比亚迪需要解决的是，要让 1600 块电池保持同样的工作效率和质量，并用比较低的成本生产出来。

一位业内人士透露，比亚迪在 2008 年北京奥运会时，曾做过 F3DM 的展示车，但造价很高。他们用很好的原材料，做了很多实验，“百里挑一甚至千里挑一，一辆车的成本可能上百万。如果只生产 5 辆车，不难，但如果量产的话，成本就非常高。”上述人士称。

毛焕宇称，要保证动力电池的一致性，首先是保证原材料的质量和一致性；其次，保证工艺流程，主要靠生产线自动化来实现；再次，实现技术突破，将复杂工艺简单化。

目前，磷酸铁锂电池是业内公认最安全、商业化价值最高的汽车动力电池。其材料构成主要有正负极材料、隔膜和电解液。其中，隔膜成本就占电池总成本的 30%。膈膜性能的优劣直接关系到电池放电容量、循环寿命和安全性，目前动力电池隔膜全部依靠进口。

而确保工艺流程质量的自动化设备，成本同样高昂。比克从日本购买的一台卷绕机，价格 30 万美元，两条生产线需要近 70 台，合计成本 1.5 亿元左右。

其他方面的挑战同样巨大。工信部副部长苗圩介绍说，在电控系统上，最大问题是电流的整合元器件也全部靠进口，成本相当高。

如何在保证电动车质量与安全的同时降低成本，是比亚迪未来在电动车领域遇到的最大挑战。王传福乐观地认为，如果政府对电动汽车补贴，比亚迪可以通过量产实现成本的降低。他没有提及的是，动力电池的一致性和安全性，要靠自动化和高质量的原材料来保证，这与比亚迪赖以成功的生产方式相悖，比亚迪过去擅长的降低成本，是通过人工代替机器、自己包揽生产链供应来实现的（详见“比亚迪方式”）。

主做锂电池的苏州星恒曾设法拿到比亚迪的磷酸铁锂电池（即对外宣称的“铁电池”）样品。该公司一位高层透露说，从拆下的情况看，不像比亚迪宣称的那样是自动化程度很高的产品。

深圳发改委一位接近比亚迪的人士透露，比亚迪的电动车目前还不能大规模量产的原因确实是电池还不能供应得上。但他强调，比亚迪在技术上没有问题，需要的是时间。他相信 2010 年 E6 应该能实现“一定量产”。

一般认为，1 万辆是量产的基本规模。截至目前，比亚迪的 F3DM 和 E6 都还远远没有跨入这道门槛。王传福自己曾经表示，不算研发费用，F3DM 每卖掉一辆，亏本 2 万元。现在 F3DM 和 E6 都仍然处于试制阶段。比亚迪在深圳坪山基地新建了一条柔性生产线，E6、F6、M6、S6 四款车型共线，设计产能在 10 万辆左右，预计 2010 年五、六月份正式投产。

深圳头啖汤

报道汽车多年的新华社高级记者李安定称，当他开着电动汽车在美国一个城市迷路时，非常惶恐，害怕一旦没电，附近没有充电站，他将束手无策。

北汽福田的沈杨将比亚迪投资电动车称作一场“豪赌”。在他看来，技术的成熟和成本的降低，都不是问题，假以时日，比亚迪都能解决，真正的风险在于：电动车是一个完全不同的商业模式，它依赖于充电站等基础设施的配套建设，只有充电站无处不在，电动车市场才会打开。而这些投资巨大的基础设施究竟会以什么方式建成，能否建成，统统都是未知数。

2009 年底，深圳龙岗区龙翔大道，大学生运动会主场馆西侧，一座灰色充电站悄然落成。这座充电站由南方电网公司斥资 1000 万元兴建，占地面积超过 1000 平方米，共设 6 台充电柜，可以同时容纳 12 台电动汽车驶入，是目前国内最大的充电站。与之相距不远的龙岗中心城和谐路，另一座规模稍小的充电站也已基本建成。

这些充电站的建设并不仅仅是为了 2011 年举办的大运会。深圳在新能源汽车方面的企图心正将这个城市变成一个电动车的试验场。

根据《深圳新能源产业振兴发展规划》，2010 年，深圳市将有 100 辆 E6 纯电动出租车投入示范运行。到 2012 年，深圳市各类新能源汽车要达到 2.4 万辆左右，其中公交车 4000 辆，出租车、公务车各 2500 辆，私家车 1.5 万辆。

到 2015 年推广使用的新能源汽车计划累计达到 10 万辆。

随之而来的，是庞大的充电站建设计划。深圳市宣布，到 2015 年，将建设公交大巴充电站 50 个，公务车充电桩 2500 个；社会公共充电站 200 个，充电桩 1 万个。

行动已迫在眉睫。2010 年年内，深圳市将至少再修建五到六座大型专业充电站，“要不这 100 辆 E6 就上不了路了。”深圳市发改委重大项目处一位相关负责人说。

这位消息人士透露，已经建成的两个充电站，由南方电网和普天海油投资，但何时能够盈利、商业模式未知。据他透露，比亚迪曾打算自建充电站，初估建五个充电站至少要投入 2000 万元，后来听说政府要建，就取消了这个计划。事实上，比亚迪也不可能抛开电网公司单干。其厂区内部的充电站至今还没有通过南方电网的验收，没有并网，也没有许可证。

有关充电站的规格标准以及具体模式仍在探讨中，前述深圳发改委人士称，深圳准备“一边探讨，一边开工”。深圳原本打算在五个公交总站先建快充充电站，再覆盖全市 70% 的地区。但现在又有一种更主流的意见认为应该建可拆装的充电站。这样做的好处是可以大大节省土地和其他建设成本，只需在偏远地区建一个充电站，充好电后，将电池搬来给需要的车换上即可。

前述深圳发改委人士透露说，深圳计划在四年内，从比亚迪购买 2000 辆纯电动出租车。深圳巴士集团下属的鹏程出租车公司和比亚迪将按 55 ∶ 45 的比例共同成立新能源出租汽车服务公司，比亚迪以 100 辆 E6 入股，巴士集团负责运营。

这位消息人士称，关于 E6 的具体补贴政策也在商讨之中。政府计划每辆 E6 补贴 5 万元，目前正在两种补贴方案中选择：一是直接补贴给用户，一是补贴给企业。此外，停车费、过路费之类，对电动车也将只收取一半费用。

“不过，这都要看效果才好决定。”他补充说。

从 2009 年下半年开始，比亚迪内部已将电动车政策进行了“微调”，从混合动力转向纯电动，从个人消费市场转向政府采购。这是一个不得已的选择。

在 F3DM 之前，丰田的混动车普锐斯已经实现量产，成本和价格优势明显。昂贵的价格也阻碍了电动车个人消费的启动。国际咨询机构麦肯锡 2010 年 1 月 11 日发布的一份调查报告预测，到 2020 年，上海市电动汽车需求有望达到新车销售的 10% –15%，其中，纯电动车仅占电动汽车的 15%，即 1 万辆左右。该报告还认为，早期买电动汽车的消费者，将是对价格并不敏感的时尚环保人士和对汽车使用成本敏感的人群。

比亚迪汽车销售公司副总经理王建均承认，电动汽车个人商用环境的成熟，将是一个长期的过程，非一家企业所能做到。未来几年，比亚迪将在国内市场优先推广纯电动公交车和纯电动出租车的应用；同时加速进入北美市场。

2009年7月，比亚迪宣布斥资6000万元，收购湖南长沙美的客车全部股权，由此获得巴士及客车的生产资质。按计划，比亚迪纯电动公交车将在2010年底上市。深圳市发改委一位相关负责人表示，首批深圳市纯电动公交车将由本地企业五洲龙提供，比亚迪提供动力电池；一旦比亚迪自主品牌的纯电动公交车上市，当然也会获得政府采购机会。

政府生意

比亚迪需要征服的不仅仅是深圳一地。但生意一涉及政府，决定权就不在比亚迪手上了。

2009年2月，财政部、国家发改委、科技部、工信部联合出台新能源汽车补贴政策，对13座城市近千辆（简称“十城千辆”）新能源汽车给予从4000元到60万元不等的财政补贴。此前一个月，国务院还通过了《汽车产业调整振兴规划》，决定启动国家节能和新能源汽车示范工程，优先在城市公交、出租、公务等领域推广使用新能源汽车。

在公共交通领域，比亚迪是一个后来者，要面对很多竞争对手的挑战，并可能遭遇地方保护的难题。与深圳市全力支持比亚迪汽车一样，北京、武汉、广州、重庆等地政府也会优先采购本地汽车公司生产的新能源汽车。分别在武汉和广州设有工厂的日产，就已经与当地政府签署了共同发展电动汽车的谅解备忘录。

部门之争可能是比亚迪面临的另一个难题。一个众所周知的情况是，虽然发展新能源汽车已成业界共识，但在具体发展路径及相应财政支持方案上，中央不同部委间意见分歧。科技部部长万钢一直主张，电动汽车是未来的发展方向，国家应加大投入。主管汽车行业的工信部则认为，在新能源技术尚不成熟的情况下，国家节能减排压力应首先从传统汽车节能技术上寻找答案。

2009年4月，工信部召开论坛讨论制定中国电动汽车技术标准，比亚迪甚至未被邀请。在这个论坛上，日产率先与工信部签署协议，成为工信部首个电动车领域的合作伙伴。工信部发布的《新能源汽车企业及产品准入标准》，将锂离子电池纯电动轿车列为“发展期产品”，只能在批准区域、范围、期限和条件下销售使用；而镍镉电池纯电动轿车为“成熟技术”。

2010 年 1 月 9 日，在北京大学光华管理学院举行的一场论坛上，工信部副部长苗圩特别针对新能源汽车“超英赶美”“弯道超车”观点提出了异议，认为“讲得过头了，是在忽悠外行”。他指出，电动汽车技术某些指标超过对方，并不意味着整车技术已经领先。如果传统能源汽车做不好，指望在新能源汽车上一步跨越是不现实的。“就像一个普通人跟牙买加运动员博尔特赛跑，即使站在同一起跑线上，依然会落下几十米。”苗圩说。

苗圩还反对有些企业将新能源汽车销售不畅的原因归结为政府补贴迟迟不出台，他认为，一味依靠政府补贴的新能源汽车不会卖得很多，不会卖得很好，也不会走得太远。而在技术路线问题上，苗圩也态度鲜明，在各种技术——“不管是轻度混合、中度混合，还是重度混合，还是 PLUG-IN（插电）、或是纯电动”——都不十分完善时，“我们鼓励百花齐放”。

或许是意识到政策环境的复杂和艰巨，一向特立独行的比亚迪，也开始改变其封闭的作风，试图团结更多力量游说政府。

2008 年 3 月，包括科技部战略研究院研究员金履忠、中国工程院院士郭孔辉、原中国汽车工业公司总经理李刚在内的几位汽车老人赴深圳比亚迪汽车生产基地调研。

同年 7 月，他们上书国务院总理温家宝，称“比亚迪公司研发、制造电动汽车的探索与实践，……意义重大，值得国家重视和充分肯定”。后来，包括国务院总理温家宝、全国政协主席贾庆林、中央政治局常委李长春、国务委员刘延东等在内的多位党和国家领导人先后赴比亚迪考察。

重估投资价值

以电池手机代工养汽车，以传统汽车养包括电动车在内的新能源，是比亚迪内定的发展战略。这条路径为很多业内人士和投资者所看好，但电动车市场启动的缓慢和未来不确定性正在给比亚迪施加压力，在王传福找到真正的市场解决方案前，压力还将越来越大。

比亚迪没有公开其在电动汽车领域的具体投资金额。据业内人士估计，开发一款新车的成本在10亿元以上，仅比亚迪的F3DM和E6两款车型，投资至少在20亿元以上。国际巨头的投资手笔更大，福特汽车最近两年为电动汽车项目的投资就有10亿美元。

对于F3DM迟迟没有上市，比亚迪的解释是，电动汽车市场尚不成熟，政府还没有出台针对个人购车的补贴政策；此外，比亚迪电动车使用的“铁电池”在技术上具有明显优势，如果市场尚未成熟就推出去，很可能导致技术泄露，由“先驱”变成“先烈”。

一些挑剔的同行不接受这种解释。福特中国技术管理部总监张忆康经常遇到国外同行质疑，“一些中国企业”总是宣传自己的电动汽车技术先进，却迟迟拿不出产品。“毕竟技术不是艺术品，不是通过收藏来体现价值的。”张忆康说。

至于将电动汽车出口，比亚迪面临的问题只会更多。除了要通过所在国各项严格认证，依然面临充电设施谁来投资等问题，此外，磷酸铁锂电池的专利将是一个大问题——磷酸铁锂核心专利掌握在得州大学和一家加拿大公司手上。

这两家公司尚未在中国申请专利，因而国内厂商在国内销售磷酸铁锂电池暂无问题，但如果出口到北美地区就将遇到麻烦。

随着比亚迪电动车上市计划的一延再延，一些曾最看好比亚迪的投资者也在重估比亚迪的投资价值。

2009年3月，香港惠理集团主席谢清海分四次减持了比亚迪股份的股票。减持之时，比亚迪股价约为14港元–15港元，几个月后，比亚迪股价一度冲高至85港元，历史P/E值高达150倍。但惠理集团已将比亚迪股份减持至5%以下。

有“香港巴菲特”之称的谢清海不言后悔，谢清海曾在2003年比亚迪冒险进入汽车领域，股价遭遇重挫时逆市大笔买入，并增持到13.5%，一度成为比亚迪第一大股东。这个第一次见面就被王传福的“聪明、激情和自信”所感染的投资人在股票上相当理性。“当年我们买是经过计算发现，即使比亚迪做汽车不赚钱，其电池业务依然足够支撑那时的股价。”而后来退出，则是认为，“市场可能已经过高估计了电动车的发展潜力，很多人没有意识到电动车还不可能卖给普通消费者。电动汽车、新能源将来是能挣钱的，但不是现在。”

另一家知名投资基金富兰克林邓普顿（Franklin Templeton Investments）执

行副总裁杨光的经历类似。邓普顿投资比亚迪也是在 2003 年。“我们当时的判断很简单，这只股票被低估了。”杨光说。

2006 年，杨光再次大手笔买入比亚迪股份，高峰时，邓普顿一度持有比亚迪股份的 15% -20%，当时 F3 刚刚上市，受到二三线城市消费者的欢迎。不过，在巴菲特高调收购比亚迪股份时，邓普顿选择了撤离。“当一只股票最乐观的时候，我们开始撤退了。”杨光说，早期比亚迪是“underdog”（不被看好），做低成本、低价位车，大公司不会专注跟它竞争，但接下来可能竞争环境会有变化。

持同样看法的大有人在。2010 年 2 月 5 日，就在比亚迪拿到“准生证”以后，它的股价已跌至 55.80 港元。

财新《新世纪》2010 年第 7 期 出版日期 2010 年 02 月 08 日

寄梦“未来村”

记者：杨彬彬　吴莹

王传福现在特别热爱在“未来村”里和高管们开会。

这座由两栋一模一样别墅组成的建筑，位于深圳东郊比亚迪坪山基地内。虽其貌不扬，但寄托了王传福新能源的产业梦想。

“未来村”的核心是一台比冰箱略大的柜式储能电站。别墅屋顶的太阳能发电装置，以及屋旁七八座风力发电机产生的能源，都经由储能电站进行能量储存和转化，以满足建筑物内全部电力需求，实现零碳排放。

“未来村”里的设备——从太阳能发电装置到风力发电机，从储能电站到净水装置，以及建筑物本身和生产太阳能电池面板所需的硅材料，全部由比亚迪自行制造。在经历了电池、IT 和汽车领域的成功之后，比亚迪正试图将其垂直整合的低成本模式，再移植到新能源领域。

王传福不缺乏想象力。在他看来，电动汽车只是其新能源应用的路径之一。以“铁电池”为基点，以能量储备和转化为突破口，“未来村”的模式可以推广至更广阔的应用空间。他说，有朝一日，人类可以在沙漠上铺满太阳能电池、在大海油轮上装满集装箱储能电站——这样，就可以一劳永逸地解决石油危机问题，比亚迪也可以实现“新能源提供、储存、应用综合供应商”的终极愿景。

听起来有些像痴人说梦，但比亚迪已在路上。2009年底，一份《陕南循环经济产业发展规划（2009–2020年）》，使比亚迪的新能源布局初露端倪。

“未来村”的秘密

不含建筑物，“未来村”全套新能源电力设备造价3万美元，相当于一个普通中国家庭至少上百年的用电费用。

比亚迪自己讲述了一个“未来村”的应用模式：3万美元设备成本，可以使用20年，相当于年均1万元人民币。在大部分时间，这座建筑只需消耗自身发电量的不到30%，从技术上来讲，剩余电力完全可以卖给电网、从而弥补设备高成本问题。

但这一模式能否实现需要取决于两个方面：储能电站的运行效率；如何解决并网难题。

所谓储能电站，实际上就是一个超大型的电池组。比亚迪目前有两款储能电站产品，一种是柜式储能电站，实际上是改造过的可移动集装箱，额定电压380伏，输出功率200千瓦/小时。在“未来村”外E6充电站旁，就摆放着一个，主要用作户外活动的备用电源。

另一种是大的固定式储能电站，额定电压同样是380伏，输出功率为1兆瓦/小时。目前仅在比亚迪电力研究院内部试制了一台样品，尚未对外公开。

按照比亚迪自己的说法，一个柜式储能电站，大约由1200个“铁电池”组合而成，可以存储800千瓦时的电，四个小时就可以充满，可供一个四口之家使用八个月左右。每节电池可循环使用1万次，使用寿命达20年。固定式储能电站总储电量更大，可以达到4000千瓦时。

但迄今为止，储能电站的核心“铁电池”的实际应用还仅限于实验室阶段，无论是电动汽车，还是储能电站，效果到底如何，何时能够近距离接触民众等关键问题，似乎没有人能说出答案。甚至连比亚迪新能源领域最重要的合作伙伴陕西省地方政府的官员,对比亚迪在新能源方面的具体研发实力也语焉不详。

此外，储能电站要并网，还面临着现实的政策障碍。在中国，新能源发电上网难是始终没有解决的问题，“未来村”的商业模式中，个人用户发电上网，更是难以逾越的关键环节。

中信证券研究部首席电力分析师杨治山认为，国内储能电池还远未到商业应用阶段，“大规模应用目前面临技术瓶颈与成本瓶颈，一些政策也存在不确定性。”

大概是意识到突破国内电网垄断艰难，比亚迪方面声称，未来其储能电站主要是应用于美国。

对于市场普遍认为巴菲特投资比亚迪是看中其电动车发展的说法，北京龙洲经讯（Dragonomics）董事总经理葛艺豪（Arthur Kroeber）并不赞同。他认为，巴菲特旗下中美能源投资比亚迪更主要原因是看好储能电池系统未来的应用前景。最近中美能源下属的美国俄勒冈储能电站已经开始使用比亚迪电池组就是一个例证。

实际上，美国在电网储能方面，目前同样缺乏大规模商用项目，储能技术成本高企是主要原因。此外，美国能源部不久前发布的一份太阳能电池储能上网应用报告显示，亟待突破的技术瓶颈包括延长电池使用寿命与充放电次数，降低充放电时间，安全性，及降低成本。

葛艺豪认为比亚迪核心竞争力依然在电池，而不是汽车。“电动汽车方面虽然比亚迪频频宣布要进军美国，但计划屡屡推迟，且针对比亚迪电动车动力电池重量、安全性等技术指标上尚有争议，距离通过各种安全测试得以卖给美国消费者还有时日。”葛艺豪称。

一位关注比亚迪的美国对冲基金人士称，“最不能理解的就是比亚迪对技术的秘而不宣。”另一位熟稔中美两国资本市场的投行人士则认为，比亚迪的新能源雄心“完全是在忽悠投资者”。“目前多数做太阳能电池的国内厂商都是依赖政府补贴，离赚钱还远。”这位人士表示。

陕西突破

资本市场上的质疑声，并不会让王传福停下脚步。

他一直在寻找硅石，好让“未来村”的太阳能电池发电；他还需要充沛、廉价的电力，好将这些硅石以更便宜的成本提纯冶炼成多晶硅面板。

2008年，比亚迪成立了电力研究院，开始全面研究包括新能源供应、储存、应用的集成解决方案。光伏产业是一个高资源和能源消耗行业，包括多晶硅冶炼、切片、组件、发电等多个环节。王传福很快发现，在这个新领域，人力在成本构成中的占比十分有限，除了寻求技术上的突破，他需要找到新的低成本解决之道——廉价资源。

他把目光投向了富含矿产和煤电资源的西北大省，同时也是比亚迪另一个重要汽车生产基地陕西。

彼时，这个传统能源大省也正面临着艰难的战略转型。根据国家核定的节能减排计划，“十一五”期间，陕西省主要化学需氧量必须排放量减少10%，二氧化硫排放量必须减少12%。但是2006年“十一五”开局之年，陕西省确定的当年单位GDP能耗降低4%的工作目标就没能完成。“节能减排”的沉重压力，迫使当地政府在新能源和可再生能源方面寻求突破。

2009年10月17日，中国西部博览会在四川成都举行，国务院总理温家宝曾专门到陕西展区前参观，向陕西省省长袁纯清提了两个问题，其中之一就是太阳能光伏和半导体照明等新能源产业发展得如何。

陕西南部秦岭横穿东西，矿产资源丰富；而北部毗邻内蒙古有大片荒漠，年均日照达2600小时。当地政府更倾向于利用本地资源发展太阳能，而不是风能。

在一次有陕西省发改委、工信厅等多个厅局负责人参加的新能源会议上，袁纯清公开表示，陕北大片荒漠可以用来建太阳能电站，既可以发电，还可以治理环境，一举两得。

地方政府大力发展光伏产业的驱动力，与比亚迪打造新能源全产业链的产业梦想一拍即合。

秦岭脚下的陕西省商洛市，当地政府一直为招商引资发愁。商洛富含包括硅石在内的多种矿产资源，但是在前几年光伏产业兴起之前，这些非金属矿石几乎一文不值。

2008 年，商洛市主管工业的副市长李生荣与王传福见面，在李生荣的力推下，当年年中，比亚迪与商洛市政府签约，正式在当地建设 1000 兆瓦的太阳能电池生产基地。

一位陕西省发改委内部人士透露，未来，比亚迪将分别以陕南商洛和陕北榆林为新能源基地，分别发展多晶硅冶炼、太阳能电池生产和太阳能发电。深圳则主要研发新能源和储能电站的转化、应用，从而实现对光伏太阳能产业的“垂直整合”。

0.7 元 / 度背后

2009 年 6 月，被业内认为具有标杆意义的敦煌光伏电站项目公布了 1.09 元 / 度的上网招标价。比亚迪迅速宣称：自己可以做到 0.7 元 / 度。前提是，当地政府需要提供足够的财政补贴和资源配套。

2009 年底公布的《陕南循环经济产业发展规划》显示，未来六年内，比亚迪将在陕西累计投资 225 亿元，用于发展 5000 兆瓦的太阳能电池项目。不过，透过各种官方文件，与这一天文投资数字如影随形的，是极其低廉的资源成本，和几乎同等规模的财政补贴计划。

目前，陕西省专门设立了一个 8 亿元的新能源引导资金，主要用于支持太阳能上游产业，如设备、组件、硅片等。当地政府部门人士透露，8 亿元应该会给比亚迪安排一部分。

未来，还将依托西安国家民用航空产业基地，筹备设立 100 亿元的新能源产业发展基金，到时，比亚迪很有可能再获得相应安排。

2009 年，比亚迪落户商洛后，当地国土资源部门的工作人员亦开始为比亚迪“配置资源”而忙碌。该局一份年度总结文件显示，2009 年，商洛地方政府专门斥资数千万元，邀请西北有色地勘局和核工业地质大队，就商洛比亚迪和陕西延长石油集团所需要的钒、硅石、萤石资源进行实地勘查，并陆续落实了三个硅石矿、一个钒矿。甚至在“比亚迪”效益的带动下，一些个体户也自行勘查硅石资源，希望能在比亚迪营造的太阳能盛宴中分一杯羹。商洛市国土资源局一位负责人说，“原本没有什么用途的硅石，因为比亚迪的进入，变得金贵起来。”

在当地主要领导的指示下,国土资源部门专门给比亚迪配置了两座硅石矿，并给予了采矿权。2009年初，比亚迪专门拉了40多吨硅石，到深圳新能源研发基地研究分析。

根据比亚迪一份内部材料，目前生产一瓦太阳能电池，要消耗电力1.7度，1000兆瓦达产后，预计要消耗电力17亿度。

2009年初，比亚迪与陕西省工信厅签署了新能源和汽车产业一揽子合作框架协议，陕西省政府承诺，对包括比亚迪在内的多晶硅产业园区重点企业，将由陕煤集团保障煤矿供电供，并实行直供电优惠。

目前，位于商洛市东郊的商丹循环工业园区，占地400亩的比亚迪新能源基地正在建设。其中，投资4.5亿元的首期100兆瓦太阳能电池项目已基本建成。二期300兆瓦也已开工。按照计划，2010年，将建成总共1000兆瓦的产能。而仅首期4.5亿元投资中，就包括财政补贴5000万元，中国银行贷款2.5亿元。

此外，陕西省发改委一份内部文件显示，比亚迪正在陕北榆林兴建两座分别为10兆瓦和50兆瓦的太阳能发电站，投资额分别达到6亿元和37亿元，其中财政补贴分别达到1.8亿元和8亿元。根据陕西省发改委拟定的上网补贴方案，未来几年，全省准备建100兆瓦的光伏发电示范项目，每度电将由财政补贴7分钱。

“这是个任务。他们产能真要达到1000兆瓦，到底要卖给谁，我们也不是很清楚。”陕西省发改委一位内部人士说。

财新《新世纪》2010年第7期 出版日期2010年02月08日

踩在跷跷板上的比亚迪

记者：李雪娜　吴静　朱世耘

苦熬三年之后，比亚迪重新回到投资者关注的焦点。

2014 年 7 月 3 日至 10 日这一周，上百家基金、券商蜂拥而至比亚迪，对新能源车密集调研。随着 2013 年下半年一系列鼓励新能源车政策的出台，新能源车概念重新成为资本市场的宠儿。

回来之后，海通证券分析师邓学发表了一份研究报告，认为中国新能源车市场浪潮已经到来，比亚迪整体实力领先同行，行业地位无可动摇，“2014 年将成为比亚迪新能源车的爆发之年”，且公司“订单饱满，政策利好未尽，未来仍可期待”。

这不是邓学一个人的看法，几乎所有研报都建议买入或增持。过去一年中，比亚迪（002594.SZ/01211.HK）股价翻了 1 倍以上。

与上一轮巴菲特投资比亚迪引发的追捧相比，这次的新能源汽车热似乎离真实的市场更近。

比亚迪 2013 年 12 月推出的插电式混合动力车“秦”，销量一直在迅速上升，7 月销出 1100 台，上半年总销量 6599 台——这个销量跟传统燃油汽车比起来不起眼，但几乎赶上过去五年比亚迪电动车销量的总和。

售价为 200 万元的纯电动公交车 K9，在 2014 年之前总共卖出了 1000 多台。据比亚迪 CEO 王传福透露，今年全年订单数达 5000 台，销售额将达到 100 亿元。

比亚迪的磷酸铁锂电池生产线告急，因为产能不足，很多订单只能压后交付。目前，其拥有 1.6GWh 动力电池产能的惠州工厂已满负荷运转。产能为 3GWh 的深圳坑梓动力电池生产基地正在加紧筹建，预计下半年投产。

比亚迪汽车销售公司副总经理李云飞对财新记者形容说，“幸福来得太突然”。在比亚迪内部，弥漫着一种耕耘八年即将迎来收获期的喜悦。

不过，电动车市场真的要爆发了吗？能否持续？比亚迪会成为这个市场的王者吗？仍然依靠补贴生存的新能源车，是否撑得住比亚迪从传统到电动、从储能到汽车的庞大架构？

瑞银证券的研究报告警告说，比亚迪新能源汽车的高速增长，难掩其传统汽车业务下滑之困。未来三到五年内，电动车都很难在中国大规模普及，因此比亚迪盈利的主要驱动力还是来自于传统汽车板块，但这部分会加速下滑。瑞银甚至认为，比亚迪将过多的精力投入到新能源汽车的研发中，导致传统汽车业务的车型研发和投放节奏放缓。

硬币的另一面很难被忽略。整个 7 月，速锐只卖出 3445 辆。售价 7 万 –9 万元的速锐曾经是比亚迪寄予期待的明星车型，去年 12 月还保持月销万台的水平，今年却一路下滑。整个上半年，比亚迪汽车的销量为 20.74 万台，只完成了年计划 55 万台的 37%。

“7 月销量太低，大家都伤心了。”网名为“感受 365”的迪粉（比亚迪的粉丝——编者注）说。另一名迪粉“亚洲摩根伯爵”更失望。“这是要倒闭的节奏。”他说，“新能源再猛也要靠传统车垫背。比亚迪现在危机太严重了，连一款过万的车都没了。1300 亿市值靠这个销量难以撑住。”

新能源汽车的销量在涨，但是赶不上传统板块下滑的速度。在私人汽车市场，根据“秦”目前的销售态势和预订情况，比亚迪估计“秦”全年销量可达 1.5 万辆，这也只相当于速锐高峰期的月销量。

可以指望的是纯电动公交车 K9。比亚迪希望政府采购和出租车采购会成为拉动新能源车消费的主力，但截至 6 月底，据财新记者统计，K9 上半年实际交付 819 台。

至于 2014 年 9 月即将上市的腾势，这款纯电动车由奔驰和比亚迪共同开发四年，用的是比亚迪的芯，奔驰的壳，预计售价 37 万到 40 万元（补贴后约 25 万到 28 万元），对标特斯拉，主打中高端市场。是否真能成势，仍有待市场检验。

比亚迪内部和外部的批评者们都认同，比亚迪在电池和电机电控技术上投入很多——这是它最长的长板。比亚迪希望借此在电动车上实现自主品牌的升级，弯道超车，但传统汽车始终是一个难以超越的阶段。

除了腾势，比亚迪所有电动车都在原有的传统油汽车的平台上开发设计，“秦”与速锐用的是一个底盘技术和外观设计。比亚迪在产品细节上一直存在问题，品牌营销和市场推广是最短的短板，这制约了它在传统汽车市场上的持续拓展，也同样影响到其新能源车的市场表现。对比亚迪的更尖锐的批评，称其为“无风格的快餐式拼凑设计，混乱的车型布局，屌丝化的宣传”。

新能源车的崛起，与传统汽油车的下滑，哪个来得更快？踩在跷跷板上的比亚迪，未来将取决于最长的还是最短的那块板？

王传福的改变与坚持

比亚迪的未来，首先取决于王传福。

在比亚迪内部有一个流传甚广的段子。有官员来比亚迪参观，有人问及电池污染问题，王传福当场拿杯子舀了一些电解液喝了下去。段子的真实性存疑，它在比亚迪内部的流行，展示了王传福在员工心目中的工作狂形象。

员工们说，王传福没有周末，每个周六、周日都在工作。一直坚持坐经济舱出行，时常能在深圳–北京的航班上找到他。比亚迪每款新车推出，他永远是第一个试车员，最近是“秦”和腾势换着开。所有人都知道他是个固执的人，什么事都要自己决定，一旦认定的事就很难改变。他的下属习惯于服从，不发表反对意见。

一位比亚迪中层坦言，未来比亚迪的发展有两大限制，都来自内部。一是王传福的一言堂作风；另一个就是别被糟糕的品牌营销能力拖了后腿。不过这位中层承认，现阶段比亚迪仍然需要这个“18 万员工的灵魂”来推动，因为他思路清晰，行动坚定，可以确保公司上下的执行力。

这个出名固执的人现在已经调整了他对电动车市场的看法，也同时调整了比亚迪的新能源战略。

过去很长一段时间，和特斯拉一样，比亚迪一直是纯电动车的鼓吹者和支持者，但在 7 月 30 日接受财新记者采访时，王传福更新了自己的市场判断。

“充电站的建设普及需要时间。在这个阶段，必须有一个双模作为过渡。未来一段时间内，全国私家车双模占比可能要达到 70%，纯电动 30%。”他说，

“我们不能太理想化，要生长在一个现实世界里。双模车在当下其实是多方妥协、多方认同的一个产物，必将成为市场的主流。”所谓双模车，即插电式混合动力车。

这决定了比亚迪现在的新能源车发展路线。即公交和出租领域，推纯电动车 K9 和 E6，主打政府采购；而私家车市场，现阶段以插电式混动车“秦”“唐”“汉”“明”系列作为主打，等市场成熟之后，再推纯电动车；与奔驰合资的纯电动车腾势，则主打中高端市场。

2010 年预计的 80 万年销量落空之后，比亚迪走下神坛。这段经历也让王传福反思过往。他多次公开认错。2011 年，王传福对外承认比亚迪发展过程中“遇到了一些问题”，其中包括因成长太快，过于追求产能和销售，而忽略了品质提升，将 2010 年销售目标过高地设定为 80 万台。

“比亚迪为这个错误付出了巨大代价，未来我们要更加保守地作出预测，而不是高估。”王传福说。

此外，王传福还承认自己是技术出身，提拔起来的管理层也多为技术人员，导致公司管理风格硬化，品牌呈现过于呆板。“技术也许做得很好，但营销、品牌却没有得到很好的呈现。”

在随后的三年中，比亚迪致力于提高产品的质量。曾经为了节约成本，什么都要自己做的比亚迪学会了将非关键部件的零部件外包，比如曾被投诉最多三天两头要换的雨刮器换成了大众的供应商。动力回收系统则从博世采购，虽

秦的销量增长难以弥补速锐大幅下滑

2013年12月比亚迪插电式混合动力车秦上市以来月销量与传统动力车速锐月销量比较

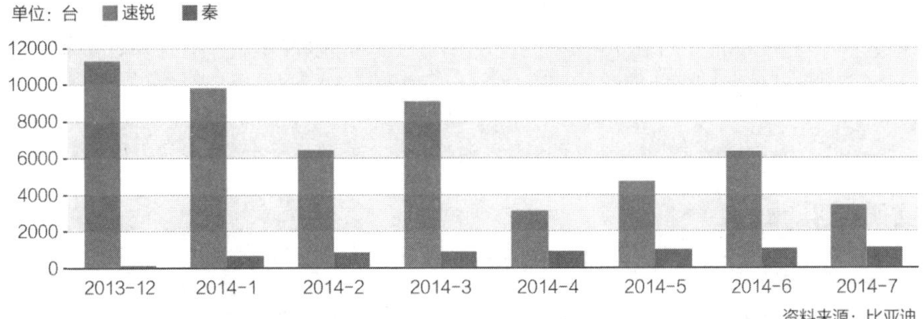

资料来源：比亚迪

然比亚迪自己也能做。

甚至在过去坚持的磷酸铁锂电池路线上，比亚迪也开始变得灵活。“我们认为电动大巴、储能对安全、成本、寿命要求更高一些，倾向于用磷酸铁锂电池。小车的话，我们也在尝试用一些高能量密度的电池，是介于磷酸铁锂体系中间的，不算是三元体系，但和三元体系的能量密度类似。”王传福说，“我们会根据不同市场的需要，来采用一些体系进行匹配。”

在最艰难的2011年、2012年，比亚迪的新能源汽车战略被质疑得最为激烈，比亚迪电动车被批评为“画出来永远也吃不到的饼”。在这种时候，王传福也保持着惯有的执着与坚持，强调“电动汽车核心技术是电池”。他相信“能做出全球最好电池的比亚迪，完全有能力造出全球最好的电动汽车”。

进入2014年，密集出台的利好政策带动了中国电动汽车市场突然爆发。工信部最新统计数据显示，上半年全国电动汽车销量已超过2万台，为去年总销量的1.1倍。中国汽车工业协会预计，今年销量将突破5万台，为2013年总销量的3倍多。

比亚迪方面则预测，公司新能源汽车业务销售收入将达到100亿元以上，相对于2013年10亿元的销售额，差不多将翻10倍。

据中汽协数据显示，自主品牌乘用车市场占有率已出现连续11个月下滑趋势。对自主品牌业绩下滑，王传福深感压力很大。随着产能不断扩张，合资品牌价格集体下探，“很多下探到10万元以下，有的甚至降到5万-6万元一台，这正好是自主品牌普遍的价位，我们深感压力很大。”

他认为，自主品牌下滑短期趋势无法扭转，长远来看，只有通过产品和品牌的巨大突破来扭转，而新能源业务是比亚迪最好的突破口。他希望，比亚迪经过多年准备特别针对私人市场推出的“秦”，可以冲破现有的自有品牌价格天花板，快速提升品牌。

突破天花板

15万元被认为是自主品牌的天花板。

“因为在传统燃油车领域，自主品牌费尽全力也不一定能在15万-20万的领域做出来，做出来也不一定能叫好叫座。”腾势市场部高级经理胡晓庆说，此前比亚迪也推过 10 万 –15 万传统燃油车，均遭失败。

最早一次是在 2010 年，当时是大量借鉴丰田普瑞维亚外观设计推出一款 MPV（多功能轿车）M6，还特别邀请了巴菲特和比尔·盖茨捧场发布新车。当时定价 24.56 万元，上市至今，该车的月销量从没超过 600 台。一位业内人士评价说，产品不变，直接定一个 20 多万元的高价，认为这样就可以捅破天花板，“简直是痴心妄想”。

第二次尝试是思锐上市。比亚迪在中级车思锐上堆积了很多其他品牌中高端车都不具备的新配置，尝试定了 15 万元的顶配价格，结果自己掉链子，据说因为转向电机的问题，旗舰版思锐迟迟出不来。

2009 年，比亚迪还推出一款名为 S8 的硬顶敞篷跑车，整个底盘对标奔驰的 SLK，搭载 2.0L 发动机，定价为 16.58 万 –22.68 万元。上市后发现敞篷经常收不回去，或放不出来，只好紧急叫停，全国只卖了两台车，又退掉了。这个车现在在比亚迪总部厂区里还可以看到，被用来拉货柜，像小火车一样。

王传福相信，插电式混合动力车打开 10 万 –15 万元的市场要容易很多。“前提是，你必须要在产品上找到差异化，然后通过产品的推广，在这个领域找到更高段的人群。”“秦”的市场标价为 20.98 万元，补贴后为 12 万 –16 万元（如果只拿到国家补贴的话——编者注），算是摸到了自主品牌的天花板。

“秦”确实给比亚迪带来了不一样的买家。比亚迪多年来在新能源车的坚持成为了最好的广告，这使得很多中产消费者建立了对比亚迪在新能源车技术上领先的信任。在买新能源车时，比亚迪会成为优先选择。

32 岁的陈沛泓今年买了一辆“秦”。他是杭州 Airtake 联合创始人兼体验设计师，这是他的第二辆车。周围朋友开的都是奔驰、奥迪、宝马，决定买“秦”时他遭到了朋友们的嘲笑。“听说一用力会把方向盘摘下来。”一个朋友说。

“之前比亚迪给人留下的印象太糟糕了。但我知道比亚迪近年来已经提高了自己的品质，而且它在新能源汽车上确实有领先的技术。”陈沛泓说，他喜欢比亚迪为“秦”设计的各种方便的功能。比如用 APP 提前打开空调，一上车就不用像待在蒸笼里了，这个在夏天特别有用。

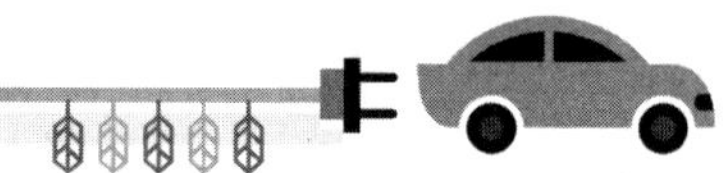

比亚迪新能源汽车销量仍有待提升

2009年至2014年比亚迪汽车总销量，其中2014年新能源汽车预计销量占总销量比重尚不足4%

单位：台 ■新能源汽车销量 ■其他车型销量

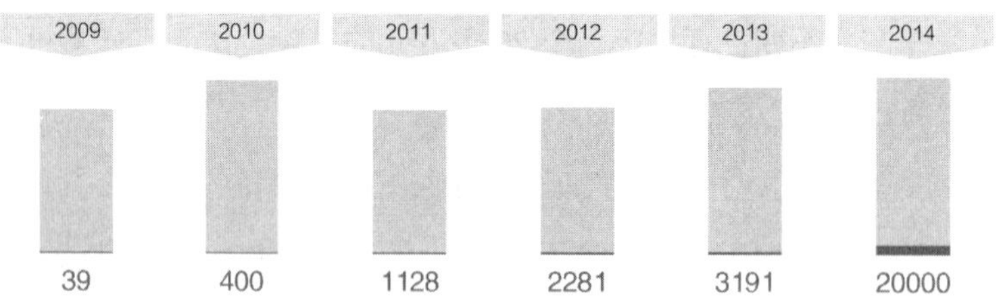

注：2014年数据为预测值

利润去哪儿了?

2009年至2014年比亚迪营业收入和净利润

单位：亿元 ●营业收入 ●净利润

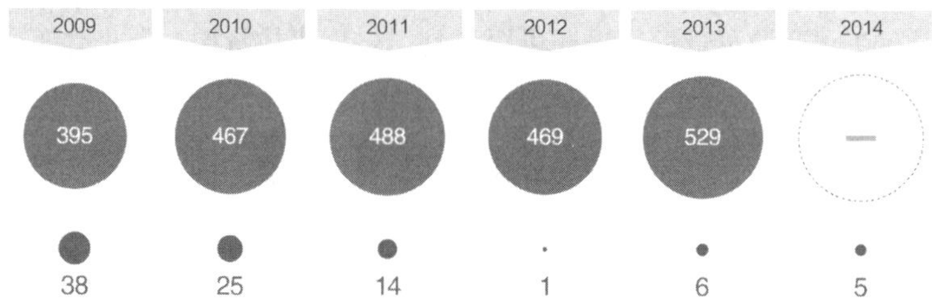

注：2014年比亚迪预计净利润3.5亿至4.9亿元之间，图中取预测值上限

资料来源：比亚迪

中美新能源车市差距大

美国、中国和日本新能源汽车销量

单位：台 ●纯电动车 ●插电式混合动力车

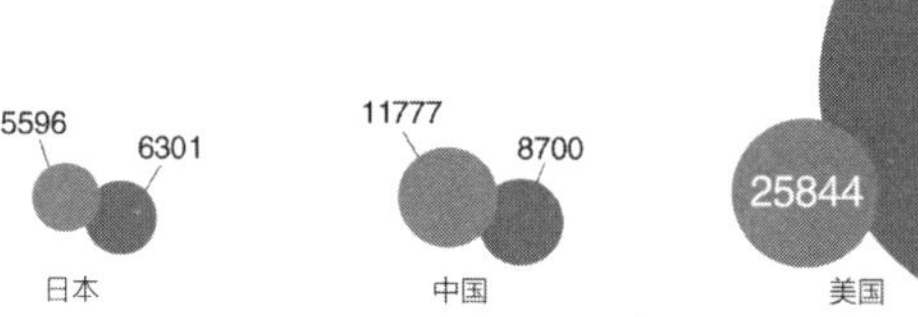

注：中美数据截至2014年6月，日本数据截至2014年5月；美国“插电式混合动力车”包括混合动力、插电式混合动力及增程式电动车，日本“插电式混合动力车”包括混合动力等其他车型

资料来源：财新记者根据公开资料整理

“我开了一段时间了，没发现什么毛病。百公里连烧油带充电大概36元，这比燃油车要便宜一半以上。”他的朋友们也改变了看法，觉得这车也“不像原来想的那么差”。

比亚迪在安徽的经销商张剑也注意到，来咨询“秦”的客户与比亚迪的传统客户不一样，但这并不意味着比亚迪能够留住这些新客户。

“比亚迪的车，除了前脸和后屁股，全长一个样。”一位“迪粉”批评说，扭转消费者心中比亚迪低价低质的既有印象，本来就不容易，旧瓶装新酒的做法更破坏了消费者对比亚迪品牌升级的期望。陈沛泓就直言，比亚迪80%的车都谈不上好看，“秦”的外观只能打70分，“冗余的线条和整车的不协调感……只有前脸是我满意的”。

“秦”和速锐，以及9月要上市的G5，用的都是同一个平台。比亚迪的内部人士坦言，开发新的平台意味着新的研发设计和建立新的供应商链条，将带来成本的大幅上升，现阶段比亚迪不会考虑。“老板（指王传福）还是理科思维，觉得只要产品性能好，口碑好，自然就能吸引客户，他对于外观内饰设计这些没有那么看重。”

工程师文化

王传福追求的是百公里加速、油耗、电池续航里程、充电时间这一类的指标。

在“秦”上，它解决了之前的混动车F3DM存在的涡轮增压、双离合器、缸内直喷的技术突破问题，实现了传统燃油车和双擎双模动力技术双支持。其技术亮点表现在百公里加速度达到5.9秒；百公里油耗1.6升，为同类车的五分之一；并在原型车速锐五星安全车身基础上，对安全性能做了进一步强化。

“当你开着一公里几分钱的车，而周围的人开着一公里几毛钱的车时，自然而然就会有很多用户来买电动车了。”胡晓庆表示。

自2013年9月提出“百公里加速度小于7秒”“不低7秒不是车”性能指标的半年后，王传福进一步提出比亚迪后续推出的新能源车都达到百公里加速加快到5秒以内、四驱、百公里油耗在2升以内的新技术指标，这就是被比亚迪称为“542”的一个技术新战略。实现它的方式是加装更多的电机，让传统的发动机和电机驱动打通融合，在低速时使用加速比较快的电机驱动，在中速时混合驱动，高速时燃油驱动。更多的电机则使得汽车可在行驶过程中进行充电而不影响驾驶体验，以降低油耗。这项被比亚迪内部视为技术革命式的创新，将在“唐”“汉”“明”双模系列车上采用，它绕开了目前丰田普锐斯采用的行星齿轮技术。

“它可以让驾车者有更好的驾驶体验，5 秒以内比奔驰等豪车加速更快。”李云飞宣称。不过，业内也有反对者认为，比亚迪的技术并不像它声称的那么牛。一位不愿具名的电动汽车研究专家认为，包括比亚迪在内的中国车企新能源汽车技术目前还停留在二次工业革命时期，而国际技术早已进入三次工业革命时期。

一家新能源汽车公司的技术总监则认为，比亚迪在电控技术上确有创新，也成功绕开了丰田的电控专利，较国内厂商确实领先，不过这些技术宝马等厂商可以很容易地实现。

未来“秦”的主要销售还会集中在补贴较为丰厚的城市，比如深圳、上海。“在上海买一台 3 万元的 QQ，配上 10 万多元的牌照和购置税，和秦成本差不多。也就是说在上海，‘秦’的竞争对手是 4 万元以下的车。这个优势太大了。”包括即将登陆的北京市场，比亚迪相信“秦”也会取得较好的销量。

为提升品牌形象，比亚迪今年几乎把所有子弹都打在新能源车上。上半年以来，“秦”做了“秦占列国”“千里寻秦”“秦人秦车秦直道”等宣传活动，这是此前比亚迪任何车型都未享受到的待遇。“秦”还参加了今年的中国拉力锦标赛（CRC），此前比亚迪从不参加任何汽车运动赛事。

有趣的是，“秦”甫一面世，就被竞争对手原价提走数百台。就在竞争对手还在研究的同时，王传福又宣布了新的 542 战略。比亚迪在销的 14 款车中有 6 款属于电动汽车，未来将继续推出“唐”“汉”“明”等系列。用王传福的话说，“秦做先锋，战列国；唐大军全线压上，战藩国；汉、明随后而动。”

王传福称，“542”战略后续产品才是自主品牌实现中国弯道超车的逆袭。竞争对手更愿意将此理解为比亚迪的又一次大胆冒险。值得注意的是，这次战略发布现场的台下汇聚了包括奔驰、大众、宝马在内的所有国际汽车巨头高层。

据比亚迪内部人士透露，“542”战略起源于E6研发期间首个阶段试验车E60的一次异能表现。考虑到电机功率不够大，工程师就在E60前后装置2个电机，没想到这台试验车首次上试验场，就跑出了百公里加速2.9秒的成绩，“当时大家都被惊呆了，原来电机潜力如此大，慢慢就开始研究”。

据李云飞透露，十年来，比亚迪在电动汽车关联领域的技术研发和产业投资已过百亿元，前期以技术研发为主，后期为产业投资准备。几乎把比亚迪所有盈利都投入到了技术研发和设备更新上，这无疑是一种高风险的发展方式。

比亚迪拥有三大研究院：比亚迪中央研究院、比亚迪电力研究院和比亚迪汽车研究院。这三大研究院主要围绕新能源领域展开，研究方向包括基础科学、储能和新能源发电及电动汽车。三大研究院囊括1.5万名年轻的工程师。

对他们来说，比亚迪不像公司，更像一所大学。同事更像同学，领导更像导师，大学毕业进入比亚迪，住进员工宿舍，几乎不需要什么过渡。

2013年9月的技术解析会上，王传福说，比亚迪最大的财富就是1万多名工程师。“今时今日，即使所有财产包括土地、厂房、专利、股票全部消失，只要这些工程师还在，随时可以东山再起。”说得当时在场的技术工程师出身的高管们眼圈发红。

不过，尽管有不错的福利，但比亚迪的待遇与同业比并不高，人才流失是比亚迪需要解决的一大难题。比亚迪在业内有“中国汽车工业大学”之称，几乎每家车企都有从比亚迪出来的人，很多是研发骨干或管理层。

走向开放的比亚迪

在一位比亚迪内部人士看来，比亚迪最令人担心的问题是不要输在细节上。公司总体发展趋势向好，但细节方面问题多多。这与王传福粗犷直接的性格有关——太习惯用成本、技术去碾压。

很多人指出，在对汽车的理解上，王传福仍停留在技术层面，还未进入品牌层面。负责代表“迪粉”与比亚迪沟通的李计在接受财新记者采访时说，早几年比亚迪闭门造车，工程师们的想法与客户需求存在断层。比如，他们曾做过一个规避红绿灯系统，在导航里默认选择没有红绿灯的路，工程师们在厂区附近试验觉得很有效。但比亚迪的车很多销往三四线小城市，这些城市不大，红绿灯不多，但导航还会默认将司机带到外环，反而制造了麻烦。

现在比亚迪正在变得开放，设立了迪车会和意见反馈部门，负责搜集用户的意见发给各事业部负责产品开发及售后的工程师，“迪粉”们也可论坛发帖，很快也能反馈给项目工程师。李计说，他在2012年给比亚迪提了36个建议，项目经理看到后非常开心，马上打电话给工程师说，“快来，用户需求来了。”最近他在“秦”的试验车上看到，很多建议都被采纳。其中之一是在车载MP3上装一个音量自动平衡系统，以解决播放声音时大时小的问题。

过去三年调整期，比亚迪在提升汽车质量上做了很多工作，用一位经销商的话说，以前返修率很高的比亚迪，现在已经能做到两年内平均故障小于一例了。只是消费者的成见不易改变，而汽车的品牌体现在无数细节之中，比亚迪显然还没有建立一整套像外资厂商那样的管理体系，从产品开发流程到渠道管理、品牌推广，比亚迪有很多课要补。

比亚迪的新能源车仍建立在传统燃油车的生产制造和推广基础之上。比如，比亚迪现有新能源汽车车型的外形设计，都可以看到传统燃油车的影子，F3DM是基于F3平台开发，“秦”出身于速锐，“唐”则是S6的“小改进”。

这么做的好处是，在原来车型基础上开发，除了新能源动力，很多地方无需重新验证，可以节约时间和成本；坏处是老车型上面开发，有旧瓶装新酒的嫌疑，影响消费者体验。

接近比亚迪内部研发的工程师分析认为，成熟的汽车企业一般有四代产品战略，即生产一代、试制一代、研发一代、储备一代。而比亚迪看到好的技术总是迫不及待地应用，新产品上市很慌张，产品推出总给人“有技术优势，但缺乏节奏感”的印象。即使是精心设计推出的“秦”在上市后还是有很多小毛病，比如拖刹。“这是测试不够严密，或周期不够长，新技术即刻装车导致。”

实际上用户的驾驶习惯差距很大，无法在工业化测试中一一呈现。宝马这一级车企建立了一套完善的客户测试反馈机制，对体验者严格筛选，还要签署保密协议，确保其认真填写用户体验报告。而比亚迪的新能源车如E6匆匆投放深圳出租车市场，虽也从司机那里收集到很多情况，但据财新记者了解，很多司机视为负担，并不认真填写报告，这对产品最后的完成度造成影响。

营销更是比亚迪的软肋。多年来比亚迪只在电视上做过一次广告，因拍摄简陋被业内戏称是“农民车”广告。相比之下，上海大众、一汽大众、上海通用一类的合资企业一年花在营销方面的费用大概要1亿美元。国内自主品牌中在品牌和营销上最下功夫的当属长城和长安。为了让固执的王传福重视内饰，今年北京车展期间，比亚迪高级副总裁廉玉波曾苦苦把王传福拉至长安展台参观。当晚，比亚迪内饰设计部门就收到了来自总裁办无比严厉的问责邮件。

《中国汽车要闻》主编钟师认为，比亚迪目前在车体造型独立设计上还落后于吉利、奇瑞等自主品牌企业，遑论外企。渠道上分网销售导致的恶性竞争以及车型重叠问题，也仍未彻底解决。

不过，要求比亚迪一揽子解决所有上述问题并不现实，这些问题很多也是所有自主品牌都面临的问题。王传福选择先投入新能源汽车研发，以技术带动市场不失为一种选择。绕开传统汽车短板的另一条路径是直接与跨国厂商——比如奔驰合作。

双方2010年成立合资公司。奔驰负责车身等整体设计，比亚迪负责电机、电控和电池技术提供。与以往中外合资由外方直接提供技术不同，腾势是在中国全新开发，研发部门中方和德方两个副总裁，奔驰的工程师和比亚迪工程师一对一工作。和比亚迪自主研发的汽车产品不同，腾势供应商体系更为开放，除电极、电池、电控及部分零部件由比亚迪提供，其他全部外购。品质控制由德国人主导。腾势生产线在比亚迪的坪山车间，与比亚迪S6共用一条生产线，该生产线的改造和调试工作早已完成。因和腾势共用生产线，比亚迪S6整体品质近来得到明显提升。腾势的销售将由奔驰授权其经销商庞大承接。比亚迪不讳言，要从合作中学习奔驰在品质管控方面的经验、造车理念，从而在对比中努力提升亚迪品牌形象。

奔驰之外，大众等其他车企也在和比亚迪谈判合作。高工锂电研究院院长张小飞认为，这些企业重视的都是比亚迪在新能源汽车领域的技术积累。在他看来，比亚迪即将要面对的最大竞争对手还是特斯拉、丰田等国外车企。

特斯拉风暴席卷中国，很多人拿比亚迪与之比较。王传福表示，特斯拉的营销策略值得比亚迪学习。但特斯拉是富人的玩具，比亚迪提供的是更接地气的大众产品，二者没有直接竞争。

将与特斯拉正面竞争的是腾势。而技术输出合作的腾势模式，能否为比亚迪未来发展趟出一条新路，仍未可知，毕竟销售的主导权掌握在奔驰一方。据腾势内部人士介绍，腾势 9 月上市后，会先在名人圈推广使用，再大规模开始市场投放。如此来看，年内腾势的销量不会出现爆发性增长。

业内多位分析师认为，在新能源汽车市场爆发前夜，比亚迪如何平衡好传统车和新能源车业务之间的关系至关重要。王传福曾坦陈“过多精力放在电动汽车上”，对传统车关注度相对“较少”。形势并不轻松，瑞银预计 2014 年比亚迪传统汽车同比将下滑 10%-15%。2013 年比亚迪实现汽车销量 45 万台，其中 98% 的销量和利润贡献来自传统车业务。

财新《新世纪》2014 年第 33 期 出版日期 2014 年 08 月 25 日

【编后记】

作为中国新能源汽车的代表企业，比亚迪的股价涨跌系于新能源车一身。

2014 年 12 月 18 日 14 点开始，比亚迪（（01211.HK；002594.SZ）遭遇历史罕见的“黑天鹅”事件，A 股、H 股股价双双跳水暴跌。A 股跌停，港股由于没有涨跌幅限制，短短 40 分钟内跌去 46%，最终收于 25.05 港元，收盘跌幅达 28.84%。事后来看，比亚迪这次股价暴跌的原因主要还是投资人此前预期比亚迪新能源汽车将放量增长，但 2014 年的新能源板块增长未达预期。与此同时，有业内专业人士在接受采访时称“双源快充无轨电车将成为纯电动公交车替代性选择，一些地方政府已经开始规划更换”，更使投资人担心比亚迪电动大巴 K9 的销售将受影响。

2015年2月26日晚，比亚迪发布了2014年报，归属上市公司股东的净利润为4.38亿元，同比2014年下滑近两成。原因即在于比亚迪新能源汽车虽然在2014年取得了很大增长，但还是追不上传统板块下滑的速度。年报显示，比亚迪去年在新能源汽车领域的销量超过2万台，与2013年的2900台销量相比，增加了10倍。但比亚迪汽车全年卖出去44万台，只完成了年度计划55万台的80%。其中传统汽车销量同比下滑了近两成。

而比亚迪曾经寄予厚望的储能板块对集团整体利润的贡献仍是负数。比亚迪在陕南商洛的光伏项目并未按原计划的2011年底投产，但目前还未完全达产。陕北榆林的200MW光伏电站项目已于2014年7月以2.04亿元出售给江山控股（00295.HK）。

图书在版编目（CIP）数据

中国又五年：2010 ~ 2015 / 王烁主编．—北京：
中国文史出版社，2015.3
ISBN 978-7-5034-6202-3

Ⅰ．①中… Ⅱ．①王… Ⅲ．①新闻报道—作品集—中国—当代
Ⅳ．① I253.3

中国版本图书馆 CIP 数据核字（2015）第 051865 号

中国又五年：2010 ~ 2015

主　　编：王　烁
责任编辑：詹红旗
封面设计：蒋　艳
版式设计：谭　锴
出版发行：中国文史出版社
网　　址：www. wenshipress. com
社　　址：北京市西城区太平桥大街 23 号　邮编：100811
电　　话：010-66173572　66168268　66192736（发行部）
传　　真：010-66192703
印　　制：天津兴湘印务有限公司
经　　销：全国新华书店
开　　本：700 毫米 ×1000 毫米　1/16
印　　张：28
字　　数：310 千字
版　　次：2015 年 3 月北京第 1 版
印　　次：2020 年 12 月第 2 次印刷
定　　价：48.00 元
